普通高等教育汽车类专业系列教材

新能源汽车概论

第 2 版

主　编　高建平
副主编　郝建国　吴延峰

机械工业出版社

本书以我国新能源汽车"三纵三横"布局结构为主线，全面介绍了新能源汽车原理、构造、关键技术、发展历程、现状与趋势等内容。"三纵"方面既包括纯电动汽车、插电式混合动力（增程式）电动汽车和燃料电池电动汽车这三种基本类型的电动汽车，也包括太阳能汽车、风能汽车等可再生能源汽车。"三横"方面介绍了电池、电机、电控三大核心技术，以及匹配与集成、安全、电磁兼容、轻量化、试验验证等共性关键技术内容。此外，在混合动力汽车机电耦合系统构型原理，整车能量管理，新能源汽车仿真等章节融入了作者创新性科研成果，体现了内容的深度。本书适合车辆工程相关专业的本/专科生、研究生及从事新能源汽车领域的科研人员和工程技术人员阅读参考。

图书在版编目（CIP）数据

新能源汽车概论/高建平主编．—2 版．—北京：机械工业出版社，2022.11（2024.9 重印）

普通高等教育汽车类专业系列教材

ISBN 978-7-111-71794-2

Ⅰ.①新⋯ Ⅱ.①高⋯ Ⅲ.①新能源－汽车－高等学校－教材 Ⅳ.①U469.7

中国版本图书馆 CIP 数据核字（2022）第 186332 号

机械工业出版社（北京市百万庄大街22号 邮政编码100037）
策划编辑：何士娟　　　责任编辑：何士娟
责任校对：肖 琳 李 婷 封面设计：张 静
责任印制：张 博
北京雁林吉兆印刷有限公司印刷
2024年9月第2版第3次印刷
184mm×260mm・17.5 印张・429 千字
标准书号：ISBN 978-7-111-71794-2
定价：69.90 元

电话服务　　　　　　　　网络服务
客服电话：010-88361066　　机 工 官 网：www.cmpbook.com
　　　　　010-88379833　　机 工 官 博：weibo.com/cmp1952
　　　　　010-68326294　　金 书 网：www.golden-book.com
封底无防伪标均为盗版　　　机工教育服务网：www.cmpedu.com

第 2 版前言

当今世界正在经历百年未有之大变局，新一轮科技革命风起云涌，新能源汽车技术发展迅速。2020 年 10 月《节能与新能源汽车技术路线图 2.0》（以下简称技术路线图 2.0）的发布，确认了汽车技术"低碳化、信息化、智能化"的发展方向，提出了面向 2035 年我国汽车产业的发展目标和技术路线。这些变化都与本书的核心内容高度相关。为保障教材的科学性、时效性和完整性，有必要对第 1 版相关内容进行修订，修订的基本思路和内容主要体现在如下几个方面：

1）为让读者及时了解新能源汽车的最新发展状况和趋势，结合技术路线图 2.0，修订了新能源汽车"发展现状"与"发展趋势"的相关内容，并进一步补充了有关新能源汽车发展目标及技术路线的介绍。

2）为帮助读者深入了解新能源汽车的核心技术及研发过程，补充了"机电耦合动力系统构型原理""新能源汽车仿真、测试与评价技术"等内容。

3）为使教材的核心内容更加突出，删除了"新型燃料汽车""新能源汽车的商业模式及服务体系"等章节内容。

4）为使读者方便理解和准确把握教材的相关内容，对部分章节的顺序进行了调整，并对第 1 版中的个别错误和不当之处进行了更正。

5）为便于读者检验学习效果，为每章增加了课后习题。

本书由河南科技大学高建平教授担任主编，郗建国、吴延峰担任副主编，参加修订还有河南科技大学的刘攀、张玉琢，河南凯瑞车辆检测认证中心有限公司的徐振海，商丘师范学院的丁伟，河南交通职业技术学院的赵金宝，以及宇通客车股份有限公司的刘振楠、韩守亮、王印束、郑维、陈慧勇、郝斌、张晓伟、苏常军、曾升、王秋杰、张春敏、徐贤亚、王庆国、张涛、位跃辉、孙中博、程相、肖丹丹等工程技术人员。河南科技大学的史振宁、彭方方、苏志军、司皓哲等硕士研究生参与了课件及习题的整理工作。在此对大家的帮助表示衷心的感谢。

由于编者水平有限，书中不足之处在所难免，恳请广大读者批评指正。

高建平
2022 年 7 月

本书配备教学课件，选用本书作为教材的教师可在机械工业出版社教育服务网（www.cmpedu.com）注册后免费下载。

客服人员微信：13070116286。

配套资源目录总码

第 1 版前言

汽车工业的可持续发展面临能源和环境的挑战，发展新能源汽车成为全球共识，以纯电动汽车、插电式混合动力电动汽车、燃料电池汽车为代表的纯电驱动技术取得明显进展，市场占有率正逐步提升；以太阳能汽车、风能汽车、核能汽车、空气动力汽车、新型燃料汽车等可再生能源汽车，成为新能源汽车的有益补充，也具有良好的发展前景。新能源汽车将成为 21 世纪重要的交通工具。

新能源汽车已被国务院确定为我国七大战略性新兴产业之一，并在发布的《节能与新能源汽车产业发展规划（2012—2020 年）》中明确"当前重点推进纯电动汽车和插电式混合动力汽车产业化，推广普及非插电式混合动力汽车"，科技部明确提出全面实施"纯电驱动"技术转型战略，并自"十五"以来连续启动重点专项或重大项目重点支持新能源汽车的技术研发和产业化。截至 2017 年年底，我国新能源汽车保有量达到 153 万辆，其中 2017 年生产新能源汽车 77 万辆，占全年汽车产量的 2.6%。

在国家政策的引导下，新能源汽车正从技术研发、示范推广向产业化阶段快速推进，导致新能源汽车技术开发人员、产业服务人员短缺，亟须培养一批掌握新能源汽车原理、构造和应用的人才队伍。本书从新能源汽车的原理与构造出发，立足于帮助读者建立基本概念，同时开阔视野，扩大知识面；另外，为了满足不同层次读者对内容深度的需求，本书还介绍了电池、电机、电控三大核心技术，以及匹配与集成、安全、电磁兼容、轻量化、实验验证等共性关键技术内容，以及新能源汽车示范推广模式等，为读者从事更深入的研究工作打下基础。

本书由河南科技大学车辆与交通工程学院高建平、郗建国担任主编，参加编写的还有河南科技大学车辆与交通工程学院的王运玲，以及郑州宇通客车股份有限公司国家电动客车电控与安全工程技术研究中心的陈贞博士以及苏常军、曾升、王秋杰、张春敏、刘振楠、位跃辉、赵金宝等工程师，丁伟、孙中博等在资料收集整理过程中做了大量的工作。全书由高建平副教授统稿，北京理工大学车辆工程系的何洪文教授、郑州宇通客车股份有限公司国家电动客车电控与安全工程技术研究中心的李高鹏教授级高工在整书的成稿过程中给予了建设性建议和修改意见。

在本书完稿之际，对书中所引参考文献的作者致以衷心的感谢！

本书的出版还得到了河南科技大学教材出版基金的支持，在此一并表示感谢。

由于编者学识有限，书中不妥或错误之处在所难免，恳请读者提出宝贵建议，以便修订时予以纠正。

高建平

"天工讲堂"二维码索引

素材名称	小程序码	页码	素材名称	小程序码	页码
新能源汽车的技术路线发展		12	锂离子电池		99
纯电动汽车		18	电池管理系统的基本构成和功能		102
轮毂电动机结构组成		21	动力电池的电量管理（SOC管理）		104
燃料电池电动汽车		68	动力电池的热管理及数据通信		106
燃料电池		68	永磁同步电动机的构造与工作原理		112
铅酸动力电池概述		94	三相交流异步电动机的构造与工作原理		119

（续）

素材名称	小程序码	页码	素材名称	小程序码	页码
交流异步电动机的运行特性		120	电动汽车充电技术概述		141
开关磁阻电动机的构造与工作原理		124			

目 录

第 2 版前言
第 1 版前言
"天工讲堂"二维码索引

第 1 章 绪论 ·· 1
1.1 汽车能源的发展历程 ·· 1
1.1.1 蒸汽机汽车 ·· 1
1.1.2 早期电动汽车 ·· 1
1.1.3 内燃机汽车 ·· 2
1.1.4 现代电动汽车 ·· 2
1.2 新能源汽车概述 ·· 4
1.2.1 新能源汽车的概念和分类 ·· 4
1.2.2 新能源汽车发展背景 ·· 5
1.2.3 新能源汽车发展现状 ·· 5
1.3 新能源汽车的发展目标及技术路线 ··· 10
1.3.1 新能源汽车的发展目标 ··· 10
1.3.2 新能源汽车技术路线 ·· 12
课后习题 ·· 17

第 2 章 纯电动汽车 ·· 18
2.1 概述 ··· 18
2.2 驱动形式及应用 ··· 18
2.2.1 集中式驱动系统及应用 ··· 19
2.2.2 轮边电机驱动系统及应用 ·· 20
2.2.3 轮毂电机驱动系统及应用 ·· 21
2.3 能源形式及应用 ··· 24
2.3.1 电池单独驱动式纯电动汽车 ··· 24
2.3.2 超级电容单独驱动式纯电动汽车 ·· 25
2.3.3 复合电源驱动式纯电动汽车 ··· 27
2.3.4 双源驱动式纯电动客车 ··· 28
2.4 性能及评价 ·· 30
2.4.1 动力性 ··· 30
2.4.2 经济性 ··· 33
课后习题 ·· 34

第3章 插电式混合动力（增程式）电动汽车 ·········· 35

3.1 插电式混合动力（增程式）电动汽车概述 ·········· 35
- 3.1.1 插电式混合动力电动汽车的概念和特点 ·········· 37
- 3.1.2 增程式电动汽车的概念和特点 ·········· 38

3.2 插电式混合动力电动汽车的结构 ·········· 39
- 3.2.1 串联式结构 ·········· 39
- 3.2.2 并联式结构 ·········· 40
- 3.2.3 混联式结构 ·········· 41

3.3 机电耦合动力系统构型原理 ·········· 41
- 3.3.1 机电耦合系统的定义及分类 ·········· 41
- 3.3.2 机电耦合系统的构型 ·········· 43
- 3.3.3 机电耦合系统工作原理与特点 ·········· 45
- 3.3.4 机电耦合系统典型案例 ·········· 46

3.4 插电式混合动力电动汽车的典型案例 ·········· 49
- 3.4.1 丰田插电式普锐斯混合动力轿车 ·········· 49
- 3.4.2 比亚迪F3DM插电式混合动力汽车 ·········· 54
- 3.4.3 宇通插电式混合动力客车 ·········· 57

3.5 增程式电动汽车系统及典型案例 ·········· 59
- 3.5.1 增程式电动汽车的增程器 ·········· 59
- 3.5.2 增程式电动汽车的典型案例 ·········· 63

课后习题 ·········· 67

第4章 燃料电池汽车 ·········· 68

4.1 燃料电池 ·········· 68
- 4.1.1 燃料电池的种类 ·········· 68
- 4.1.2 燃料电池的特性 ·········· 73

4.2 燃料电池系统 ·········· 76
- 4.2.1 燃料电池堆 ·········· 76
- 4.2.2 氢供给系统 ·········· 82
- 4.2.3 热管理系统 ·········· 84
- 4.2.4 水管理系统 ·········· 85
- 4.2.5 氢安全系统 ·········· 85

4.3 燃料电池汽车的类型及应用 ·········· 88
- 4.3.1 PFC型燃料电池汽车 ·········· 88
- 4.3.2 FC＋B型燃料电池汽车 ·········· 89
- 4.3.3 FC＋C型燃料电池汽车 ·········· 91
- 4.3.4 FC＋B＋C型燃料电池汽车 ·········· 92

课后习题 ·········· 93

第5章 电动汽车核心技术 ········ 94

5.1 动力电池、超级电容及其管理技术 ········ 94
- 5.1.1 动力电池及其管理技术 ········ 94
- 5.1.2 超级电容器及其管理技术 ········ 107

5.2 驱动电机及其控制技术 ········ 112
- 5.2.1 永磁同步电机及其控制技术 ········ 112
- 5.2.2 交流异步电机及其控制技术 ········ 118
- 5.2.3 开关磁阻电机及其控制技术 ········ 124

5.3 整车综合能量管理技术 ········ 128
- 5.3.1 组成、功能与开发 ········ 128
- 5.3.2 整车控制策略 ········ 133

课后习题 ········ 139

第6章 电动汽车与智能电网 ········ 140

6.1 电动汽车充换电技术 ········ 140
- 6.1.1 电动汽车电能供给的方式 ········ 140
- 6.1.2 整车充电技术 ········ 141
- 6.1.3 电池更换技术 ········ 147

6.2 电动汽车充换电设施现状与发展趋势 ········ 150
- 6.2.1 充换电设施的需求 ········ 150
- 6.2.2 充换电设施的发展现状 ········ 152
- 6.2.3 充换电设施的发展需求和发展趋势 ········ 153

6.3 电动汽车与电网互动技术 ········ 153
- 6.3.1 电动汽车与电网互动框架 ········ 155
- 6.3.2 电动汽车与电网互动关键技术与设备 ········ 155
- 6.3.3 电动汽车参与电网互动的经济性及其影响因素 ········ 160
- 6.3.4 电动汽车与电网互动技术发展面临的挑战 ········ 162

课后习题 ········ 163

第7章 新能源汽车的其他关键技术 ········ 164

7.1 匹配与集成技术 ········ 164
- 7.1.1 动力系统匹配的基本原则 ········ 164
- 7.1.2 动力系统集成技术 ········ 166

7.2 整车辅助系统 ········ 178
- 7.2.1 电动助力转向系统 ········ 178
- 7.2.2 新能源汽车的空调系统 ········ 183
- 7.2.3 电液复合制动系统 ········ 186

7.3 整车安全技术 ········ 189

7.3.1 结构安全技术 189
7.3.2 高压电安全技术 190
7.3.3 功能安全技术 194
7.4 电磁兼容技术 194
7.4.1 电磁兼容基础 195
7.4.2 电磁兼容性设计方法 197
7.4.3 抑制电磁干扰的技术措施 197
7.5 轻量化技术 198
7.5.1 轻量化结构 198
7.5.2 轻量化工艺 200
7.5.3 新型材料的应用 202
7.5.4 轻量化技术应用实例 207
课后习题 208

第8章 新能源汽车仿真、测试与评价技术 209

8.1 新能源汽车仿真技术 209
8.1.1 仿真技术概述 209
8.1.2 软件在环仿真技术 210
8.1.3 硬件在环仿真技术 216
8.2 测试评价技术 223
8.2.1 整车测试评价 223
8.2.2 关键零部件测试评价 228
8.2.3 关键测试设备 232
课后习题 238

第9章 其他类型的新能源汽车 239

9.1 新型电动汽车 239
9.1.1 太阳能电动汽车 239
9.1.2 风能电动汽车 242
9.1.3 核能电动汽车 244
9.2 动势能汽车 245
9.2.1 飞轮电池汽车 245
9.2.2 空气动力汽车 247
课后习题 249

第10章 新能源汽车发展趋势 250

10.1 电动化 250
10.1.1 车载能源逐渐零碳化 250
10.1.2 分布式驱动是大势所趋 251

  10.1.3 　整车轻量化水平不断提高 ·· 251

  10.1.4 　整车平台化将成为主流 ·· 252

 10.2 　智能化 ··· 252

  10.2.1 　由信息孤岛向智能终端转变 ·· 252

  10.2.2 　由人驾驶车向车自动驾驶转变 ·· 252

  10.2.3 　由耗能机械向储能供能单元转变 ·· 253

  10.2.4 　由硬件定义汽车向软件定义汽车转变 ···································· 253

 10.3 　网联化 ··· 253

  10.3.1 　智能化与网联化融合发展 ·· 253

  10.3.2 　多级网联化体系逐渐成熟 ·· 254

  10.3.3 　网联化应用场景不断扩展 ·· 254

  10.3.4 　网联化与智慧城市、智能交通相融合 ···································· 254

 课后习题 ··· 254

附录　各种工况介绍 ·· 255

参考文献 ·· 265

第 1 章

绪 论

汽车的发展改变了人们的生活和行为方式。在现代生活中,汽车已经成为人们必不可少的交通工具。随着汽车工业的不断发展,全球汽车保有量不断攀升,汽车对于能源和环境的深层次的影响也逐渐体现。近年来,在各种需求和压力的作用下,新能源汽车作为一种新型环保的交通工具发展迅速。

1.1 汽车能源的发展历程

1.1.1 蒸汽机汽车

1765 年,英国的詹姆斯·瓦特发明了蒸汽机,并成功地应用于工厂,使其成为当时几乎所有机器的动力,改变了人们的工作和生产方式,极大地推动了技术进步,拉开了工业革命的序幕。

1769 年,法国陆军工程师、炮兵大尉尼古拉斯·古诺将一台蒸汽机装在了一辆木制三轮车上,这是世界上第一辆完全凭借自身的动力实现行走的蒸汽机汽车。

1801 年,英国工程师理查德·特雷蒂克制成了能够乘 8 人、车速为 9.6km/h 的蒸汽汽车。这是世界上第一辆载客蒸汽机汽车,但试车时锅炉被烧毁。

1825 年,英国哥尔斯瓦底·嘉内公爵制成了一辆蒸汽公共汽车,18 座,车速为 19km/h,这是世界上第一辆营业性质的公共汽车。

1838 年,英国发明家亨纳特发明了世界上第一台内燃机点火装置。该项发明被称为"世界汽车发展史上的一场革命",蒸汽机汽车从此渐渐退出历史的舞台。

1.1.2 早期电动汽车

电动汽车最早出现在英国。1834 年,英国的布兰顿演示了托马斯·戴文波特(Thomas Davenport)发明的蓄电池车。该车采用了不可充电的玻璃封装蓄电池,它比世界上第一辆内燃机汽车早了半个世纪。

1881 年,法国工程师古斯塔夫·特鲁夫(Gustave Trouvé)装配的以铅酸电池为动力的三轮车,是世界上第一辆以可充电电池为动力的电动汽车(图 1-1)。

1899年，法国人设计制造的子弹头型电动汽车续驶里程约为290km，最高速度达到了98km/h。这使得法国的电动汽车创下了当时世界电动汽车续驶里程和车速的最高纪录。

1912年，美国有34000辆电动汽车注册。贝克（Baker）电气公司是美国最重要的电动汽车制造商。底特律电气（Detroit Electric）公司生产的电动汽车最高速度可达40km/h，续驶里程可达129km。

图1-1　早期铅酸电池电动汽车

1920年，英国伦敦电动汽车公司生产了轮毂电机式后轮驱动、斜轮转向和装有充气轮胎的电动汽车。

随着科学技术的发展，内燃机汽车关键技术相继出现，经济的发展对长途客货运输的需求增多，电动汽车续驶里程短、充电时间长等缺陷凸显。随着内燃机汽车批量化和低成本化的生产，电动汽车遭到市场的淘汰。到20世纪30年代，电动汽车几乎消失了。

1.1.3　内燃机汽车

1876年，德国工程师尼古拉斯·奥托试制成功了第一台实用的活塞式四冲程煤气内燃机，这台内燃机被称为奥托内燃机。这是一台单缸卧式、功率为2.9kW的煤气机，压缩比为2.5，转速为250r/min。

1885年，卡尔·本茨在德国曼海姆制成了世界上第一辆汽车。这辆汽车于1886年1月29日在德国注册了汽车专利，专利人为卡尔·本茨。这一日被公认为汽车的诞生日。

1885年，德国人戈特利布·戴姆勒在坎斯塔特发明了世界上第一辆四轮汽车。该车由马车改装而成，安装0.8kW的汽油机，并增加了转向、传动等装置，最高车速达14.4km/h。本茨和戴姆勒都被誉为"现代汽车之父"。

1895年，法国科学院正式把汽车定名为"Automobile"，该词源自希腊文的"Auto"（自动）和拉丁文的"mobile"（运动）。

1908年，美国福特公司推出T型车，标志着世界汽车工业革命的开始。1913年，福特公司在底特律建成了世界上第一条汽车装配流水线，T型车成为大批量生产的开端，汽车装配时间也从12.5h缩短到1.5h。T型车的出现，使汽车从有钱人的专属品变成了趋于大众化的商品，在长达20年的生产期间，T型车被称为"运载整个世界的工具"。

汽车自19世纪末诞生以来，已经走过了风风雨雨的100多年。100年来，汽车产业飞速发展，同时也造就了多位巨人，创建出了奔驰、福特、丰田等著名的公司。

1.1.4　现代电动汽车

现代电动汽车是指主要以动力电池或超级电容为能量源、全部或部分由电机驱动的汽车，通常有纯电动汽车、插电式混合动力（增程式）电动汽车和燃料电池电动汽车等。

现代电动汽车横跨机械、电力、化工、信息、材料、交通等多个行业，融合了电化学、电力电子技术、控制工程、通信技术等多学科理论与技术，是一个多学科、跨领域、复杂的技术产品。

2011年，由特斯拉（Tesla）汽车公司制造的全尺寸高性能纯电动轿车Tesla Model S正式进入量产阶段。2021年，特斯拉全球销售量达到93.62万辆，是现代纯电动汽车的典型代表。

2011年12月，丰田汽车公司推出了第三代插电式的普锐斯，在200V电源下，充电时间为100min，在纯电动模式下能行驶20km，最高车速为100km/h；在混动模式下，汽油机将起动以提供额外动力。其百公里加速时间为11.4s，百公里油耗仅为2.2L。

2013年2月，世界上第一辆量产版氢燃料电池电动汽车iX35在现代汽车韩国蔚山工厂正式下线。该车采用了100kW的燃料电池堆为一台功率为100kW的电机提供能量，电机可提供的峰值转矩达到了300N·m，百公里加速时间为12.5s，最高车速可达151km/h，续驶里程达594km。储氢罐中可存放5.6kg氢气，即每千克氢燃料可支持汽车行驶106km。

由于电池、电机、电控及其他重要技术的发展，使得现代电动汽车技术发展取得了很大进步，在整车的动力性、续驶里程等方面都完胜早期的电动汽车。现在电动汽车各方面的性能已基本能够满足人们的日常需求，销量迅速增长。

汽车能源发展历经燃煤（w_C：90%~98%）、石油（w_C：83%~87%，w_H：11%~14%）、天然气（w_C：75%，w_H：25%），发展到现在提倡的新型能源——氢燃料（w_H：100%），整体上体现出汽车燃料"脱碳加氢"的过程，如图1-2所示。

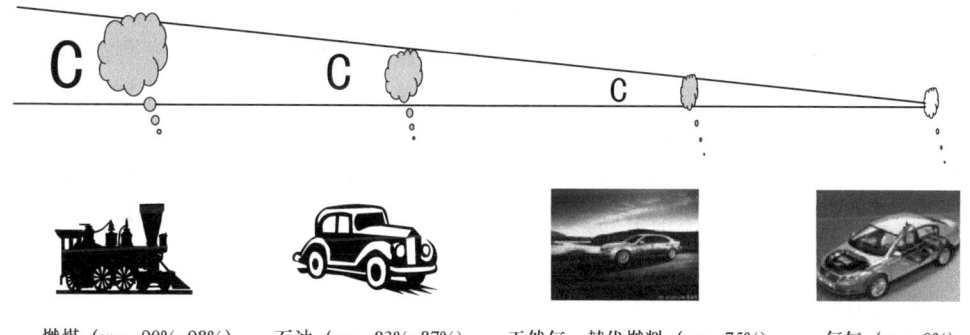

图1-2 汽车能源的"脱碳"发展历程

目前，新能源汽车是世界各国研究的方向，逐步地在进行能源的"脱碳加氢"。中、欧、美、日、韩、澳、俄等国家和地区均制定了氢能路线图，积极推进氢能产业技术研发和产业化布局。国际氢能委员会预计：到2050年，氢能将承担全球18%的能源终端需求，氢能的利用可贡献全球CO_2减排的20%，创造超过2.5万亿美元的市场价值，成为与汽油、柴油并列的终端能源体系消费主体，届时燃料电池汽车将占据全球汽车销量的20%~25%。

从全球来看，主要汽车生产和消费国都在积极推进汽车电动化全面发展。美国计划加快零排放公交客车和乘用车的生产和销售，并增加充电站数量，其中包括1000亿美元的消费补贴资金。日本、韩国和欧盟也都非常重视电动汽车的发展。跨国汽车企业也在积极布局和推广新能源汽车。比如在美国，通用汽车计划在电动汽车上投资270亿美元，到2025年前推出30款新车型，2035年前实现所有乘用车"零排放"，停止生产内燃机汽车。

福特汽车计划将2026年作为内燃机到纯电动化的过渡的临界点，届时欧洲福特所有乘用车都将提供纯电动或插电式混合动力车型，从2030年起在欧洲的所有车型将完全实现电动化。

在日本，2021年4月23日，本田汽车发布了其电动化产品的发展规划。计划到2030年，电动汽车和氢燃料电池电动汽车将占市场销量的40%，2035年达到80%，2040年前将电动汽车和燃料电池汽车车型的销售比例提高至100%，至2050年实现零碳排目标。

2020年，丰田电气化车辆的全球销量约为195万辆，占丰田整体销量的23%。同时，丰田计划到2025年实现全球每年销售约550万辆电气化汽车的目标，其中纯电动和燃料电池车型规模达到100万辆以上。

日产汽车的目标是：到2030年初期实现核心市场（日本、中国、美国和欧洲）新车型100%的电动化，到2050年整个集团的企业运营和产品生命周期实现碳中和。

从日本车企制定全面电气化时间表来看，日本计划在未来15年内淘汰燃油车，到2035年，电动车（包括混动、燃料电池汽车）将替代燃油车。

在欧洲，大众汽车集团未来5年将在电动化与混动化领域投资460亿美元。到2030年，希望将欧洲市场中纯电动车型的占比提升至60%，在中国和美国两大市场，纯电动车型占比均超过50%，2050年前通过产品全生命周期的碳减排实现碳中和。大众汽车未来业务重心将逐步转向电动车，不再继续研发新型内燃机，但并未透露结束内燃机生产的具体时间表。

梅赛德斯-奔驰计划在2025年实现全部销量的25%以上为纯电动车型，至2030年插电式混合动力及纯电车型将占全球销量的50%以上。按照"2039愿景"，梅赛德斯-奔驰计划在2039年前实现乘用车新车型阵容的碳中和。届时，梅赛德斯-奔驰计划停止销售传统内燃机乘用车，旗下所有乘用车实现碳中和。

宝马集团的目标是：到2023年将在约90%的细分市场中为每一条产品线提供至少一款纯电动车型，2025年纯电动车销量将为2020年的10倍以上。到2025年底预计完成全球第200万辆纯电动车的交付，到2030年单车二氧化碳排放量相较2019年至少降低1/3。

汽车面世100多年来，内燃机动力系统始终是研发的核心。但近年来，越来越多国家宣称禁售内燃机汽车。比如，挪威计划2025年开始实施，印度、荷兰和英国将在2030年跟进，德国计划在2050年执行禁令，美国加州决定在2035年后完全禁止销售内燃机汽车。一些汽车厂商也宣布将停止对内燃机汽车的进一步研发，比如通用、福特、梅赛德斯-奔驰、宝马子品牌Mini、捷豹、宾利等。

不过，对于新能源汽车业内也有人质疑，比如动力电池在生产和回收过程有大量碳排放，纯电动汽车节能减排是伪命题。根据欧洲车企全生命周期评估方法，生产一辆电动汽车并不比生产燃油车碳排放少，因为汽车企业碳中和需要解决电动车从供应链、电池组、生产与物流、使用阶段到报废回收全生命周期的碳问题。

1.2 新能源汽车概述

1.2.1 新能源汽车的概念和分类

新能源汽车是指采用新型动力系统，完全或主要依靠新型能源驱动的汽车。按照能量源的不同，新能源汽车可分为电动汽车、新型电动汽车、动势能汽车等。

电动汽车是主要以动力电池或超级电容为能量源、全部或部分由电机驱动的汽车。这类汽车主要有插电式混合动力（增程式）电动汽车、纯电动汽车及燃料电池汽车等。

新型电动汽车主要是利用一些新型能源进行车载发电、全部或部分由电机驱动的汽车。目前应用到车上的新型能源主要有太阳能、风能等可再生能源以及核能等。

动势能汽车主要是通过转化动能或者势能驱动的汽车。这类汽车主要有飞轮电池汽车、空气动力汽车等。

新能源汽车的分类如图1-3所示。

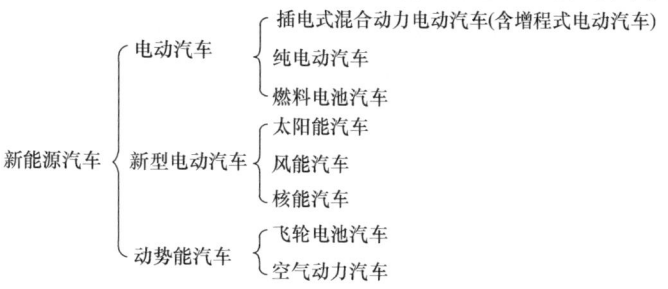

图1-3 新能源汽车的分类

1.2.2 新能源汽车发展背景

在200年的工业化进程中，化石能源被大量、广泛地使用，在创造了工业文明的同时，也带来了日益严重的"副产品"：环境污染、气候变暖、生态恶化，最终将对人类的生存与发展构成了严重威胁。我们需要寻求更集约、可持续、符合自然和社会伦理的生产和生活方式。一个公认的思路是：以新一轮技术革命为支点，以发展新能源汽车为突破口，推进和实现汽车产业革命。

1. 石油短缺

随着汽车保有量的不断增长，世界范围内对石油的需求也与日俱增。2012—2019年，全球石油的消费量呈现逐年增长的态势，2019年，全球石油日均消费量实现9827万桶，较石油产量高出约300万桶，石油市场整体呈现出轻微的供不应求态势。随着发展中国家汽车数量的迅速增长，新增的石油消费量大部分将来自交通运输行业。

当前，随着世界政治、经济格局的深刻调整，能源供求关系正在发生深刻变化。我国能源资源约束日益加剧，生态环境问题突出，调整结构、提高能效和保障能源安全的压力进一步加大，能源发展面临一系列新问题、新挑战。

2. 环境污染

城市交通所产生的废气、噪声与扬尘已经成为城市环境污染的主要来源。世界各国的大城市中，机动车排出的废气是空气中最大的污染源。

传统燃油汽车在行驶过程中会产生大量的有害气体，不但污染环境，还影响人类健康。汽车尾气排放的主要污染物为一氧化碳（CO）、碳氢化合物（HC）、氮氧化物（NO_x）、细微颗粒物（PM）及硫化物等。这些一次污染物还会通过大气化学反应生成光化学烟雾、酸沉降等二次污染物。

1.2.3 新能源汽车发展现状

1. 美国新能源汽车发展现状

经过近几年的发展，清洁能源汽车在美国汽车产业中的市场占有率也呈现出积极上升的态势，在2012—2013年、2015—2016年，市场份额均显著增加。可以看出，政府对于消费者的补贴政策、税收抵免优惠政策及以旧换新政策均有成效。美国能源部提供资金，支持通用汽车公司、福特汽车公司、通用电气公司的研究项目。联邦政府为推进电动汽车计划，出台了一系列强力措施，斥巨资支持动力电池、关键零部件的研发和生产，支持充电基础设施建设，提供消费者购车补贴和政府采购。美国还设立了专项基金，以低息贷款方式支持厂商对节能和新能源汽车的研发和生产，目标是每年汽车燃油经济性提高1倍。

美国电动汽车企业特斯拉近几年在整车制造及销售等方面连创佳绩，未来的美国新能源汽车产业良性发展的可能性仍然很大。2016年，美国政府发布了关于"加快普及电动汽车"计划的声明，希望通过加强政府与企业合作，进一步推广电动汽车和加强充电基础设施建设。2017年9月美国新能源汽车销量再创新高，达到21282辆，同比增长29.19%；累计销量达到142471辆，同比增长31.18%。截止到2018年10月，美国当年新能源汽车销量为31.3万辆，同比增长566%。

2. 欧洲新能源汽车发展现状

欧洲与电动汽车相关的发展计划主要有FP系列计划、欧洲燃料电池研究发展示范计划、欧洲燃料电池客车示范计划和欧洲电动汽车城市运输系统计划等。欧洲新能源汽车发展在早期主要以生物燃料、天然气以及氢燃料为主，21世纪初曾经提出到2020年完成23%的石油替代目标。欧洲更加注重温室气体减排战略，规定了日益严格的二氧化碳排放限制要求，欧洲面向2030年的轻型车CO_2排放规定可划分为2021—2024年、2025—2029年及2030年之后这3个时段。节点要求是2030年比2021年减排30%，2025年比2021年减排15%，这也成为欧洲对新能源汽车发展的主要驱动力之一。

近几年来，欧洲对电动汽车给予高度关注。例如，德国2009年下半年发布电动汽车计划，高度重视纯电驱动的电动汽车发展，以纯电为重点。并提出到2020年保有量达到100万辆，2030年突破600万辆，2050年基本实现新能源汽车普及，并设立"国家电动汽车平台"，保证计划实施。2016年5月，德国出台政策激励电动汽车发展，支持政策主要包括研发支持、示范支持、使用支持和财税支持等。到2016年初，市场上已经有35款不同类型的电动汽车来自于德国汽车制造商。充电基础设施方面，2016年6月，德国总计有6517个公共充电设施，与2015年年末相比提高了10%。

法国计划在未来4年投入4亿欧元进行纯电动汽车和混合动力汽车的研发。另外，法国也是欧洲新能源车普及率最高的国家之一，在法国购买电动车的车主，除了免除车辆购置税和公路税（5年内可节省6000欧元税金），购买纯电动车及碳排放量在21~60g/km的混动车型可获得750欧元的优惠，碳排放量少于20g/km的可获得6300欧元的优惠，其中购买纯电动车还可以额外获得5000欧元的电力补助。

3. 日本新能源汽车的发展现状

日本是汽车生产大国，由于日本的石油资源匮乏，石油几乎全部依赖进口，日本汽车公司在积极开展和推进各种新能源汽车研究和市场化工作，其混合动力汽车技术处于世界领先地位。在2010年4月日本经济产业省提出了《新一代汽车战略2010》；2018年，日本颁布了第五次《能源战略规划》，将2030年能源自给率目标调整为24%，加速"氢能源社会"的构建。通过对《能源战略规划》的不断调整和修订，日本通过多重渠道建立起清洁、高效的能源供应体系。2018年，日本政府宣布日本新能源与产业技术综合开发机构与15家研究机构、23家企业将开展合作，着重进行新一代电池全固态电池的研发，使环保汽车占据汽车市场总量的一半左右。为了实现这一计划，日本政府通过援建电动汽车基础设施、减税和发放补贴等促进环保汽车发展。日本通过制订国家目标，引导新能源汽车产业的发展并高度重视技术创新。同时，政府也制定了鼓励电动汽车开发与推广应用的相关政策及措施，把发展电动汽车作为"低碳革命"的核心内容。

目前日本的混合动力汽车可以节能38%，而且为了适应未来新能源汽车的发展，日本已经开始进行道路、周边设施的改造，包括居民住宅设施。

日本的丰田、本田两家公司分别实现了新能源汽车的产业化，丰田普锐斯和本田思域两款混合动力汽车得到了日本和北美市场的普遍认可，截至2013年12月底，普锐斯全球累计销量已达600万辆。日本政府则是采取绿色税制、购车补贴和分层次建设充电设施等多种措施发展新能源汽车。

日本在《2010年新一代汽车战略》提出2020年混合动力电动汽车与纯电动汽车将占据20%~50%的目标，然而2013年新能源汽车的销量已经达到了2020年的目标，发展速度相当快。2013年和2014年，日本政府分别提出"日本重振战略"和"汽车战略2014"，加大对电动汽车补贴。2014年6月，日本政府发布《氢燃料电池战略规划》，明确下一步政策重点从混合动力汽车向燃料电池汽车转移，提出全力打造"氢社会"的目标。2016年3月，日本政府新制定了《电动汽车发展路线图》，提出到2020年国内电动汽车保有量突破100万辆。日本《氢能/燃料电池发展战略路线图》提出到2025年，日本燃料电池汽车保有量将达到20万辆。

4. 中国新能源汽车发展现状

我国政府高度重视新能源汽车发展，将其确立为国家战略。2020年10月20日，国务院印发《新能源汽车产业发展规划（2021—2035年）》。规划提出到2035年，纯电动汽车应该成为新销售车辆的主流车型，公共用车领域实现电动化，燃料电池汽车实现商业化，高度自动驾驶汽车实现规模化。2020年10月27日，中国汽车工程学会在2020中国汽车工程学会年会暨展览会开幕式上发布《节能与新能源汽车技术路线图（2.0版）》。科学规划了"1+9"的技术路线图，即总体技术路线图和节能汽车、纯电动和插电式混合动力汽车、氢燃料电池汽车、智能网联汽车、汽车智能制造与关键装备、汽车动力电池、新能源汽车电驱动总成系统、充电基础设施、汽车轻量化9个细分领域技术路线图。《中国制造2025》中提出：继续支持电动汽车、燃料电池汽车发展，掌握汽车低碳化、信息化、智能化核心技术，提升动力电池、驱动电机、高效内燃机、先进变速器、轻量化材料、智能控制等核心技术的工程化和产业化能力，形成从关键零部件到整车的完整工业体系和创新体系，推动自主品牌节能与新能源汽车同国际先进水平接轨。

根据国家溯源平台数据，截至2020年4月，我国新能源汽车销售量前30的省、自治区、直辖市统计如图1-4所示。其中，北京、上海、广东等一线省市的新能源汽车销售占全国新能源汽车总销量的33.4%；包含浙江、安徽、山东、江苏、河南、天津和福建等前十名省市的新能源汽车销售量占全国新能源汽车总销量的70.7%；黑龙江、吉林、辽宁等东北地区，甘肃、新疆、宁夏、青海等西北地区，以及内蒙古自治区的新能源汽车销量占全国新能源汽车总销量的2.2%。

截至2020年4月，各类新能源乘、商用车按场景分布占比如图1-5所示。在新能源乘用车的应用场景分布中，私人乘用车占比65.3%、租赁及出租车合计占比23.1%、公务乘

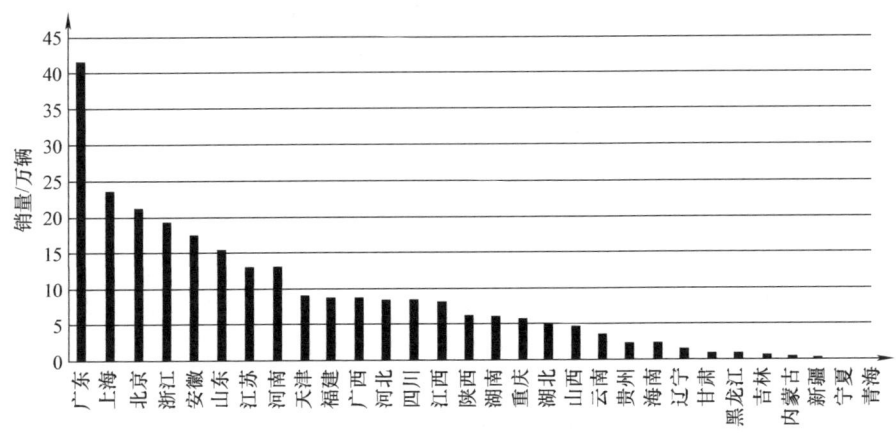

图1-4　我国新能源汽车销量分布

用车占比11.6%。在新能源商用车中，公交类场景的新能源客车达到20.1万辆，占新能源客车总量的80.4%；市内通勤类新能源客车达到2.8万辆，占比11%；长途运行的旅游客车和公路客车分别为1.1万辆和1.0万辆，合计占比约9%。在新能源货车领域，物流特种车约21.8万辆，占新能源货车的96.5%；环卫特种车约0.5万辆，占比2.2%；搅拌车、矿场运输车等工程特种车约0.3万辆，占新能源货车总量的1.3%。

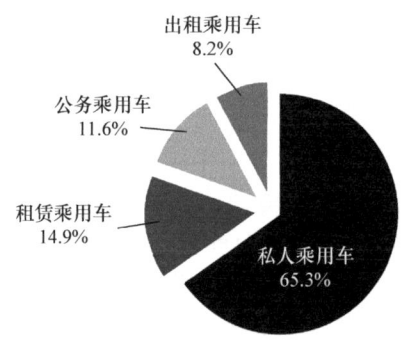

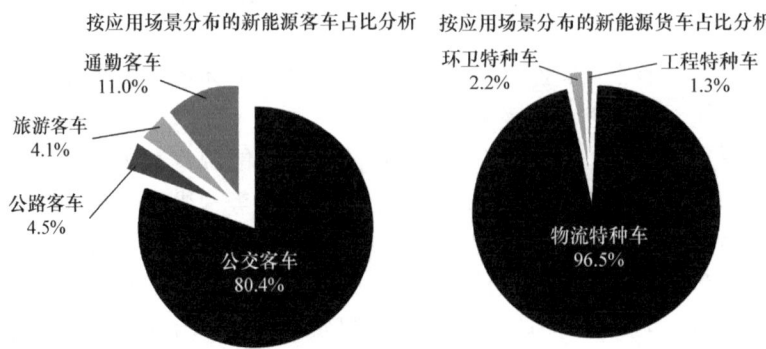

图1-5　各类新能源乘用车、商用车场景分布占比

第1章 绪 论

在国家多年研发支持下,到"十三五"初期,我国汽车行业掌握了新能源汽车整车动力系统平台以及关键零部件的核心技术,建立了"三纵三横"和"三大平台"构成的矩阵式技术创新体系,形成了较为全面的基础研究、产品开发、试验检测和评价能力。新能源汽车整车技术水平明显提升,关键核心技术取得了重大突破,主要体现在以下方面:

一是插电式混合动力乘用车技术取得较大进展。目前,国内插电式混合动力技术主要应用于乘用车,主要汽车企业纷纷加大研发力度,推出插电式混合动力乘用车车型。比亚迪插电式混合动力已发展到第四代,技术明显提升,最高车速和加速性能均有较大提高。

二是纯电动汽车技术日益成熟,已经具备产业化条件。其发展的一个大趋势,主要有三个方面:轻量化、智能化、低碳化。目前我国已掌握了整车控制、动力系统匹配与集成设计等关键技术,大部分企业已经进入产业化阶段。纯电动轿车方面,主要整车企业均将电动汽车纳入企业产品规划,投入不断加大,比亚迪、江淮、东风、长安、奇瑞、吉利、蔚来等主要汽车企业均研制开发出纯电动汽车,部分车型技术已有显著提高。如蔚来 ES8,搭载 100kW·h 电池包,车辆综合工况下续驶里程最长可达 580km,并搭载 NIO Pilot 自动辅助驾驶系统和 NOMI 车载人工智能系统。

三是燃料电池汽车技术取得重要进展。在国家"十五"863 计划电动汽车重大专项和"十一五"节能与新能源汽车重大项目支持下,我国燃料电池汽车技术研发取得重要进展,初步掌握了整车、动力系统与关键零部件的核心技术;建立了具有自主知识产权的燃料电池汽车动力系统技术平台;形成了燃料电池发动机、动力电池、DC/DC 变换器、驱动电机、储氢与供氢系统等关键零部件配套研发体系,具有百辆级燃料电池汽车动力系统平台与整车生产能力。2008 年,在北京车展上人们首次看见了"氢程"。"氢程"是我国自主研发的首款氢动力概念车。当前,我国的燃料电池依然处于研发和小规模示范运行的阶段。在"863 计划"、"十五规划"的电动汽车重大科技专项与"十一五规划"节能与新能源汽车重大项目的支持下,我国的质子交换膜燃料电池和燃料电池汽车研究发展迅速。2003 年,同济大学成功研制中国第一辆燃料电池轿车"超越号"并示范运行。在整车方面,根据 2017 年我国新能源汽车目录统计,全国氢燃料电池商用车产量共 1226 辆,包括 10 家车企、11 个品牌的 22 款氢燃料电池汽车。我国在《"十三五"国家战略性新兴产业发展规划》中提出:要系统推进燃料电池汽车研发与产业化,到 2020 年,实现燃料电池汽车批量生产和规模化示范应用。2016—2019 年,国内燃料电池汽车的销量呈现逐年增加的趋势。中国汽车工业协会发布的《2019 年汽车工业经济运行情况》显示,2019 年我国燃料电池汽车产量为 2833辆,同比增长 85.5%;燃料电池汽车销量为 2737 辆,同比增长 79.2%。截至 2020 年 6 月,我国燃料电池汽车累计销售超过 6000 辆。从汽车销量数据来看,我国燃料电池汽车产业发展方向与国外存在明显不同:美国、日本、韩国和欧盟的燃料电池汽车推广以乘用车为主,而我国以商用车为主,已实现量产并投入规模化运营。

四是关键零部件产业化技术明显提高,部分关键技术取得突破。在动力电池方面,具备了产品研发能力和基础生产装备设计制造能力,动力电池性能指标国际领先,锂离子电池正、负极材料和电解液三大关键材料实现了国产化;在驱动电机系统方面,产品主要技术指标达到国际水平,性价比在国际上具有一定优势,形成了若干家年产能达到万套级以上的驱动电机企业,2020 年,中国新能源汽车驱动电机装机量为 146.3 万台,同比增长 10.5%;在电控系统方面,近几年来,中国新能源汽车电控系统行业在关键技术领域快速发展,产品系列化基本可满足 200kW 以下动力需求。

2021 年 3 月，我国工业和信息化部数据显示，我国新能源汽车产销量连续 6 年位居世界第一，累计销售 550 万辆。2020 年，新能源汽车产销 136.6 万辆和 136.7 万辆，同比增长 7.5% 和 10.9%。图 1-6 和图 1-7 分别是为 2014—2020 年我国新能源汽车产销量变化图。

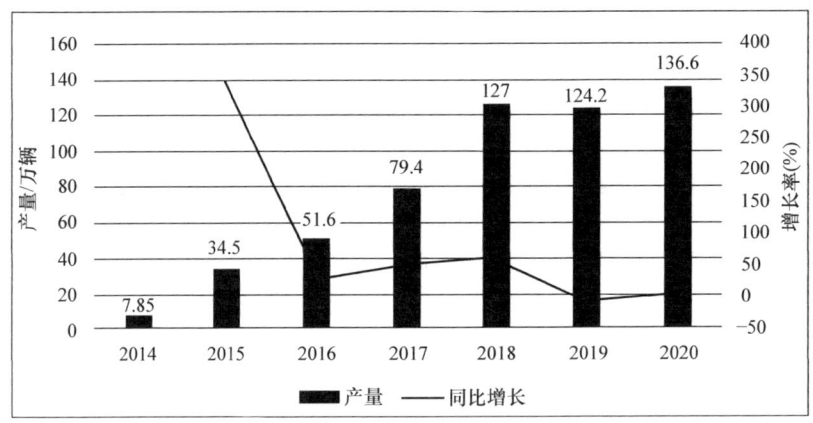

图 1-6　2014—2020 年我国新能源汽车产量变化图

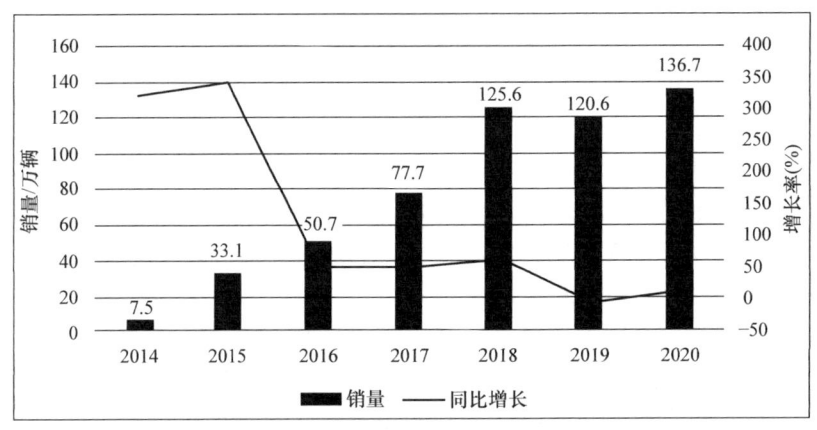

图 1-7　2014—2020 年我国新能源汽车销量变化图

1.3　新能源汽车的发展目标及技术路线

1.3.1　新能源汽车的发展目标

纯电动、插电式混合动力汽车和燃料电池汽车作为我国新能源汽车的重要组成部分，是我国战略性新兴产业之一，同时也是《中国制造 2025》的重点研究领域。

1. 纯电动和插电式混合动力汽车发展目标

根据《节能与新能源汽车技术路线图 2.0》预测，到 2025 年新能源汽车保有量达 2500 万辆，新能源乘用车当年销量约 550 万辆，新能源客车销量 10 万～15 万辆，占客车总销量

30%，新能源货车销量40万~60万辆，占货车总销量大于12%，其中纯电动和插电式混合动力汽车销量占新能源汽车销量的15%~25%。

到2030年新能源汽车保有量达8000万辆，新能源乘用车当年销量约1400万辆，新能源客车销量15万~18万辆，占客车总销量40%，新能源货车销量60万~80万辆，占货车总销量大于17%，其中纯电动和插电式混合动力汽车销量占新能源汽车销量的30%~40%。

到2035年新能源汽车保有量达1.6亿辆，新能源乘用车当年销量约2300万辆，新能源客车销量18万~20万辆，占客车总销量50%，新能源货车销量70万~90万辆，占货车总销量大于20%，其中纯电动和插电式混合动力汽车销量占新能源汽车销量的50%~60%。新能源汽车分阶段目标和里程碑见表1-1。

表1-1　新能源汽车分阶段目标和里程碑

时间	新能源汽车保有量	当年销量占比	新能源乘用车	新能源商用车
2025年	大于2500万辆	BEV + PHEV 销量占总销量的15%~25%	新能源乘用车当年销量约550万辆	新能源客车销量10万~15万辆 新能源客车占客车总销量30%，新能源货车销量40万~60万辆 新能源货车占货车总销量大于12%
2030年	大于8000万辆	BEV + PHEV 销量占总销量的30%~40%	新能源乘用车当年销量约1400万辆	新能源客车销量15万~18万辆 新能源客车占客车总销量40%，新能源货车销量60万~80万辆 新能源货车占货车总销量大于17%
2035年	大于1.6亿辆	BEV + PHEV 销量占总销量的50%~60%	新能源乘用车当年销量约2300万辆	新能源客车销量18万~20万辆 新能源客车占客车总销量50%，新能源货车销量70万~90万辆 新能源货车占货车总销量大于20%

2035年，纯电动和插电式混合动力汽车领域将形成自主、完整的产业链。自主品牌汽车产品技术水平和国际同步，拥有在全球销量进入前5位的一流整车企业，动力蓄电池、驱动电机等关键系统实现批量出口，完成纯电动和插电式混合动力汽车、融合风/光发电的智能电网整体联网的区域试点，换电技术完成较大规模的示范。

2. 燃料电池汽车发展目标

到2025年，加快实现氢能及燃料电池汽车的推广应用。以大型SUV、公共服务用车的批量应用为主，基于现有储运加注技术，基于150km的辐射距离，因地制宜地推广氢能与燃料电池技术，优化燃料电池系统结构设计，加速关键部件产业化，大幅降低燃料电池系统成本。燃料电池汽车保有量达到5万~10万辆规模。

到2030年，实现氢能及燃料电池汽车的大规模推广应用。大规模氢的制取、存储、运输、应用一体化，加氢站现场储氢、制氢模式的标准化和推广应用；完全掌握燃料电池核心关键技术。建立完备的燃料电池材料、部件、系统的制备与生产产业链。燃料电池汽车规模在 50 万~80 万辆，氢气来源 50% 为清洁能源。

到 2035 年，突破新一代储运技术，突破加氢站数量瓶颈，城市间联网跨域运行，实现百万辆的燃料电池汽车推广应用。我国氢燃料电池汽车阶段性发展目标见表 1-2。

表 1-2 我国氢燃料电池汽车阶段性发展目标

时间	应用领域	乘用车性能指标	商用车性能指标
2025 年	基于现有储运加注技术；各城市因地制宜，经济辐射半径 150km 左右；运行车辆 5 万~10 万辆	冷起动温度≤-40℃； 最高效率≥50%； 质量功率密度≥550W/kg； 体积功率密度≥600W/L； 寿命≥6000h	燃料电池发动机： 冷起动温度≤-40℃； 最高效率≥60%； 质量功率密度≥400W/kg； 寿命≥20000h
2030 年	开发新一代储运技术，提升加氢站数量，城市间联网跨域运行，保有量 50 万~80 万辆	冷起动温度≤-40℃； 最高效率≥52%； 寿命≥7000h； 体积功率密度：≥1.2kW·h/L	起动温度≤-40℃； 最高效率≥60%； 寿命≥25000h； 体积功率密度：≥1.2kW·h/L
2035 年	突破新一代储运技术，突破加氢站数量瓶颈，城市间联网跨域运行，保有量 80 万~100 万辆	冷起动温度≤-40℃； 最高效率≥55%； 寿命≥8000h； 体积功率密度：≥1.2kW·h/L	起动温度≤-40℃； 最高效率≥60%； 寿命≥30000h； 体积功率密度：≥1.2kW·h/L

1.3.2 新能源汽车技术路线

1. 纯电动汽车技术路线

到 2025 年，在中型以下乘用车公务、租赁服务车，家用短途代步车，出租、网约车，市内物流、公交、环卫车中大批量应用。技术领先的典型纯电动客车（12m）综合工况电耗小于 65kW·h/100km（CHTC 工况）。典型 A00 级车型续驶里程约 200km，综合工况电耗小于

新能源汽车的技术路线发展

9kW·h/100km。典型 A 级车型续驶里程约 300km，综合工况电耗小于 11kW·h/100km。典型 B 级车型综合工况续驶里程约 500km，综合工况电耗小于 13kW·h/100km，具备较好的加速性和良好驾驶体验。先进驱动方式（包括集中式和分布式驱动）驱动电机功率密度达到 5.0kW/kg，控制器功率密度 40kW/L。蓄电池系统实现高比能、高安全、低成本，高端车型能量型动力蓄电池单体能量密度达到 800W·h/L，电压平台达到 500~700V；实现底盘电动化、电驱动与电制动系统集成。整车安全技术水平全面提升，整车能效优化控制、轻量化技术进一步提升。

到 2030 年，在高端商务、专用场地、短途商用车上实现大批量应用。乘用车技术领先的典型 A 级纯电动汽车综合工况电耗小于 10.5kW·h/100km（CLTC）。公交客车技术领先的典型纯电动客车（12m）综合工况电耗小于 60kW·h/100km（CHTC）。典型 A00 级车型

续驶里程约200km，综合工况电耗小于8.5kW·h/100km，慢充为主，具备L3/DA自动泊车等功能。典型A级车型续驶里程约300km，综合工况电耗小于10.5kW·h/100km，出租车场景可搭载换电技术。典型B级车型综合工况续驶里程小于600km，法规工况电耗小于12.5kW·h/100km，具备快/慢充换电技术，具备L4级智能网联水平。高效、高性能驱动方式驱动电机功率密度达到6.0kW/kg，控制器功率密度达到50kW/L；高端车型能量型动力蓄电池单体能量密度达到900W·h/L，电压平台达到750~900V；开发基于下一代动力系统的全新概念纯电动汽车底盘设计技术。

到2035年，在新增乘用车中占据主流，市内公交及物流实现全覆盖，在特种商用车上大批量使用。技术领先的典型A级纯电动汽车综合工况电耗小于10kW·h/100km（CLTC）。技术领先的典型纯电动客车（12m）综合工况电耗小于55kW·h/100km（CHTC）。典型A00级车型续驶里程约200km，综合工况电耗小于8kW·h/100km。典型A级车型续驶里程约300km，综合工况电耗小于10kW·h/100km，优选网约车搭载双电机分布式驱动技术。典型B级车型续驶里程小于650km，法规工况电耗小于12kW·h/100km，具备优异的加速性、良好驾驶体验和分布式驱动系统，达到L5级智能网联水平。持续优化的高效驱动方式驱动电机功率密度达到7.0kW/kg，控制器功率密度达到70kW/L；高端车型能量型动力蓄电池单体能量密度达到900W·h/L，电压平台达到750~900V。纯电动汽车技术路线见表1-3。

2. 插电式混合动力汽车技术路线

到2025年，插电式混合动力汽车在有限行、限购、限号的城市批量应用，满足日均行驶里程较短的细分市场。城市工况纯电动行驶加速性能接近传统汽车水平，电量维持模式油耗比同级别传统车型节油30%。技术领先的典型A级及以上PHEV车型在电量维持模式油耗小于4.3L/100km，建议纯电续驶里程不超过80km。技术领先的插电混动专用发动机点工况最高热效率可达到44%。开发机电耦合机构、电机集成技术和以能量管理为核心的整车控制技术。

到2030年，在A级以上私人乘用车、公务用车及其他日均行程适中的领域实现批量应用。城市工况纯电动行驶加速性能接近传统汽车水平，电量维持模式油耗比同级别传统车型节油38%。技术领先的典型A级及以上PHEV车型的电量维持模式油耗小于4.0L/100km，建议纯电续驶里程不超过80km。技术领先的插电混动专用发动机点工况最高热效率可达到47%，发展与智能化、信息化融合的整车智能控制技术。

到2035年，在A级以上私人乘用车、公务用车及其他日均行程较长的领域实现大量应用。城市工况纯电动行驶加速性能接近传统汽车水平，电量维持模式油耗比同级别传统车型节油42%。技术领先的典型A级及以上PHEV车型在电量维持模式油耗小于3.8L/100km。技术领先的插电混动专用发动机点工况最高热效率可达到50%。发展与自动驾驶相融合的整车控制技术。开发节油效果更优、全工况适用、平台通用性好的混合动力总成、整车匹配技术、总布置优化技术、电动汽车整车安全、NVH、寿命等性能控制技术以及轻量化技术，排放水平达到同期法规标准（表1-4）。

表1-3 纯电动汽车技术路线

时间	应用领域	关键指标				典型车型			关键技术提升	
		乘用车：典型A级纯电动汽车综合工况	公交客车：典型纯电动客车（12m）综合工况			入门乘用车：典型A00级车型，整备质量<1000kg，续驶里程建议约200km	普及型乘用车：典型A级车型，整备质量1600kg，续驶里程建议约300km	高端型乘用车：典型B级车型，整备质量约1800Kg，续驶里程建议约1800km		
2025年	在中型以下乘用车应用；租赁服务大批量应用；在家用车短途代步、出租车、物流、公交、环卫中大批量使用	电耗小于11kW·h/100km（CLTC）	电耗小于65kW·h/100km（CHTC）			综合工况电耗小于9kW·h/100km，磷酸铁锂电池为主，单电机，动力需求一般	综合工况电耗小于11kW·h/100km，家用普通通勤场景选用三元锂电池或长寿命磷酸铁锂电池	建议综合工况续驶里程不小于500km，法规工况电耗小于13kW·h/100km三元等特性能型蓄电池为主，较好的加速性和良好驾驶体验，具备L3级智能网联水平	高比能、高安全蓄电池系统，低成本、高精度蓄电池管理系统，高端型能量型动力蓄电池单体能量密度800W·h/L，电压平台500~700V	先进驱动方式（包括分布式、集中式）驱动电机功率密度达到5.0kW/kg，控制器功率密度40kW/L
2030年	在高端商务、专用场地、短途物流实现大批量应用	电耗小于10.5kW·h/100km（CLTC）	电耗小于60kW·h/100km（CHTC）			综合工况电耗小于8.5kW·h/100km，慢充为主，自动泊车等功能	综合工况电耗小于10.5kW·h/100km，出租车载换电技术，L3/DA	建议综合工况续驶里程不小于600km，法规工况电耗小于12.5kW·h/100km具备快换电技术，具备L4级智能网联水平	新体系蓄电池系统高端型动力蓄电池单体能量密度900W·h/kg，电压平台750~900V	高效、高性能驱动电机功率密度达到6.0kW/kg，控制器功率密度50kW/L	基于下一代动力系统的全新概念纯电动汽车底盘设计技术
2035年	在新增乘用车中占据主流，市内公交及短途物流实现全覆盖，在特种商用车上大批量使用	电耗小于10kW·h/100km（CLTC）	电耗小于55kW·h/100km（CHTC）			综合工况电耗小于8kW·h/100km，磷酸铁锂蓄电池、单电机，成本低、安全可靠	综合工况电耗小于10kW·h/100km，优选网联车搭载双电机分布式驱动技术	建议综合工况续驶里程不小于650km，法规工况电耗小于12kW·h/100km具备优异的加速性和良好驾驶体验，追求安全性能；分布式L5级智能网联水平	新体系蓄电池系统高端型动力蓄电池单体能量密度900W·h/L，电压平台750~900V	持续优化的高效驱动电机功率密度达到7.0kW/kg，控制器功率密度70kW/L	到2025年，安全技术水平提升；到ASⅡ-D水平，整车技术全面提升，整车能效优化集成技术，轻量化技术

表1-4 插电式混合动力汽车技术路线

时间	应用领域	关键指标	典型车型	关键技术提升			
2025年	在有限行限购限号的城市批量应用,满足日均行驶里程较短的细分市场	城市工况纯电动行驶加速性能接近传统汽车水平,电量维持模式油耗比同级别传统车型节油30%	乘用车:技术领先的典型A级及以上PHEV车型在电量维持模式油耗小于4.3L/100km 建议纯电续驶里程不超过80km	技术领先的插电混动专用发动机点工况最高热效率可达到44%	以能量管理为核心的整车控制技术	机电耦合机构与电机集成技术	整车匹配技术、总布置优化技术等底盘系统集成优化技术
2030年	在A级以上私人乘用车、公务用车及其他日均行程适中的领域实现批量应用	城市工况纯电动行驶加速性能接近传统汽车水平,电量维持模式油耗比同级别传统车型节油38%	乘用车:技术领先的典型A级及以上PHEV车型在电量维持模式油耗小于4.0L/100km 建议纯电续驶里程不超过80km	技术领先的插电混动专用发动机点工况最高热效率可达到47%	与智能化信息化融合的整车智能控制技术	节油效果更优、全工况适用、平台通用性好的混合动力总成	电动汽车整车安全、NVH、寿命等性能控制技术,轻量化技术,排放水平达到同期法规标准
2035年	在A级以上私人乘用车、公务用车及其他日均行程较长的领域实现大量应用	城市工况纯电动行驶加速性能接近传统汽车水平,电量维持模式油耗比同级别传统车型节油42%	乘用车:技术领先的典型A级及以上PHEV车型在电量维持模式油耗小于3.8L/100km 建议纯电续驶里程不超过80km	技术领先的插电混动专用发动机点工况最高热效率可达到50%	与自动驾驶相融合的整车控制技术		

3. 氢燃料电池汽车技术路线

到2025年,基于现有储运加注技术,各城市因地制宜,经济辐射半径约150km,运行车辆5万~10万辆,燃料电池系统产能超过1万套/企业。氢燃料电池汽车冷起动温度达到-40℃,提高燃料电池功率,整车成本达到混合动力汽车的水平。商用车续驶里程不小于500km,乘用车续驶里程不小于650km。高速无油空压机与高集成空气系统、氢循环泵引射泵与氢循环系统、含交流阻抗功能的专用DC/DC、70MPa储氢瓶、液氢储氢瓶等关键系统附件性能满足车用指标要求,鼓励可再生能源分布式制氢。

到2030年,基于现有储运加注技术,运行车辆80万~100万辆,燃料电池系统产能超过5万套/企业。燃料电池功率进一步提高,商用车续驶里程不小于550km,乘用车续驶里程不小于750km,可再生能源分布式制氢。

到2035年,突破新一代储运技术,突破加氢站数量瓶颈,城市间联网跨域运行,保有量100万辆以上,燃料电池系统产能超过10万套/企业。燃料电池商用车动力性、经济性及成本需达到燃油汽车水平。商用车和乘用车续驶里程不小于800km,可再生能源分布式制氢。氢燃料电池技术路线见表1-5。

表1-5 氢燃料电池汽车技术路线

时间	总体目标	功能要求	氢燃料电池汽车 商用车	乘用车	燃料电池堆技术	共性关键技术 基础材料技术	控制技术	储氢技术
2025年	基于现有储运技术;各城市因地制宜,经济辐射半径约150km;运行车辆5万~10万辆;燃料电池系统产能超过1万套/企业	冷起动温度达到-40℃,提高燃料电池功率,整车成本达到混合动力汽车的水平	续驶里程≥500km;客车经济性≤5.5kg/100km;成本≤100万元整车寿命40万km	续驶里程≥650km;最高车速≥180km/h;经济性≤1.0kg/100km;寿命25万km;车成本30万元	冷起动温度≤-40℃商用车电池堆体积功率密度2.5kW/L,寿命>16500h,成本<1200元/kW 乘用车电池堆体积功率密度>4kW/L,寿命>5500h,成本<1800元/kW	批量化催化剂、质子交换膜、膜电极组件、双极板生产技术及装备	阴极中高压流量压力解耦控制技术,能量综合利用技术、面向寿命优化的动态运行控制技术	供给系统关键部件高可靠性技术,储氢系统高可靠性
2030年	基于现有储运技术;各城市因地制宜,经济辐射半径约150km;运行车辆80万~100万辆;燃料电池系统产能超过5万套/企业	冷起动温度达到-40℃,燃料电池功率进一步提高,动力性达到燃油汽车水平	续驶里程≥550km;客车经济性≤5kg/100km;成本≤80万元;整车寿命60万km	续驶里程≥750km;最高车速≥180km/h;经济性≤0.9kg/100km;寿命27万km;车成本25万元	冷起动温度≤-40℃商用车电池堆体积功率密度2.7kW/L,寿命>23500h,成本<800元/kW 乘用车电池堆体积功率密度>5kW/L,寿命>6800h,成本<1200元/kW	电池堆组装与检测技术、高温质子交换膜及电池堆技术及非铂催化剂及电池堆开发、碱性阴离子交换膜及非贵金属催化剂电池堆技术开发	无外增湿控制度闭环控制技术、耐久性优化的智能控制、高效快速低温冷起动技术	供给系统关键部件高可靠性技术及储氢系统技术进一步优化,并兼顾成本
2035年	突破新一代储运氢技术,突破加氢站数量瓶颈,城市间联网跨域运行,保有量100万辆以上	冷起动温度达到-40℃,燃料电池商用车动力性、经济性达到燃油汽车成本水平	续驶里程≥800km;重型货车经济性≤10kg/100km;成本≤50万元;整车寿命100万km	续驶里程≥800km;最高车速≥180km/h;经济性≤0.8kg/100km;寿命30万km;车成本20万元	冷起动温度≤-40℃商用车电池堆体积功率密度3kW/L,寿命>30000h,成本<400元/kW 乘用车电池堆体积功率密度>6kW/L,寿命>8000h,成本<500元/kW	高温质子交换膜堆应用、非铂催化剂应用,电池堆阴离子交换膜及非贵金属催化剂及电池堆技术	无增湿长寿命技术,宽压力流量范围自适应控制技术,阴极引射泵及环回流控制技术	供给系统关键部件低成本技术,储氢系统低成本技术

课后习题

1. 汽车能源的发展历程是什么?
2. 什么是现代电动汽车?
3. 新能源汽车概念和分类。
4. 新能源汽车的发展趋势是什么?
5. 新能源汽车的发展背景是什么?
6. "十三五"时期,我国新能源汽车整车技术水平明显提升,关键核心技术取得了重大突破,主要体现在哪些方面?

第 2 章

纯电动汽车

2.1 概　　述

纯电动汽车

纯电动汽车迄今还没有一个公认的统一定义，一般的理解是由车载能源（动力蓄电池和/或超级电容）作为动力源，或者由车载能源和电网共同作为能量来源，驱动电机运转，推动汽车行驶的一种新能源汽车。

纯电动汽车具有以下的特点：

（1）无污染，噪声低

纯电动汽车无内燃机汽车工作时产生的废气，不产生排气污染，对环境保护是十分有益的。纯电动汽车电机的噪声也较内燃机小。

（2）能源利用效率高，使用成本低

研究表明，电动汽车的能源利用效率已超过内燃机汽车，特别是在城市中运行时，汽车频繁起停，行驶速度不高，电动汽车更加适宜。

电动汽车停车时不消耗电量，在制动过程中，电机可自动转化为发电机，实现制动减速时能量的再利用，使用成本低。

（3）简单可靠、使用维修方便

纯电动汽车较内燃机汽车结构简单，运转、传动部件少，运行可靠，维修保养工作量少。

（4）平抑电网的峰谷差

纯电动汽车可在夜间利用电网的富余电能进行充电，未来，在用电高峰时还可向电网回馈电能，对电网起到"削峰填谷"的作用，有利于电网的高效利用和电压稳定。

2.2 驱动形式及应用

按照驱动形式的不同，纯电动汽车可以分为集中驱动式纯电动汽车和分布驱动式纯电动汽车两大类。其中分布驱动式纯电动汽车包括轮边电机驱动式和轮毂电机驱动式。

2.2.1 集中式驱动系统及应用

集中式驱动系统是在传统汽车的基础上改装而来的，具有结构简单、电机控制维修容易等优点，具体可以分为传统集中驱动系统、无变速器集中驱动系统和集成式集中驱动系统三种驱动系统。

1. 传统集中驱动系统

早期的纯电动汽车多是在传统汽车的基础上改装的，利用驱动电机代替内燃机，离合器、变速器和差速器的布置形式与传统内燃机车辆的布置形式一致。传统集中驱动系统的布置形式如图2-1所示。

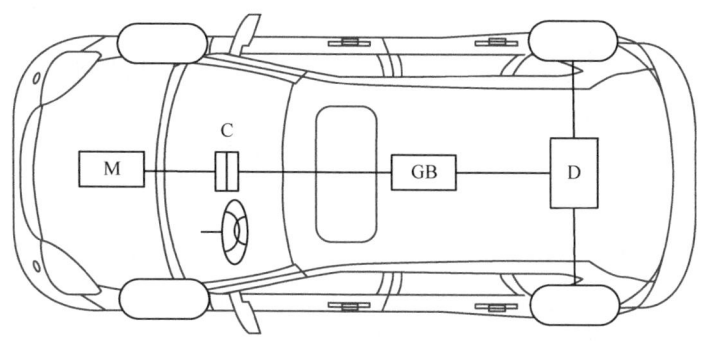

图2-1 传统集中驱动系统的布置形式

M—电机 C—离合器 GB—变速器 D—差速器

2. 无变速器集中驱动系统

由于驱动电机能够在较宽的速度范围内提供相对恒定的功率，无变速器集中驱动系统是用一个固定速比的减速器替代传统集中驱动系统中的多级变速器，同时省去离合器，即发展成无变速器的传动形式。这种传动系统一方面可以减小机械传动结构的质量和体积，另一方面可以减小由于换档所带来的控制难度。无变速器集中驱动系统的布置形式如图2-2所示。

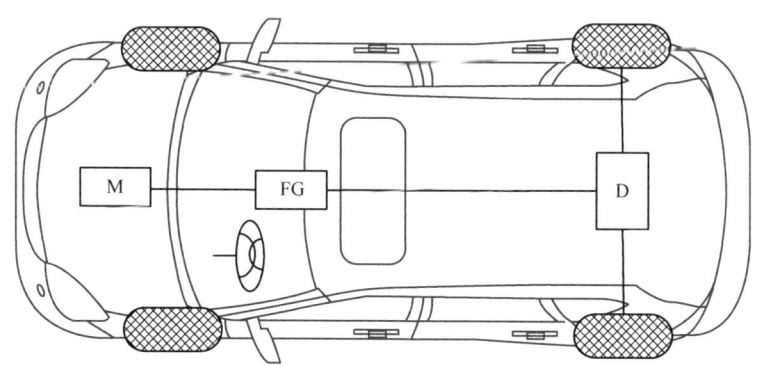

图2-2 无变速器集中驱动系统的布置形式

M—电机 FG—固定速比减速器 D—差速器

3. 集成式集中驱动系统

集成式集中驱动系统与无变速器集中驱动系统类似，但是驱动电机、固定速比减速器和差速器被进一步整合为一体,布置在驱动轴上,整个驱动传动系统被大大简化和集成化。但是这样的布置形式要求有低速大转矩、速度变化范围大的电机。集成式集中驱动系统的布置形式如图 2-3 所示。

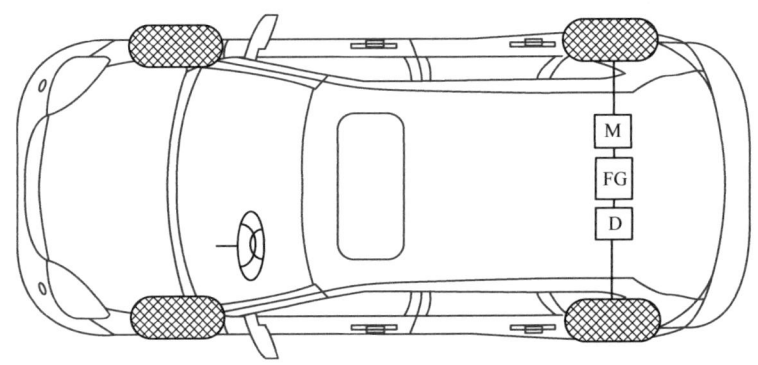

图 2-3　集成式集中驱动系统的布置形式
M—电机　FG—固定速比减速器　D—差速器

丰田汽车公司的 RAV4 EV 电动汽车采用专用的一体化即集成式集中驱动系统,第一代产品(在 1997 年推出)采用镍氢电池作为动力源,第二代产品是由丰田汽车公司与美国特斯拉(Tesla)汽车公司合作研发的一款纯电动汽车。其电机采用永磁同步电机,最大输出功率为 50kW,最大转速为 4600r/min,减速齿轮减速比为 1:9.45。动力方面,第二代丰田 RAV4 EV 的纯电动系统是由美国特斯拉汽车公司提供的,其锂离子电池组的最大容量为 30kW·h,用家庭插座(220V)一次充满电用时约 8h。在满电情况下,丰田 RAV4 EV 可续驶 161km。

2.2.2　轮边电机驱动系统及应用

集中式驱动系统继承了传统燃油车的传动装置,传动效率较低。相比集中式驱动系统,轮边驱动系统具有结构紧凑、质量小、传动效率高等优点,从而增加了纯电动汽车的动力性及续驶里程等。

1. 轮边减速式驱动系统

轮边减速式驱动系统是在集中式驱动系统的基础上,差速器被两个独立的牵引电机所代替,即轮边驱动无差速器的传动形式,减速器依然保留,每个牵引电机单独完成一侧车轮的驱动任务。在车辆进行转向时,两侧的电机可分别工作在不同的转速下实现差速功能。轮边减速式驱动系统的布置形式如图 2-4 所示。

日本明电舍公司研发的轮边电机减速式驱动系统,采用永磁同步电机,外形尺寸为 270mm×350mm×270mm,质量为 40kg(电机质量为 22kg),额定功率为 4kW,最大功率为 5.5kW,最大转矩为 100N·m,最高转速为 12 000r/min。

2. 轮边直连式驱动系统

轮边直连式驱动系统是用一个单排的行星轮代替轮边减速式驱动系统中的减速器,凭其能提供良好的减速比和线性的输入输出特性,从而达到减小转速和增大转矩的目的。轮边直连式驱动系统的布置形式如图 2-5 所示。

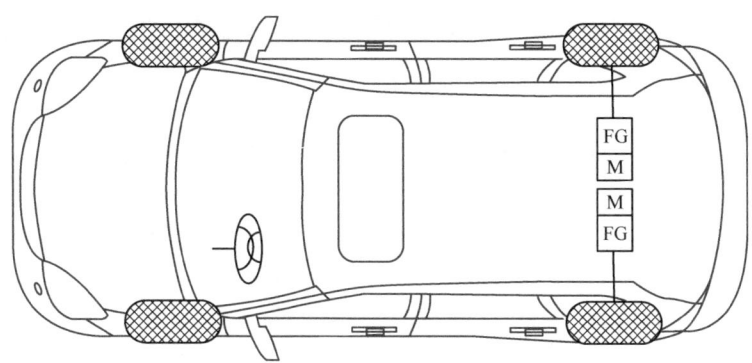

图 2-4 轮边减速式驱动系统的布置形式

FG—固定速比减速器　M—电机

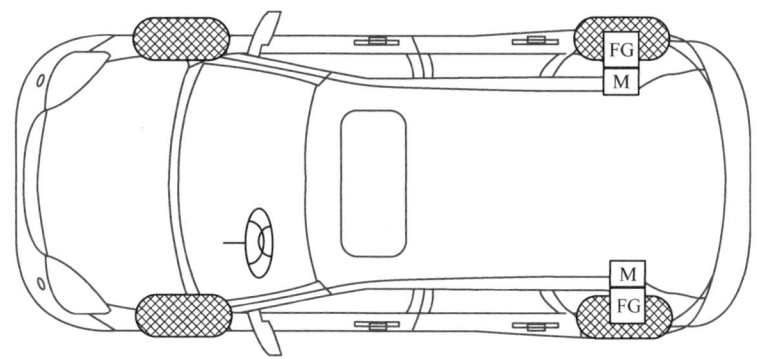

图 2-5 轮边直连式驱动系统的布置形式

FG—固定速比减速器　M—电机

2010 年比亚迪公司生产的 K9 纯电动客车就采用轮边直连式驱动系统,车身长 12m,整车续驶里程达到 300km,能源消耗成本不到同类燃油车的 1/3。

2.2.3 轮毂电机驱动系统及应用

轮毂电机驱动系统是将电机直接安装于车轮内,可以有效改善轮边电机驱动系统带来的电机与独立悬架在有限空间内的布置困难、纯电动汽车底部的空气阻力大及通过性差等缺点。另外,轮毂电机驱动系统不仅省略了大量传动部件,而且可以实现多种复杂的驱动方式。

轮毂电动机结构组成

轮毂电机驱动系统包括内转子轮毂电机驱动系统(图 2-6a)和外转子轮毂电机驱动系统(图 2-6b)。

1. 外转子轮毂电机驱动系统

外转子轮毂驱动系统是将外转子电机直接安装在车轮的轮辋内,中间无须采用减速机构,直接驱动车轮转动,从而带动汽车行驶。此系统具有结构紧凑、效率较高、比功率高、响应速度快等优点。

纯电动汽车在起步及加速时需要较大的转矩,即安装在电动轮中的外转子轮毂电机在这些行驶模式下必须能提供大转矩,以满足整车的动力性;外转子轮毂电机驱动系统中未采用中间减速机构，为了使汽车能够有较好的动力性，外转子轮毂电机还必须具有很宽的转矩和转速调节范围。

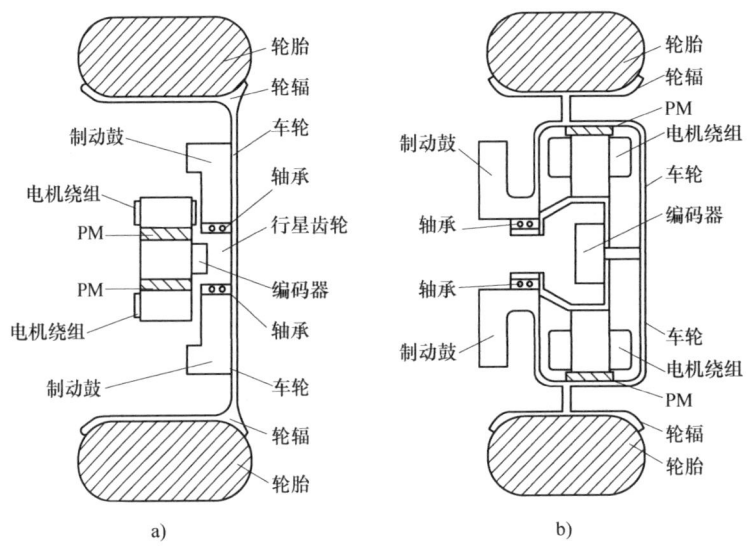

图 2-6　两种轮毂电机驱动方式内部示意图
a) 内转子型　b) 外转子型

由于外转子轮毂电机工作时会产生一定的冲击和振动，还要求车轮轮辋和车轮支承必须坚固、可靠。同时由于非簧载质量加大，要保证车辆的舒适性，要求对悬架系统弹性元件和阻尼元件进行优化设计。电机输出转矩和功率也受到车轮尺寸的限制，系统成本高。图 2-7 所示为外转子轮毂电机结构分解图。

米其林电动车轮为外转子轮毂电机驱动系统，图 2-8 所示为米其林电动车轮外形图。2008 年巴黎车展上安装主动车轮的米其林电动车 Will 如图 2-9 所示。该车车身长 2.5m、四座，0～30km/h 的加速时间为 2.8s，续驶里程为 120km，整车总质量为 600kg，最高车速为 90km/h。

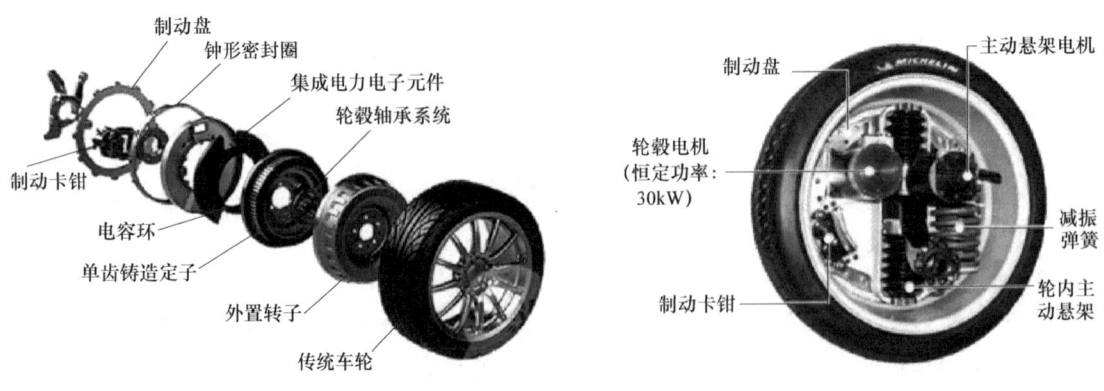

图 2-7　外转子轮毂电机结构分解图　　　　图 2-8　米其林电动车轮

2. 内转子轮毂电机驱动系统

外转子轮毂电机虽然有各种优点，但起步及加速时需要较大转矩，为获得较好动力性，不得不增大电机的体积和质量，非簧载质量增大，而车轮轮辋空间有限，造成布置困难及行驶稳定性的一些问题。而内转子轮毂驱动系统则可以在一定程度上解决这些问题。

内转子轮毂驱动系统是将内转子电机装在车轮的轮辋内，且带有减速机构。这种驱动系统允许电机在高速下运行，可采用普通的内转子高速电机，电机的最高转速可以设计在 4000~20 000r/min 之间，可以获得较高的比功率，而对电机的其他性能没有特殊要求。内转子电机的输出轴通过减速机构与车轮驱动轴连接，使电机轴承不直接承受车轮与路面的载荷作用，改善了轴承的工作条件；减速机构采用固定速比行星轮减速器，使系统具有较大的调速范围和输出转矩，起到减速和增矩的作用，从而保证电动汽车在低速时能够获得足够大的转矩，同时也解决了在车轮尺寸有限的情况下由电机性能引起的电机尺寸大而难以布置的问题。图 2-10 所示为内转子轮毂电机结构分解图。

图 2-9 米其林电动车轮汽车 Will

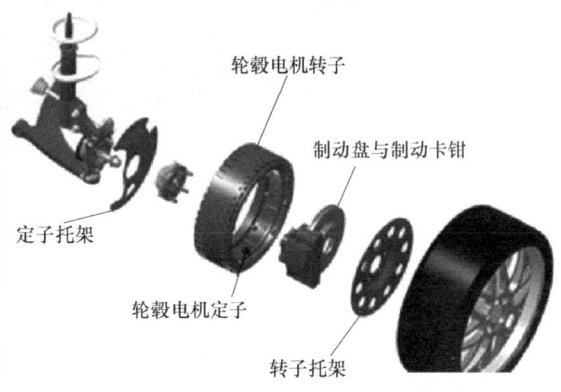

图 2-10 内转子轮毂电机结构分解图

2012 年上市的日本 KAZ 轮毂驱动纯电动汽车如图 2-11 所示，它使用高性能内转子轮毂电机驱动系统，该电机的峰值功率为 14kW，每个内转子电机配置一个减速比为 1∶4.558 的减速齿轮，可以使 KAZ 牌电动汽车的百公里加速时间仅为 8s，四轮驱动，前轮采用盘式制动器，后轮采用鼓式制动器。图 2-12 所示为 KAZ 轮毂驱动纯电动汽车结构分解图。

图 2-11 KAZ 轮毂驱动纯电动汽车

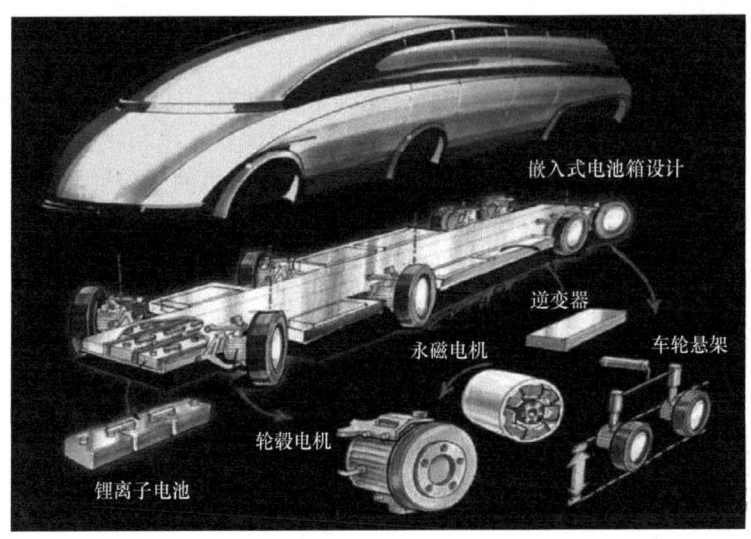

图 2-12　KAZ 轮毂驱动纯电动汽车结构分解图

2.3　能源形式及应用

按提供能源形式的不同，纯电动汽车一般可以分为电池单独驱动式纯电动汽车、超级电容单独驱动式纯电动汽车、复合电源驱动式纯电动汽车和双源驱动式纯电动汽车四种。

2.3.1　电池单独驱动式纯电动汽车

电池单独驱动式纯电动汽车是指以车载储能系统——电池，作为驱动电机的唯一能量来源以驱动车辆行驶的纯电动汽车。

1. 电池单独驱动式纯电动汽车概述

电池单独驱动式纯电动汽车驱动系统由动力电池、控制器、电驱动装置等几部分组成，其结构如图 2-13 所示。

电池单独驱动式纯电动汽车中电池作为唯一的能量源，在汽车正常行驶时，驾驶人操作加速踏板，控制器根据整车的控制算法得出驱动电机的需求功率，从而使唯一动力源电池提供相应的

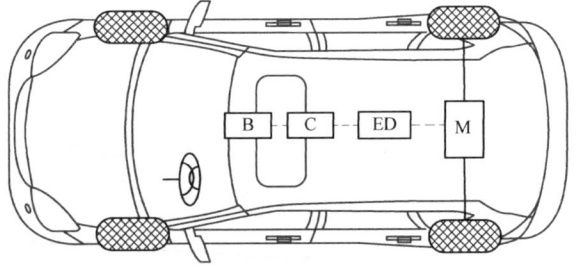

图 2-13　蓄电池单独驱动式纯电动汽车结构简图
M—电机　B—动力电池　C—控制器　ED—电驱动装置

功率以满足行驶需求。在制动时，驾驶人操作制动踏板，电机处于发电状态，回收制动能量。

2. 电池单独驱动式纯电动汽车的特点

电池单独驱动式纯电动汽车的结构及控制系统比较简单，维护、使用成本较低，能够实现零排放。电池不能接受大电流充放电，能量回收的效率较低，充电时间长，电池的比能量、比功率相对较低，致使纯电动汽车不能满足全部行驶工况。

要使纯电动汽车满足人们对续驶里程的要求，会导致动力电池的质量和体积都很大，所以动力电池的布置也是一个影响纯电动汽车性能发挥的重要因素。

因为汽车前舱正碰时变形过大，存在安全隐患，所以底盘区域成为动力电池的主要布置区域。考虑驾驶舱和行李舱的有效空间、整车质心、前后桥轴荷分配，同时需要考虑动力电池包结构条件、内部电气部件的工作条件及布置区域间的相互连接，电池一般布置在A、B、C、D四个区域，如图2-14所示。

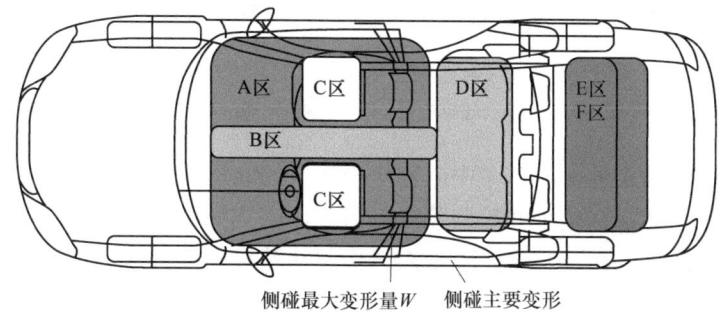

图2-14 电池布置区域示意图

3. 典型应用案例

特斯拉Roadster纯电动汽车是典型的蓄电池单独驱动结构车型，采用的是锂离子电池，如图2-15所示。

2008年下线的特斯拉Roadster，其最大功率为215kW；最大转矩为397N·m；最高时速为201km/h；0~100km/h加速只需3.9s。该车的动力电池由6831个锂离子单体单池组成的锂离子动力电池组提供电力，用原厂的快速充电器充满电量仅需要3.5h，满电情况下在高速公路上可以拥有394km的超强续驶能力。

图2-15 特斯拉Roadster纯电动汽车

2.3.2 超级电容单独驱动式纯电动汽车

电池单独驱动式纯电动汽车，频繁地大电流充放电使电池的寿命缩短，在进行制动能量回收时，由于电池不能接受大电流，而使能量回收的效率较低，而且电池的比功率较小，不能满足纯电动汽车全部行驶工况。超级电容纯电动汽车可大电流充放电、充电时间短，能够弥补电池单独驱动式纯电动汽车的这种不足。

1. 超级电容单独驱动式纯电动汽车概述

超级电容单独驱动式纯电动汽车的车载储能系统是超级电容。超级电容是驱动电机的唯一能量来源。

超级电容单独驱动式纯电动汽车驱动系统由超级电容、控制器、电驱动装置等几部分组成，其结构如图2-16所示。

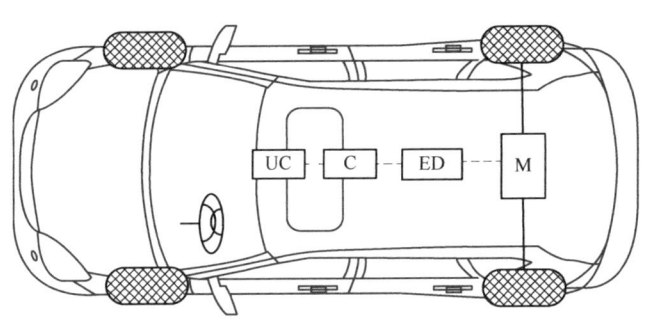

图 2-16 超级电容单独驱动式纯电动汽车结构简图
M—电机 UC—超级电容 C—控制器 ED—电驱动装置

超级电容单独驱动式纯电动汽车中电容作为唯一的能量源,在汽车正常行驶时,驾驶人操作加速踏板,控制器根据整车的控制算法得出驱动电机的需求功率,从而使电容提供相应的功率以满足行驶需求。在制动时,驾驶人操作制动踏板,电机处于发电状态,电容回收制动能量。

与同样尺寸的电池相比,超级电容所能储存的能量小于动力电池组,但超级电容的功率性能却优于电池,因为超级电容可以高速率充放电,尖峰电流仅受内阻和超级电容大小的限制。

2. 超级电容单独驱动式纯电动汽车的特点

超级电容单独驱动式纯电动汽车具有如下特点:无毒性、无污染、结构简单、质量小、体积小、免维护;超级电容纯电动汽车最短可在几十秒内充电完毕,最长充电不过十几分钟,远小于电池纯电动汽车的充电时间;超级电容在充放电过程中没有发生电化学反应,远比动力电池组的充放电循环寿命长,可达 500000 次,而动力电池组的充放电寿命很难超过 1000 次;超级电容纯电动汽车可以在较宽的温度范围内(-40~70℃)正常工作,而电池纯电动汽车很难在高低温特别是低温环境下工作;超级电容工作过程中没有运动部件,维护工作量小。因此超级电容纯电动汽车的可靠性高。

超级电容能量密度小,充电一次只能跑很短的路程,所以以超级电容单独驱动的纯电动汽车一般用在固定线路的公交车上。但它的充电速度快,充完就可以继续行驶。跟动力电池相比这一点要好很多,只要在线路上合适的地方建立一个超级电容单独驱动式纯电动公交车充电站就可以了,而投资建设一个这样的充电站的费用比建一个加油站少得多。

3. 典型应用案例

图 2-17 所示为上海奥威超级电容单独驱动式纯电动客车。该车于 2006 年 8 月 28 日在上海 11 路实现大规模商业化运营。该线路全长 5.27km,建立充电站亭 10 个。该客车采用新一代沪版高能量超级电容,客车的耗电量为 1.4kW·h/km,最高车速达到 80km/h,充满一次电可以连续行驶 8km,充电时间为 90s。

图 2-17 上海奥威超级电容单独驱动式纯电动客车

2.3.3 复合电源驱动式纯电动汽车

电池的功率密度较低，电池单独作为纯电动汽车的动力源有续驶里程短、电池寿命有限等问题。超级电容的能量密度较低，超级电容单独作为纯电动汽车的动力源也有续驶里程等问题。因此它们都不是纯电动汽车理想的动力源。

解决上述矛盾最好的方法就是设法将电源系统的功率需求和能量需求解耦，对这两个指标的设计分别进行。由于超级电容和动力电池分别具有较高的功率型指标和能量型指标，因此很自然地考虑将这两种已经成熟的储能元件加以组合，构成复合能源系统。

用复合电源来延长电池寿命、解决能量密度等问题是非常有效的方法。复合电源的设计思想接近于混合动力汽车的设计初衷，目的也是解决类似"大马拉小车"的问题。

1. 复合电源驱动式纯电动汽车概述

复合电源驱动式纯电动汽车是将高比功率的超级电容与高比能量的电池复合使用，从而满足当前车辆对电源高能量密度和高功率密度的双重要求，并通过合理的功率分配策略，提高纯电动汽车整车性能。

复合电源驱动式纯电动汽车驱动系统由动力电池、超级电容、DC/DC 变换器、控制器、电驱动装置等几部分组成，其结构如图 2-18 所示。

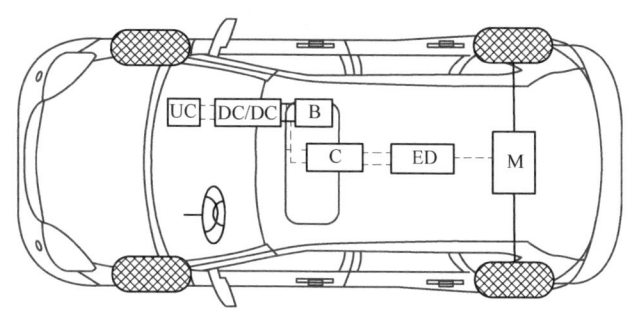

图 2-18 复合电源驱动式纯电动汽车的结构简图
UC—超级电容 B—动力电池 C—控制器 ED—电驱动装置 M—电机

超级电容与电池连接的拓扑结构可以有多种，在此介绍超级电容通过双向 DC/DC 变换器串联后与电池并联的拓扑结构。

通过特定的控制算法使两种元件发挥各自优势，满足纯电动汽车在能量和功率方面的要求。在加速或者爬坡的工况下，超级电容和电池同时提供能量，供整车发挥最大的动力性；在正常行驶低负荷工况下，主要由电池提供能量驱动纯电动汽车行驶；在制动工况下，制动时产生的瞬间大电流由超级电容回收，超级电容的荷电状态（SOC）达到一定限值时，剩余能量由电池回收或超级电容与电池同时回收制动能量，以避免大电流给电池带来的损伤。

2. 复合电源驱动式纯电动汽车的特点

在结构设计上，复合电源系统将纯电动车辆对能量和功率的需求解耦，增加了系统设计自由度。利用高功率型储能元件和高能量型储能元件分别满足纯电动车辆对功率和能量的需求。动力电池提供平均功率需求，由超级电容提供加速、爬坡和制动能量再生时的峰值功率补偿和吸收，发挥超级电容功率快速响应的特点，提高纯电动汽车的能量利用率。

在结构成本上,由于超级电容提供峰值功率补偿,电池可以根据能量要求设计,能够采用小容量的动力电池,缩减了电池组规模以降低成本。同时,较为稳定的工作电流为设计更高效的电池提供了条件。

在结构可靠性上,降低了单一电源结构出现故障后纯电动汽车无法行驶的风险,采用复合电源系统,如果其中一个储能元件发生故障,纯电动汽车还具有一定的续驶能力。

3. 典型应用案例

北京理工大学与北方华德尼奥普兰客车股份有限公司于2006年共同研制出了纯电动旅游客车"BFC6110 – EV",如图2-19所示。该车使用锂离子电池、超级电容储能系统以及先进的多能源控制系统、交流驱动系统。

图2-19 BFC6110 – EV 复合电源驱动式纯电动客车

2.3.4 双源驱动式纯电动客车

城市无轨电车虽然实现了纯电动行驶,零排放、零污染,但是城市无轨电车的线网约束了交通便利性,影响城市的市容。双源驱动式纯电动客车可以短程脱离线网行驶,在线网运行下又可以使电池组完成充电,有效解决了上述问题。

1. 双源驱动式纯电动客车概述

双源驱动式纯电动客车是指既能够利用本身携带的"大辫子"使用电车线网电能驱动车辆行驶,在脱离电车线网时又能够运用车载电源驱动车辆行驶的纯电动客车。

双源驱动式纯电动客车驱动系统由动力电池、线网、控制器、电驱动装置等几部分组成,其结构如图2-20所示。

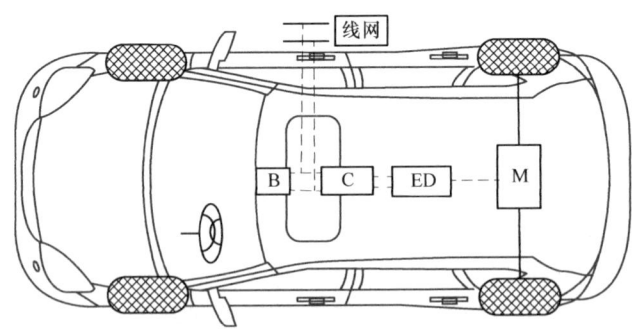

图2-20 双源驱动式纯电动客车的结构简图
ED—电驱动装置 B—动力电池 C—控制器 M—电机

双源驱动式纯电动客车在网行驶时利用电网提供行驶所需要的能量驱动车辆行驶,此时如果电池SOC低于一定限值,则还可以在线充电;在脱离电网时,能够利用车载电源(一般为电池)驱动车辆行驶。

双源驱动式纯电动客车的机动性有了很大的提高,主要解决在城市发展中,因城市布局、道路的调整和改造建设导致局部无轨电车线网拆除,使无轨有网电车无法运营带来机动性差的问题。另外，双源驱动式纯电动客车还改善了纯电动汽车的续驶里程短的问题，是短期内理想的城市公共交通工具。

2. 双源驱动式纯电动客车的特点

与无轨有网电车相比，双源无轨电车具有很大的灵活性，例如在无轨有网电车发生故障后，后方的无轨电车无法绕行，从而导致交通阻塞，采用双源无轨电车，电车就可脱离电网，利用车载电源驱动车辆行驶。

与纯电动公交车相比，双源无轨电车运营成本低。双源无轨电车配有容量更小的电池，且依旧可以延续使用原城市无轨电车的电网驱动车辆，也能实现在网充电，避免了电池的过度使用，有效延长了电池的寿命。

双源快充纯电动客车资源利用率高，充分利用已有线网，可以实现"多线路运行、共享网线充电"，通过动力电池不同容量的模块化配置以及智能在线快充管理，提高了网线利用率。动力电池挂网智能快速充电，大大节约了基础设施用地，有效扩大了纯电动客车的运营规模。

3. 典型应用案例

图 2-21 所示为宇通双源驱动式纯电动公交车，该车脱离线网后可以行驶 60km 以上，连接线网行驶 10km，就可脱离线网行驶 5km 以上。2010—2014 年 6 月，宇通已分别在广州和济南累计投放了 231 台双源驱动式纯电动公交车，市场反应良好。

图 2-21　宇通双源驱动式纯电动公交车

宇通双源快充纯电动客车通过进行集电器捕捉系统自动化设计，实施整车的综合能量管理优化和全铝车身等轻量化材料的普遍应用等，大幅提高了节能效果。

图 2-22 所示为福田双源驱动式纯电动公交车。该无轨电车每辆车装载 40kW·h 锂离子电池，单车在脱线条件下能行驶 30km 以上，2013 年已在北京运营。

图 2-22　福田双源驱动式纯电动公交车

双源驱动式纯电动客车应用了很多新技术，其中集电杆自动降落和定点自动捕捉技术最具特点。当双源驱动式纯电动客车驶入没有线网的路段前，驾驶人按动控制按钮，集电杆自动下降，脱离线网并依靠集电器降落到集电杆减振托架上；当双源驱动式纯电动客车行驶到有线网路段时，利用自动捕捉技术，这类似于很多高级轿车倒车时屏幕里呈现的影像识别技术，即"大辫子"利用视频摄像头，自己可以"看"到架空电线的位置，然后自动向电网靠近，几秒的时间，就可以"抓"到电线恢复通电。

2.4　性能及评价

本节主要根据纯电动汽车有关国家标准 GB/T 18385—2005《电动汽车　动力性能　试验方法》、GB/T 28382—2012《纯电动乘用车　技术条件》、GB/T 18386—2017《电动汽车能量消耗率和续驶里程　试验方法》，主要对纯电动汽车动力性、经济性给出测试方法及评价。

2.4.1　动力性

GB/T 18385—2005 中评价纯电动汽车动力性的指标有最高车速、最大爬坡度、加速时间，下面对这三个指标的试验方法及评价做出说明。

1. 最高车速

GB/T 18385—2005 中评价纯电动汽车最高车速的有 1km 最高车速和 30min 最高车速两个参数。

（1）1km 最高车速

1km 最高车速指电动汽车能够往返各持续行驶 1km 以上距离的最高车速的平均值。

① 试验准备阶段。将试验车辆加载到试验质量，增加的载荷应合理分布。附加质量分别为：a）如果最大允许装载质量小于或等于 180kg，则该质量为最大允许装载质量；b）如果最大允许装载质量大于 180kg，但小于 360kg，则该质量为 180kg；c）如果最大允许装载质量大于 360kg，则该质量为最大允许装载质量（包括驾驶人质量）的一半。

按照车辆制造厂规定的充电规程，使动力电池组达到完全充电状态，或按下列规程为动力电池组充电。a）常规充电，在环境温度为 20~30℃ 时，使用车载充电器（如果已安装）为动力电池组充电，或采用车辆制造厂推荐的外部充电器（应记录充电器的型号、规格）给动力电池组充电。b）充电结束的标准，12h 的充电即为充电结束的标准；如果标准仪器发出明显的信号提示驾驶人动力电池组未充满，那么在这种情况下，最长充电时间为：3×制造厂规定的动力电池组容量（kW·h）/电网供电功率（kW）。c）完全充电的标准。如果依据常规充电规程，达到充电结束标准，则认为动力电池组已全充满。

试验应该在干燥的直线跑道或环形跑道上进行，路面应坚硬、平整、干净且要有良好的附着系数。

② 试验阶段。在直线跑道或环形跑道上将试验车辆加速，使汽车在驶入测量区之前能够达到最高稳定车速，并且保持这个车速持续行驶 1km（测量区的长度）。记录车辆持续行驶 1km 的时间 t_1。随即做一次反方向的试验，并记录通过的时间 t_2。

③ 结果计算。按式（2-1）计算试验结果：

$$v = \frac{3600}{t} \tag{2-1}$$

式中，v 为实际最高车速，单位为 km/h；t 为持续行驶 1km 两次试验所测时间的算术平均值 $(t_1 + t_2)/2$，单位为 s。

两次试验的结果按式（2-2）计算，这里最高车速 v 是两次 v_r 的算术平均值。如果考虑风速，最高车速应该按式（2-2）修正：

$$v_r = \frac{3600}{t} \tag{2-2}$$

$$v_r = v_r \pm v_i f \tag{2-3}$$

式中，如果风的水平分量与车辆行驶方向相反，选"＋"；如果风的水平分量与车辆行驶方向相同，选"－"；v_r 为每次测量的最高车速，单位为 km/h；t 为通过测量区的时间，单位为 s；v_i 为风的水平分量，单位为 m/s；f 为修正系数，取为 0.6。

（2）30min 最高车速

30min 最高车速指电动汽车能够持续行驶 30min 以上的最高平均车速。

30min 最高车速的试验可以在环形跑道上进行。

① 试验准备阶段。试验准备同 1km 最高车速的试验准备。

② 试验阶段。使试验车辆以该车 30min 最高车速估计值 ±5% 的车速行驶 30min。试验中车速如有变化，则可以通过踩加速踏板来补偿，从而使车速符合 30min 最高车速估计值 ±5% 的要求。

如果试验中车速达不到 30min 最高车速估计值的 95%，则试验应重做，车速可以是上述 30min 最高车速估计值或者是制造厂重新估计的 30min 最高车速。

③ 结果计算。测量车辆驶过的里程 S_1（单位：m），并按公式 $v_{30} = S_1/500$ 计算平均 30min 最高车速，v_{30} 的单位为 km/h。

按照 GB/T 18385—2005 规定的试验方法测量 30min 最高车速，其值应不低于 80km/h。

2. 最大爬坡度

坡道起步能力应在有一定坡度角 α_1 的道路上进行。该坡度角 α_1 应近似于制造厂技术条件规定的最大爬坡度对应的角 α_0。实际坡度和厂定坡度之差，应通过增减质量 ΔM 来调整。

（1）试验准备阶段

将试验车辆加载到最大设计总质量。

选定的坡道应有 10m 的测量区，测量区前应提供起步区域。将试验车辆停在起步区域。选定的坡度角尽可能地接近 α_0。如果该坡道坡度与厂定最大爬坡度对应的坡度 α_0 有差距，则可根据式（2-4）通过增减装载质量的方法进行试验：

$$\Delta m = m \times \frac{\sin\alpha_0 - \sin\alpha_1}{\sin\alpha_1 + R} \tag{2-4}$$

式中，m 为试验时的车辆最大设计总质量（按 GB/T 3730.2—1996 定义），单位为 kg；R 为滚动阻尼系数，一般为 0.01；α_1 为实际试验坡道所对应的坡度角；α_0 为制造厂技术条件规定的最大爬坡度对应的坡度角；Δm 应该均布于乘客舱和货舱中。

（2）试验阶段

以至少 10m/min 的速度通过测量区。如果车辆装有离合器和变速器，则应用最低档起动车辆并以至少 10m/min 的速度通过测量区。

按照 GB/T 18385—2005 规定的试验方法,测量车辆爬坡车速和车辆最大爬坡度,应符合下列要求:

① 车辆通过 4% 坡度的爬坡车速不低于 60km/h。
② 车辆通过 12% 坡度的爬坡车速不低于 30km/h。
③ 车辆最大爬坡度不低于 20%。

3. 加速时间

根据 GB/T 18385—2005,不同车辆的加速性能要求不同,GB/T 15089—2001《机动车辆及挂车分类》中规定的车辆类别见表 2-1。

表 2-1 车辆类别划分

类别	轮数/个	质量/t	载客人数	载客/载货
M1	≥3	≤1	≤8	载客
M2	≥3	1<m≤5	>8	载客
M3	≥3	>5	—	载客
N1	≥3	≤3.5	—	载货
N2	≥3	3.5<m≤12	—	载货
N3	≥3	>12	—	载货

(1) M1、N1 类纯电动汽车加速性能试验

GB/T 18385—2005 中评价 M1、N1 类纯电动汽车加速性能的有 0~50km/h 加速性能和 50~80km/h 加速性能两个参数。

① 0~50km/h 加速性能试验。试验准备阶段与最高车速试验时的相同,然后将试验车辆停放在试验道路的起始位置,并起动车辆,将加速踏板快速踩到底,使车辆加速到 (50±1) km/h。如果装有离合器和变速器,则将变速器档位选为该车的起步档位,迅速起步,将加速踏板快速踩到底,换入适当档位,使车辆加速到 (50±1) km/h,记录从踩下加速踏板到车速达到 (50±1) km/h 的时间。以相反方向行驶再做一次相同的试验,0~50km/h 的加速性能是两次测得时间的算术平均值,单位为 s。

② 50~80km/h 加速性能试验。试验准备阶段与最高车速试验时的相同,然后将试验车辆停放在试验道路的起始位置,将试验车辆加速到 (50±1) km/h,并保持这个车速行驶 0.5km 以上。将加速踏板踩到底,或使用离合器和变速器(如果装有的话)将车辆加速到 (80±1) km/h。记录从踩下加速踏板到车速达到 (80±1) km/h 的时间,如果最高车速小于 89km/h,则应达到最高车速的 90%,并应在报告中记录下最后的车速。以相反方向行驶再做一次相同的试验。50~80km/h 加速性能是两次测得时间的算术平均值,单位为 s。

(2) M2、M3 类纯电动汽车加速性能试验

GB/T 18385—2005 中评价 M2、M3 类纯电动汽车加速性能的有 0~30km/h 加速性能和 30~50km/h 加速性能两个参数。

① 0~30km/h 加速性能试验。试验准备阶段与最高车速试验时的相同,然后将试验车辆停放在试验道路的起始位置,并起动车辆。将加速踏板快速踩到底,使车辆加速到 (30±1) km/h,如果装有离合器和变速器,则将变速器档位选于该车的起步档位,迅速起

步；将加速踏板快速踩到底，换入适当档位，使车辆加速到（30±1）km/h；记录从踩下加速踏板到车速达到（30±1）km/h 的时间。以相反方向行驶再做一次相同的试验。0~30km/h 加速性能是两次测得时间的算术平均值，单位为 s。

② 30~50km/h 加速性能试验。试验准备阶段与最高车速试验时的相同，然后将试验车辆停放在试验道路的起始位置，将试验车辆加速到（30±1）km/h，并保持这个车速行驶 0.5km 以上；将加速踏板踩到底，或使用离合器和变速器（如果装有的话）将车辆加速到（50±1）km/h，记录从踩下加速踏板到车速达到（50±1）km/h 的时间；如果最高车速小于 56km/h，则应达到最高车速的 90%，并应在报告中记录下最后的车速；以相反方向行驶再做一次相同的试验。30~50km/h 加速性能是两次测得时间的算术平均值，单位为 s。

2.4.2 经济性

纯电动汽车经济性有两个重要评价指标：能量消耗率和续驶里程。

能量消耗率是电动汽车经过规定的试验循环后对动力电池组重新充电至试验前的容量，从电网上得到的电能除以行驶里程所得的值，单位为 W·h/km。

续驶里程是电动汽车在动力电池组完全充电状态下，以一定的行驶工况，能连续行驶的最大距离，单位为 km。

根据 GB/T 18386.1—2021 确定能量消耗率和续驶里程应该使用相同的试验程序，试验条件也按其要求准备。

1. 试验准备阶段

对动力电池组充电，测量来自电网的能量。除非车辆制造厂或动力电池组制造厂有其他的规定，动力电池组的初次充电可以按照 GB/T 18385—2005 规定的充电程序进行，使动力电池组达到全充满状态。

试验车辆应依据每项试验的技术要求加载；在环境温度下，试验（在环形跑道上或在底盘测功机上）车辆轮胎气压应符合车辆制造厂的规定；机械运动部件用润滑油黏度应符合制造厂的规定；车上的照明、信号装置以及辅助设备应该关闭，除非试验和车辆白天运行对这些装置有要求；除驱动用途外，所有的储能系统应充到制造厂规定的最大值（电能、液压、气压等）；试验驾驶人应按车辆制造厂推荐的操作程序使动力电池组在正常运行温度下工作；试验前，试验车辆应至少用安装在试验车辆上的动力电池组行驶 300km；在 5~32℃环境温度下进行室外试验；在 20~30℃室温下进行室内试验。

2. 试验阶段

进行工况或等速条件下的续驶里程试验，下面对等速法做出详细介绍。

在动力电池组充电结束时记录该时刻。在此之后 4h 之内开始按照规定的试验程序进行试验。在试验执行期间，如果车辆需要移动，则不允许使用车上的动力将车辆移动到下一个试验地点（不允许使用制动能量回收）。

（1）适用于 M1、N1 类车的等速法

试验条件应符合 GB/T 18385—2005 中的规定。在道路上进行（60±2）km/h 的等速试验。试验过程中允许停车两次，每次停车时间不允许超过 2min，当车辆的行驶速度达不到 54km/h 时停止试验。

记录试验期间试验车辆的停车次数和停车时间。试验结束后，记录试验车辆驶过的距离

D（单位为 km），测量值按四舍五入圆整到整数，该距离即为等速法测量的续驶里程，同时记录所用时间（用 h 和 min 做单位）。

（2）适用于 M1、N1 类以外的纯电动汽车的等速法

试验条件应符合 GB/T 18385—2005 中的规定。在道路上进行（40±2）km/h 的等速试验。试验过程中允许停车两次，每次停车时间不允许超过 2min，当车辆的行驶速度达不到 36km/h 时停止试验。

记录试验期间试验车辆的停车次数和停车时间。试验结束后，记录试验车辆驶过的距离 D（单位为 km），测量值按四舍五入圆整到整数，该距离即为等速法测量的续驶里程。同时记录所用时间（用 h 和 min 做单位）。

试验后，在 2h 之内将车辆与电网连接，按照 GB/T 18385—2005 的规定为车辆的动力电池组充满电。在电网与车辆充电器之间连接能量测量装置，在充电期间测量来自电网的能量 E（单位为 W·h）。

3. 结果计算

计算能量消耗率 $C = E/D$，单位为 W·h/km，将结果圆整到整数。其中，E 为充电期间来自电网的能量，单位为 W·h；D 为试验期间行驶的总距离即续驶里程，单位为 km。

课后习题

1. 纯电动汽车具有哪些特点？
2. 集中式驱动系统具体可分为哪三种驱动系统？
3. 纯电动汽车按照提供能源形式的不同可分为哪四种？
4. 请说明电池单独驱动式纯电动汽车的特点。
5. 请说明双源驱动式纯电动客车的特点。
6. 试说明有关纯电动汽车动力性和经济性的评价指标。

第 3 章
插电式混合动力（增程式）电动汽车

纯电动汽车具有零排放、零污染、高效率等传统汽车不可替代的优点，但存在购置成本高、电池寿命短、续驶里程短等问题。插电式混合动力（增程式）电动汽车续驶里程则不受限制，对电池的性能要求不高，能够较好地满足人们的出行需要。

3.1 插电式混合动力（增程式）电动汽车概述

在混合动力系统中，通常采用电机的输出功率在整个系统输出功率中占的比重，也就是常说的混合度来表示不同程度的混合动力系统。混合度（H）计算方式如下：

$$H = \frac{P_{\text{elec}}}{P_{\text{total}}} \times 100\%$$

式中，P_{elec} 为电机输出功率；P_{total} 为动力源总功率。

根据混合度的不同，可分为：

① 弱混合动力系统，也称微混合动力系统，$H < 10\%$。
② 轻度混合动力系统，$H < 20\%$。
③ 中度混合动力系统，$H < 30\%$。
④ 重度混合动力系统，也称全混合动力系统、强混合动力系统，H 一般在 50%。
⑤ 插电式混合动力系统包括增程式电动汽车动力系统，$H > 50\%$。

其分类如图 3-1 所示。

混合度不同，功能需求也有所不同，具体见表 3-1。

表 3-1 不同混合度类型及功能列表

类型	功能要求
弱混合动力	发动机自动起停
轻度混合动力	发动机自动起停 + 再生制动
中度混合动力	发动机自动起停 + 再生制动 + 电动辅助
重度混合动力	发动机自动起停 + 再生制动 + 电动辅助 + 纯电驱动
插电式混合动力（包含增程式）	发动机自动起停 + 再生制动 + 电动辅助 + 纯电驱动 + 电网充电

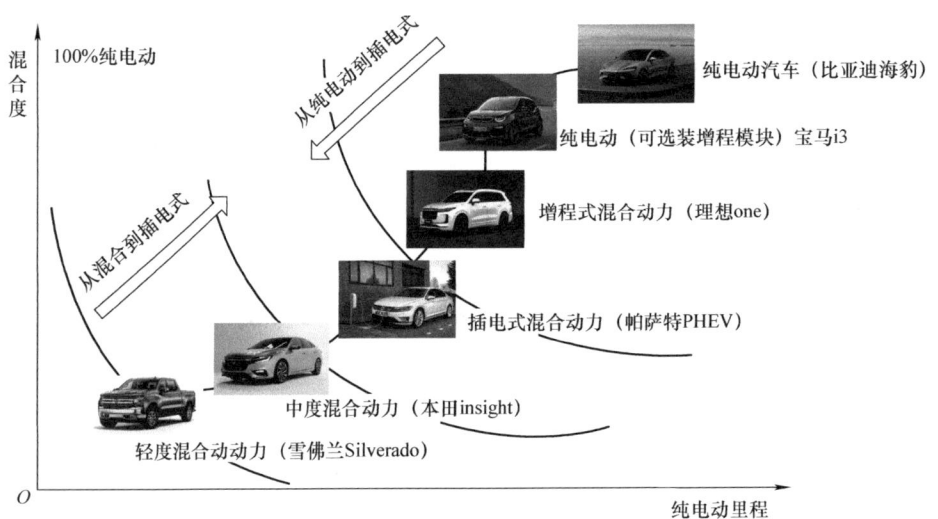

图 3-1 按照混合度分类的车型

1. 弱混合（弱混）动力系统

这种混合动力系统对传统发动机的起动机进行了改造，形成由带传动的发电起动一体式电机（BSG）。该电机用来控制发动机快速起停，因此可以取消发动机的怠速过程，降低了油耗和排放。弱混合动力系统搭载的电机功率比较小，仅靠电机无法使车辆起步，起步过程仍需要发动机介入，是一种初级的混合动力系统。在弱混合动力系统中，电机的电压通常有两种：12V 和 42V，其中 42V 主要用于柴油混合动力系统。在城市循环工况下其节油率一般为 5%~10%。

2. 轻度混合（轻混）动力系统

该混合动力系统采用了起动发电一体机（ISG）。与弱混合动力系统相比，轻度混合动力系统除了能够实现用电机控制发动机的起停外，还能够在电动汽车制动和下坡工况下，实现对部分能量进行回收；在行驶过程中，发动机的动力可以在车轮的驱动需求和发电机发电需求之间进行调节。轻度混合动力系统的混合度一般在 20% 以下，代表车型是通用汽车公司的混合动力皮卡。

3. 中度混合（中混）动力系统

该混合动力系统同样采用了 ISG 系统。其与轻度混合动力系统的不同之处在于，中度混合动力系统采用的是高压电机，在汽车加速或者大负荷工况时，电机能够辅助发动机驱动车辆，补充发动机本身动力输出的不足，提高整车性能。这种系统的混合程度较高，可以达到 30% 左右，在城市循环工况下节油率可以达到 20%~30%，目前技术比较成熟，应用广泛。

4. 重度混合（重混）动力系统

重度混合动力系统采用了 272~650V 的高压电机，混合度可以达到 50% 左右，在城市循环工况下节油率可以达到 30%~50%。其特点是动力系统以发动机为基础动力，动力电池为辅助动力。其采用的电机功率更大，完全可以满足车辆在起步和低速时的动力要求。因此重度混合车型无论是在起步还是低速行驶状态下都不需要起动发动机，依靠电机可以完全胜任，在低速时就像纯电动汽车。在急加速和爬坡运行工况下车辆需要较大的驱动力时，电机和发动机同时对车辆提供动力。随着电机、电池技术的进步,重度混合动力系统逐渐成为混合动力技术的主要发展方向。丰田普锐斯前三代混合动力汽车采用的就是重度混合动力系统。

5. 插电式混合动力系统(包含增程式电动汽车动力系统)

插电式混合动力系统是在以上四种混合动力系统的基础上发展起来的一种动力系统。插电式混合动力系统的电机功率比纯电动汽车的稍小,动力电池的容量介于重混系统和纯电动车辆之间。一般插电式混合动力系统都有车载充电机,可以使用家用电源在夜间用电低谷时为电池充电,也可以利用外接充电机充电。在充满电后可仅凭动力电池和电机驱动汽车以纯电模式行驶,在电量不足的时候,切换至混合动力系统模式工作,可延长续驶里程。插电式混合动力系统的结构可分为串联式、并联式和混联式。该系统是目前有发展前景的一种驱动系统,比亚迪秦 DM 采用的就是一款比较成熟的插电式混合动力系统。

增程式动力系统是插电式混合动力系统的串联结构。增程式动力系统是在纯电动汽车的电机系统基础上发展起来的,为了增加纯电动汽车的续驶里程,增加了发动机与发电机组成的辅助动力系统。在电池电量低时一般与电池共同工作驱动电机;仅在整车需求功率较小时,会利用发动机带动发电机发出来的电驱动电机,若有剩余功率,则会给电池充电。通用雪佛兰的 Volt 就是一款比较典型的增程式电动汽车。

3.1.1 插电式混合动力电动汽车的概念和特点

1. **插电式混合动力电动汽车的概念**

插电式混合动力汽车(Plug – in Hybrid Electric Vehicle,PHEV)是指可使用外接电源(包括家用电源插座)对车载可充电动力电池进行充电的混合动力汽车。PHEV 通常具有更长的纯电动续驶里程,也可以以普通的混合动力汽车方式工作。

一款 PHEV 可用动力电池行驶 50km,在电量耗尽时混合动力系统将自动介入驱动车辆前进,而到了充电站或回家后,可用外接电源直接为动力电池充电以继续用纯电动模式行驶。

2. **插电式混合动力电动汽车的特点**

PHEV 与其他动力源汽车相比,有以下几个特点:

① 与普通燃油汽车相比,PHEV 最大的特点是将纯电动驱动系统和混合动力驱动系统相结合。短距离行驶时采用纯电动驱动,长距离行驶时采用混合动力驱动系统,可以减少有害气体、温室气体的排放,大大降低整车的燃油消耗,提高燃油经济性。

② 与纯电动汽车比较,PHEV 不仅拥有纯电动汽车的全部优点,而且在相同续驶里程条件下,PHEV 的电池组比较小,电池容量只需要纯电动汽车的 30% ~ 40%,无须配备大容量的动力电池,可以大幅降低制造成本;当电池组 SOC 值降低到一定限值时,转为电量维持模式运行,避免了电池组的过放电,有效延长了电池寿命;不需要周转电池,可在停车场进行充电,不需要建立充电站,也不需要大量的换电设施和工作人员,降低了成本。

③ 与混合动力汽车比较,PHEV 算是配有一种车载充电装置的电动汽车,可利用外部公用电网对车载动力电池进行均衡充电,减少对石油的依赖。

3. **插电式混合动力电动汽车的优势**

PHEV 对于整个社会而言,有利于环境保护和经济增长。PHEV 的优点可以通过计算节省的燃油量和减少的污染，如各种温室气体的排放来体现。PHEV 的主要优势总结如下：

① 在交通运输领域可以减少石油的消耗：PHEV 不必给车加油或者只需要很少的汽油，因此节省了大量的石油。这将对经济、环境和政治产生长期的影响。

② 减少排放：由于汽油的消耗减少，随着 PHEV 的大规模化，整体的排放将大大减少。电能的集中产生比汽油机驱动汽车效率高得多，排放少得多，能够缓和人口密集的大都市的严重污染。随着电能越来越多地来自于可再生能源，整体排放将进一步减少。

③ 节约能源成本：PHEV 以纯电动模式行驶时，由于每等效能量单元的电比油便宜，则每千米所消耗的电能成本比汽油便宜。

④ 节省养护成本：PHEV 有助于节约养护成本。因为可以再生制动，所以制动系统的保养和维修，如制动片的更换和制动液的更换次数减少。由于发动机有时不工作或工作时间大为减少，机油的更换周期和其他维护项目的周期变长。

⑤ 备份功率：当使用双向充电机时，PHEV 可以用作备份能量源。一个典型的 PHEV 动力电池组能够提供给家庭或办公室数小时的 3~10kW 的功率，并且车载发动机 - 发电机/电动机通过产生电能，进一步延长了供电的时间。

⑥ 动力电池的梯次使用：PHEV 上不再能满足车辆使用要求的电池可用来储存电网电能，实现电压的管理、系统的稳定以及电力电网的频率管理。特别是随着越来越多的再生能源输入电力电网中，频率管理和稳定性日渐重要。这些"退休的"电池仍然具有 30%~50% 的初始电能容量，足以实现上述功能。

PHEV 技术发展呈现出形式多样、发展势头好、示范应用加快的总趋势，被认为是下一代汽车技术的典型代表。目前，PHEV 面临的技术关键和完善要点表现为动力电池技术在成本、寿命、安全性和低温特性等方面的突破以及电机驱动系统在持续工作能力、电压等级和热管理等方面的技术完善。另外，建立适用的充电系统网络也成为 PHEV 推广应用的关键。

3.1.2 增程式电动汽车的概念和特点

1. 增程式电动汽车的概念

增程式电动汽车（Extended - Range Electric Vehicle，E - REV），是以电能为主要驱动能源、发动机为辅助动力源的一种兼有外接电源充电和车载自供电功能的电动汽车。E - REV 在纯电动汽车的基础上追加了增程器，增程器作为车载供电系统，进一步提升车辆的续驶里程。

E - REV 是一种主要以纯电动驱动行驶的混合动力汽车，它以动力电池为主要动力源，以小排量发动机 + 发电机为辅助动力源，其发动机不直接参与驱动汽车，而仅用于带动发电机发电。因此，它的结构和动力性能都接近于纯电动汽车，起动后的发动机可在最佳燃油经济区输出功率和转矩，提高了燃油经济性。E - REV 首先依靠自身的动力电池行驶，此时发动机不起动；当电池的电量下降到一定程度时，起动发动机驱动发电机发电所产生的电能直接参与车辆的驱动。若产生的电量有富余，则可以存储到动力电池中。

2. 增程式电动汽车的特点

① 与纯电动汽车比较，E - REV 的特点与 PHEV 类似，都可以缩小动力电池的容量，降低成本，且增大了续驶里程。

② 与传统混合动力汽车比较，E - REV 最大的特点是也可以进行外接充电，尽可能利

用晚间低谷电或午间驾乘人员的休整间隙充电,进一步提高了能源利用率;E-REV采用电机直驱,无变速器和离合器,结构简单;采取电池扩容的方式,增加了纯电动工作模式的行驶距离。

③ 与插电式混合动力汽车比较,E-REV最大的特点是由于动力电池容量的增大以及驱动系统设计的不同,在电能充足的条件下行驶时,发动机不参与工作。也就是说,E-REV必须在所有的工作模式下都维持纯电驱动模式,因此,这种类型的车辆不需要像PHEV那样对其工作模式进行特定的说明。E-REV采用电机直驱,结构简单,而PHEV采用机械动力混合结构,有离合器、变速器等,结构较复杂。在增程器设计方面,E-REV允许将发动机的功率显著降低,发动机所提供的动力不需要达到车辆动力性能所需的峰值功率,仅满足车辆行驶所需要的持续动力需求即可。

3.2 插电式混合动力电动汽车的结构

根据混合动力系统的混合方式,PHEV的混合动力系统主要分为串联式、并联式和混联式三种类型。而E-REV是采用电机直接驱动设计,所以只有串联式的结构。因此本节主要从串联式、并联式和混联式三种混合系统来介绍PHEV的动力系统结构及特点。

3.2.1 串联式结构

串联式混合动力系统由发动机、发电机、逆变器、电动机和动力电池组成,如图3-2所示。发动机带动发电机发电,所产生的电能通过电机控制器提供给电动机,再由电动机转化为动能后驱动车辆。动力电池对在发电机产生的电能和电动机需要的电能之间进行调节,从而保证车辆在各种行驶工况下的功率需求。系统中有两个电源,即动力电池和发电机。这两个电源通过逆变器串联在回路中,所以称为串联混合动力系统。

图3-2 串联式混合动力系统

在行驶过程中,车辆首先消耗储存在动力电池中的电能,由动力电池向电动机供电。当动力电池电能消耗到目标SOC值时,起动发动机/发电机给动力电池充电或者直接向电动机供电驱动车辆前进。

串联插电式混合动力系统在早期的城市公交车上应用,该系统可以实现以下工作模式:

① 电池供电模式:发动机关闭,车辆驱动能量完全来自动力电池。该模式主要用于车辆低速行驶和倒车工况。

② 发动机/发电机供电模式:当动力电池荷电状态小于目标SOC值后,动力电池不再向电动机提供电能。此时,发动机/发电机起动,将燃料的化学能转化为电能,为电动机提供电能并驱动车辆前进。此时,动力电池一直处在不工作状态。

③ 混合供电模式:车辆驱动能量同时来自发动机和动力电池,发电机发出的电能和电池提供的电能由电动机控制器实现耦合,共同输送给电动机,该模式主要用于车辆加速和爬坡行驶工况。

④ 发动机/发电机供电并给电池充电模式:来自发动机的机械能由发电机转化成电能

后，由电动机控制器分配能量，一部分输送给电动机用于驱动车辆，另一部分给动力电池充电，该模式主要用于车辆低负荷行驶且电池 SOC 较低的工况。

⑤ 再生制动模式：发动机关闭，电机以发电形式工作，把来自车轮的动能转化为电能，通过电动机控制器给动力电池充电。该模式主要用于车辆制动和下坡工况。

⑥ 电池充电模式：电动机不接收能量，由发电机把来自发动机的机械能转化为电能，通过电动机控制器给动力电池充电，该模式主要用于车辆静止且电池 SOC 较低的工况。

串联式结构的 PHEV 的优点是：发动机和驱动轮之间没有机械连接，因此发动机可以工作在其速度 – 转矩图的任何点上。通过车辆的驱动功率需求，可以控制发动机总是工作在最低油耗区；在这个区域内，发动机的效率和排放可以通过特殊设计和控制技术得以进一步提高；在电量充足时，发动机处于关闭状态，车辆以纯电动模式运行，能够完全实现零排放；与其他的混合动力系统相比，由于发动机和驱动轮之间实现了完全的机械解耦，动力总成的控制策略简单。

但是，串联式结构也有不足：车辆以电动机作为唯一动力源输出功率，且需要满足车辆的加速和爬坡性能要求，因此需要匹配较大功率的电动机；在车辆需求功率较大的工况行驶时，动力电池需要高电流放电，电能损耗大。另一方面，在电量低需要充电时，发动机/发电机并没有直接驱动车辆，而是作为能量转换的媒介（在发动机中，将燃料的化学能转换成机械能，在发电机中，将机械能转换成电能），转化效率低，能量总体损失比较大。因此，串联式 PHEV 主要适用于城市工况。

3.2.2 并联式结构

并联式混合动力系统由发动机、变速器、电机、逆变器和动力电池组成，如图 3-3 所示。其中电机既可作为电动机使用，也可作为发电机使用。采用并联式混合动力系统的汽车有两个独立的驱动系统，即传统的发动机驱动系统和电机驱动系统。车辆驱动力由发动机和电机同时或单独供给，也就是说，两个动力系统既可以同时协调工作，也可以各自单独工作来驱动汽车。两个动力系统同时工作时，以机械方式实现动力耦合，动力的流向为并联，所以称为并联式混合动力系统。

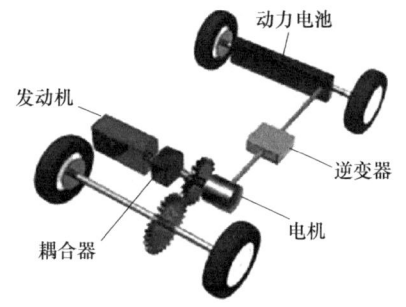

图 3-3 并联式混合动力系统

并联式插电混合动力系统主要有以下五种运行模式：

① 单电机驱动模式：当动力电池 SOC 较大且汽车需求功率较小时，车辆由动力电池单独提供电能，驱动电动机从而驱动汽车。此时，发动机处于关闭状态。

② 单发动机驱动模式：当动力电池 SOC 下降到一定目标值且车辆需求功率不大时，车辆由发动机单独驱动。此时，电机处于关闭状态。

③ 混合驱动模式：当车辆需求功率较大，发动机或电机单独驱动无法满足车辆需求功率时，车辆由发动机和电机共同牵引驱动。

④ 行车充电模式：当发动机提供的功率大于驱动车辆所需的功率时，一部分功率直接驱动车辆，另一部分供给电机使其工作在发电机状态，给电池充电。

⑤ 再生制动模式：在汽车制动过程中，将一部分制动能量转化为电能并存储在动力电

池中,此时电机充当发电机使用。

与串联式结构相比,并联式插电式混合动力系统具有的优点有:发动机和电机都可以直接向传动系统提供转矩,不存在多次能量形式的转换,因而能量损失较小;并联式结构存在两个动力源,因此可以匹配额定功率较小的电机、发动机,制造成本较低。

但并联式混合动力系统也存在着不足,主要有:发动机和驱动轮间还是机械连接,因此发动机的工作点不可能总处于最佳区域,发动机效率得不到充分发挥;需要搭载变速器,且适合搭载自动变速器。

3.2.3 混联式结构

混联式混动系统节油率普遍高于串联式和并联式的系统,一般在40%左右,在乘用车和城市公交车上都有普遍的应用。

混联式混合动力系统由发动机、动力分配机构、发电机、逆变器、电动机和动力电池组成,如图3-4所示。发动机的动力经过动力分配机构后分成两部分:一部分直接驱动车辆,形成机械传输通道;另一部分带动发电机发电,所产生的电能通过逆变器提供给电机驱动车辆,形成电力传输通道。通过调整发电机转速,可以控制机械传输通道和电力传输通道的动力分配比例。这个系统具有双重特征,一是电力传输通道和动力电池之间以电的方式实现动力耦合,动力

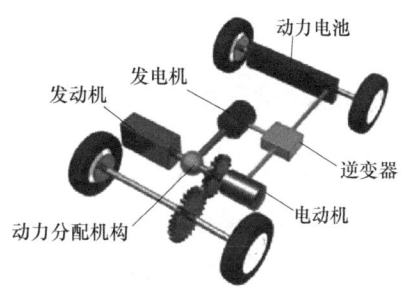

图3-4 混联式混合动力系统

的流向为串联;二是机械传输通道和电动机之间以机械方式实现动力耦合,动力的流向为并联,所以称为混联式混合动力系统。

混联插电式混合动力系统具有串联式和并联式混合动力系统的优点,无论汽车的运行工况多么复杂、多变,都能使动力系统工作在最优状态,实现较好的燃油经济性和排放性,在NEDC循环工况下,采用该方式汽车的节油率可达40%以上。

3.3 机电耦合动力系统构型原理

PHEV是内燃机与电机两种动力混合驱动的车辆,这种混合是通过机电耦合系统的动力耦合作用实现的。机电耦合系统的形式不仅决定了PHEV具备的工作模式,还是功率分配策略制定的依据,并影响整车的动力性、经济性和排放性能。

3.3.1 机电耦合系统的定义及分类

1. 机电耦合系统的定义

在插电式混合动力电动汽车中,机电耦合系统是能使内燃机(T_c, n_c)、电机(T_m, n_m)和动力输出(T, n)之间产生一定影响关系的机构,如图3-5所示。图中T_{ci}, n_{ci}为第i个内燃机传递给耦合系统的转矩和转速;T_{mi}, n_{mi}为第i个电机传递给耦合系统的转矩和转速($i=1, 2, \cdots, N$);T, n为机电耦合系统输出的转矩和转速。

2. 机电耦合系统分类

(1) 转矩耦合系统

转矩耦合是指各动力源输出的转矩相互独立,转速符合一定的比例关系,动力耦合输出

的转矩等于各动力源转矩的线性和。

稳态下，插电式混合动力电动汽车机电耦合系统的转矩耦合条件为：

当两个不全为0的数列 $[\alpha_{c1}, \alpha_{c2}, \cdots, \alpha_{cN}]$ 和 $[\alpha_{m1}, \alpha_{m2}, \cdots, \alpha_{mN}]$，满足

$$T = \sum_{i=1}^{N} (\alpha_{ci} T_{ci} + \alpha_{mi} T_{mi}) \quad (3-1)$$

且当 $\alpha_{c\lambda}$、$\alpha_{m\gamma} \neq 0$（λ，$\gamma \in \{1, 2, \cdots, N\}$），使得 T 不能由 $T_{c\lambda}$ 或 $T_{m\lambda}$ 单独表示。

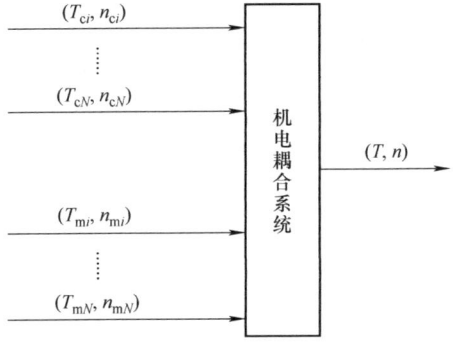

图3-5　机电耦合示意图

满足以上转矩耦合条件的动力系统称为转矩耦合系统。

转矩耦合系统结构简单，传动效率高，而且无需专门设计耦合机构，便于在原车基础上改装。

（2）转速耦合系统

转速耦合是指各动力源的转速相互独立，而转矩则成一定比例关系，动力耦合输出的转速等于各动力源转速的线性和。

转速耦合条件：

当两个不全为0的数列 $[\beta_{c1}, \beta_{c2}, \cdots, \beta_{cN}]$ 和 $[\beta_{m1}, \beta_{m2}, \cdots, \beta_{mN}]$，满足

$$n = \sum_{i=1}^{N} (\beta_{ci} n_{ci} + \beta_{mi} n_{mi}) \quad (3-2)$$

且当 $\beta_{c\lambda}$、$\beta_{m\gamma} \neq 0$（λ，$\gamma \in \{1, 2, \cdots, N\}$），使得 n 不能由 $n_{c\lambda}$ 或 $n_{m\lambda}$ 单独表示。

满足以上转速耦合条件的动力系统称为转速耦合系统。

转速耦合系统通过连续调整电机转速，可以使车速连续变化，因此采用转速耦合系统的混合动力汽车无需无级变速器便可以实现整车的无级变速。

（3）功率耦合系统

使发动机和电机既满足转矩耦合条件，又满足转速耦合条件，称为功率耦合系统。

功率耦合系统的输出转矩与转速分别是发动机与电机转矩和转速的线性和，发动机的转矩和转速都可控。

采用功率耦合系统的混合动力汽车理论上不需要离合器和变速器，而且可实现无级变速。与前两种耦合系统相比，功率耦合系统无论是对发动机工作点的优化，还是在整车变速方面，都更具优越性。

（4）双模式耦合系统

使用一些特殊的机构，如离合器、制动器等，对上述3类基本耦合系统进行合理组合，从而实现在不同工况下不同耦合方式之间的切换，称为双模式耦合系统。

双模式耦合系统是3种基本耦合系统的组合应用，能够进一步优化发动机的工作区域，扩大汽车的变速范围，从而进一步提高整车性能，因此具有更大的节能潜力和更好的发展前景，成为混合动力系统研究的新热点。

3.3.2 机电耦合系统的构型

1. 转矩耦合系统

传动系耦合是混合动力电动汽车较早采用的一种动力耦合方式,如东风公司 EQ7200 基于机械式自动变速器(AMT)的耦合系统、日本五十铃公司小型混合动力载货车 ELF 基于动力输出轴(PTO)的耦合系统、福特公司基于主减速器的机电耦合系统以及一些基于双驱动桥间的耦合系统。这些系统都可以归为如图 3-6a 所示的传动系耦合,且在稳态下都可简化为

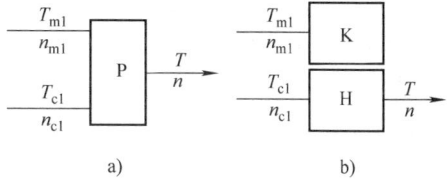

图 3-6 转矩耦合系统
a) 传动系耦合 b) 电机耦合
P—传动系 K—定子 H—转子

$$T = \eta_{c1} i_{c1} T_{c1} + \eta_{m1} i_{m1} T_{m1} \tag{3-3}$$
$$\omega = \eta_{c1}/i_{c1} = \eta_{m1}/i_{m1} \tag{3-4}$$

式中,i_{c1} 和 η_{c1} 分别为从发动机输出轴到机电耦合装置输出轴的传动比和传动效率;i_{m1} 和 η_{m1} 分别为从电机输出轴到机电耦合装置输出轴的传动比和传动效率。

令 $\alpha_{c1} = \eta_{c1} i_{c1}$,$\alpha_{m1} = \eta_{m1} i_{m1}$,$\beta_{c1} = 1/i_{c1}$,$\beta_{m1} = 1/i_{m1}$,则有:

$$T = \alpha_{c1} T_{c1} + \alpha_{m1} T_{m1},\ (\alpha_{c1} \neq 0,\ \alpha_{m1} \neq 0) \tag{3-5}$$
$$\omega = \beta_{c1} n_{c1} = \beta_{m1} n_{m1},\ (\beta_{c1} \neq 0,\ \beta_{m1} \neq 0) \tag{3-6}$$

显然,该系统满足转矩耦合条件,但不满足转速耦合条件,属于转矩耦合系统。

利用电机进行动力耦合也是目前较为常用的机电耦合方式,最为典型的是本田 Insight 的 IMA 系统、长安的 ISG 系统等,这些系统都可简化为图 3-6b 所示的电机耦合,且有

$$T = T_{c1} + T_{m1} \tag{3-7}$$
$$n = n_{c1} = n_{m1} \tag{3-8}$$

显然,该系统也可以满足转矩耦合条件,但不满足转速耦合条件,因此也属于转矩耦合系统。

由式(3-3)、式(3-4)、式(3-7)、式(3-8)可知,转矩耦合系统的输出转速与发动机及电机转速之间成固定比例关系,而系统的输出转矩是发动机和电机转矩的线性和。因此,在汽车行驶过程中,发动机的转速不可控,而转矩可以通过电机的转矩调整进行控制。

2. 转速耦合系统

行星排是混合动力汽车机电耦合系统中经常使用的机构,按照形式不同又可分为单行星排、双行星排和多行星排。北京理工大学与波兰华沙工业大学联合研制出混合动力汽车用紧凑型行星传动混合动力装置,其原理如图 3-7a 所示,显然稳态下其输入输出之间有如下关系:

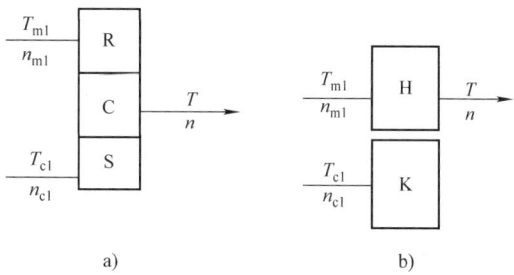

图 3-7 转速耦合系统
a) 单行星排耦合 b) 定子浮动式电机耦合
R—齿圈 C—行星架 S—太阳轮
H—转子 K—定子

$$T = -\frac{\eta_s(k+1)}{\eta_c} T_{c1} = -\frac{\eta_r(k+1)}{\eta_c} T_{m1} \tag{3-9}$$

$$\omega = n_{c1}/(k+1) + kn_{m1}/(k+1) \quad (3\text{-}10)$$

式中，k 为齿圈与太阳轮的齿数比；η_s、η_r、η_c 分别为太阳轮、齿圈和行星架的传动效率。

根据设计需要，还可以将系统的两个输入和一个输出与行星排的 S、R 和 C 之间任意组合，从而衍生出更多的形式，但输入输出量之间的关系都与式（3-9）、式（3-10）相同，只是系数不同而已。

定子浮动式电机是另一类比较典型的耦合系统，如图 3-7b 所示，稳态下输入与输出间关系为

$$T = T_{c1} = T_{m1} \quad (3\text{-}11)$$

$$\begin{cases} n_{m1} = n_H - n_S = n - n_{c1} \\ n = n_{c1} + n_{m1} \end{cases} \quad (3\text{-}12)$$

式中，n_H、n_S 分别为转子和定子的转速。

由上述方程可知，这两类系统都可以使转速耦合条件得到满足，但转矩耦合条件不能满足，因此都属于转速耦合系统。

由式（3-9）~式（3-12）可知，转速耦合系统的输出转矩与发动机和电机转矩成比例关系，系统的输出转速是发动机和电机转速的线性和。因此，在汽车行驶过程中，发动机的转矩不可控，发动机的转速可以通过对电机的转速调整而进行控制。

3. 功率耦合系统

丰田普锐斯采用图 3-8a 所示的单行星排耦合系统，其中电机 1 为发电机，电机 2 为电动机，其输入与输出之间的关系为：

$$n = (k+1)n_{c1}/k - n_{m1}/k \quad (3\text{-}13)$$
$$T = -k\eta_{c1}T_{c1}/(k+1) + \eta_{m2}T_{m2} \quad (3\text{-}14)$$

雷克萨斯的混合动力 SUV RX400h 采用如图 3-8b 所示的双行星排机电耦合系统，其中电机 1 为发电机，电机 2 为电动机。分析可知，其输入输出之间关系在形式上与普锐斯相同，只是系数不同。

瑞典皇家理工学院提出了一种双转子电机耦合系统，如图 3-8c 所示。根据该结构原理，建立其输入与输出之间关系式为：

$$n = n_{c1} - n_{m1} \quad (3\text{-}15)$$
$$T = T_{c1} + T_{m2} \quad (3\text{-}16)$$

由式（3-13）~式（3-16）可知，这 3 类系统都能使转矩耦合条件和转速耦合条件同时得到满足，因此都属于功率耦合系统。

功率耦合系统的输出转矩与转速分别是发动机与电机转矩和转速的线性和，因此发动机的转矩和转速都可控。

4. 双模式耦合系统

为了更加充分地利用上述 3 种基本耦合系统的优点，提高车辆对各种不同工况的适应能力，近年来出现了第 4 类耦合系统即双模式耦合系统。双模式耦合系统实际上是使用一些特殊的机构，如离合器、制动器等对上述 3 类基本耦合系统进行合理组合，从而实现在不同工况下不同耦合方式之间的切换，以进一步提高整车性能。

得克萨斯农机大学开发的混合动力汽车采用一种双模式电机耦合系统，它由一个定子浮动式电机和 3 个离合器组成，其连接关系可以简化，如图 3-9 所示。该系统可为车辆提供两种混合驱动模式。

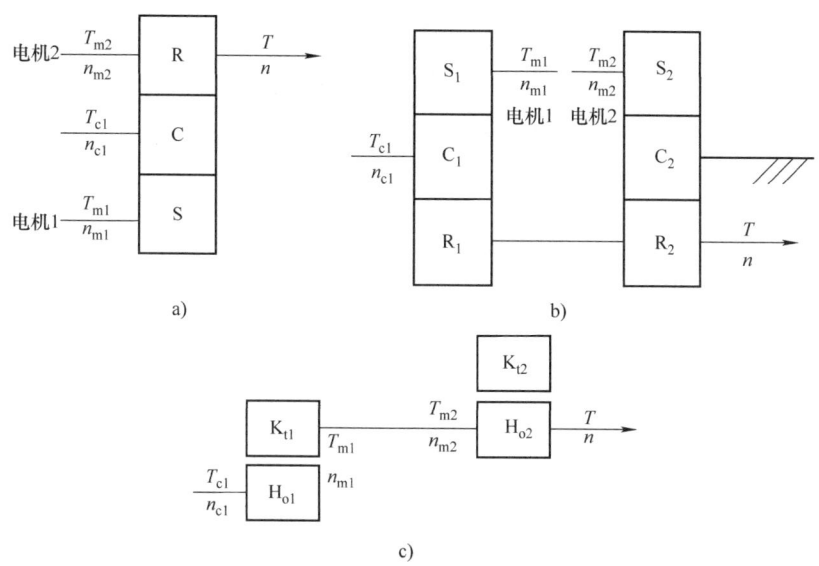

图 3-8 功率耦合系统

a）单行星排耦合 b）双行星排耦合 c）双转子电机耦合

R_1、C_1、S_1—行星排 1 的齿圈、行星架、太阳轮　R_2、C_2、S_2—行星排 2 的齿圈、行星架、太阳轮

K_{t1}、K_{t2}—电机 1、电机 2 的定子　H_{o1}、H_{o2}—电机 1、电机 2 的转子

1）转矩耦合模式：CL_1 接合，CL_2 分离，CL_3 接合，此时该系统就变成了图 3-6b 中的电机耦合系统，因此被称作转矩耦合模式。

2）转速耦合模式：CL_1 分离，CL_2 接合，CL_3 分离，此时该系统就变成了图 3-7b 中的定子浮动式电机耦合系统，因此被称作转速耦合模式。

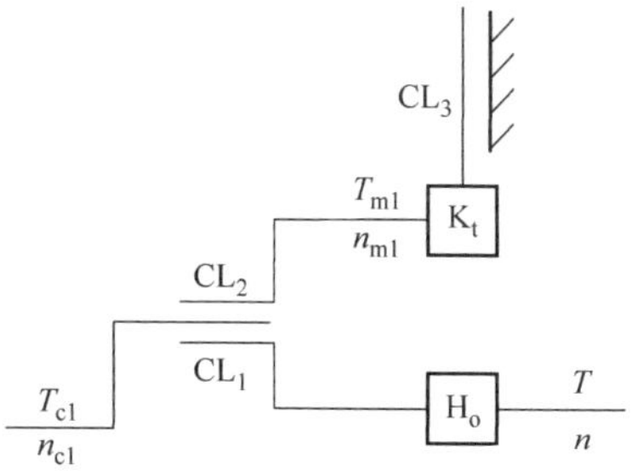

3.3.3 机电耦合系统工作原理与特点

混合动力汽车研究的主要目的是在不牺牲动力性的前提下降低发动机的油耗和排放，因此评价机电耦合系统优劣的主要依据为是否有利于优化发动机的工作状况，从而降低油耗和排放。

图 3-9 双模式耦合系统

CL_1—离合器　CL_2—离合器

CL_3—离合器　K_t—定子；H_o—转子

1. 转矩耦合系统

图 3-10 为某汽油机转矩耦合系统的最低油耗曲线，图中实线为万有特性曲线，虚线为最低油耗曲线上的转矩－转速关系。在采用转矩耦合系统的混合动力汽车中，发动机的转矩可控，转速不可控，因而可以通过控制电机转矩，使发动机在最低油耗曲线附近工作。为将发动机的工作区缩小到经济区域，需要增加一个多档变速器或无级变速器。

2. 转速耦合系统

图 3-11 为转速耦合系统最低油耗曲线，图中实线为万有特性曲线，虚线为最低油耗曲线上的转速－转矩关系。在行驶过程中采用转速耦合系统的混合动力汽车，发动机的转矩不可控，转速可控，因此可以通过调整电机转速，使发动机在最低油耗曲线附近工作。为将发动机的工作区缩小到经济区域，需要增加一个两档或多档变速器。

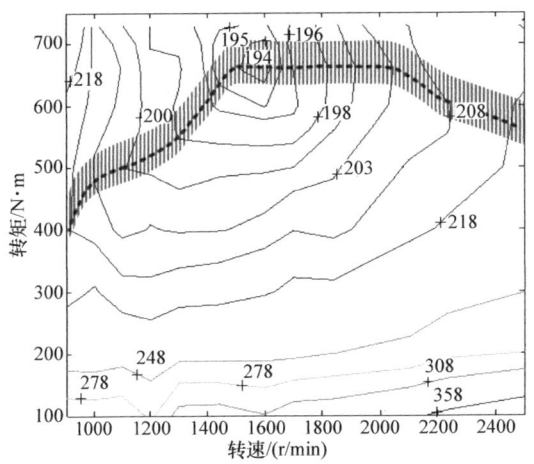

图 3-10 转矩耦合系统最低油耗曲线

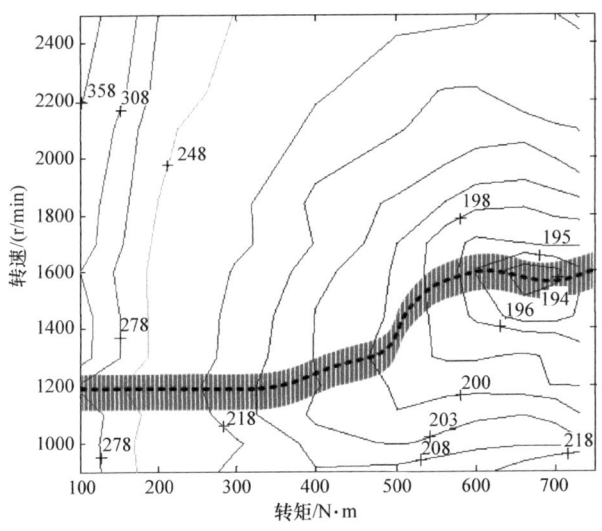

图 3-11 转速耦合系统最低油耗曲线

3. 功率耦合系统

在采用功率耦合系统的混合动力汽车中，发动机的转矩和转速都可以自由控制，而不受汽车所处工况的影响。因此，理论上可以通过调整电机的转速和转矩，使发动机在最低油耗点工作。但实际上，频繁调整电机反而可能会使经济性有所下降，所以通常的做法是将发动机的工作点限定在经济区域内，从而使经济性能大大提高。

3.3.4 机电耦合系统典型案例

1. 转矩耦合系统典型案例：本田 i-MMD

目前 i-MMD 系统主要由阿特金森循环发动机、电动无级变速器 E-CVT（内置发电机、驱动电机、超越离合器及平行轴系及齿轮、主减速器及差速器总成等）、动力电池总成、动力控制单元（PCU）等组成。该发动机为直列四缸自然吸气发动机，其压缩比提升至

13.5∶1，通过优化，将发动机热效率从38.9%提升至40.6%。发电机、牵引电机为i‐MMD系统的核心部件，两者均采用了质量轻、体积小、效率高的三相永磁同步电动机。驱动电动机的最大功率为135kW、最大转矩为315N·m、最高工作转速为13000r/min、额定功率为67.5kW、额定转矩为100N·m、额定电压为700V。牵引电机的作用是产生驱动力以驱动车辆或滑行、制动时回收能量。本田的i‐MMD系统牵引电机与发电机同轴安装，通过空心轴将动力与发动机实现转矩耦合后，通过输出轴输出。其主要有三种工作模式：纯电动驱动模式、混合驱动模式与发动机驱动模式。i‐MMD系统结构示意图如图3-12所示。

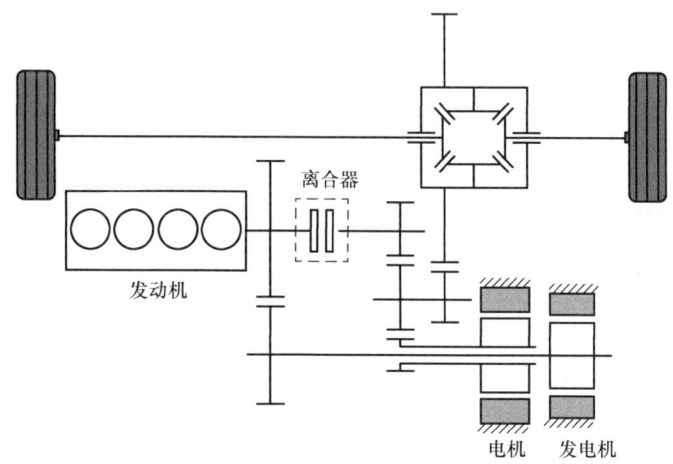

图3-12 本田i‐MMD系统结构示意图

2. 转速耦合系统典型案例

北京理工大学与波兰华沙工业大学合作，联合研制了一种单行星排传动方式的机电动力耦合系统，如图3-13所示。该系统把串联和并联混合驱动的原理结合在一起，使用较少的零件数（一个电机），通过调整控制系统可以完成并联到串联驱动的转换，实现混合驱动转变为由内燃机驱动。该系统比传统的混合驱动系统更轻，效率和整体性能更高。该系统可以实现无级变速，但是不能实现发动机输出转矩和电机输出转矩的直接叠加，属于转速耦合。

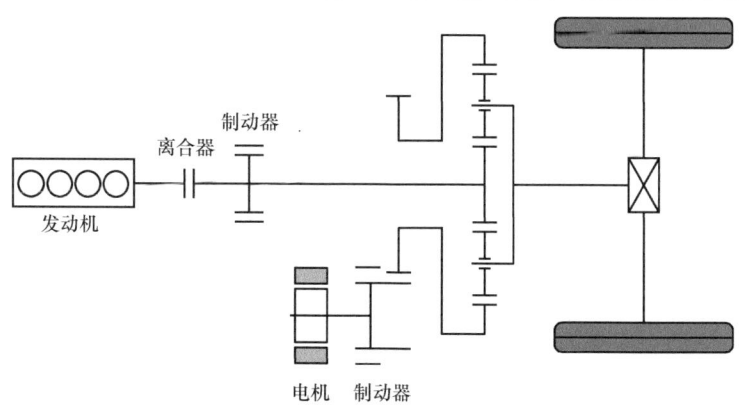

图3-13 单行星排转速耦合系统结构示意图

3. 功率耦合系统典型案例

丰田第三代混合动力系统（Toyota Hybrid System，THS）结构如图3-14所示，发动机、电机 MG1 在功率分流行星齿轮同侧，电机 MG2 在另一侧，三者同轴布置。其中，发动机、电机 MG1 分别与功率分流行星齿轮的行星架、太阳轮连接，而电机 MG2 与减速行星齿轮的太阳轮连接，行星架固定不运转。发动机与发电机通过单排行星齿轮组件进行转速耦合，两者的合成动力与驱动电机再进行转矩耦合。THS 功率分流的主要特点是发动机的转速与转矩同车轮的转速与转矩实现解耦，发动机与电机可以独立控制，利用两者协同工作，使发动机维持在经济区域高效运转。

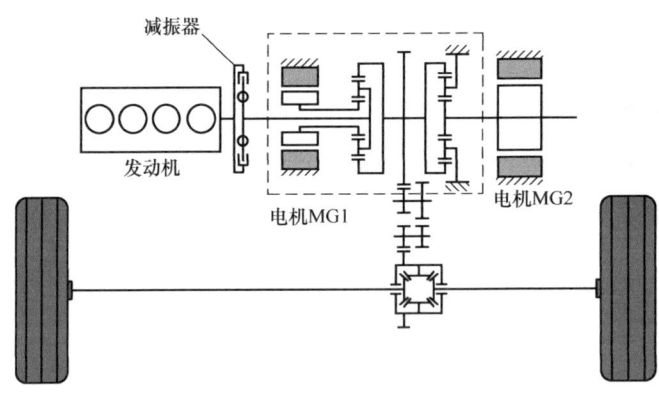

图 3-14　丰田第三代 THS 结构示意图

4. 双模式耦合系统典型案例

美国通用公司开发出一种基于双行星排的双模式机电耦合系统 AHS-2，如图 3-15 所示，该系统可以为车辆提供两种混合驱动模式。

① 转矩耦合模式：当车辆在城市道路或轻载状况下行驶时，C1 结合，C2 分离，B1 结合，此时行星排 1 处于差动状态，行星排 2 处于转矩耦合状态。

② 转速耦合模式：当车辆在高速公路或重载条下行驶时，C1 结合，C2 结合，B1 分离，此时行星排 1、2 都处于差动状态，机电耦合系统工作于转速耦合模式。

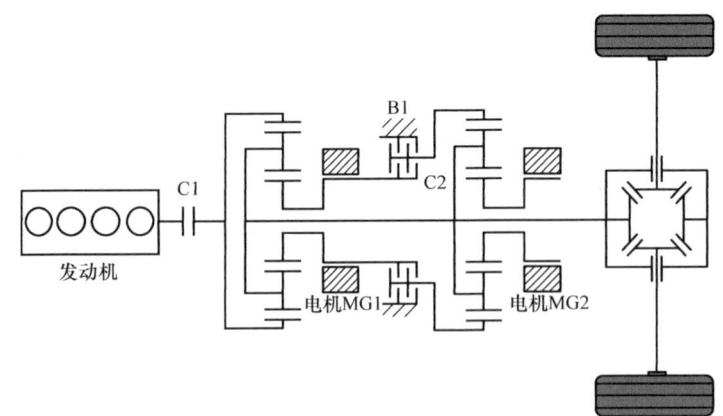

图 3-15　双模式耦合系统

3.4 插电式混合动力电动汽车的典型案例

PHEV在乘用车和商用车领域都有商业化的示范。在乘用车领域，采用混联式混合动力技术，具备了纯电驱动功能的车型，以丰田的插电式普锐斯为代表；采用并联式混合动力升级改进（双模驱动），具备短途纯电驱动能力的车型，主要以比亚迪F3DM为代表。在客车领域，采用单轴双电机的宇通混联系统为主，主要以宇通新能源客车为代表。

3.4.1 丰田插电式普锐斯混合动力轿车

丰田普锐斯汽车已经发展了许多代，普锐斯Ⅰ、普锐斯Ⅱ、普锐斯Ⅲ及插电式普锐斯混合动力轿车。前三代之间除了外形方面的差别外，最主要的差别在于系统中动力组件的不断改进。插电式普锐斯混合动力汽车是以普锐斯Ⅲ混合动力车为基础的，拥有相同的混合动力驱动系统，最大区别是插电式普锐斯可通过外接充电接口充电。该插电式混动系统由动力电池、发动机、混合动力总成（电机MG1、电机MG2、动力分配机构及电机减速机构）、车载充电器、充电用电线等组成。丰田普锐斯插电式混合动力轿车透视图如图3-16所示。

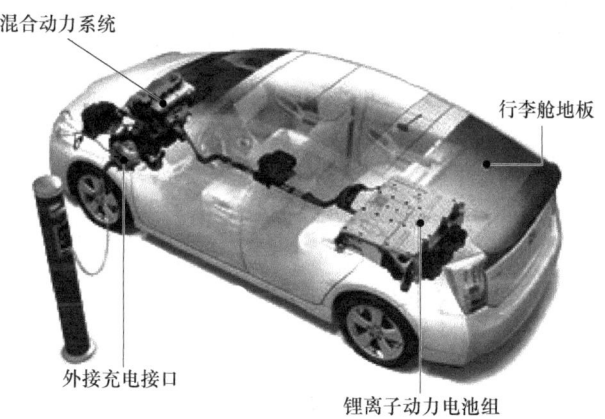

图3-16 丰田普锐斯PHEV透视图

1. 普锐斯车载电源系统

丰田普锐斯插电式混合动力采用额定电压为345.6V、电量为5.2kW·h的锰酸锂电池。该电池组由3个动力电池包组成，每个动力电池包由32个单体电池组成，每个单体电池电压为3.6V，通过模块化构造（由96个单体电池串联而成）确保动力电池总电压达到345.6V。

电池组在向驱动电机供电时，来自电池组的直流电压为345.6V，由逆变器升压到650V；在充电状态下，电机作为发电机工作，通过逆变器从650V的交流电降压到345.6V的直流电，并再向动力电池充电。

动力电池组的外形尺寸为807mm×911mm×378mm，质量为160kg，可以使用家用电源进行外部充电。

2. 普锐斯混合动力系统

普锐斯插电式混合动力汽车的发动机、驱动电机以及整个混合动力系统的功率都与现行普锐斯Ⅲ相同。混合驱动系统采用丰田 THS‐Ⅱ 系统，图 3-17 所示为此系统采用的混联结构。在混联式混合动力系统中，可以同时使用双擎动力（发动机和大功率电机）驱动汽车行驶，同时产生剩余电力还可以再回收。使用混联式混合动力系统的汽车根据驾驶条件，可以仅依靠电机驱动或者同时使用发动机和电机一起驱动汽车。由于该系统还集成了发电机，因此可以在汽车行驶的时候利用发动机剩余动力对动力电池进行充电。

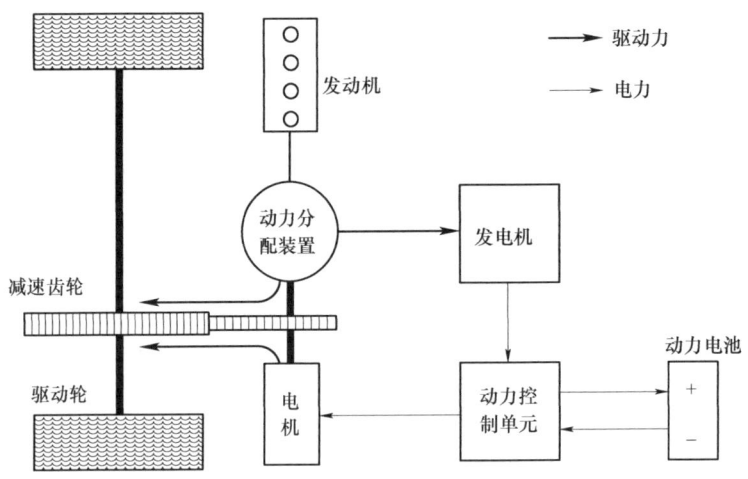

图 3-17 普锐斯插电式构型

如图 3-18 所示，普锐斯动力总成和传递机构主要由电机 MG1、电机 MG2、动力分配行星排、减速行星排、过渡齿轮、主减速器和差速器（未画出）等组成。

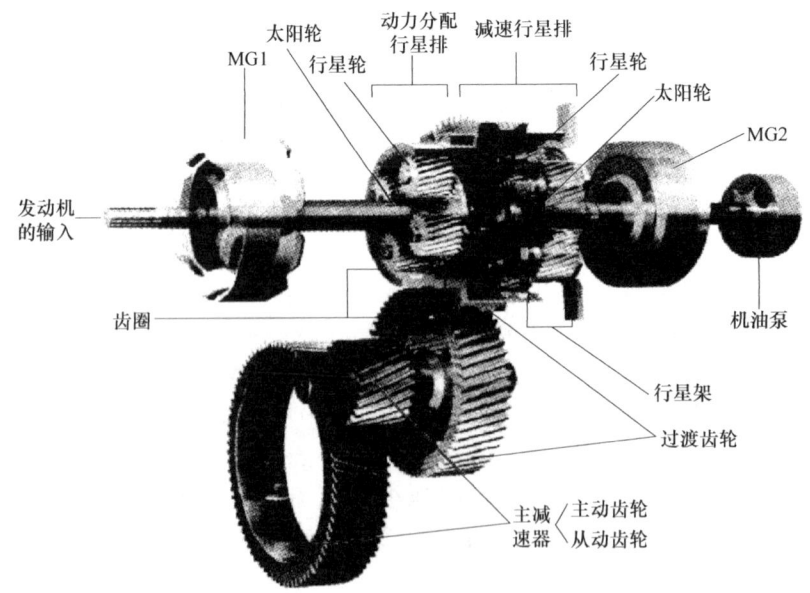

图 3-18 普锐斯插电式混合动力总成机构组件

在动力分配行星排中，行星架与发动机相连，太阳轮与 MG1 相连，齿圈通过过渡齿轮与主减速器相连。发动机输出的动力被分成用于驱动 MG1 发电的动力（电动力）和用于直接驱动车轮的动力（机械动力）两个部分。

在减速行星排中，行星架固定，太阳轮与 MG2 相连，齿圈与动力分配行星排的齿圈相连。MG2 的动力经过减速行星排减速增矩后，也通过过渡齿轮向主减速器输出。

（1）发动机停车起动模式

停车状态下，驱动轮停止转动，动力分配行星排的齿圈也停止转动。MG1 以电动方式工作，带动太阳轮旋转，并通过行星架起动发动机。图 3-19 所示为发动机停车起动模式下总成组件工作情况和行星排转速杠杆模拟图。

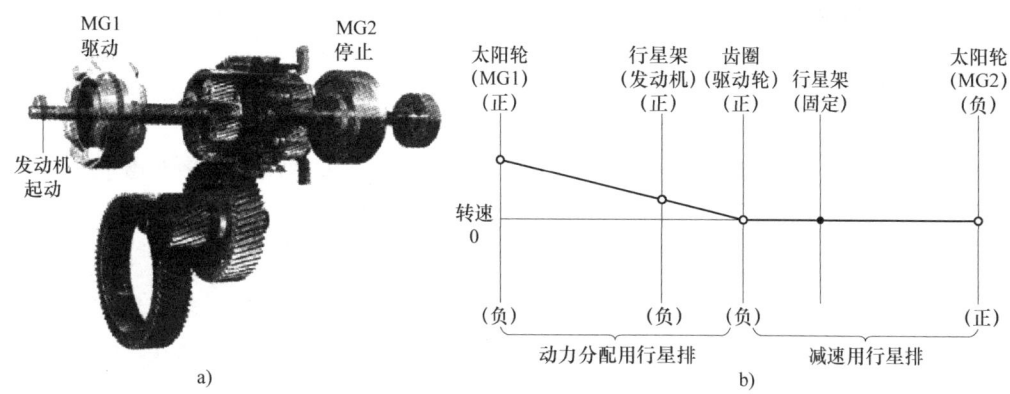

图 3-19　发动机停车起动模式下总成组件工作情况和行星排转速杠杆模拟图
a）总成组件工作情况　b）行星排转速

（2）停车充电模式

车辆在停车状态下，如果电池 SOC 处于正常值范围内，则发动机、MG1 和 MG2 都停止工作。如果 SOC 下降到设定值，则控制系统起动发动机，通过动力分配行星排把发动机动力传递给 MG1 发电，为电池充电。图 3-20 所示为该模式下总成组件工作情况和行星排转速杠杆模拟图。

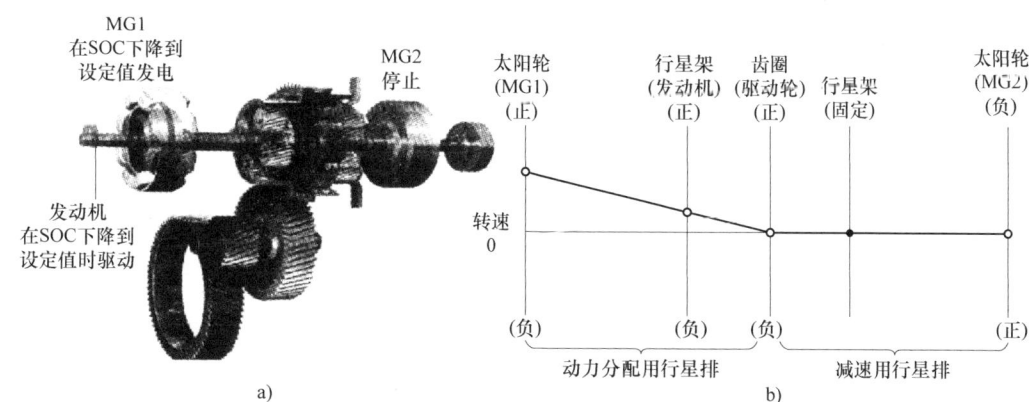

图 3-20　停车充电模式下总成组件工作情况和行星排转速杠杆模拟图
a）总成组件工作情况　b）行星排转速

（3）起步和低负荷模式 1（SOC 正常）

在电池 SOC 处于正常范围时，系统只靠 MG2 输出驱动力使车辆起步和低负荷行驶。此时发动机停止工作，MG1 空转不发电。图 3-21 所示为该模式下总成组件工作情况和行星排转速杠杆模拟图。

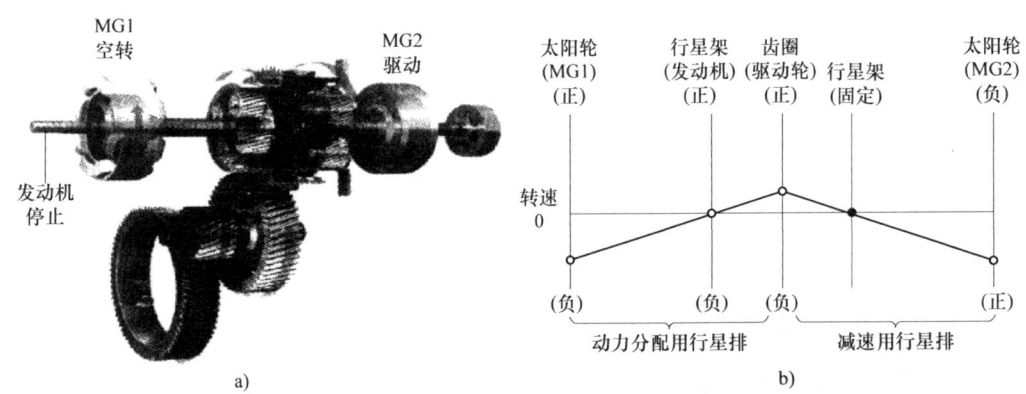

图 3-21 起步和低负荷模式 1 下总成组件工作情况和行星排转速杠杆模拟图
a) 总成组件工作情况　b) 行星排转速

（4）起步和低负荷模式 2（SOC 低）

在 SOC 下降到设定值时，发动机起动，其输出动力经动力分配行星排后被分成两部分：一部分直接流向主减速器驱动车辆；另一部分驱动 MG1 发电。MG1 发出的电能经电机控制器后又被分成两部分：一部分供给 MG2 驱动车辆；另一部分为电池充电。图 3-22 所示为该模式下总成组件工作情况和行星排转速杠杆模拟图。

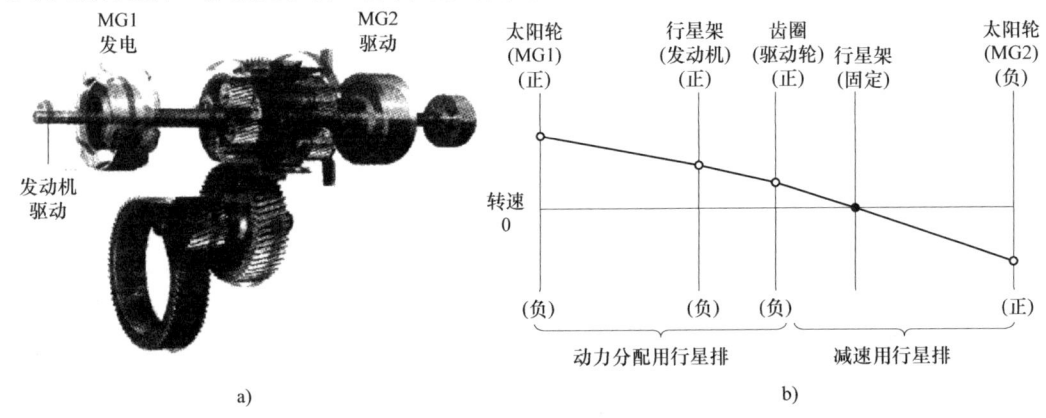

图 3-22 起步和低负荷模式 2 下总成组件工作情况和行星排转速杠杆模拟图
a) 总成组件工作情况　b) 行星排转速

（5）巡航模式

车辆在巡航模式下，发动机运转在高效区域，主要以发动机的动力驱动车辆，发动机动力被动力分配机构分为两路：一路作为驱动力传递给驱动轮；另一路驱动 MG1 发电，并用该电力驱动 MG2，辅助驱动车辆。图 3-23 所示为该模式下总成组件的工作情况和行星排转速杠杆模拟图。

（6）加速模式

车辆从定速行驶开始实施加速，在提高发动机功率和 MG1 发电量的同时，电池也向 MG2 提供电能，增大驱动转矩，提升整车驱动能力。图 3-24 所示为该模式下总成组件的工作情况和行星排转速杠杆模拟图。

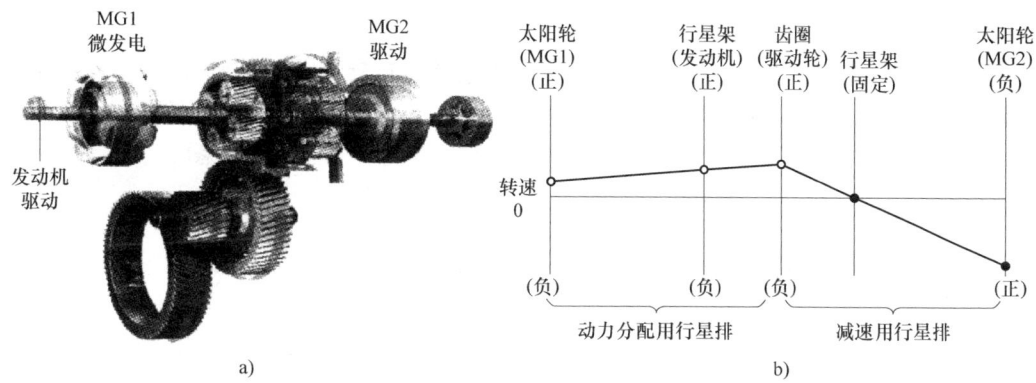

图 3-23 巡航模式下总成组件的工作情况和行星排转速杠杆模拟图
a) 总成组件工作情况　b) 行星排转速

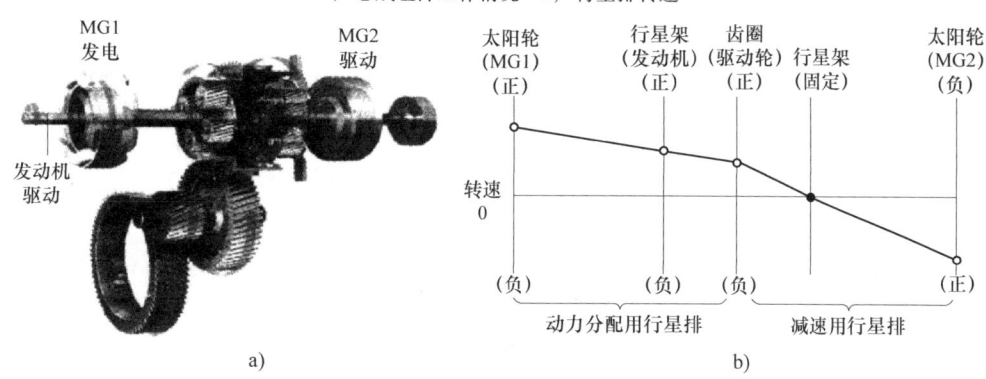

图 3-24 加速模式下总成组件的工作情况和行星排转速杠杆模拟图
a) 总成组件工作情况　b) 行星排转速

（7）制动能量回馈模式

车辆减速或制动时，在电池的 SOC 允许的情况下，车辆动能通过驱动轮驱动 MG2 以发电机方式工作，将动能转换为电能，给电池充电。图 3-25 所示为该模式下总成组件的工作情况和行星排转速杠杆模拟图。

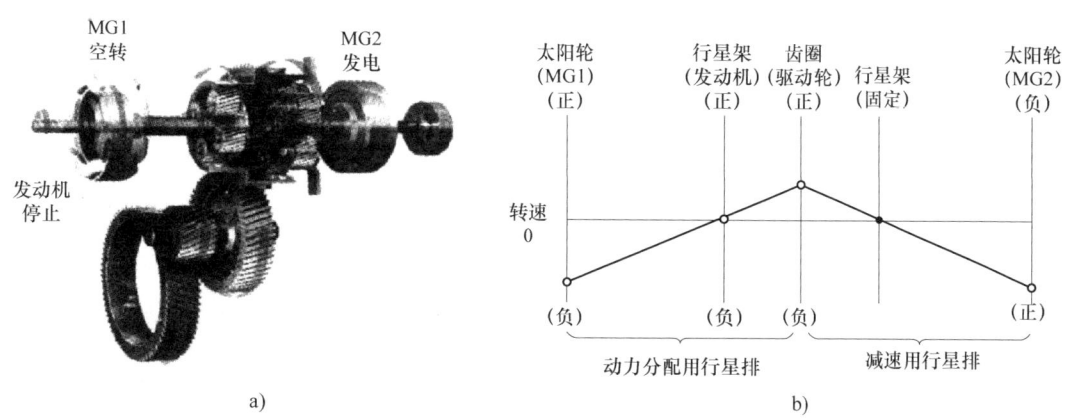

图 3-25 制动能量回馈模式下总成组件的工作情况和行星排转速杠杆模拟图
a) 总成组件工作情况　b) 行星排转速

(8) 倒车模式

在电池 SOC 处于正常值范围内时，MG2 作为电动机反转工作，驱动车辆倒车；当 SOC 下降到设定值时，起动发动机，带动 MG1 发电，产生的电力驱动 MG2 反转工作来驱动车辆。图 3-26 所示为该模式下总成组件的工作情况和行星排转速杠杆模拟图。

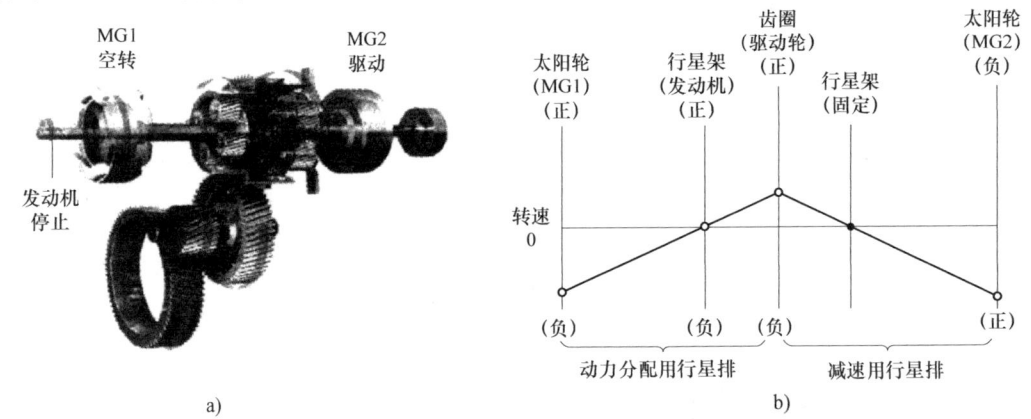

图 3-26 倒车模式下总成组件的工作情况和行星排转速杠杆模拟图
a) 总成组件工作情况　b) 行星排转速

3. 普锐斯技术参数

基于第三代普锐斯的插电式混合动力汽车，如图 3-27 所示，关键零部件（发动机、电机、动力电池）参数见表 3-2，性能参数（百公里油耗、最高车速）见表 3-3。

图 3-27 基于第三代普锐斯的插电式混合动力汽车

表 3-2 关键零部件参数

动力源	类型	排量/电压/容量	最大功率/kW	最大转矩/N·m
发动机	直列 4 缸汽油内燃机	排量为 1.8L	73	142
电机	永磁同步交流型	电压为 600V	60	207
动力电池	锂离子动力电池串联	容量为 6.5A·h	—	—

表 3-3 性能参数

百公里油耗/（L/100km）	4.3（综合工况法）
最高车速/（km/h）	180

3.4.2 比亚迪 F3DM 插电式混合动力汽车

比亚迪 F3DM 的动力由一台与排量 1.0L，代号为 371 QA 的全铝汽油发动机和主副两台稀土永磁同步电机 M1 和 M2 组成，主电机功率为 50kW、副电机功率为 25kW，最高时速可以达到 150km/h，纯电动模式 50km/h 等速巡航的续驶里程达到 100km，这样的距离已经足以满足日常城市生活的需要。充满电和加满油后，综合续驶里程达到 580km。

1. F3DM 车载电源系统

F3DM 动力电池采用比亚迪生产的磷酸铁钴锂电池，电压为 330V，容量为 45A·h。电池单体标称电压为 3.3V，由 100 块串联而成，经过 2000 个充放电周期，锂电池的有效容量会降到 80%。F3DM 标称的 100km 电耗是 16kW·h，在充电站只需 10min 可以充满 50%，采用 220V 慢充充满需要 9h。

2. F3DM 混合动力系统

比亚迪 F3DM 中的 DM（Dual Mode）是双模式的意思，意味着该车有两种主要工作模式：纯电动模式（EV）和混合动力模式（HEV）。纯电动模式（EV）支持城市短途使用。混合动力模式（HEV）支持中长途使用。图 3-28 所示为比亚迪 F3DM 模式切换按钮。

在一般情况下，按下 EV 开关按钮后，EV 开关的指示灯会点亮，整车会切换到纯电动模式下运行。按下 HEV 开关按钮后，HEV 开关指示灯会点亮，整车工作模式为混合动力模式。

图 3-28　F3DM 模式切换按钮

在 EV 状态下，当电池电量低时，系统会根据驾驶时的实际情况和电量来判断是否切换成混合动力模式。急加速或电量不足时，DM 系统都可能自动切换成混合动力模式。EV 和 HEV 具有记忆效应，会执行上一次车辆停车时的状态。当电量很高时，车辆在 HEV 模式下发动机可能不会起动。

（1）比亚迪 F3DM 结构

图 3-29 所示为比亚迪 F3DM 整车结构。图 3-30 所示为发动机舱内元件分布。

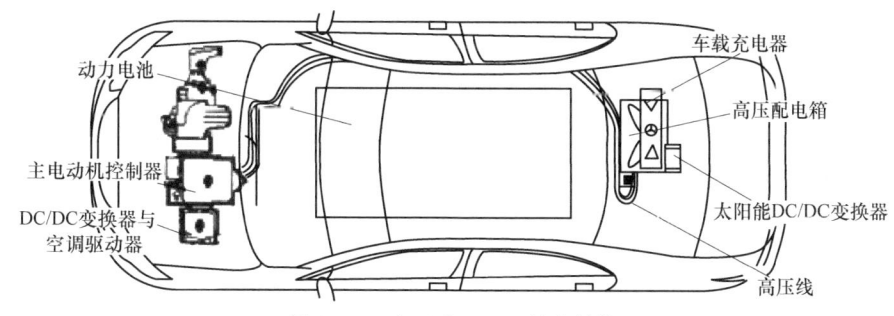

图 3-29　比亚迪 F3DM 整车结构

（2）比亚迪 DM 系统工作模式

① EV 工作模式（图 3-31）。

纯电动工作模式下，动力电池提供电能，由电机 M2 驱动车辆行驶。

② HEV 工作模式。

a）HEV 工作模式 A（图 3-32），发动机工作在最佳状态，直接驱动车辆，电动机随发动机转动，用于发电，为动力电池充电。

图 3-30　发动机舱内元件分布

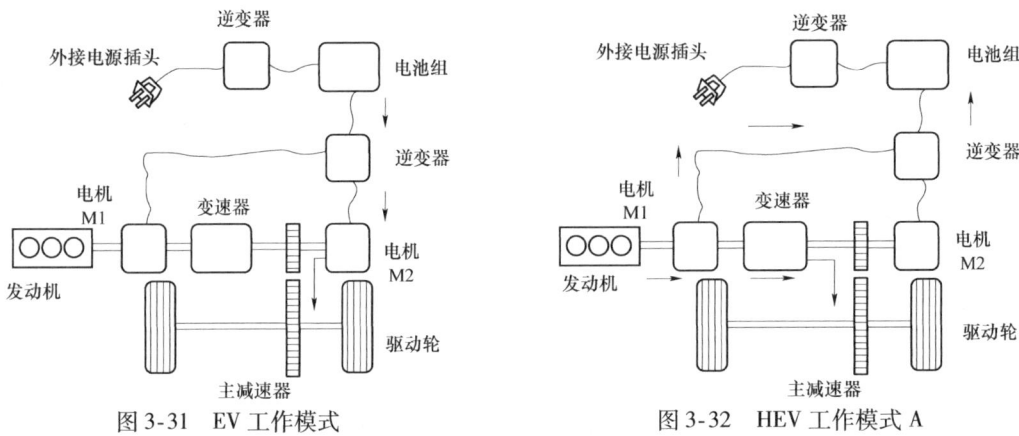

图 3-31　EV 工作模式　　　　　图 3-32　HEV 工作模式 A

b）HEV 工作模式 B（图 3-33），在需要较高动力输出的模式下，发动机和电机 M2 一起驱动车辆，提供更高的输出功率。

c）HEV 工作模式 C（图 3-34），在电量比较低而整车需要的动力输出也较低的模式下，发动机带动电机 M1（此时作为发电机）发电，电机 M2 利用电机 M1 发的电驱动车辆，多余的电能将存储在动力电池内。

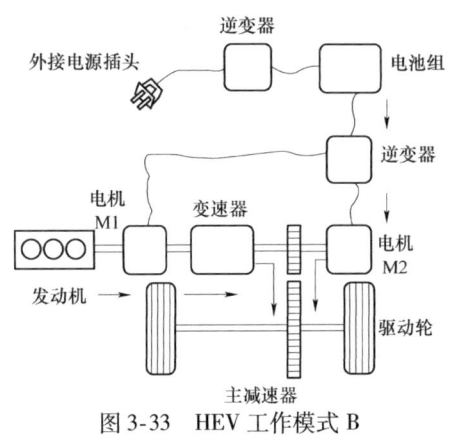
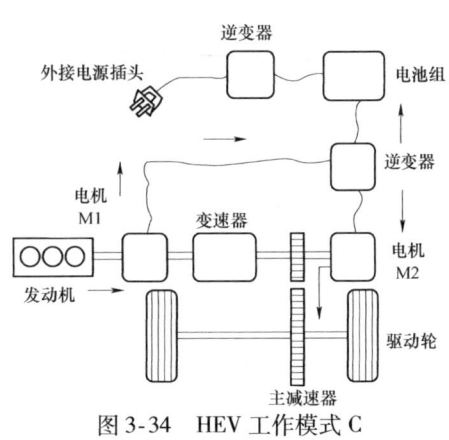

图 3-33　HEV 工作模式 B　　　　　图 3-34　HEV 工作模式 C

为保护电池,当它放电到 SOC 为 20% 时,发动机自动起动带动电机 M1(此时作为发电机)为电池充电。如果跑长途,则车辆长期处于混合动力模式,电机 M1 在电池电量只剩余 50% 的时候就将起动,充电到 70% 停止工作。在电量充足、超高速行驶或者急加速的情况下,电机 M1、电机 M2 和发动机协同工作提供动力。

3. F3DM 技术参数

比亚迪 F3DM 部件(发动机、主电机、副电机、动力电池)参数及性能指标(动力性、续驶里程、能耗)见表 3-4 和表 3-5。

表 3-4 主要部件性能参数

动力源	类型	排量/电压/容量	最大功率	最大转矩
发动机	直列 4 缸汽油内燃机	1.0L	50kW	90N·m
主电机	永磁同步交流型	560V	50kW	400N·m
副电机	永磁同步交流型	560V	25kW	200N·m
动力电池	锂离子动力电池串联	45A·h	—	—

表 3-5 整车性能参数

基本参数	
长×宽×高/(mm×mm×mm)	4533×1705×1520
整备质量/kg	1560
动力性能	
0~100km/h 的加速时间/s	<10.5
最高车速/(km/h)	≥150
最大爬坡度(%)	≥30
续驶里程(EV)	
等速工况下(50km/h)	100km
ECE 循环工况下	80km
能耗	
百公里耗电(EV)	16kW·h

3.4.3 宇通插电式混合动力客车

宇通客车作为中国客车第一品牌,自 2010 年起至今,连续多年荣获世界客车联盟(BAAV)颁发的年度最佳客车制造商、年度最佳创新客车、年度最佳客车安全装备、年度最佳环保巴士、年度最佳客车等称号。宇通客车投入大量精力研制新型能源汽车,其中 ZK6125CHEVPG1、ZK6125CHEVPG2 等型号汽车为插电式混合动力客车,节油率达 50% 以上,节能减排效果达到国内领先水平。

1. 客车车载电源系统

宇通客车的车载电源系统采用高功率、低成本、高可靠性的复合电源系统,可以降低整车使用成本,提高整车纯电续驶里程,进一步提高节油率。动力电池普遍采用的是磷酸铁锂电池,能量密度达到 112W·h/kg,电池都经过严格的测试,保证了寿命,电池达到 4000 次充放电衰减后剩余容量不低于初始容量的不低于70%，即可达到8年电池衰减剩余容量不低于初始容量的不低于70%。超级电容的功率密度为3500W/kg，效率为95%。车载电源系统具有交流车载充电和直流充电功能。

2. 客车混合动力系统

如图3-35所示，宇通客车采用混联式混合动力系统。该混联式混合动力客车兼具串联式和并联式结构的优点，能够实现低速纯电动起步和大功率制动能量回收，避免了发动机低速、低负荷工况的低效率运行及频繁制动的能量损失，更适合于城市工况运行的动力系统结构类型。

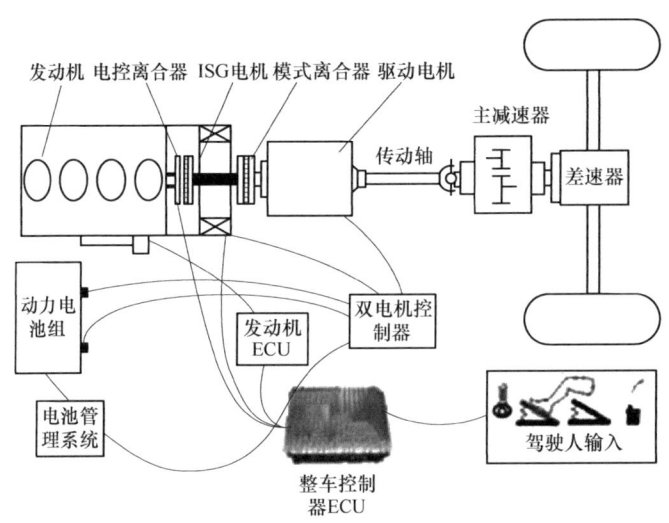

图3-35 宇通插电式客车驱动系统

该混联式混合动力系统主要由发动机、两台电机［一个为ISG（Integrated Starter Generator）电机，另一台为主驱动电机］、电池组和离合器组成。其具体的布置为：ISG电机直接安装在发动机曲轴上，动力经过自动离合器，传递到另一台大功率的主电机上，车辆动力再经过主减速器，由半轴传递到车轮。

该新型混联式混合动力系统最大的特点在于只要控制离合器的状态就可实现串联和并联两种运行模式的转换：当自动离合器处于分离状态时，动力系统成为串联结构，发动机的运行状态和车辆行驶工况无直接关系，此时只有主驱动电机直接向车辆提供驱动力；当自动离合器处于接合状态时，动力系统又可变为并联结构，即发动机和两电机同轴通过驱动半轴连接到主减速器，此时发动机可和主驱动电机共同为车辆提供转矩，亦可实现发动机单独驱动。另外由于该系统取消了变速器，处于并联结构时，发动机的转速与车辆行驶车速对应成比例。

基于新型混联式混合动力系统的结构特点，以能量流的路径对该系统的工作模式进行划分：

① 纯电动模式：车辆处于低速工况或者低排放区域，且电池电量处于较高水平，离合器分离，由电机单独驱动。

② 串联式联合驱动模式：车辆处于低速且高负荷工况，电池电量处于中等水平，离合器分离，辅助动力单元（Auxiliary Power Unit，APU）与电池联合给电机供电。

③ 串联式行车充电模式：车辆处于低速工况，且电池电量处于较低水平，离合器分离，APU 提供驱动功率而且给电池充电。

④ 发动机单独驱动模式：车辆处于发动机最佳转速区域，离合器接合，由发动机单独驱动。

⑤ 并联式联合驱动模式：车辆处于较高车速且负荷不断增加，由发动机与电机联合进行驱动。

⑥ 并联式行车充电模式：车辆处于较高车速，负荷较低，电池电量低于中低水平，发动机除了进行驱动外还给电池充电。

⑦ 再生制动模式：当车辆处于制动或减速滑行时，利用电机进行能量回收。

3. 客车技术参数

宇通 ZK6125CHEVPG1 客车参数（发动机功率、外形尺寸等）见表 3-6。

表 3-6 宇通 ZK6125CHEVPG1 客车参数

车辆型号	ZK6125CHEVPG1
发动机功率/kW	162
外形尺寸/(mm × mm × mm)	12 000 × 2550 × 2950
总质量/kg	18 000

3.5 增程式电动汽车系统及典型案例

增程器是 E-REV 驱动系统的关键组件，可以提供电能，增加电动汽车的行驶里程。为了获得最优的整车系统效率，E-REV 的控制策略要保证增程器和动力电池得到最佳的匹配，获得最优的整车系统效率。E-REV 的控制策略目的是在动力电池电能充足的情况下，保持在纯电动工作模式，将有害物质排放降到最低。

3.5.1 增程式电动汽车的增程器

发动机、发电机和发电机驱动控制装置共同组成了一个辅助动力单元（Auxiliary Power Unit, APU），也称增程器系统。增程器是 E-REV 驱动系统的关键组件，它只提供电能，用来驱动电动机或者为动力电池充电。发动机/发电机系统与驱动车轮在机械上是分离的，发动机的转速、转矩与车速、牵引转矩的需求无关，因此可控制发动机运行在其转速-转矩平面上的任意点，最佳的发动机运行状态是可以实现的。通常应控制发动机使其运行在最佳工况区，此时发动机的油耗和排放降到最低程度。发动机和驱动车轮没有机械连接，因此其与电驱动系统的运行模式和控制策略密切相关。

E-REV 的控制策略目的是在动力电池电能充足的情况下，保持在纯电动工作模式，将有害物质排放降到最低。这种模式下的控制策略与纯电动汽车类似，增程模式下的控制策略要保证增程器和动力电池得到最佳的匹配，获得最优的整车系统效率。

增程式电动汽车动力系统结构如图 3-36 所示。

增程式电动汽车动力系统由电驱动系统、发动机/发电机系统、功率分配装置、动力电池等组成。

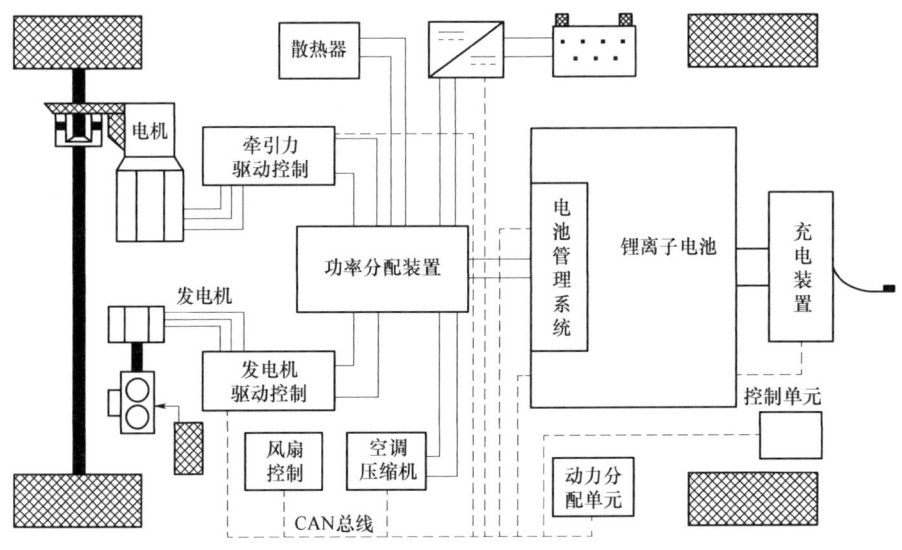

图 3-36 增程式电动汽车动力系统结构

注:粗线表示机械连接,细线表示电气连接,虚线表示 CAN 总线连接。

电驱动系统由驱动电机及牵引力驱动控制装置组成,发动机到驱动电机之间没有机械连接,而是首先通过发电装置,将燃油的化学能转化成三相交流电,然后发电机驱动控制器将交流电转化成直流电,并通过发电机驱动控制装置到达功率分配装置,根据工况需要做出牵引力驱动控制的功率分配。发动机作为主要动力源时的动力传输如下:

① 在需求功率比较大的时候,功率分配装置会直接将电能传递给驱动控制装置,驱动车辆行驶,不经过电池管理系统。根据车辆功率需求,驱动控制系统中的逆变器将直流电转化成三相交流电,驱动电机运转。

② 在增程模式下,如果增程模块提供的电能有剩余,则多余的电能将为动力电池充电,动力电池在增程模式下起到平衡系统充电和放电的作用,稳定系统电压。

③ 停车时,可以通过外接充电装置为动力电池充电。此外,动力系统提供的电能要满足附件功率的需求,如散热器、风扇、空调压缩机等。

各个系统之间的数据传输可由 CAN 总线完成,实现控制单元上的信息传递和命令执行,根据驾驶人施加给加速踏板或者制动踏板的位置指令,获取需求功率信息,传递给主控制器,主控制器根据目前行驶状况和车辆的状态进行判断,确定当前 E-REV 的运行模式,将控制指令传递给部件控制器,如牵引力驱动控制器、电池管理系统、发动机驱动控制器、附件功率控制等。

3.5.1.1 增程器的分类

增程器(Range Extender, RE)是增程式电动汽车最重要的组件之一,它与车辆的性能、油耗、燃油替代、原始成本和运行成本密切相关。增程器分类方法如下:

1. 按结构组成分类

按照增程器的结构组成将目前已有的增程器分为以下几种:

(1) 大容量动力电池增程器

大容量动力电池增程器的优点是便于统一标准和规格,研发周期短,成本低,容易实现量产。但是因为这种增程器是基于传统的动力电池,所以不可避免地存在能量密度较低、体积偏大、成本高等缺点,短距离行驶时的优势明显不足。

(2) 燃料电池增程器

为了达到尽量避免使用燃油、实现零排放的目标,燃料电池增程器成为一种新的选择。可以采用功率为 5~10kW 的小型燃料电池作为增程器,与车载主动力电池协同工作,延长电动汽车的续驶里程。燃料电池增程器的动力结构如图 3-37 所示。

以氢燃料电池的增程器为例,把燃料电池增程器分为电源及其管理系统、氢气系统、燃料电池及其控制系统三个模块。其中电源及其管理系统子模块主要由压力传感器、电压传感器、电流传感器、DC/DC 变换器、继电器、控制器铝盒、控制器接插件集合而成。氢气系统子模块主要由氢瓶、氢传感器、氢气管路、减压阀集成。燃料电池及其控制系统子模块由电堆、电堆控制器、电池阀、单片检测接头、电堆输出端导线、燃料电池风扇 DC/DC 变换器组成,可以很方便地实现拆装。采用模块化布置法的氢燃料电池增程器系统整体结构如图 3-38 所示。

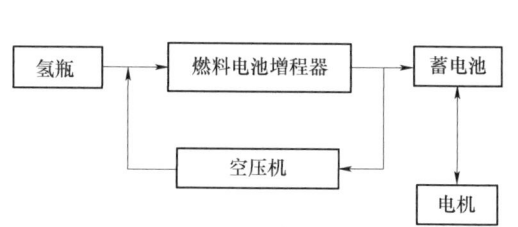

图 3-37 燃料电池增程器的动力结构

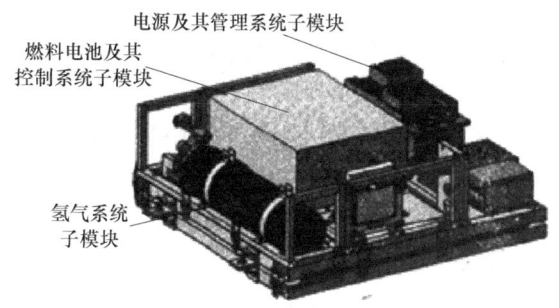

图 3-38 氢燃料电池增程器系统整体结构

目前燃料电池增程器处于开发阶段,从整车集成方面的要求来讲,需要克服的技术问题比较多。要求空压机体积小、重量轻,并需要良好的散热装置;要求空压机具有较大的空气压缩比,同时保证输出的空气流量相对较小,所以要使燃料电池增程器能够成熟地运用于 E-REV,需要克服以上技术问题,目前在 E-REV 上的应用还处于研发阶段。

(3) 发动机/发电机组增程器

发动机/发电机组增程器可以采用多种发动机与发电机组合方式,形成增程式系统,可供选择的发动机有活塞式发动机、转子发动机、小型燃气轮机等。这种增程系统的电能由发动机提供,经历了发动机/发电机的能量转换过程,因此发电机功率要大于增程系统功率,发动机到发电机之间存在能量损失,要求发动机功率大于发电机功率,在满足以上结构和配置的基础上,保证发动机和发电机都工作在转矩/转速高效率区内。发动机/发电机组的增程系统是目前应用最多和技术最成熟的增程系统。

2. 按布置位置分类

增程器包括发电装置和辅助能量存储装置,根据增程器与汽车的安装关系,增程器的安装位置可以分为挂车式、插拔式和车载式三种。

(1) 挂车式增程器

挂车式增程器安装在拖车上,根据行驶距离的不同来决定是否使用增程器,出行前需要对出行距离做出预估,长距离行驶时需要拖挂增程器适时提供能量;市区短途行驶时取下拖车,此时完全变为一辆纯电动汽车。这种形式由于其结构的特殊性,实用性不高,更多地应用于室内场馆车。挂车式增程器的优点是其输出功率能够根据需要设计,增程器可以使用多种辅助燃料。但是缺乏使用的灵活性,拖车质量和体积都比较大,不易倒车。在不确定是否需要长距离行驶,或者有突发性事件时,都为驾乘者造成了很大的不便,限制了驾驶的自由度。

(2) 插拔式增程器

插拔式增程器将增程器设置为可插拔的模块,考虑到短途行驶时,不需要携带增程器行驶,提出了这种方案。这种增程器需要将增程器系统模块,包括控制器和DC/DC变换器集中在一起,做成一个方便拆卸的独立单元。在日常短途行驶时,将增程器系统整体从车上拆下,此时只用动力电池的电能驱动车辆行驶,完全变为纯电动汽车,减少了车辆的整备质量,提高了能量利用率;长途行驶时,将增程器模块通过机械及电气接口与整车动力系统相连,增加续驶里程。这种形式的增程器对设计要求较高,并需要与动力部件及传动系统进行合理匹配,在匹配的基础上要求的控制策略非常复杂,还要解决振动噪声等附加问题,所以目前的插拔式增程器价格偏高。

(3) 车载式增程器

车载式增程器与纯电动汽车的动力系统固定在一起,结构形式简单,动力系统可以方便地实现结构布置,提高了整车的空间利用率,与插拔式增程器相比,不需要在出行前对出行距离进行预估,也不需要频繁地对增程器进行拆卸和安装,是目前应用最多的增程器系统。

3.5.1.2 E-REV 的能量管理系统

增程器只提供电能,电能用来驱动电机或者为动力电池充电,增加电动汽车的续驶里程,发动机到驱动电机之间的传动路线没有机械连接,电能可以直接用于驱动车辆,不经过动力电池的充放电过程,降低了从增程系统到动力电池的能量传递损失。E-REV 的控制策略目的是在动力电池电能充足的情况下,保持在纯电动工作模式,将有害物排放质减到最少。这种模式下的控制策略与纯电动汽车类似,增程模式下的控制策略要保证增程器和动力电池得到最佳的匹配,获得最优的整车系统效率。

E-REV 主要利用电能作为驱动能源,增加一个发动机/发电机组作为增程器,在动力电池的 SOC 值达到最低限值的时候,启动增程器,在最佳的状况下工作,多余的电能用来为动力电池充电,降低排放甚至实现零排放。当车辆运行在日常的城市上下班道路上时,几乎不需要起动发动机,电能足够满足驾驶人的出行需求。因此,E-REV 的控制策略可以分为两部分:一部分与纯电动汽车一样为纯电动行驶时候的控制策略;另一部分是增程模式下的控制策略,此时的控制策略要最大限度地降低能量转化带来的能量损耗。在保证动力性的前提下,达到燃油经济性最佳的目标,提高能量利用率,同时兼顾动力电池的充放电和循环使用寿命,提高整车的工作效率。

为了使两种能源得到最佳的组合和协调运行,应在保证动力性和驾驶性的基础上,使燃油经济性最好以及排放最低,故应采用合适的能源管理控制策略。在汽车行驶过程中,工况是多变且不可预测的,因此控制策略应可以根据不同的路况以及车辆的运行需求,适时合理地分配其能量流及做出合理的反应。对 E-REV 控制策略的要求如下:

① 纯电动模式和增程模式的切换控制要合理,充分利用动力电池驱动,实现零排放。

② 防止对动力电池的过充电和过放电,避免频繁充放电,延长动力电池的使用寿命。

③ 在增程模式下运行时,发动机的起停控制要合理。当发动机为动力电池充电的电量达到一定值的时候,才可关闭发动机/发电机组,继续用电能驱动,这样能量多级转化的损失比较小。但是如果发动机起动后提供给动力电池的电量比较小,就切换到纯电动运行模式,需要频繁地起动发动机,必然使发动机的寿命受到影响,也不利于实现降低排放的设计要求。

④ 发动机长期不用的时候,要设置成动力电池在SOC值最低的时候也能运行的特殊控制模式,以使长期不用的发动机/发电机组得到维护保养。

3.5.2 增程式电动汽车的典型案例

在现有的E-REV内,最具有代表性的车型是雪佛兰的Volt。宝马i3增程式电动汽车也备受关注。

3.5.2.1 通用Volt增程式电动汽车

1. Volt车载电源系统

Volt所用动力电池是由A123系统公司生产的磷酸铁锂离子动力电池,动力电池的能量为16kW·h,电池质量为181.4kg。采用容量达16kW·h的锂电子动力电池,充满电就能够满足64km的续驶要求,同时保证其SOC不会降到30%。

2. Volt混合动力系统

Volt的主要结构如图3-39所示,主要由锂离子动力电池、发动机/发电机组及驱动电机串联而成。在纯电动模式下,Volt不燃烧汽油,也不会产生尾气排放。在这种基本模式下,Volt通过储存在其锂离子电池内的电力进行驱动,Volt在此模式下最多可行驶64km。当电池电量下降后,增程型汽油发电机开始无缝介入,为汽车提供足够的能量,并继续驱动汽车向前行驶最高达490km的距离。增程式汽油发电机消除了"里程焦虑症",也让驾驶人放心驾驶,不必为电池电量耗尽所困扰。

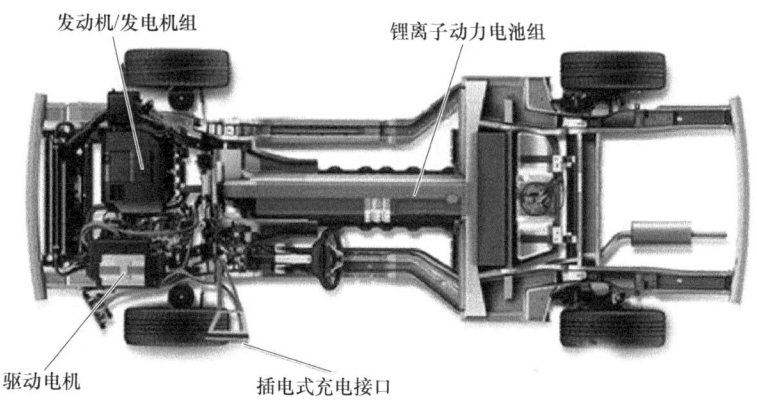

图3-39 Volt的主要结构

Volt车的电动系统可产生110kW的输出功率、370N·m的输出转矩,而最高车速为161km/h。

Volt具有以下明显的特点:

① 增程: Volt 在动力电池完全充满 (100% 的 SOC) 的前提下纯电动续驶里程为 40~80km, 具体数值取决于路况、驾驶水平和环境温度等因素的影响。美国环保署 (EPA) 的实验结果是, Volt 在装满 35L 油箱和动力电池充满电的情况下, 总的续驶里程可达到 610km。先以纯电动行驶, 达到动力电池的临界点时再以增程模式驱动, 当汽车燃油耗尽后, 汽油机带动的发电机就会关闭, Volt 就会使用动力电池残存的电量, 可保证额外行驶 4.8~6.4km。当残存的电量很低时, Volt 安全减速, 直至停止。

② 节能: 美国环保署 (EPA) 官方认定, Volt 在纯电动模式下的城市/高速公路综合等效燃油消耗量为 2.5L/100km。EPA 认定, 在全汽油模式下 Volt 的燃油消耗量是 6.4L/100km, 总的城市/高速公路燃油 – 电力综合燃油消耗量为 3.9L/100km。根据 Volt 汽车自 2010 年 12 月开始供货以来, 经 OnStar Telematics 系统所采集的数据分析得知, Volt 车主每次加油后的行驶里程平均为 1300km; 两次加油之间的平均周期为 30 天。且 Volt 车主们以纯电动行驶了大约 2/3 的里程, 其余 1/3 的里程使用增程模式行驶。

③ 减排: EPA 认定 Volt 的排气管 CO_2 排放为 52.5g/km, 就降低从排气管排放的温室气体而言, 这个数据使得 Volt 优于丰田普锐斯。Volt 车的 CO_2 排放是在动力电池电量消耗至临界点, 由纯电动模式转为增程模式后由内燃机产生的。对于其余污染空气的物质, Volt 排放的得分为 6 (以 10 分为最佳)。

3. Volt 技术参数

Volt 的性能指标 (动力性、续驶里程、能耗) 及整车参数 (外形尺寸、整车质量等) 见表 3-7 和表 3-8。

表 3-7 Volt 性能参数

动力性	最高车速/(km/h)	>160
	最大爬坡度 (%)	>25
	0~100km/h 的加速时间/s	<9
经济性	纯电动模式 80km/h 等速电耗/(kW·h/100km)	<16
	日行驶 100km 油耗/L (国家测试标准)	<1.2
续驶里程	纯电动模式工况续驶里程	>80
	油箱加满续驶里程/km	490

表 3-8 Volt 基本参数

尺寸参数	车型	两厢四座
	外形尺寸(长×宽×高)/(mm×mm×mm)	4498×1787×1439
	轴距/mm	2685
	最小离地间隙/mm	≥135
	油箱容积/L	35
	整车质量/kg	1700

增程式电动汽车的内燃机的功率决定于所期望的最高车速和持续爬坡能力, 必须超过行驶所需平均功率。该发动机必须重量轻、体积小并且效率高, 还要具有良好的 NVH (噪声、振动和声振粗糙度三者的缩写) 特性。在汽车开发研制的结构设计阶段, 需要对各种发动

机概念进行比较选择。柴油机虽然效率较高，但是为了满足排放和NVH要求，必须添加额外的系统，这就需要占用额外的体积并增加整车质量；安置增压发动机的增压空气冷却器也要预留较大的结构空间。通过比较，选择使用自然吸气的汽油机，最终选择的是通用第三代0系列自然吸气式汽油机。

通过限制发动机转速改善了雪佛兰Volt汽车中发动机的NVH特性，但也使得排量略有增大。通用第三代0系列自然吸气式汽油机利用三元催化转化器和理论当量混合气运行，有效降低了排放。因为起步时Volt汽车是纯电动驱动，所以发动机的起动程序为使催化转化器快速工作，对原始排放和空气流量进行了优化。辅助装置比较简单，省略了起动机和传统的发电机，水泵简单地通过一根V带传动，对机油滤清器壳体、节气门体和油底壳都进行了匹配。Volt动力总成参数见表3-9。

表3-9 Volt动力总成参数

发动机	排量/L	1.4
	最大功率/kW	63
	最大功率转速/(r/min)	4800
	最大转矩/N·m	126
	最大转矩转速/(r/min)	4259
变速器	档位个数	1
	变速器类型	AT
系统	电池类型	锂电池
	电池容量/(kW·h)	16
	电池质量/kg	181.4
驱动电机	形式	永磁直流无刷电机

3.5.2.2 宝马i3增程式电动汽车

宝马（BMW）i3以其前瞻性的设计，定义了未来的车辆。在宝马高效动力策略（BMW Efficient Dynamics）技术范畴内开发的宝马eDrive电力驱动系统，不仅降低排放，而且能提供几乎没有噪声、无与伦比的驾驶体验。凭借智能的互联驾驶服务，可以方便快捷地抵达目的地。

1. i3车载电源系统

宝马采用的是高压锂离子动力电池，容量为19kW·h。与同类动力电池相比，高压动力电池的智能加热/冷却系统可以减少电池温度波动对电池能量输出的影响，这样有助于提高电池的性能和使用寿命。高压动力电池的保用期为8年或者100 000km。通过随车提供的充电电缆给动力电池充电，在8h之内即可完全充满电。

2. i3混合动力系统

创新的宝马eDrive电力驱动技术是宝马高效动力策略多年来研发的成果。它有三个重要的特征给驾驶人带来了独一无二的零排放驾驶乐趣。

① 反应灵敏的电机，起步便可提供最大转矩，并可以不间断加速至最高车速。

宝马i3的电机是专为市区交通应用而设计的，采用了宝马eDrive技术，带有集成功率电子装置的混合动力同步电机、充电器和用于动能回收的发电机功能，最大输出功率达到

125kW,最大转矩达到了250N·m;其中动能最大能够回收50kW,与典型的电机一样,从静止状态起就有全额转矩可供使用,并非像内燃发动机那样必须提高发动机转速才能建立起转矩。这就使得宝马i3在任何情况下均有特别高的灵活性,加速能力令人印象深刻。

② 冷却系统和强劲的高压锂电池组成了创新的动力电池,冷却系统让高压锂电池始终保持在最佳的工作温度上,从而提升性能和延长使用寿命。

③ 智能的能源管理系统让电机、高压锂电池优化协作,始终以尽可能最低的消耗产生最高性能。

智能能源管理系统为了在任何行驶情况下实现最佳续驶里程,在宝马i3的研发过程中特别注重电气部件的低能耗。车内暖风系统与传统型电加热装置相比节电可高达30%,车内照明以及车外照明均使用节能的LED。除此之外,电驱动系统还提供通过加速踏板进行制动的方式,当驾驶人将脚从加速踏板挪开时,电机就会起到发电机的作用,将动能转变成电流回馈到高压动力电池之中。通过这种能量回收方式产生制动力矩使得车辆有效减速,并且特别有益于预见性驾驶方式。

宝马i3选配一台0.647L的直列双缸汽油发动机,最大输出功率达到了28kW、峰值转矩达到了56N·m,可将纯电动的续驶里程由原来的130~160km提高到240~300km,如果以特别节能的方式驾驶,甚至可达到340km。增程发动机是运行非常平稳、安静的小型汽油机,可加注普通汽油。该发动机驱动发电机给高压动力电池充电,使得车辆能够继续使用电能行驶。

宝马i3还配备了一个单级自动变速器带有固定传动比,最高行驶速度被限制在150km/h(通过程序限制)。宝马i3的结构如图3-40所示。

3. i3技术参数

宝马i3汽车如图3-41所示,其性能参数(动力性、经济性、续驶里程)及关键零部件参数(发动机、电机、动力电池)见表3-10和表3-11。

图3-40 宝马i3的结构

图3-41 宝马i3插电式混合动力轿车

表3-10 性能参数

动力性	最高车速/(km/h)	150
	最大爬坡度(%)	25
	0~100km/h的时间/s	7.2

(续)

经济性	纯电动模式80km/h等速电耗/(kW·h/100km)	14
	日行驶100km油耗/L（国家测试标准）	0.7
续驶里程	纯电动模式工况续驶里程/km	115
	油箱加满续驶里程/km	490

表3-11 关键零部件参数

动力源	类型	排量/电压/容量	最大功率	最大转矩
发动机	两缸汽油内燃机	排量为0.647L	38kW	56N·m
电机	永磁同步交流型	电压为380V	125kW	250N·m
动力电池	锂离子动力电池串联	容量为19kW·h	—	—

课后习题

1. PHEV与其他动力源汽车相比，有什么特点？
2. 插电式混合动力电动汽车的优势有哪些？
3. 增程式电动汽车有什么特点？
4. 什么是插电式混合动力电动汽车？
5. 什么是增程式电动汽车？
6. 纯电动汽车经济性有哪两个重要评价指标？

第 4 章

燃料电池汽车

纯电动汽车能实现零排放,绿色出行,但电池有限的电量限制了汽车的续驶里程,且充电时间长。燃料电池汽车的燃料电池本身是一种能量转换装置,只要维持燃料供给,就能连续发电,汽车也就能持续行驶,且燃料补给的时间短,因此燃料电池汽车是一种可以持续使用电能的理想汽车。

燃料电池电动汽车

4.1 燃料电池

燃料电池(Fuel Cell,FC)是一种化学电池,它直接把物质发生化学反应时释放出的能量变换为电能,工作时需要连续地向其供给燃料和氧化剂。它是把燃料通过化学反应释放出能量变为电能输出的,因此被称为燃料电池。

燃料电池

4.1.1 燃料电池的种类

燃料电池依据其中所用电解质类型进行分类,可分为五类。

1. 质子交换膜燃料电池(Proton Exchange Membrane Fuel Cell,PEMFC)

质子交换膜燃料电池在原理上相当于水电解的"逆"装置。其单电池由阳极、阴极和质子交换膜组成,阳极为氢燃料发生氧化的场所,阴极为氧化剂还原的场所,两极都含有加速电极电化学反应的催化剂,质子交换膜为电解质。质子交换膜燃料电池的工作原理如图4-1所示。

导入的氢气通过阳极集流板经由阳极气体扩散层到达阳极催化剂层,在阳极催化剂的作

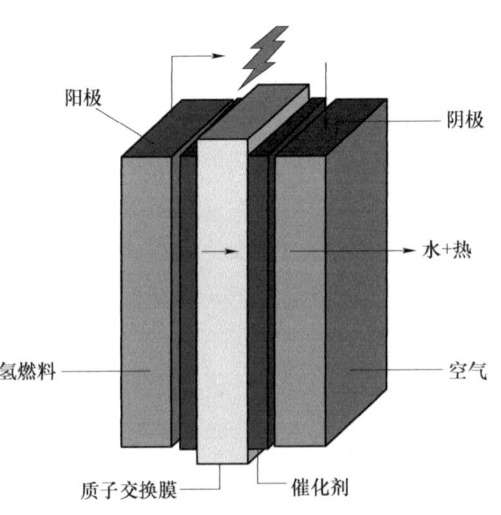

图 4-1 质子交换膜燃料电池的工作原理

用下，氢分子分解为带正电的氢离子并释放出带负电的电子，完成阳极反应；氢离子穿过膜到达阴极催化剂层，而电子则由集流板收集，通过外电路到达电路形成电流，通过适当连接可向负载输出电能；在电池的另一端，氧气通过阴极集流板经由阴极气体扩散层到达阴极催化剂层。在阴极催化剂的作用下，氧与透过膜的氢离子及来自外电路的电子发生反应生成水，完成阴极反应；电极反应生成的水大部分由尾气排出，一小部分在压力差的作用下通过质子交换膜向阳极扩散。阳极和阴极发生的电化学反应为

$$2H_2 \rightarrow 4H^+ + 4e^- \tag{4-1}$$

$$4e^- + 4H^+ + O_2 \rightarrow 2H_2O \tag{4-2}$$

总的电化学反应为

$$2H_2 + O_2 \rightarrow 2H_2O \tag{4-3}$$

上述过程是理想的工作过程，实际上，整个反应过程中会有很多中间步骤和中间产物的存在。

2. 碱性燃料电池（Alkaline Fuel Cell，AFC）

图 4-2 所示为碱性石棉膜型氢氧燃料电池的工作原理。

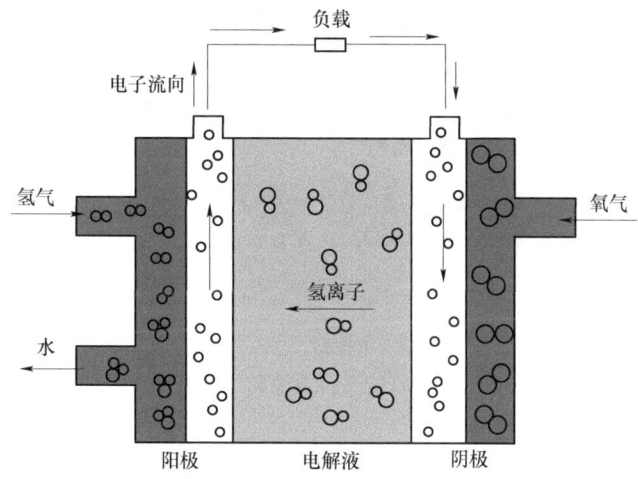

图 4-2 碱性石棉膜型氢氧燃料电池的工作原理

碱性燃料电池以强碱（如氢氧化钾、氢氧化钠）为电解质，氢气为燃料，纯氧或脱除微量二氧化碳的空气为氧化剂，采用 Pt/C、Ag、Ag-Au、Ni 等为电催化剂制备的多孔气体扩散电极为氧电极，Pt-Pd/C、Pt/C、Ni 制备的多孔气体电极为氢电极。以无孔炭板、镍板或镀镍甚至镀银、镀金的各种金属（如铝、镁、铁等）板为双极板材料，在板面上可加工各种形状的气体流动通道构成的双极板。

在阳极，氢气与碱中的 OH^- 在电催化剂的作用下，发生氧化反应生成水和电子，电子通过外电路达到阴极，在阴极电催化的作用下，参与氧气的还原反应，生成的 OH^- 通过饱浸碱液的多孔石棉膜迁移到氢电极。阳极和阴极发生的电化学反应为

$$H_2 + 2OH^- \rightarrow 2H_2O + 2e^- \tag{4-4}$$

$$O_2 + 2H_2O + 4e^- \rightarrow 4OH^- \tag{4-5}$$

总的电化学反应为

$$2H_2 + O_2 \rightarrow 2H_2O \tag{4-6}$$

3. 磷酸燃料电池（Phosphoric Acid Fuel Cell，PAFC）

磷酸燃料电池是以磷酸为导电电解质的酸性燃料电池。电池片由基材及肋条板触媒层所组成的燃料极、保持磷酸的电解质层、与燃料极具有相同构造的空气极构成。在燃料极，燃料中的氢原子释放电子成为氢离子，氢离子通过电解质层，在空气极与氧离子发生反应生成水。将数枚单电池片进行叠加，每数枚电池片中叠加为降低发电时内部热量的冷却板，从而构成输出功率稳定的基本电池堆。再加上用于上下固定的构件、供气用的集合管构成磷酸燃料电池的电池堆。

图4-3所示为磷酸燃料电池的工作原理。磷酸燃料电池使用液化磷酸为电解质，通常位于碳化硅基质中。当以氢气为燃料、氧气为氧化剂时，在电池内发生电化学反应。

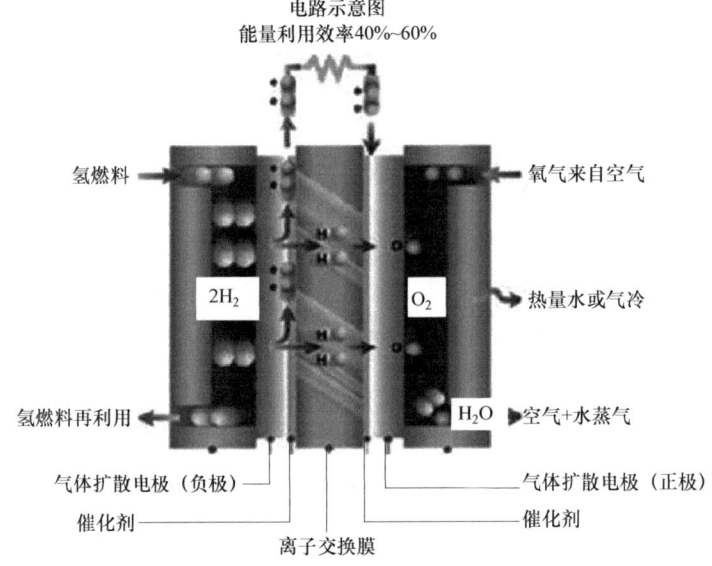

图4-3 磷酸燃料电池的工作原理

阳极和阴极发生的电化学反应为

$$H_2 \rightarrow 2H^+ + 2e^- \tag{4-7}$$

$$O_2 + 4H^+ + 4e^- \rightarrow 2H_2O \tag{4-8}$$

总的电化学反应为

$$2H_2 + O_2 \rightarrow 2H_2O \tag{4-9}$$

4. 熔融碳酸盐燃料电池（Molten Carbonate Fuel Cell，MCFC）

熔融碳酸盐燃料电池是由多孔陶瓷阴极、多孔陶瓷电解质隔膜、多孔金属阳极、金属极板构成的燃料电池。

单体的熔融碳酸盐燃料电池一般是平板型的，由电极-电解质、燃料流通道、氧化剂流通道和上下隔板组成，如图4-4所示。单体的上下部分为隔板-电流板采集，中间部分是电解质板，电解质板的两侧为多孔的阳极极板和阴极极板，其电解质是熔融态碳酸盐。熔融碳酸盐燃料电池的工作原理如图4-5所示。

燃料电池工作过程实质上是燃料的氧化过程和氧化剂的还原过程，燃料和氧化剂气体流经阳极和阴极通道。氧化剂中的 O_2 和 CO_2 在阴极与电子进行氧化反应产生 CO_3^{2-}，电解质板中的 CO_3^{2-} 直接从阴极移动到阳极，燃料气中的 H_2 与 CO_3^{2-} 在阳极发生反应，生成了 CO_2、

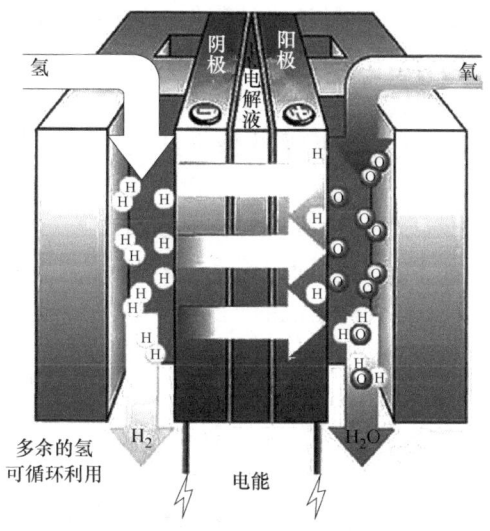

图 4-4 单体熔融碳酸盐燃料电池结构图

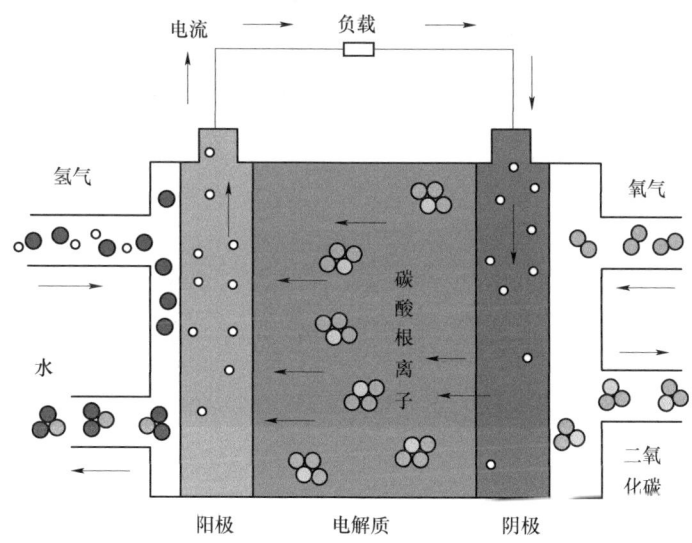

图 4-5 熔融碳酸盐燃料电池的工作原理

H_2O 和电子。电子被集流板收集起来,然后到达隔板。隔板位于燃料电池单元的上部和下部,并和负载设备相连,从而构成了包括电子传输和离子移动在内的完整的回路。

阳极和阴极发生的电化学反应为

$$H_2 + CO_3^{2-} \rightarrow H_2O + CO_2 + 2e^- \tag{4-10}$$

$$2CO_2 + O_2 + 4e^- \rightarrow 2CO_3^{2-} \tag{4-11}$$

总的电化学反应为

$$2CO_2 + O_2 + 2H_2 \rightarrow 2H_2O + 2CO_2 \tag{4-12}$$

5. 固体氧化物燃料电池(Solid Oxide Fuel Cell,SOFC)

固体氧化物燃料电池单体主要由电解质、阳极或燃料极、阴极或空气极和连接体或双极板组成,如图 4-6 所示。

固体电解质是固体氧化物燃料电池最核心的部件，它的主要功能在于传导氧离子，它的性能（如电导率、稳定性、热膨胀系数、致密化温度等）不但直接影响电池的工作温度及转换系数，还决定了与之相匹配的电极材料及其制备技术。

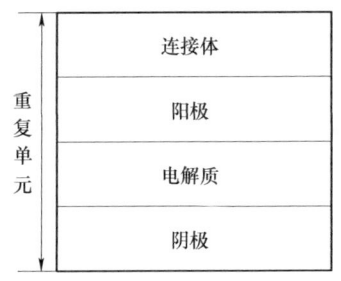

图 4-6 固体氧化物燃料电池的基本组成

电极材料本身首先是一种催化剂。阴极需要长期在高温和氧化环境中工作，起传递电子和扩散氧的作用，应是多孔洞的电子导电性薄膜。固体氧化物燃料电池的工作温度高，只有贵金属或电子导电的氧化物适用于阴极材料，由于铂、钯等贵金属价格昂贵，一般只在试验范围内使用。实际常应用掺锶的锰酸镧作为固体氧化物燃料电池的阴极材料。目前，Ni/YSZ 陶瓷合金造价最低，是实际应用中的首选阳极材料。连接材料在单电池间起连接作用，并将阳极侧的燃料气体与阴极侧的氧化气体（氧气或空气）隔离开来。钙钛矿结构的铬酸镧常用作固体氧化物燃料电池连接体材料。

固体氧化物燃料电池工作时，电子由阳极经外电路流向阴极，氧离子经电解质由阴极流向阳极。图 4-7 所示为固体氧化物燃料电池的工作原理示意图。

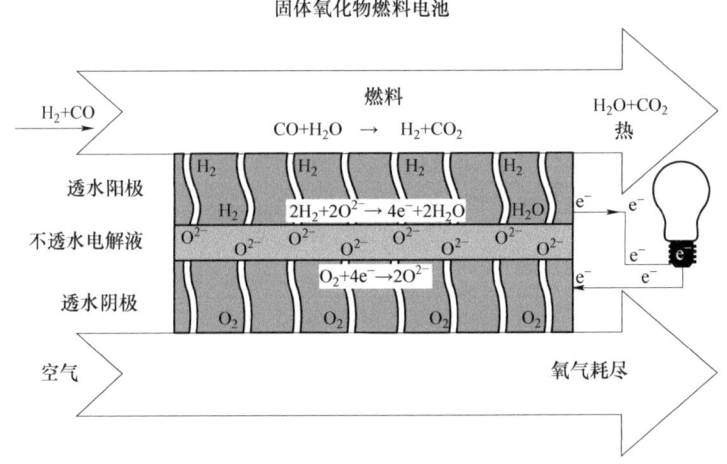

图 4-7 固体氧化物燃料电池的工作原理示意图

在阴极发生氧化剂（氧与空气）的电还原反应，即氧分子得到电子被还原为氧离子。阴极的电化学反应为

$$O_2 + 4e^- \rightarrow 2O^{2-} \tag{4-13}$$

氧离子在电解质隔膜两侧电位差与浓差驱动力的作用下，通过电解质隔膜中的氧空位定向跃迁到阳极侧。

在阳极发生燃料（氢或富氢气体）的电氧化反应，即燃料（如氢）与经电解质传递过来的氧离子进行氧化反应生成水，同时向外电路释放电子，电子通过外电路到达阴极形成电流。

4.1.2 燃料电池的特性

实验已经证明,燃料电池的静电压 V 一般低于由 ΔG 值计算得出的可逆电压 V_r^0。同样,电压降称为静电压降 ΔV_0。其原因是电极过程存在显著的动态延迟,不然就没有发生在 V_r^0 的热力学计算中所假设的那样的过程。通常,这一静电压降取决于电极材料和所使用的电解液种类。

当由燃料电池提取电流时,因电极和电解液中存在欧姆电阻而产生电压降,它正比于电流密度,即

$$\Delta V_\Omega = R_e i \tag{4-14}$$

式中,R_e 为按面积所得的等值欧姆电阻;i 为电流密度。

在燃料电池中,由于需要附加能量去克服活性势垒,故部分产生的能量损失存在于促成物质反应的过程之中。这些损耗称为活性损耗,并由活性电压降 ΔV_a 予以表达。该电压降与电极材料和催化剂密切相关。Tafel 关系式是应用于这一特性的最一般的数学描述,由此可得活性电压降为

$$\Delta V_a = \frac{RT}{\beta nF}\ln\left(\frac{i}{i_0}\right) \tag{4-15}$$

也可写为

$$\Delta V_a = a + b\ln i \tag{4-16}$$

式中,$a = -[RT/(\beta nF)]\ln i_0$;$b = RT/(\beta nF)$。其中 i_0 为平衡态条件下的交变电流;b 为取决于过程的常数。

当电流流通时,离子在邻近负极处放电,因此,在该区域中,离子浓度趋于减小。若为维持电流,则必须向电极输运离子。这一过程的发生自然归结于整体电解液中离子的分解,并起因于离子浓度梯度所形成的场直接输运的作用。由对流或扰动引起的整体电解液的运动,也有助于离子的增加。

因离子缺少所导致的电压降称为浓度电压降,因为它与紧邻电极处的电解液浓度的降低相关联。对应于较低的电流密度,浓度电压降通常较小。然而,当电流密度增加时,浓度电压降将达到其极限值,此时接近于离子趋于电极的最大可能输运率,并且在电极表面处离子浓度降至零。

在电极处离子被迁移(燃料电池中的阴极)条件下,由离子浓度所引起的电压降可表达为

$$\Delta V_{c1} = \frac{RT}{nF}\ln\left(\frac{i_L}{i_L - i}\right) \tag{4-17}$$

而在电极处离子被生成(燃料电池中的阳极)条件下,则为

$$\Delta V_{c1} = \frac{RT}{nF}\ln\left(\frac{i_L + i}{i_L}\right) \tag{4-18}$$

式中,i_L 为极限的电流密度。

因离子浓度所导致的电压降不仅限于电解液,当反应物或生成物是气态物时,在反应区中,局部压力的变化也表征了离子浓度的变化。例如,在氢氧燃料电池中,氧可以从空气中引入,当反应发生时,氧被迁移接近电极微孔中的电极表面,而在那里与在整体空气情况中

相比，氧的局部压力必然下降。由局部压力变化所必然导致的电压降为

$$\Delta V_{cg} = \frac{RT}{nF}\ln\left(\frac{p_S}{p_0}\right) \tag{4-19}$$

式中，p_S 为表面处的局部压力；p_0 为所用多孔材料中的局部压力。

图 4-8 所示为氢氧燃料电池在温度为 $T=80℃$ 条件下，其单元电压与电流密度的关系曲线。由图可见，由化学反应（包含活性和浓度变化）引起的压降是产生电压降的原因。同时也表明改进电极材料及其生产，采用新技术（例如，纳米技术和改进的催化剂），都将显著地减小电压降，并将因此提高燃料电池的效率。

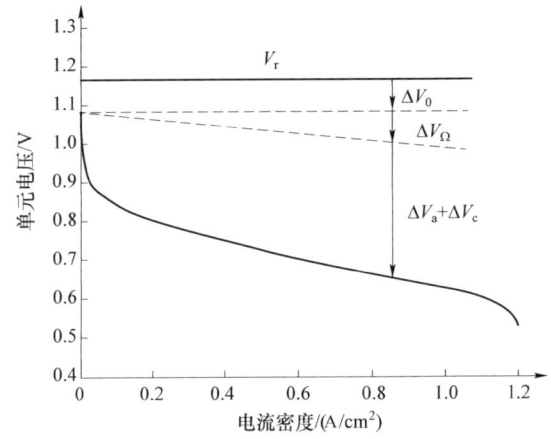

图 4-8 氢氧燃料电池的单元电压与电流密度的关系曲线

燃料电池中的能量损耗可通过电压降予以表达，因此，燃料电池的效率可表示为

$$\eta_{fc} = \frac{V}{V_r^0} \tag{4-20}$$

式中，V_r^0 为在标准条件下（$p=1.01\times10^5\text{Pa}$（1atm），$T=298\text{K}$）单元电池的可逆电压。

燃料电池的效率曲线与其电压曲线严格相似。氢氧燃料电池的效率 – 电流密度曲线如图 4-9 所示，随着电流增加，效率下降而功率增加。因此，在低电流下运用燃料电池，即在低功率下可获得高运行效率。然而，其辅助设备（如空气循环泵、冷却水循环泵等）所消耗的能量，由于其功率消耗占有较大的百分比，故很低功率（10%的最大功率）的运行，将导致较低的运行效率。

实际上，燃料电池需要辅助设备支持其运行。辅助设备主要包括空气循环泵、冷却水循环泵、排气扇、燃料供应泵和电控设备，如图 4-10 所示。在辅助设备中，空气循环泵的能量消耗最大，其消耗功率（含驱动电机）约占燃料电池堆总输出功率的

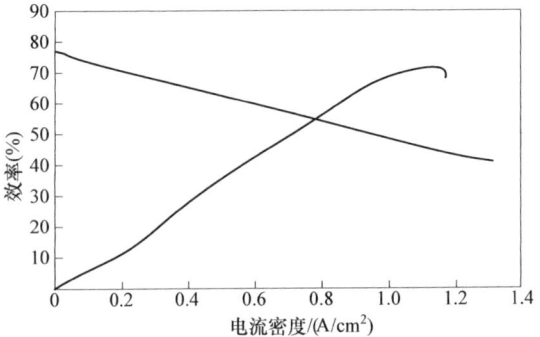

图 4-9 氢氧燃料电池中的运行效率
随着电流密度的变化

10%，其他辅助设备消耗的能量比空气循环泵消耗的能量要小得多。

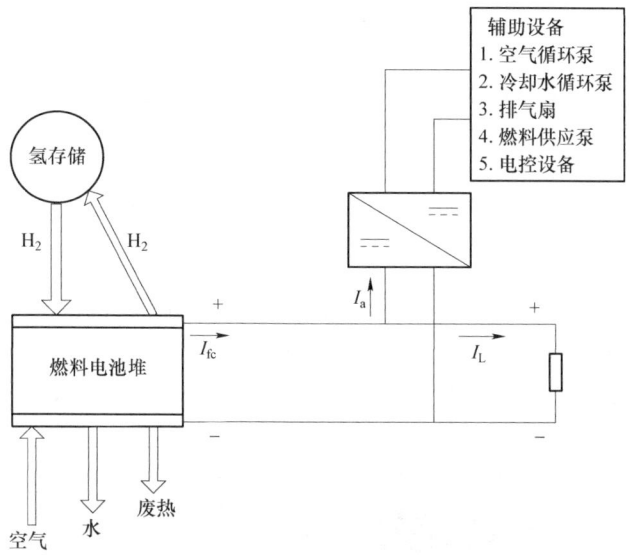

图 4-10　氢-空气燃料电池系统

在燃料电池中，为减小电压降，电极表面的空气压力 p 一般高于大气压力 p_0，根据热力学，质量流为 $\dot{m}_{air}$ 的空气从低压压缩至高压所需功率的计算式为

$$P_{air-comp} = \frac{\gamma}{\gamma - 1}\dot{m}_{air}RT\left[\left(\frac{p}{p_0}\right)^{(\gamma-1)/\gamma} - 1\right] \quad (4-21)$$

式中，γ 为空气比热系数，取 1.4；R 为空气的气体常数，取 287.1J/(kg·K)；T 为压缩机进口处温度，单位为 K。当计算空气循环泵消耗的功率时，必须计及空气泵和驱动电机中的能量消耗，因而总消耗功率为

$$p_{air-cir} = \frac{p_{air-comp}}{\eta_{ap}} \quad (4-22)$$

式中，η_{ap} 为空气泵外加驱动电机的效率。

图 4-11 为氢-空气燃料电池的单元电压、系统效率和净功率密度随净电流密度变化的曲线。该图表明了该燃料电池系统的最佳运行区域在其电流范围的中间区域，估计在最大电流的 7%~50% 范围内。大电流将导致低效率，是因为在燃料电池堆中产生了较大的电压降；另一方面，很小的电流导致低效率，则是因为辅助设备所消耗能量的百分比的增大。

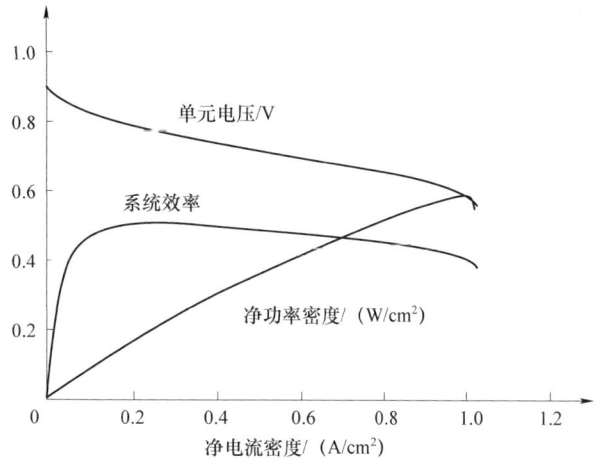

图 4-11　氢-空气燃料电池的单元电压、系统效率和净功率密度随净电流密度变化的曲线

4.2 燃料电池系统

燃料电池种类很多，但目前应用最多的是质子交换膜燃料电池，因此，本节重点介绍质子交换膜燃料电池。

4.2.1 燃料电池堆

4.2.1.1 膜电极组件

质子交换膜燃料电池的核心部件为膜电极集合体。将阳极、质子交换膜与阴极结合成三明治结构的单一组件称为膜电极集合体（Membrane Electrode Assembly，MEA）。膜电极集合体的结构如图4-12所示。膜电极集合体通常由5层组成：阴极扩散层、阴极催化剂层、质子交换膜、阳极催化剂层和阳极扩散层。

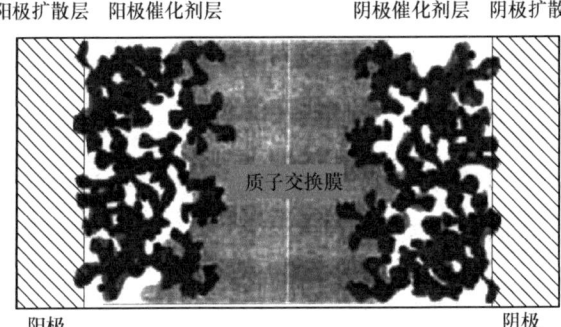

图 4-12　单体电池壳体及膜电极集合体

扩散层不仅是反应物质扩散的场所，也起着支撑催化剂层的作用。催化剂层与扩散层的接触电阻应尽量小；否则会因为整个电池的内阻增大，而不利于电池的放电。另外，扩散层直接与双极板流场接触，因此对扩散层的强度要有一定的要求，尤其是采用蛇行流场时，其要求相对于多孔体和网状流场来说要高一些。

下面介绍一下构成质子交换膜燃料电池的关键材料与元器件，即电极催化剂、质子交换膜、双极板和流场。

4.2.1.2 电极催化剂

催化剂是电极中最主要的部分，电催化剂的功能是加速电极与电解质界面上的电化学反应或降低反应的活化能，使反应更容易进行。在质子交换膜燃料电池中，催化剂的主要功能是促进氢气的氧化和氧气的还原。

一种催化剂要具有好的催化性能，必须具备以下几个条件：

（1）要有高的电催化活性

催化剂要对氢气氧化反应和氧气还原反应都具有较高的催化活性，而且还要对反应过程中存在的副反应具有较好的抑制作用。如对于阳极反应产生的中间产物具有较好的抗中毒能力，对于阴极反应具有较好的抗甲醇氧化的功能。一般来说，在各种金属元素中，无论是对于氢气的氧化，还是对于氧气的还原，Pt的电催化活性都最高。

（2）要有高的电催化稳定性

催化剂的稳定性取决于其化学稳定性和抗中毒能力。化学稳定性好是指催化剂在电解质溶液中不腐蚀。抗中毒能力是指催化剂不易被一些物质毒化。如当氢气中含有 CO 时，它会强烈地吸附在 Pt 催化剂的表面而使 Pt 催化剂毒化。此时，必须在 Pt 催化剂中加入 Ru 等第二种或第三种组分，以提高 Pt 催化剂的抗中毒能力。

（3）要有大的比表面积

电催化活性一般与催化剂的比表面积有关。一般来说，比表面积大，电催化活性也高。

（4）要有适当的载体

催化剂的比表面积要大，其粒子一定要小，而且分散性要好。用适当的载体就能够达到这样的效果。常用的载体有活性炭、炭黑等，它们的比表面积大、导电性好。近年来，碳纳米管、导电聚合物等也被广泛研究；它们能与催化剂发生某种作用，而使催化剂性能进一步提高。

（5）要有好的导电性

因为氢或氧在催化剂上反应后的电子要通过催化剂传导，因此，催化剂必须具有较高的电导率。

根据上述要求，一般情况下，阴、阳极催化剂都使用碳载铂催化剂（Pt/C）。

4.2.1.3 质子交换膜

1. 质子交换膜的功能

质子交换膜是质子交换膜燃料电池的核心部件。它是一种绝缘体，作为隔膜，把阴、阳两极分开，防止电池短路，也防止氢气与氧气直接接触。它是一种质子导体，它能把氢在阳极氧化生成的 H^+ 输送至阴极，提供阴极反应所需要的 H^+，并使电池形成电回路。因此，质子交换膜最主要的性能是要有好的质子导电性。

全氟磺酸型膜由碳氟主链和带有磺酸基团的醚支链组成，具有高的电导率和化学稳定性，是质子交换膜燃料电池最适用的电解质之一。目前，广泛应用的是美国 DuPont 公司生产的 Nafion 系列膜，还有 Dow 化学公司生产的 DOW 膜、日本 Asahi 公司的 Aciplex 膜、Asahi Glass 公司的 Flemion 膜和氯碱工程公司的 C 膜等。商品化的全氟磺酸系列膜有 DuPont 公司开发的 Nafion 膜、Dow 公司开发的 DOW 膜等。膜在直接甲醇燃料电池中使用时的优缺点与其特定的组成及结构有关。

全氟磺酸膜的结构和聚四氟乙烯（PTFE）较相似，Nafion 膜与 DOW 膜的结构式如下所示：

$$—(CF_2—CF_2)_x—(CF—CF_2)_y— \\ —(OCF_2CF)_z—O(CF_2)_2SO_3H \\ CF_3$$

$$—(CF_2—CF_2)_x—(CF—CF_2)_y— \\ O(CF_2)_2SO_3H$$

注：Nafion 膜，$x = 6 \sim 10$，$y = z = 1$　　　注：DOW 膜，$x = 3 \sim 10$，$y = 1$

从以上两式可以看出，Nafion 膜与 DOW 膜的结构是相似的，只是 Nafion 膜侧链的基团比 DOW 膜的长。采用 DOW 膜作为质子交换燃料电池的电解质膜时，电池性能明显优于用 Nafion 膜的电池，但是由于 DOW 膜的树脂单体合成比 Nafion 膜的复杂，使得 DOW 膜的价格要明显高于 Nafion 膜。这类膜具有高化学稳定性、热稳定性和很长的使用寿命（如 Nafion 膜大于 10 000h，DOW 膜大于 50 000h）的原因是其碳-氟键有很高的键能（4.85 ×

10^5 J/mol)以及氟原子半径较大（6.4 × 10^{-11} m）等因素，形成对聚合物碳 – 碳主链的保护，使其能抗拒强酸、强氧化剂的腐蚀与降解，以及热的冲击。全氟结构的合成难度大导致了其价格昂贵，如 Nafion 膜约 800 美元/m^2，DOW 膜的价格则约是其 3 倍。

2. Nafion 膜的性能

Nafion 膜是质子交换膜燃料电池中最常使用的质子交换膜，是一种全氟磺酸膜，看上去像包装食物用的半透明塑料膜。图 4-13 所示为 Nafion 膜的结构图。

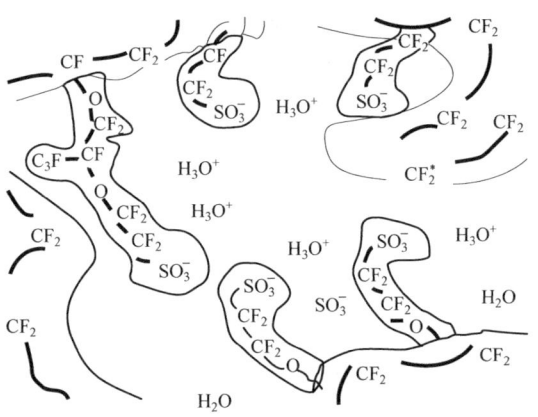

图 4-13　Nafion 膜的结构图

实际上，Nafion 是一系列不同厚度的聚全氟磺酸膜的总称。根据其厚度的不同，Nafion 膜分别以 Nafion – 115、Nafion – 117、Nafion – 119 等命名，具体见表 4-1。

表 4-1　DuPont Nafion 膜厚度与质量（23℃，50% RH）

型号	厚度/mm	干膜单位面积质量/(g/m^2)
Nafion – 111	25.4	50
Nafion – 112	51	100
Nafion – 1135	89	190
Nafion – 1035	89	190
Nafion – 115	127	250
Nafion – 105		
Nafion – 117	183	360

Nafion 膜有很好的质子导电性，但 H^+ 在 Nafion 膜内的迁移必须伴随着水的迁移，一个 H^+ 的迁移一般要伴随 0.6 个水分子的迁移。这种膜在缺水的情况下，H^+ 的传导性将显著下降，所以保持膜的适度湿润性非常重要。但电池内含水过多不利于气体反应物扩散到催化剂上，也会使电池性能降低。因此，质子交换膜燃料电池的水含量控制是一个很重要的问题。另外，水中含其他离子，如 Na、Ni、Cr、Fe 等也会使 Nafion 膜的 H^+ 迁移率降低，所以要注意电池中管道材料的防腐性，以免带入较多的无机离子。

对于质子交换膜的另一个重要的要求是有好的机械强度和柔韧性。干的 Nafion 膜有很好的机械强度，但当其含水量增加时，机械强度会降低，因此必须控制质子交换膜燃料电池的水含量。

虽然质子交换膜的厚度越薄，越有利于减小电池的内阻和提高 H^+ 的迁移速率，但膜太薄，氢气和氧气易透过膜，气体的透过率与膜的厚度成反比。因此，Nafion 膜的厚度要在一定的范围内。

Nafion 膜的另一个优点是有好的化学稳定性。因为氧的还原会产生中间产物 H_2O_2，具有很强的氧化性，而 Nafion 膜有很好的抗过氧化氢氧化的能力。

3. Nafion 膜存在的问题

Nafion 膜也存在一定的问题。首先是价格高，Nafion 膜的价格约为 500~800 美元/m²。其次，H^+ 在 Nafion 膜内的扩散要伴随水的移动，因为 H^+ 以水合离子的形式存在，这使膜内水量的控制成为一个重要的问题。当膜内的相对湿度为 30% 时，Nafion 膜的 H^+ 电导率严重下降；当相对湿度为 15% 时，Nafion 膜已经成为绝缘体。而且，这也使质子交换膜燃料电池的操作温度不能超过 100℃（高温下失水严重引起电导率的显著降低），一般在 80℃ 左右。更麻烦的是由于膜内必须有水，因此，如果电池处于 0℃ 以下，那么膜内的水会结冰而破坏膜的结构，这个问题至今还没有很好的解决办法。因而新型质子交换膜的研究成为目前质子交换膜燃料电池研究的热点。

4.2.1.4 双极板和流场

阴极、阳极和电解质构成一个单个燃料电池，其工作电压约为 0.7V。为了获得实际需要的电压，须将若干个单电池通过起导电作用的隔板串联连接起来成为电池堆。此隔板的一侧与前一个燃料电池的阳极侧接触，另一侧与后一个燃料电池的阴极侧接触，因此叫作双极板，如图 4-14 所示。

1. 双极板的功能和要求

双极板又称集流板、隔板，是电池的核心部件之一。质子交换膜燃料电池的气室主要是由双极板构成的。每个双极板的两面形成两个气室：一面是氢气室；另一面是氧气室。双极

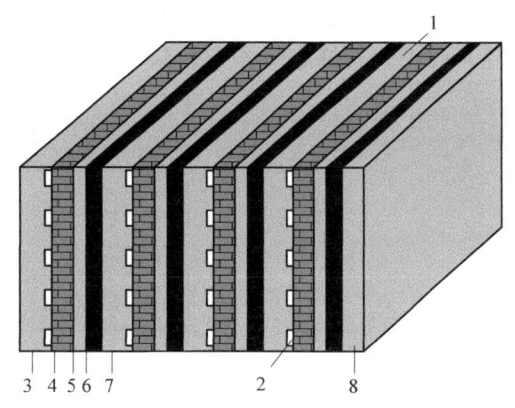

图 4-14 4 个燃料电池组成的电池堆示意图
1—氧气供应 2—氢气供应 3—阳极板 4—阳极
5—电解质 6—阴极 7—双极板 8—阴极板

板的中间是冷却管道。双极板有多种功能，它的主要作用是分隔反应气体并通过流场将反应气体导入燃料电池，收集并传导电流和支撑膜电极，同时还承担整个燃料电池系统的散热和排水功能。因此，对它也有多种要求。

① 提供气体通道。双极板必须具有合适的流场结构，而且能提供气体通道，使反应气体在气室内均匀分布和流动，并带出电池中生成的水气。

② 分开氢气和氧气。因为双极板要分开氢气和氧气，所以要求双极板的板必须有阻气功能，不能采用多孔材料。如果必须采用，则要采取措施堵孔。

③ 容易加工成形。

④ 价格低廉。

⑤ 集电流作用。单体电池通过双极板实现电连接，因此双极板必须有好的导电性。必须采用电的良导体，另外，双极板还必须是热的良导体，以保证电池组温度的均匀分布和排热方案的实施。

⑥ 控制电池温度。双极板中间设计有冷却水的通道，用来控制电池温度，因此，双极板必须是热的良导体。

⑦ 支撑隔膜和电极的组合体。双极板还起支撑隔膜和电极的组合体、保持电池堆结构稳定的作用，因此，双极板材料必须具有一定的强度。

⑧ 要有好的抗腐蚀性。质子交换膜燃料电池的电解质为酸，而且双极板所处的环境还存

在氧化介质（如阴极燃料氧气）和还原介质（如氢气），这些对双极板都有一定的腐蚀性。一般地，质子交换膜燃料电池要运行上万小时，因此，双极板材料一定要有好的抗腐蚀性。

⑨ 双极板材料要价格低廉。

⑩ 双极板材料要重量轻。

⑪ 较低的面电阻、体电阻以及较小的与膜电极集合体扩散层的接触电阻。

⑫ 具有较高的机械强度。

2. 双极板的材料

双极板作为质子交换膜燃料电池的关键组件之一，其性能优劣直接影响电池的输出功率和使用寿命。

目前，质子交换膜燃料电池中广泛使用的双极板材料有石墨板、金属板和复合材料双极板三种类型，其详细分类如图 4-15 所示。

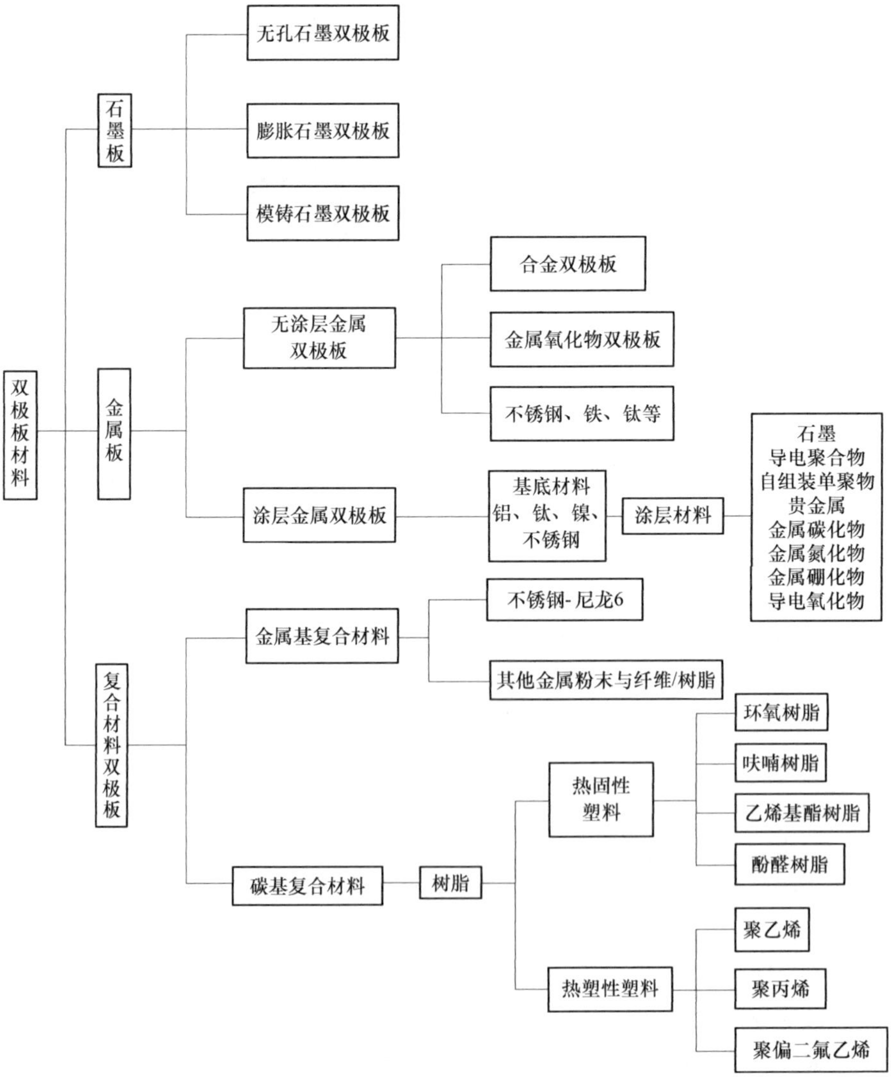

图 4-15 双极板材料的详细分类

3. 流场

流场的功能是引导反应气体的流动方向，确保反应气体均匀分配到电极各处。合理的流场结构，可以使电极各处都能获得充足的反应物并及时把电池生成的水排出，保证电池具有较好的性能和稳定性。双极板的结构示意图如图 4-16 所示。极板的两表面均刻有导气通道（流场）。其中一侧导气通道的首末端分别连着燃料气氢气进出孔，另一侧导气通道的首末段分别连着氧气的进出孔，4 个通气孔分别位于双极板的 4 个角上。这里，密封圈的作用是防止反应气体的泄漏。

在质子交换膜燃料电池中，研究过的流场的种类较多，如点状流场、网状流场、多通道流场、蛇形流场、交指流场、螺旋流场、平行流场、平行蛇形流场、平行沟槽流场和复合型流场等，如图 4-17 所示。

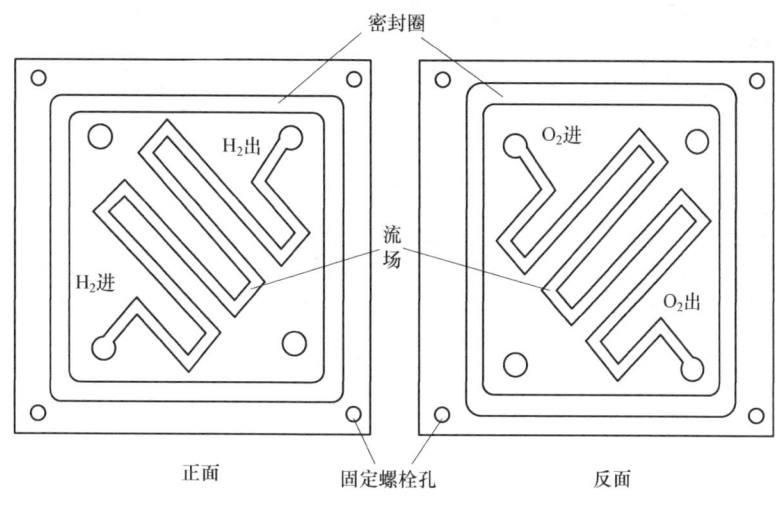

图 4-16 双极板结构示意图

蛇形流场是应用最多和研究最多的流场形式，这种流场结构有单通道和多通道之分。在蛇形流场中，燃料和氧化剂都是在气室中流过电极表面，然后扩散进入电极内部的催化层中，反应产物也是从催化层内部扩散到气室中，传质速度由扩散控制，所以速率比较低。它的优点是能快速地将燃料电池生成的水排出，从而能够避免水对流道的堵塞。但是，对于面积比较大的极板，这种流场形式会因流道过长而引起压降较大和电流密度分布不均匀。

而在交错型流场结构的电池中，反应物和产物在电极上的传入和传出由扩散控制转变为强制对流控制，传质速率比较快，所以电池性能比较好，特别是在大电流放电时，差别更明显。最重要的是交错型流场的结构容易带走阳极生成的产物 CO_2 和阴极产生的水，使阳极反应不因形成的 CO_2 气泡而受影响，同时有利于阴极的排水。

平行流场的结构设计能够得到比较均匀的电流密度分布。但是在这种流场设计中，水容易发生聚集而造成流道的阻塞。另外，如果设计不合理还会导致部分流道的流体流量小甚至不流动，从而使得由于浓差极化的影响而使电池的性能降低。

交指流场又称为不连续流场，这种流场设计能够提高电池的功率密度。反应物能比较充分地通过流道，并具有较好的排水能力，但是，由于扩散层的阻力较大，会使流场的压力降增大，而且容易发生短路或者沟流的情况。

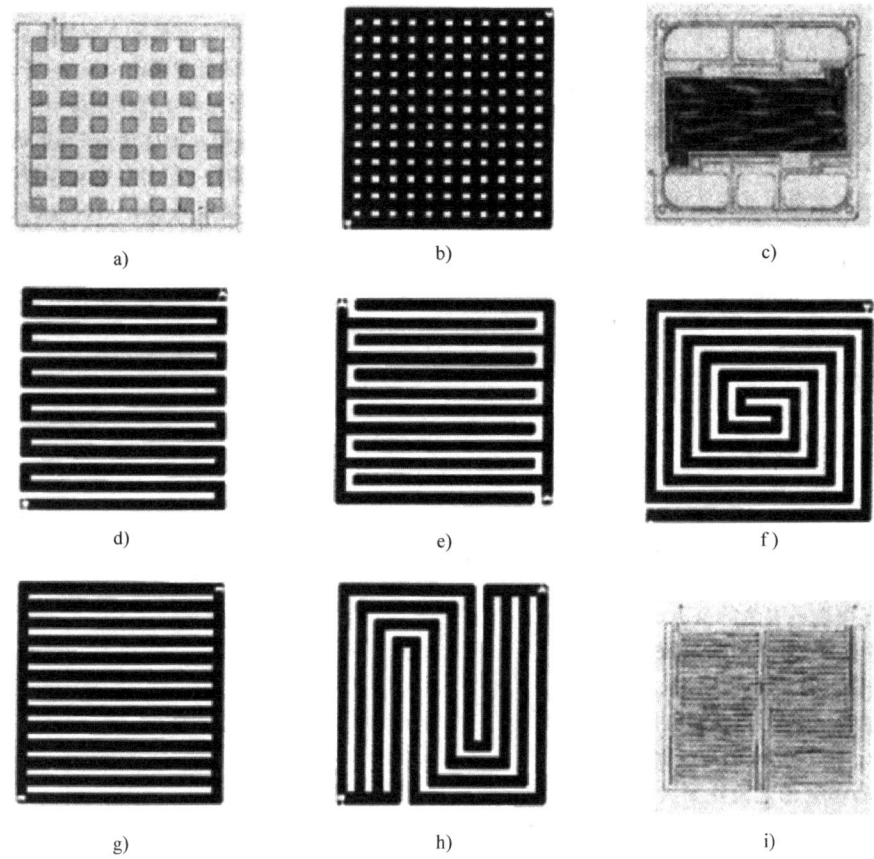

图 4-17　各种流场示意图

a) 点状流场　b) 网状流场　c) 多通道流场　d) 蛇形流场　e) 交指流场
f) 螺旋流场　g) 平行流场　h) 平行蛇形流场　i) 复合型流场

螺旋流场同样具有较强的排水能力，而且，因为它在进口和出口处具有交错流场安排，所以使得物质的分布更为均匀。

点状流场的流场网络以任意形状的点销排列而成，销的形状为圆柱体或立方体，反应气体从这些销形成的沟槽里流过。这种流场使反应的气压降很小，但是反应气体倾向于从阻力较小的通道流过，导致反应气体在流道中分布不均匀。

复合型流场是由 Cavalca 等设计的。整个流场被分成几个独立的部分，有各自的进气口和出气口，每一部分又分成相互平行的一系列沟道，它兼有点状流场、平行流场和蛇形流场的优点，是目前流场发展的主要方向。

4.2.2　氢供给系统

在通常状况下，氢是无色、无味、无嗅的气体，极难溶解于水。在所有的气体中，氢的比热容最大、热导率最高、黏度最低。与其他气体能量载体不同的是，氢气难以液化，导致大规模的储氢非常困难，这已经成为氢能利用走向规模化的瓶颈。为了更大规模、更安全地储氢，人们进行了多种氢气存储方法的研究。

1. 压缩气体形式储氢

高压气罐储氢在技术上是最简单的方法,也是氢需求量小时使用最广泛的方法。通过压缩方式储存氢,对环境污染很小,使用比较安全。世界已有的燃料电池混合动力汽车示范项目中,采用这种车载储氢就占了大多数。不足之处是,即使在非常高的压力下,储存氢的质量也非常低。

2. 液态储氢

在 22K 左右的温度下以液态形式储存氢,是目前唯一使用最广泛的大规模储氢方式。但是由于低温容器的漏损,液氢的生产、储存、运输、加注存在安全隐患,同时氢液化要消耗大量能量,这使得液态储氢在混合动力汽车上的应用受到限制。

3. 可逆金属氢化物储氢

金属氢化物是氢和金属的化合物。金属氢化物在较低的压力(1×10^{-6} Pa)下具有较高的储氢能力。金属氢化物储氢虽然具有较高的容积效率且使用安全,但质量效率较低。如果质量效率能够被有效提高,那么这种储氢方式将是理想的车载燃料的储存方式。

4. 碳纳米纤维储氢

碳纳米纤维长度为 50~100nm,直径为 5~100nm。各国学者对碳纳米材料的储氢研究刚刚开始,研究成果也各不相同。对于这些材料用于储氢系统的技术经济评价和实际可行性上,学术界还存在争议。尽管如此,纳米纤维储氢已经显示出了显著的优越性,有望成为未来储氢的有效方法。

综合以上分析,对几种储氢方法进行了比较,见表 4-2。

表 4-2 四种储氢方法的比较

方法	储氢质量分数(%)	每升储氢质量/kg	安全性	成本	应用领域
高压储氢	0.7~3.0	0.015	高	低	混合动力汽车
液氢	14.2	0.040	一般	高	航空航天、电站
金属氢化物	0.65	0.028	高	高	混合动力轮船、军用设备
纳米纤维	—	—	高	高	—

现阶段发展燃料电池汽车,从技术难度、成本能耗对氢气纯度的要求(高压储氢要求最低为 99%)等方面考虑,对储氢体积要求较低的燃料电池汽车,采用高压储氢具有一定的优势。

用氢气作为燃料的质子交换膜燃料电池系统设备相对简单,起动快、性能稳定,对负荷变化的响应快,相对成本较低。因此采用质子交换膜燃料电池的燃料电池汽车受到了高度的重视。典型的车载供氢系统模型如图 4-18 所示。

如图 4-18 所示,过滤器的作用是给储氢罐提供高纯度氢气,具有单向截止的功能。高压气体通过减压后向燃料电池发动机提供稳定的氢气供应。流量电磁控制阀门开度大小的控制信号由过流保护装置发出。储氢罐口过流保护装置的设计构想如图 4-19 所示。

当供氢速度超过额定的氢气流量的 20% 时,关闭氢气流量控制阀门;当超过额定氢气流量的 3% 时,由 PID 控制单元调节氢气流量电磁控制阀的开度,使氢气流量控制在设定的范围内。

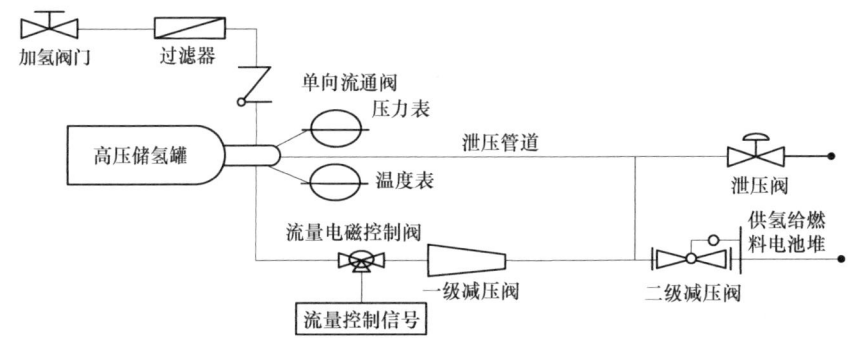

图 4-18 典型的车载供氢系统模型

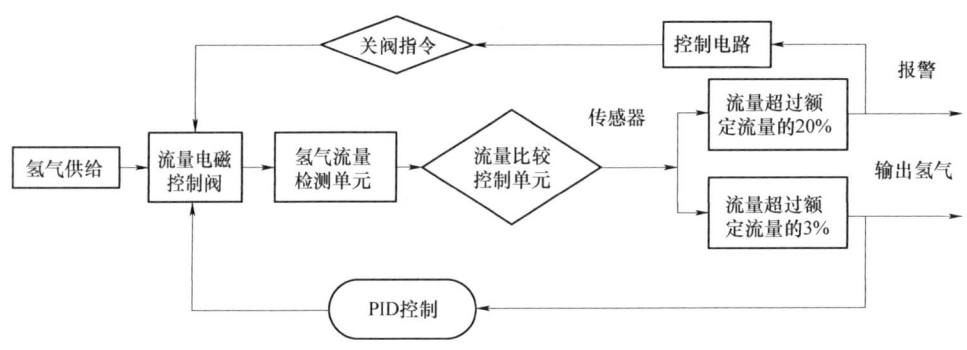

图 4-19 储氢罐口过流保护装置的设计构想

4.2.3 热管理系统

质子交换膜燃料电池的能量转化效率为 40%～50%，因此，大约有一半的能量将转化为热。为了保持电池的恒温运行，并避免电池堆在高电流密度工作时造成局部过热，必须要进行热管理。质子交换膜燃料电池的热管理是指对电池温度的控制。温度较低时，电池存在较为明显的活化极化，而且质子交换膜的阻抗也较大，另一方面，如果温度较高，会使水的蒸发速度加快，这样会使反应气体带走过量的水而使质子交换膜脱水，使膜的性能变差，引起电池性能下降。因此，要求以 Nafion 膜作为质子交换膜的质子交换膜燃料电池的工作温度要低于 100℃，通常为 80℃。

目前，普遍采用的热管理技术是在双极板中设置冷却通道，将电池运行时产生的热量及时排出，使质子交换膜燃料电池在恒温下工作，以保持稳定的性能。对冷却剂也有一定的要求，如冷却剂必须不导电、不腐蚀和能防冻。一般使用的冷却剂是水，也可以在水中加入乙二醇，以使水不易结冰。用水作为冷却剂，对水质要求较高，以防止腐蚀发生。水中的重金属离子含量要低于百万分之一，氧的含量要在十亿分之一。

一般使用的冷却方式是采用冷却水循环方式，这种方式比较方便，但要消耗较多的动力。这种方法被称为利用水的显热，要在质子交换膜燃料电池组内加置排热板。冷却液可以采用水或者水与乙二醇的混合液。

另外一种冷却方式是利用液体的蒸发来控制温度，被称为利用液体的潜热。因为液体蒸发的潜热较大，所以，这种方法被认为是较有利的排热方式。在电池中，潜热冷却是利用电池组内部水分的蒸发潜热来冷却,这种方式效率高,是一种新的冷却方式。但是,质子交换膜燃料电池工作温度一般在100℃以下,因此不能用冷却水的潜热冷却,可以采用乙醇等低沸点的液体的潜热来排热。

4.2.4 水管理系统

1. 水管理的原因

水管理在质子交换膜燃料电池中是十分重要的。电池中的水是由两个方面产生的:一方面是增湿带入一部分水;另一方面是反应生成的水。水在质子交换膜燃料电池中是以气态和液态存在的。水过多或过少都会为质子交换膜燃料电池的性能带来负面的影响。由于质子交换膜燃料电池中使用的 Nafion 膜的 H^+ 扩散一定需要水的伴随,Nafion 膜的 H^+ 电导率与膜内含水量成一定的比例关系,如果膜内没有水分,那么 Nafion 膜就不能传导 H^+,因此,没有水电池就不能工作。另外,氧在阴极上还原生成水,如不把生成的水排出,电池内含水过多后,会淹没电极,阻塞电极或气体扩散层的孔洞,使氢气和氧气都不能扩散到电极上,电池也不能正常工作。因此,质子交换膜燃料电池正常工作的一个重要条件就是要控制好电池内的水分,湿度要适宜。而且,电池内的水含量要均匀,局部的水分过多或过少,也会影响电池的性能。

2. 水管理的方式

实际上,质子交换膜燃料电池堆一般容易干燥。因为在氢电极一面,水会随 H^+ 迁移而迁移到氧电极一面。而在氧电极一面,用空气中的氧作氧化剂时,空气的流量较大,会把氧电极一面吹干。因此,在质子交换膜燃料电池堆中,一般都采用增湿的方式来控制水。常用的增湿方式可分为外增湿方式和内增湿方式。

(1) 外增湿方式

① 鼓泡法。将反应气体通过水温可控的鼓泡器进行增湿,称为鼓泡法。这种方法一般适用于实验室使用,而不适用于实际的电池系统。

② 喷射法。将水喷射到反应气体中来使反应气增湿,称为喷射法。这种方法需要加压泵和阀门等,这些设备要消耗能量,但该技术比较成熟,一般在大型质子交换膜燃料电池堆上广泛使用。

③ 自吸法。该法是在电极的扩散层中加入灯芯,这些灯芯浸在水中,将水直接吸入 Nafion 膜内。这种方法可实现膜湿度的自我调节,缺点是灯芯的使用增加了电池的密封难度,因此现在较少使用。

(2) 内增湿方式

有许多内增湿方式,较好的一种内增湿方式是让空气和氢气呈逆向流动排列,各干燥的反应气体在进入电池后从膜中吸收水分,而膜要从电池的潮湿反应气体中吸收水分,在电池组内部形成水循环,从而使安全操作成为可能。

4.2.5 氢安全系统

目前的燃料电池汽车大部分采用氢气作为燃料,而氢气的泄漏会造成爆炸等危险,燃料电池汽车必须考虑针对氢气的安全措施。通常采用两种措施:一是储氢装置和输送管路选用不易造成泄漏的材料和结构;二是实时监测燃料电池系统中氢的泄漏情况。

1. 燃料电池系统的安全保护措施

(1) 氢气源切断保护装置

当汽车发生碰撞时,氢气的泄漏将会引发严重的安全事故。为此,一些燃料电池汽车设置了相应的保护装置。当汽车发生碰撞事故时,保护装置会根据碰撞传感器所发出的信号及时切断电源和气源,以避免因氢气泄漏而造成更为严重的事故。

(2) 用吸能车架保护燃料电池系统

一些燃料电池汽车车身、车架采取了特殊的结构措施,以保护燃料电池系统在汽车发生碰撞时不易受损。本田燃料电池汽车 FCX 的纵梁结构如图 4-20 所示。

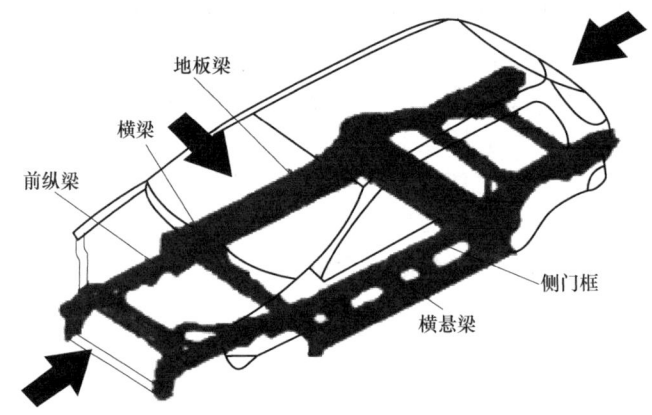

图 4-20 本田燃料电池汽车 FCX 的纵梁结构

该车架的结构特点是,当从前面碰撞时,前纵梁可吸收冲击能量,从而减少驾驶室的变形;如果侧面发生了碰撞,则地板梁可吸收能量,也可减少驾驶室的变形和对燃料电池系统的影响。

(3) 储氢瓶的安全措施

储氢瓶压力高达 25~35MPa,当汽车发生碰撞时,如果高压储氢瓶受损破裂,则后果将不堪设想。为此,除了选用高强度的储氢瓶外,在汽车结构上还要考虑尽可能减小汽车碰撞时对储氢瓶的冲击。

2. 燃料电池汽车氢气监测系统

燃料电池汽车氢气监测系统通常由氢传感器、控制器、危险报警及安全处理装置等组成,如图 4-21 所示。氢传感器将周围氢气含量参数转换为电信号,并输送给控制器,然后控制器根据氢传感器的信号判断是否有氢气泄漏及泄漏的严重程度,并输出相应的控制信号,使危险报警装置发出危险警报,或使用安全处理装置进行控制(切断高压电路或关闭氢气源),及时排除安全隐患。

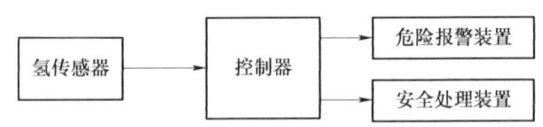

图 4-21 燃料电池汽车氢气监测系统

(1) 车上氢安全控制系统

一些燃料电池汽车的氢安全控制系统配备有多个氢传感器。例如,某燃料电池电动客车在车顶部的储氢瓶舱、乘客舱、燃料电池舱和散热器附近各安装了一个氢传感器,以监测周围空气中氢气的含量。当任何一个传感器检测到氢气含量达到爆炸下限(v_H 为 4%)的

10%、30%和50%时,控制器就会发出Ⅰ级、Ⅱ级或Ⅲ级报警控制信号,使危险报警装置工作(声光报警继电器线圈通电,触点吸合)发出相应的声光报警信号。驾驶人可通过手动开关立即使燃料电池停止工作,并关闭储氢瓶出口电磁阀,以避免造成安全事故。

对于装有自动安全处理装置的车载氢安全控制系统,其控制器在起动危险报警装置的同时,也使安全处理装置通电工作,自动关闭燃料电池及氢气源出口,以确保安全。

(2) 车库氢安全控制系统

存放燃料电池汽车的车库也存在氢泄漏的安全隐患,因而安装车库氢安全控制系统也十分必要。

车库氢安全控制系统通常由氢传感器、控制器、报警装置及排送风装置等组成。氢传感器安装在车库的顶部。当任何一个氢传感器监测到周围空气中氢的体积分数超过了爆炸下限的10%、30%或50%时,氢监测系统就会发出Ⅰ级、Ⅱ级或Ⅲ级报警信号,起动车库外报警装置,同时,自动开启排风扇或打开换气窗,以避免因车库内氢气的含量过高而引发安全事故。

3. 燃料电池汽车的其他安全措施

燃料电池汽车通常还采取防静电和防爆措施,并制定严格的氢操作规程,以确保安全。

(1) 燃料电池汽车的防静电措施

在燃料电池汽车加氢时或在行车过程中,不可避免地会产生静电,这极易引发氢气燃烧或爆炸。为此,一些燃料电池汽车的车体底部通常设有接地导线,可及时将静电释放回大地,以确保燃料电池汽车的安全。

(2) 燃料电池汽车的防爆措施

燃料电池汽车的防爆措施主要是防止电路中产生电火花,以避免电火花点燃氢气而产生燃烧或爆炸事故。防爆措施主要有:

① 采用防爆型氢传感器,不用触点式传感器。这是因为触点式传感器在氢气含量达到设定值时通过触点的动作输出信号,容易产生触点火花而引发事故。

② 在氢安全系统中采用防爆固态继电器,防止继电器触点动作时产生电弧放电而点燃氢气。

③ 当氢安全控制系统发出警告时,禁止进行开关电气设备的操作,以避免相关的电源插座、接触器、继电器及开关触点产生电火花而点燃氢气。

④ 当燃料电池汽车储氢瓶内存有氢气时,严禁在车上进行电焊等会产生电弧的相关操作。

(3) 燃料电池汽车氢安全操作规程

为确保安全,燃料电池汽车在调试、起动、进库、出库过程中均应严格执行氢安全操作规程。燃料电池汽车氢安全操作规程主要有:

① 严禁在车库内进行大规模的加氢操作。

② 在燃料电池汽车起动前,应检查燃料电池系统管路的气密性,确保无泄漏。

③ 在调试及燃料电池汽车起动前,应用氮气吹扫管路,并且在调试时必须由专人配备便携式氢含量探测仪来检查氢泄漏情况。

④ 雷雨天气禁止进行系统的调试及其他相关的操作。

⑤ 当发现安全问题时,必须立即停止调试。

4.3 燃料电池汽车的类型及应用

在结构组成上，燃料电池汽车仍保留了传统内燃机汽车的车身、行驶系统、悬架系统、转向系统和制动系统等，不同之处在于它的动力驱动系统。

燃料电池汽车是以电力驱动作为唯一的驱动模式，按照驱动能源组合形式不同，可分为纯燃料电池（Pure Fuel Cell，PFC）驱动和混合驱动两种形式，混合驱动系统将燃料电池与辅助动力源相结合，燃料电池可以只满足持续功率需求，借助辅助动力源不仅可以提供加速、爬坡等所需的峰值功率，而且在制动时可以将回馈的能量存储在辅助动力源中。混合驱动包括燃料电池与辅助蓄电池联合驱动（Fuel Cell + Battery，FC + B）、燃料电池与超级电容联合驱动（Fuel Cell + Capacitor，FC + C）及燃料电池与蓄电池和超级电容联合驱动（Fuel Cell + Battery + Capacitor，FC + B + C）。

4.3.1 PFC 型燃料电池汽车

纯燃料电池电动汽车只有燃料电池一个动力源，汽车的所有功率负荷都由燃料电池承担。纯燃料电池电动汽车的动力系统如图 4-22 所示，DC/DC 变换器的作用是阻抗匹配，以解决燃料电池发动机输出特性偏软的问题。

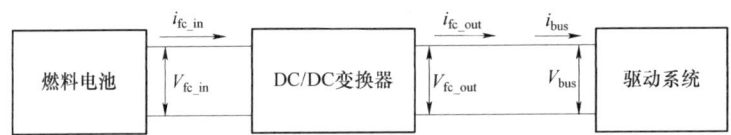

图 4-22 纯燃料电池电动汽车的动力系统

PFC 型燃料电池汽车的功率分配情况如下：

$$P_{req} = V_{bus}i_{bus} = V_{fc\_out}i_{fc\_out} = V_{fc\_in}i_{fc\_in}\eta_{DC} = P_{fc}\eta_{DC} \tag{4-23}$$

式中，P_{req} 为驱动系统需求功率，单位为 kW；V_{bus} 为直流母线端电压，单位为 V；i_{bus} 为直流母线端电流，单位为 A；V_{fc_in} 为燃料电池端电压，单位为 V；i_{fc_in} 为燃料电池端电流，单位为 A；V_{fc_out} 为 DC/DC 变换器端电压，单位为 V；i_{fc_out} 为 DC/DC 端电流，单位为 A；P_{fc} 为燃料电池输出功率，单位为 kW；η_{DC} 为功率因数。

该燃料电池类型主要有以下优点：
① 系统结构简单，便于实现系统控制和整体布置。
② 系统部件少，有利于整车的轻量化。
③ 较少的部件使得整体的能量传递效率高，从而提高整车的经济性。
但这种系统也存在以下方面的问题：
① 由于燃料电池的功率很大，导致燃料电池制造成本上升及整车质量增加，引起整车消耗的功率增加。
② 尽管燃料电池系统效率较高，但燃料电池系统的氢气消耗量会增加，进而增加整车单位里程消耗的燃料，增加运营成本。
③ 当汽车功率需求较大时，燃料电池易发生过载，难以满足动态响应要求，系统寿命较短。

④ 系统无法实现再生制动。

因此，基于这些不利因素，一般情况下不采用单独燃料电池驱动的方式。为了有效地解决上述问题，目前的燃料电池汽车主要采用的是混合驱动形式，必须使用辅助能量存储系统作为燃料电池系统的辅助动力源，即在燃料电池的基础上增加了一组电池或超级电容作为另一个动力源，和燃料电池联合工作，组成混合驱动系统共同驱动汽车。

4.3.2 FC+B型燃料电池汽车

FC+B（燃料电池+辅助动力电池）型联合驱动的燃料电池电动汽车的动力系统从本质上来讲是一种混合动力结构，它与传统意义上的混合动力结构的差别仅在于发动机是燃料电池系统而不是内燃机。目前绝大多数燃料电池汽车动力系统都采用这种结构形式，如图4-23所示。该结构为一个典型的串联式混合动力结构，在该动力系统结构中，燃料电池和蓄电池一起为驱动电机提供能量，驱动电机将电能转化成机械能传给传动系统，从而驱动汽车前进。在汽车制动时，驱动电机变成发电机，动力电池将储存回馈的能量。在燃料电池和动力电池联合供能时，燃料电池能量输出变化较为平缓，随时间变化的波动较小，而能量需求变化的高频部分由动力电池分担。动力电池还可以单独以纯电动的模式驱动车辆，可以实现在燃料电池出现故障时的跛行返回。

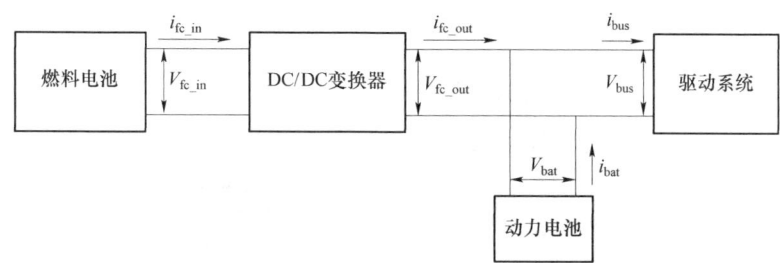

图4-23 燃料电池+辅助动力电池形式动力系统结构

FC+B型燃料电池汽车的功率分配情况如下：

$$P_{req} = V_{bus}i_{bus} = V_{fc\_out}i_{fc\_out} + V_{bat}i_{bat} = V_{fc\_in}i_{fc\_in}\eta_{DC} + V_{bat}i_{bat} = P_{fc}\eta_{DC} + P_{bat} \quad (4-24)$$

式中，V_{bat}为动力电池端电压，单位为V；i_{bat}为动力电池端电流，单位为A；P_{bat}为动力电池输出功率，单位为kW。

该燃料电池系统主要有以下优点：

① 因为增加了价格相对低廉得多的动力电池组，所以大大降低了整车成本，且动力电池技术比较成熟，可以在一定程度上弥补燃料电池技术上的不足。

② 燃料电池单独或与动力电池共同提供持续功率，而且在车辆起动、爬坡和加速等有峰值功率需求时，动力电池可以单独输出能量或者提供额外功率。

③ 制动能量回馈的采用可以回收汽车制动时的部分动能，该措施可能会提高整车的能量效率。燃料电池可以在比较好的设定工作条件下工作，工作时燃料电池的效率较高。

④ 系统对燃料电池的动态响应性能要求较低。

但这种系统也存在以下方面的问题：

① 动力电池的使用使得整车的质量增加，动力性和经济性受到影响，这点在能量复合型混合动力汽车上表现得更为明显。

② 动力电池充放电过程会有能量损耗。

③ 系统变得复杂，系统控制和整体布置难度增加。

采用 FC + B 动力系统的燃料电池汽车比较典型的车型是奔驰 B 级燃料电池汽车，这款车将燃料电池汽车家族的车型范围拓展到运动旅行车。作为一款适合旅行、家庭和休闲的 B 级车，采用了奔驰创新的夹层式车身结构。这种独特的设计，非常便于应用燃料电池动力系统。B 级燃料电池车的高转矩电机，能输出超过 100kW 的功率，比前一代 A 级"F – Cell"的功率高出 35kW。在减少了燃料消耗并进一步提高了存储容量之后，B 级燃料电池车的续驶里程已达约 400km。2009 年年底，B 级燃料电池车型正式投入批量生产，首批 200 台于 2010 年年初交付欧洲和美国市场上的消费者。奔驰 B 级 F – Cell 车的透视图如图 4-24 所示，技术参数见表 4-3。

奔驰 B 级 F – Cell 燃料电池汽车，可乘坐 4 人，最高车速 170km/h，纯电动模式最大续驶里程达 385km，采用 700bar（1bar = 0.1MPa）高压氢气为燃料，装置 100kW 的高效率和高性能的质子交换膜燃料电池，采用 FC + B 的动力结构，采用 1.4kW·h 容量的锂离子电池组为辅助电源，并搭载动力达 100kW、290N·m 的永磁同步电机，性能可以与 2.0L 汽油发动机的动力相媲美。在欧洲 NEDC 测试中，F – Cell 每百公里的燃料消耗仅相当于 3L 柴油。

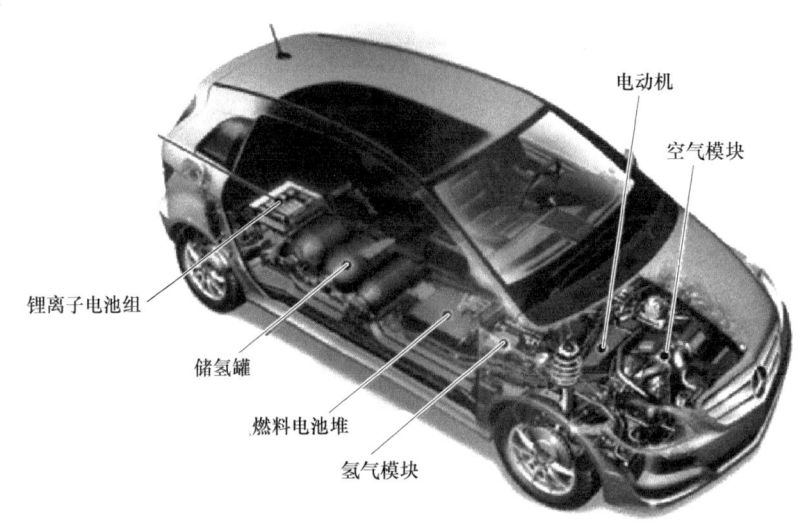

图 4-24　奔驰 B 级 F – Cell 车的透视图

表 4-3　奔驰 B 级燃料电池车技术参数

电机	最大功率：100kW；最大转矩：290N·m
蓄电池	锂离子电池；最大容量：1.4kW·h；最大输出：35kW
续驶里程	纯电动模式最大 385km
性能	最高车速 170km/h
燃料消耗	等同于柴油 3L/100km
低温起动	-25℃以下

4.3.3 FC+C 型燃料电池汽车

这种结构形式与燃料电池+动力电池结构相似,只是把动力电池换成了超级电容,系统结构如图 4-25 所示。超级电容作为辅助动力源,相对于动力电池,它具有优良的功率特性,能以高放电率释放电能,比功率是动力电池的 10 倍左右;在回收制动能量方面比动力蓄电池有优势,充电时间更短,而且循环寿命达到百万次,可以降低使用成本。但是,超级电容存储的能量有限,只可以提供持续大约 1min 的峰值功率,其电压波动幅度很大。随着超级电容技术的不断进步,这种结构将成为重要的研究课题及发展方向。

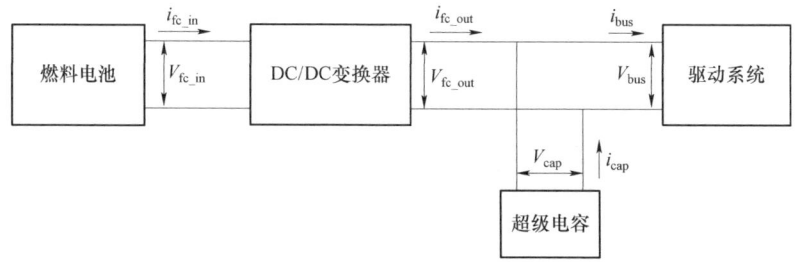

图 4-25 燃料电池+辅助超级电容形式动力系统结构

FC+C 型燃料电池汽车的功率分配情况如下:

$$P_{req} = V_{bus}i_{bus} = V_{fc\_out}i_{fc\_out} + V_{cap}i_{cap} = V_{fc\_in}i_{fc\_in}\eta_{DC} + V_{bat}i_{bat} = P_{fc}\eta_{DC} + P_{cap} \quad (4\text{-}25)$$

式中,V_{cap} 为超级电容端电压,单位为 V;i_{cap} 为超级电容端电流,单位为 A;P_{cap} 为动力电池输出功率,单位为 kW。

采用 FC+C 动力系统的燃料电池汽车广泛地应用在本田 FCX 系列的车型上,自 1999 年首次发布"FCX-V1"燃料电池试验车后,先后经过"FCX-V2""FCX-V3""FCX-V4"和"FCX-V5"5 代艰苦的开发历程。2002 年"FCX-V5"首次取得美国政府认定;同年 9 月"FCX-V5"首次获得美国环境保护厅(EPA)"零污染车辆"认定。2002 年 12 月 2 日,本田同时向日本政府和美国洛杉矶市政府交付了首批 FCX-V5,成为世界上第一家实现商品化销售的燃料电池汽车生产厂家。图 4-26 所示为本田 FCX 透视图。

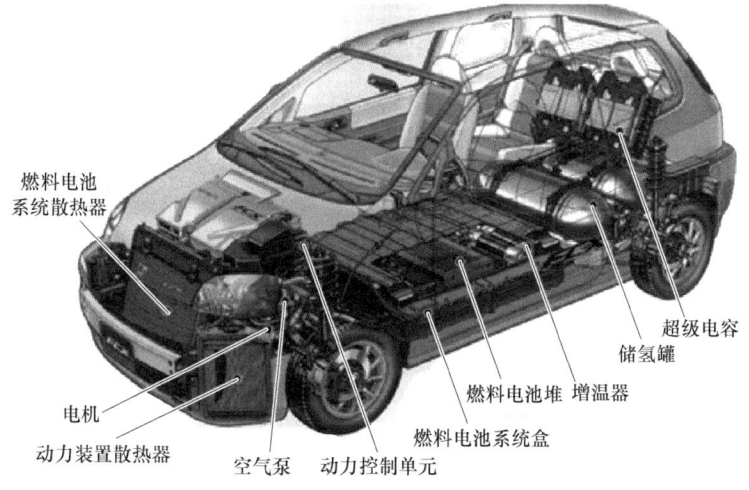

图 4-26 本田 FCX 透视图

本田公司的FCX型燃料电池汽车可乘坐4人，总质量为1680kg，最高车速为150km/h，续驶里程达95km，采用156.6L、38kg、35MPa的高压氢气为燃料，装有本田公司研发的78kW高效率和高性能的质子交换膜燃料电池，采用FC+B的动力结构，采用大容量的超级电容器组为辅助电源，永磁同步电机的功率为60kW，最大功率达到80kW，最大转矩为272N·m。本田各代燃料电池汽车的参数见表4-4。

表4-4 本田各代燃料电池汽车的参数

	FCX – V1	FCX – V2	FCX – V3	FCX – V4	FCX – V5
氢气补给	储氢合金罐	储氢合金罐	高压储氢罐	高压储氢罐	高压储氢罐
氢气存储能力	—	—	100L	137L	156.6L
燃料电池堆	PEFC	PEFC	PEFC	PEFC	PEFC
动力辅助	动力电池	动力电池	超级电容	超级电容	超级电容
最大功率	49kW	49kW	60kW	60kW	60kW
最大转矩	—	—	238N·m	238N·m	273N·m
最高车速	—	—	130km/h	140km/h	150km/h
续驶里程	—	—	180km	315km	355km
座位数量	2	2	4	4	4
行李舱空间	—	—	—	98L	102L

4.3.4 FC+B+C型燃料电池汽车

燃料电池+动力电池+超级电容联合驱动的电动汽车的动力系统如图4-27所示，该结构也为串联式混合动力结构。在该动力系统结构中，燃料电池、动力电池和超级电容一起为驱动电机提供能量，驱动电机将电能转化成机械能传给传动系统，从而驱动汽车前进；在汽车制动时，驱动电机变成发电机，动力电池和超级电容将储存回馈的能量。在采用燃料电池、动力电池和超级电容联合供能时，燃料电池的能量输出较为平缓，随时间变化波动较小，而能量需求变化的低频部分由动力电池承担，能量需求变化的高频部分由超级电容承担。在这种结构中，各动力源的分工更加明细，因此它们的优势也得到了更好的发挥。

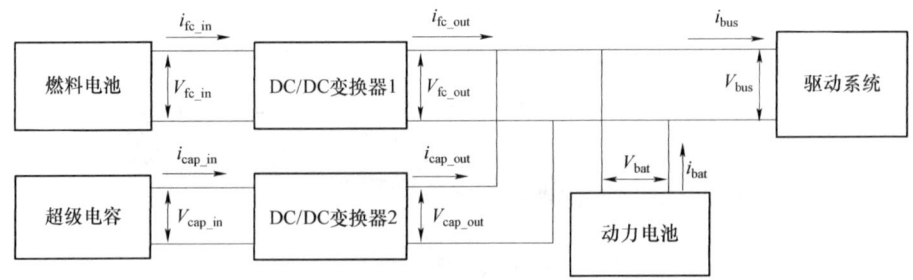

图4-27 燃料电池+动力电池+超级电容形式动力系统结构

FC+B+C型燃料电池汽车的功率分配情况如下：

$$P_{req} = V_{bus}i_{bus} = V_{fc\_out}i_{fc\_out} + V_{cap\_out}i_{cap\_out} + V_{bat}i_{bat} = V_{fc\_in}i_{fc\_in}\eta_{DC1} + V_{cap\_in}i_{cap\_in}\eta_{DC2} + V_{bat}i_{bat} = P_{fc}\eta_{DC1} + P_{cap}\eta_{DC2} + P_{bat} \quad (4-26)$$

式中，V_{cap_in} 为超级电容端电压，单位为 V；i_{cap_in} 为超级电容端电流，单位为 A；V_{cap_out} 为 DC/DC 变换器 2 端电压，单位为 V；i_{cap_out} 为 DC/DC 变换器 2 端电流，单位为 A。

这种结构的优点相比燃料电池 + 动力电池的结构形式的优点更加明显，尤其是在部件效率、动态特性、制动能量回馈等方面更有优势。

而其缺点也一样更加明显：

① 增加了超级电容，整个系统的质量将可能增加。

② 系统更加复杂化，系统控制和整体布置的难度也随之增大。

总地来说，如果能够对系统进行很好的匹配和优化，这种结构在给汽车带来良好的性能方面具有很大的吸引力。

综合考虑上述各种结构形式的优缺点，燃料电池 + 动力电池的电 – 电混合动力系统方案具有结构和控制相对简单、易于实现、能够较好地提供峰值功率和再生制动能量回收等优点。而且随着动力电池技术水平的不断进步，其比功率特性也将得到大幅度的提高，因此目前绝大多数燃料电池汽车动力系统均采用了这种结构形式。

课后习题

1. 名词解释
 (1) 燃料电池
 (2) 燃料电池堆
 (3) 车载储氢系统
2. 根据燃料电池使用电解质种类的不同，燃料电池可以分为哪几种？
3. 典型燃料电池电动汽车主要由哪些部分组成？
4. 氢气的存储方法主要有哪些？
5. 燃料电池电动汽车的类型有哪几种？
6. 燃料电池电动汽车有哪些特点？

第 5 章

电动汽车核心技术

我国电动汽车发展的技术路线和需要突破的核心技术,主要指电池、电机和电控三大核心技术。

"电池"是指铅酸电池、镍氢电池、锂离子电池等;"电机"是指永磁同步电机、交流异步电机、开关磁阻电机等;"电控"是指整车控制器和整车控制策略等。

5.1 动力电池、超级电容及其管理技术

5.1.1 动力电池及其管理技术

电池是电动汽车的动力源,是能量的存储装置,也是目前制约电动汽车发展的关键因素。要使电动汽车能与燃油汽车相竞争,关键之一是开发出比能量高、比功率大、使用寿命长、成本低的电池。迄今已经实用化的车用动力电池有铅酸电池、镍氢电池和锂离子电池等。

5.1.1.1 铅酸电池

铅酸电池应用的历史最长,也是最成熟、成本售价最低廉的蓄电池,但现在基本不再作为动力电池应用在新能源汽车上,只在部分低速车上有所应用。这里只进行简单介绍。

1. 铅酸电池的分类与结构

(1) 铅酸电池的分类

铅酸动力电池概述

铅酸电池分为免维护铅酸电池和阀控密封式铅酸电池。免维护铅酸电池由于自身结构上的优势,电解液的消耗量非常小,在使用寿命内基本不需要补充蒸馏水。阀控密封式铅酸电池在使用期间也不用加酸加水维护,电池盖子上设有溢气阀(也称安全阀),当电池内部气压升高到一定值时,溢气阀自动打开,排出气体,然后自动关闭,防止空气进入电池内部。阀控密封式铅酸电池分为 AGM(阀控式)和 GEL(胶体)电池两种。电动汽车使用的动力电池一般是阀控密封式铅酸电池。

(2) 铅酸电池的结构

铅酸电池由正负极板、隔板、电解液、溢气阀、外壳等部分组成。极板是铅酸电池的核心部件,正极板上的活性物质是二氧化铅,负极板上的活性物质为海绵状纯铅。隔板可隔离

正、负极板，防止短路，它作为电解液的载体，能够吸收大量的电解液，起到促进离子良好扩散的作用，它还是正极板产生的氧气到达负极板的"通道"，以顺利建立氧循环，减少水的损失。电解液由蒸馏水和纯硫酸按一定比例配制而成，主要作用是参与电化学反应，是铅酸电池的活性物质之一。电池槽中装入一定密度的电解液后，由于电化学反应，正、负极板间会产生约为2.1V的电动势。溢气阀位于电池顶部，起到安全、密封、防爆等作用。铅酸电池的基本结构如图5-1所示。

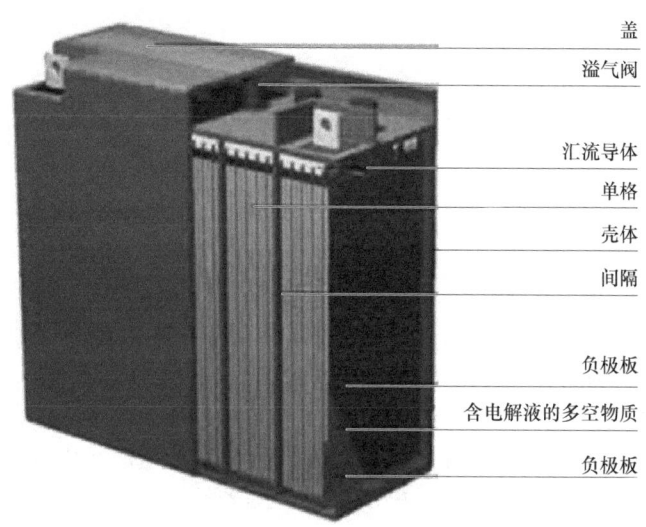

图5-1 铅酸电池的基本结构

2. 铅酸电池的工作原理

铅酸电池工作时，把化学能转换为电能的过程叫作放电。在使用后，借助于直流电在电池内进行化学反应，把电能转变为化学能而储蓄起来，这种蓄电过程称作充电。铅酸电池是酸性电池，其化学反应式为

$$PbO + H_2SO_4 = PbSO_4 \downarrow + H_2O \tag{5-1}$$

充电时的总反应为

$$2PbSO_4 + 2H_2O = Pb + PbO_2 + 2H_2SO_4 \tag{5-2}$$

放电时总的反应为

$$Pb + PbO_2 + 2H_2SO_4 = 2PbSO_4 \downarrow + 2H_2O \tag{5-3}$$

3. 铅酸电池的充放电特性

（1）铅酸电池的放电特性

在铅酸电池不放电的情况下，铅酸电池中的活性物质微孔中的电解液 H_2SO_4 的密度与极板外的电解液密度相同。铅酸电池放电后，活性物质表面的电解液密度立即下降，而极板外的电解液是缓慢地向活性物质表面扩散，不能立即补偿活性物质表面电解液的密度。随着放电过程的进行，活性物质表面的电解液密度继续下降。结果导致铅酸电池的端电压下降，如图5-2中 AB 段所示。

铅酸电池继续放电，在活性物质表面的电解液浓度下降的同时，极板外的电解液向活性物质表面扩散，补充了活性物质表面的电解液的浓度并保持了一定的浓度，活性物质表面的

电解液的浓度变化缓慢,使铅酸电池的端电压也随即保持稳定,如图5-2中BC段所示。

铅酸电池继续放电,极板外的电解液的整体浓度也逐渐降低,在活性物质表面的电解液的浓度也随之降低,又由于电解液和活性物质被消耗,其作用面积也不断地减小,结果是铅酸电池的端电压也随着下降,如图5-2中CD段所示。

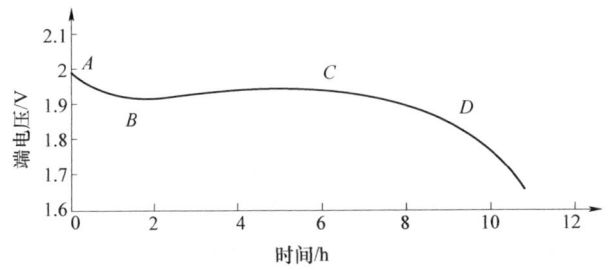

图 5-2　铅酸电池的放电曲线

在放电末尾阶段,正、负极板上的活性物质逐渐转变为$PbSO_4$,$PbSO_4$的生成使活性物质孔隙率降低,活性物质与H_2SO_4的接触更加困难,并且由于$PbSO_4$使不良导体铅酸电池的内阻增加,当电池的端电压达到D点后,电池的端电压急剧下降,达到所规定的终止电压。

铅酸电池的放电特性与放电电流有密切关系,大电流放电时,电池的电压下降明显,平缓部分缩短,曲线的斜率也很大,放电时间缩短;随着放电电流的减小,电池的电压下降趋缓,曲线也较平缓,放电时间延长。这种放电特性对铅酸电池的正确使用有重要的意义。

(2) 铅酸电池的充电特性

在铅酸电池充电开始后,首先活性物质表面的$PbSO_4$转换为Pb,并在活性物质表面附近生成H_2SO_4,电池的端电压迅速地上升,如图5-3中AB段所示。当达到B点以后,活性物质表面和微孔内的H_2SO_4浓度平缓地增加,电池的端电压上升也比较缓慢,如图5-3中BC段所示,随着充电过程继续进行,达到充电量90%左右,反应的极化增加,电池的端电压明显地再次上升,如图5-3中CD段所示,这时电池的端电压达到D点,电池的两极开始大量析出气体。超过D点以后进行的电解过程,使电池的端电压又达到一个新的稳定值。

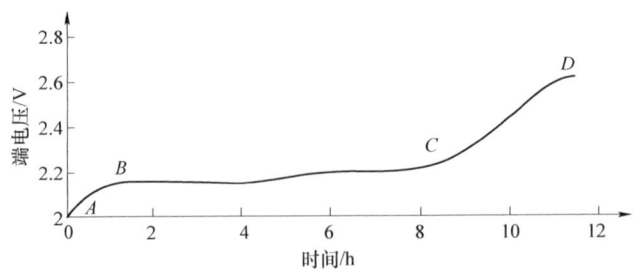

图 5-3　铅酸电池的充电曲线

铅酸电池充电特性还受到充电电流条件的影响,充电电流越大,活性物质的反应越快,反应生成的H_2SO_4速度越快,其浓度增加越快,蓄电池的端电压上升也越快。一般来说,用较大的电流来充电时,固然可以加快充电过程,但能量的损失也大,在充电终期大部分的电能用于产生热量和分解水。另外,用较大的电流来充电时在电极上的电流分布也更加不均匀，电流分布多的部分活性物质的反应较快，电流分布少的部分活性物质不能充分转化。所以，在铅酸电池充电的后期应减少充电电流。

另外，铅酸电池充电时电池端电压的变化，是随充电时的电流变化而变化，电流大，蓄电池端电压也高，电流小，铅酸电池端电压也较低。

5.1.1.2 镍氢电池

随着技术的进步，镍氢电池取得了很大的发展，具有无污染、高比能量、大功率、快速充放电、耐用性等许多优异特性，比能量比铅酸电池大1倍，其他性能也优于铅酸电池。但现在在新能源汽车上应用较少，故这里只进行简单介绍。

1. 镍氢电池的分类与结构

镍氢电池按照形状可以分为方形镍氢电池和圆形镍氢电池，主要由正极、负极、极板、隔板、电解液、安全阀、绝缘膜、外壳等组成，如图5-4所示。

镍氢电池正极是活性物质氢氧化镍，负极是储氢合金，用氢氧化钾作为电解质，在正负极之间有隔膜，共同组成镍氢单体电池。在金属铂的催化作用下，完成充电和放电的可逆反应。

镍氢电池的基本单元是单体电池，按使用要求组合成不同电压和不同电荷量的镍氢电池总成。

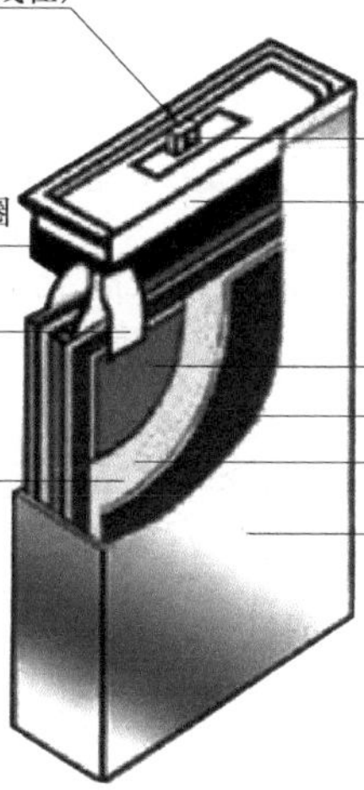

图5-4 镍氢电池的结构

2. 镍氢电池的工作原理

镍氢电池是将物质的化学反应产生的能量直接转化成电能的一种装置。镍氢电池由镍氢化合物正电极、储氢合金负电极以及碱性电解液（如30%的氢氧化钾溶液）组成。镍氢电池的性能特点主要取决于本身体系的电极反应。

充电时正、负极的电化学反应为

$$Ni(OH)_2 - e^- + OH^- \rightarrow NiOOH + H_2O \tag{5-4}$$

$$2MH + 2e^- \rightarrow 2M + H_2 \tag{5-5}$$

放电时正、负极的电化学反应为

$$NiOOH + H_2O \rightarrow Ni(OH)_2 + OH^- \tag{5-6}$$

$$2M^- + H_2 \rightarrow 2MH + 2e^- \tag{5-7}$$

当镍氢电池以标准电流放电时，平均工作电压为1.2V。当电池以$8C$率放电，端电压降至1.1V时，则认为放电已完。电压1.1V称为$8C$率放电时的放电终止电压（0.6~0.8V）。

3. 镍氢电池的充放电特性

镍氢电池的充放电特性可以通过对电池进行不同倍率的充放电实验获得。通常电池在一定电流下进行充电和放电时都是使用曲线来表示电池的端电压和温度随时间的变化，这些曲线称为电池的特性曲线。

一般充放电电流的大小常用充放电倍率来表示，即充放电倍率=充放电电流/额定容量。例如，额定容量为100A·h的电池用20A放电时，其放电倍率为$0.2C$。

(1) 镍氢电池的充电特性

在充电起始阶段,电池端电压迅速上升。随着时间的延长,电池电压上升减缓,电池的容量与电池的端电压有一定的对应关系,如图5-5中曲线1所示。

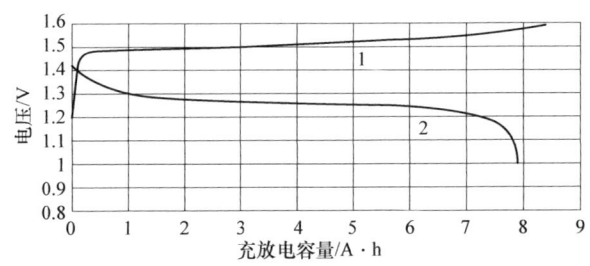

图5-5 镍氢电池常温5C充电曲线

曲线1—5C充电8.4A·h 曲线2—常温0.5C放电至1.0V

电池在高温情况下充电,虽然充电时间较长,但充电效率下降,导致放电容量减少,如图5-6所示。

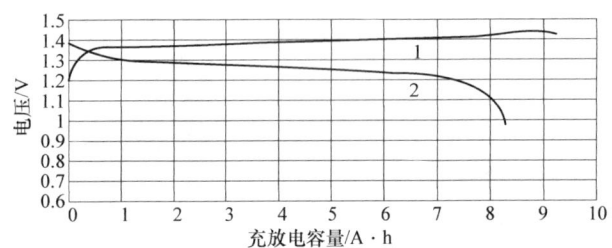

图5-6 镍氢电池高温(45℃)充电曲线

曲线1—高温(45℃)1C充电9.24A·h 曲线2—常温0.5C放电至1.0V

在充电电流的作用下,电池的端电压迅速上升,而且充电电流越大,充电效率越低;在充电结束后,由于电池极化作用,电池端电压逐渐下降。

(2) 镍氢电池的放电特性

随着放电的进行,总的趋势是随着放电时间的延续,电池的端电压不断下降。放电电流越大,电池所能放出的容量越小,电池的端电压越低,如图5-7所示。

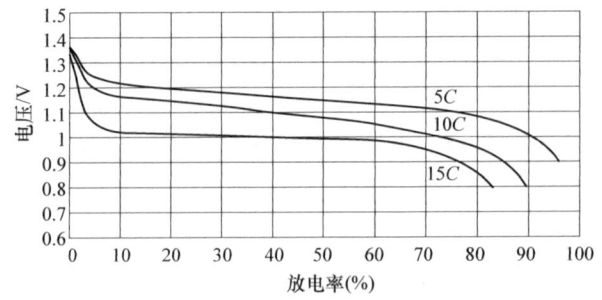

图5-7 电池常温下不同倍率放电曲线

在相应电流下,可得出温度随充放电过程的变化情况,同时也可以根据充放电电流的大小和时间计算出充放电容量。

虽然常温下延长了充电时间，但是在低温情况下，电池放电容量将会下降，如图5-8所示。

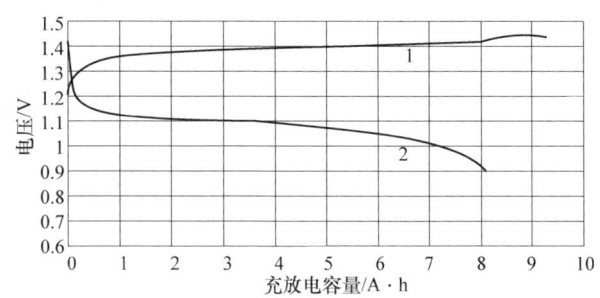

图5-8 电池低温（-18℃）放电曲线

曲线1—常温0.5C充电9.24A·h 曲线2—低温（-18℃）1C放电至0.9V

5.1.1.3 锂离子电池

锂离子电池具有工作电压高、寿命长、体积与质量小、自放电率低、比能量高等优点。

1. 锂离子电池的分类与结构

（1）锂离子电池的分类

适用于电动汽车的锂离子电池，按照锂离子电池正极材料的不同，主要分为锰酸锂离子电池、磷酸铁锂离子电池、钴酸锂离子电池和三元聚合物锂离子电池。以上四种锂离子电池的性能对比见表5-1。

锂离子电池

表5-1 四种不同正极材料的锂离子电池性能对比

项目	磷酸铁锂	钴酸锂	锰酸锂	三元聚合物
能量密度/(mA·h/g)	160~170	140~160	110~120	130~220
放电平台/V	3.2~3.3	3.6~3.7	3.6~3.7	3.7
循环次数	>2000	>500	>300	>500
工作温度/℃	0~70	0~45	0~45	-20~60
安全性能	优越	较差	较优越	较优越
倍率放电	较好	较好	较好	较好

（2）锂离子电池的结构

锂离子电池由正极、负极、隔板、电解液和安全阀等组成。锂离子电池外形有方形和圆柱形两种，其中方形锂离子电池结构如图5-9所示。

正极物质在锰酸锂电池中以锰酸锂为主要原料；在磷酸铁锂电池中以磷酸铁锂为主要原料；在镍钴锂电池中以镍钴锂为主要原料；在镍钴锰锂电池中以镍钴锰锂为主要材料。在正极活性物质中再加入导电剂、树脂黏合剂，并涂覆在铝基体上，呈细薄层分布。

负极活性物质是由碳材料与黏合剂的混合物再加上有机溶剂调和制成糊状，并涂覆在铜基上，呈薄层状分布。

隔板起到关闭或阻断通道的作用，一般使用聚乙烯或聚丙烯材料的微多孔膜。所谓关闭或阻断功能，是指电池出现异常温度上升，阻塞或阻断作为离子通道的细孔，使蓄电池停止充放电反应。隔板可以有效防止因外部短路等引起的过大电流而使电池产生异常发热现象。

这种现象即使产生一次，电池以后也不能正常使用。

电解液是以混合溶剂为主体的有机电解液。为了使电解质主要成分的锂盐溶解，电解液必须是具有高电容率并且与锂离子相容性好的溶剂，即不阻碍离子移动的低黏度的有机溶液为宜。而且在锂离子电池的工作温度范围内，电解液必须呈液体状态，凝固点低，沸点高。电解液对于活性物质具有化学稳定性，必须良好适应充放电反应过程中发生的剧烈的氧化还原反应。又由于使用单一溶剂很难满足上述严酷条件，因此电解液一般混合不同性质的几种溶剂使用。

为了保证锂离子电池的使用安全性，一般通过对外部电路的控制或者在电池内部设有异常电流切断的安全装置。即便这样，在使用过程中也有可能因为其他原因引起电池内压力异常上升。因此，锂离子电池设有安全阀以释放气体，从而防止电池破裂。安全阀实际上是一次性非修复式的破裂膜，一旦进入工作状态，可保护电池使其停止工作，因此是锂离子电池的最后保护手段。

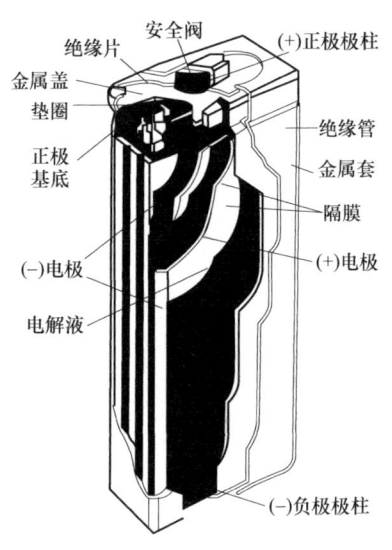

图5-9 方形锂离子电池结构

2. 锂离子电池的工作原理

锂离子电池正极材料采用锂化合物 $LiCoO_2$、$LiNiO_2$ 或 $LiMn_2O_4$，负极采用锂－碳层间化合物工 Li_xC_6，电解液为有机溶液。典型的电池体系为 $(-)\ C\ |\ LiPF_6 - EC + DEC\ |\ LiCoO_2\ (+)$。图5-10所示为锂离子电池的工作原理，电池在充电时，锂离子从正极材料的晶格中脱出，通过电解质溶液和隔膜嵌入负极中；放电时，锂离子从负极脱出，通过电解质溶液和隔膜，嵌入正极材料晶格中。在整个充放电过程中，锂离子往返于正负极之间。

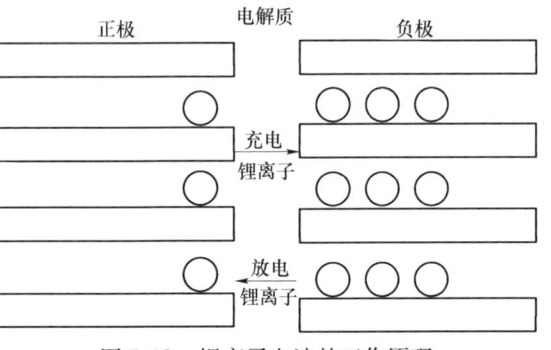

图5-10 锂离子电池的工作原理

以 $LiCoO_2$ 为正极材料，石墨为负极材料的锂离子电池，正、负极的电化学反应为

$$LiCoO_2 \rightarrow Li_{1-x}CoO_2 + x\,Li^+ + xe^- \tag{5-8}$$

$$C + x\,Li^+ + xe^- \rightarrow Li_xC_6 \tag{5-9}$$

总反应为

$$LiCoO_2 + 6C \rightarrow Li_{1-x}CoO_2 + Li_xC_6 \tag{5-10}$$

3. 锂离子电池的充放电特性

（1）充电特性

锂离子电池（500mA·h）的充电特性曲线如图5-11所示。单体锂离子电池的充电电压必须严格保持在4.1V左右，充电电流通常限制在1C以下。若充电电压超过4.5V，则可能造成锂离子电池永久性的损坏。锂离子电池通常采用恒流转恒压充电模式，首先用1C充电速率充电，在此过程中充电电流稳定不变，电池电压逐渐上升；当单体电池的电压上升到

4.1V 或 4.2V 时，充电器应立即转入恒压充电，充电电压波动应控制在 50mV 以内。在恒压充电过程中，充电电流逐渐减小，当电池充足电时，电流下降到涓流充电电流。采用这种方法，大约 2h 电池可充到额定容量。

（2）放电特性

当环境温度为 25℃ 时，500mA·h 的锂离子电池的放电特性曲线如图 5-12 所示。锂离子电池放电电流通常不应超过

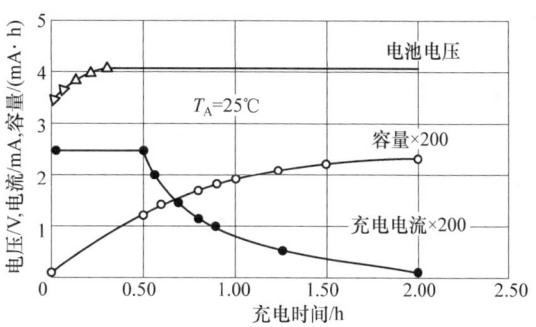

图 5-11　锂离子电池的充电特性曲线

$3C$。放电时单体电池电压不得低于 2.2V。电池电压低于 2.2V，就会造成永久性损坏。采用 $0.2C$ 放电速率且单体电池电压下降到 2.7V 时可放出额定容量 500mA·h；采用 $1C$ 放电速率放电时，能够放出额定容量的 90% 左右。应当说明，环境温度对电池的放电容量有较大影响，如图 5-13 所示。采用 $0.2C$ 放电速率时，若环境温度为 25℃，则可放出额定容量；若环境温度为 −10℃，则电池容量下降约 5%；若环境温度为 −20℃，则电池容量下降约 10%。

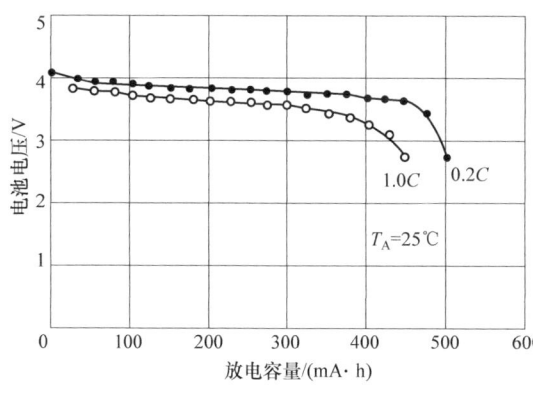

图 5-12　锂离子电池的放电特性曲线

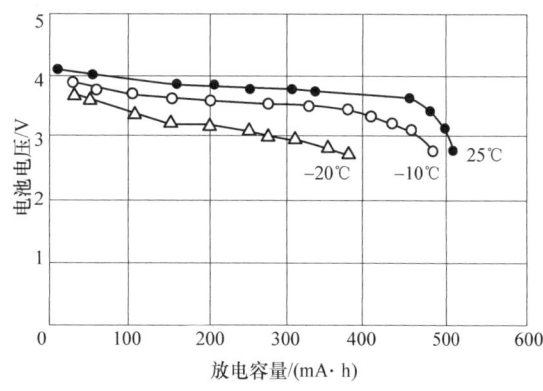

图 5-13　环境温度与电池放电容量的关系

目前锂离子电池是所有二次电池中综合性能最优的一种新型电池。与其他动力电池相比，锂离子电池应用于电动汽车，在容量、功率方面均具有较大优势。锂离子电池的能量密度、功率密度、循环寿命及安全性等，均满足美国 USABC（美国先进电池联盟）制定的电动汽车用动力电池的中期目标。目前锂离子电池仍然存在的主要问题是：电池单体一致性差、成组后性能衰减大、循环寿命和安全性很难保障、成本高等。此外，锂离子电池的安全性也是重要问题，在过充电或滥用的条件下，锂离子电池可能发生火灾或爆炸。为确保锂离子电池的安全使用，必须重视电池的成组技术，研发更可靠的热管理系统和电池管理系统。

5.1.1.4　动力电池管理系统

动力电池管理系统（BMS）作为实时监控、自动均衡、智能充放电的电子系统，具有保障安全、延长寿命、估算剩余电量等重要功能，是动力和储能电池组中不可或缺的重要部件。BMS 对电池组进行安全监控及有效管理，提高电池的使用效率，达到增加续驶里程、

延长其使用寿命、降低运行成本的目的，进一步提高电池组的可靠性，对于电动汽车的整车控制、安全管理以及提高可靠性具有重要意义。

1. 电池管理系统的基本组成及功能

电池管理系统由电池控制单元、主/辅充电器、热管理系统、荷电状态（State of Charge，SOC）估计、电池警报装置、模块传感装置、安全模块构成，如图5-14所示。

电池管理系统的主要功能包括数据采集、电池状态估计、能量管理、热管理、安全管理和通信功能等，如图5-15所示。

电池管理系统的基本构成和功能

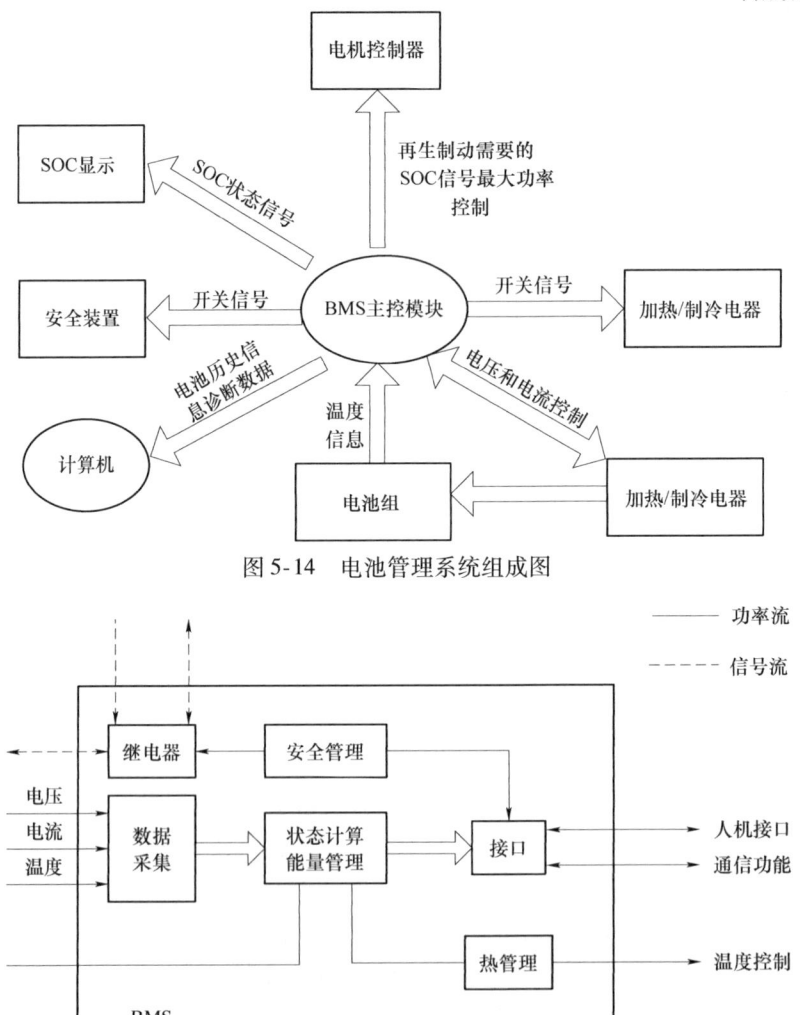

图 5-14 电池管理系统组成图

图 5-15 电池管理系统功能示意图

（1）数据采集

电池管理系统的所有算法均以采集的动力电池数据作为输入，采样频率、精度和前置滤波特性是影响电池系统性能的重要指标。电动汽车电池管理系统的采样频率一般要求大于20Hz。

(2) 电池状态计算

电池状态计算主要包括 SOC 和电池组健康状态（State of Health，SOH）两方面。SOC 用来提示动力电池组剩余电量，是计算和估计电动汽车续驶里程的基础。SOH 用来提示电池技术状态、预计可用寿命等健康状态的参数。

SOC 是防止动力电池过充电和过放电的主要依据，只有准确估计电池组的 SOC，才能有效提高动力电池组的利用效率，保证动力电池组的使用寿命。在电动汽车中，准确估计蓄电池 SOC，可以保护蓄电池，提高整车性能，降低对动力电池的要求以及提高经济性等。

(3) 能量管理

能量管理主要包括两部分：

① 以电流、电压、温度、SOC 和 SOH 为输入进行充电过程控制。

② 以 SOC、SOH 和温度参数为条件进行放电功率控制。

(4) 安全管理

安全管理主要用于监视电池电压、电流、温度等是否超过正常范围，防止电池组过充电、过放电。现在，在对电池组进行整组监控的同时，多数电池管理系统已经发展到对单体电池进行过充电、过放电、温度过高等安全状态管理。

安全管理系统主要有以下功能：烟雾报警、绝缘检测、自动灭火、过电压和过电流控制、过放电控制、防止温度过高及在发生碰撞情况下的电池组裂解等。

(5) 热管理

热管理主要作用是在电池工作温度高于适宜工作温度上限时对电池进行冷却，低于适宜工作温度下限时对电池进行加热，使电池处于适宜的工作温度范围内，并在电池工作过程中保持电池单体间温度的均衡。对于大功率放电和高温条件下使用的电池，电池的热管理尤为必要。

热管理主要有以下功能：电池温度的准确测量和监控、电池组温度过高时的有效散热和通风、低温条件下的快速加热、有害气体产生时的有效通风及保证电池温度场的均匀分布。

(6) 均衡控制

电池组的工作状态由组内最差单体电池决定，电池的一致性差异直接影响电池组的性能。在电池组各个电池之间设置均衡电路、实施均衡控制是为了使各单体电池充放电的工作情况尽量一致，提高整体电池组的工作性能。

(7) 通信功能

通过电池管理系统实现电池参数和信息与车载设备或非车载设备的通信，为充放电控制、整车控制提供数据依据是电池管理系统的重要功能之一。根据应用需要，数据交换可采用不同的通信接口，如模拟信号、PWM 信号、CAN 总线或 I2C 串行接口。

(8) 人机接口

人机接口用于根据设计需要设置显示信息以及控制按键、旋钮等。图 5-16 所示为某电池管理系统的监控信息显示界面。

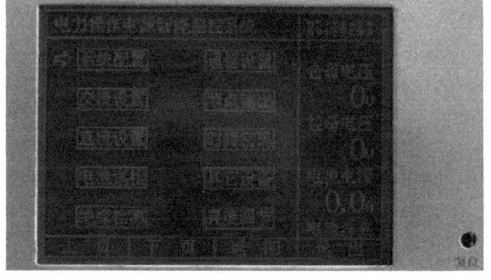

图 5-16　某电池管理系统的监控信息显示界面

2. 电池管理系统关键技术

电池管理系统关键技术有电池荷电状态（SOC）估计、电池安全技术、电池热管理技术、电池均衡技术等。

（1）电池荷电状态（SOC）估计

电池 SOC 估计是 BMS 的关键和核心，它是多项控制策略都准确制定的前提。整车能量管理时，实现蓄电池的 SOC 准确估计，能够避免对蓄电池造成损害、合理利用蓄电池提供的电能、提高电池的利用率、延长电池组的使用寿命。SOC 估计有其特殊性，温度不同、倍率不同、SOC 点不同、充放电效率也不同；电池放电倍率越大，放出电量越少；电池工作的温度过高或过低，将导致可用容量降低；因为有老化和自放电因素的存在，所以 SOC 值需要不断修正。

动力电池的电量管理（SOC 管理）

① 放电实验法。放电实验法是最可靠的 SOC 估计方法，采用恒定电流进行连续放电，放电电流与时间的乘积即为剩余电量。放电实验法在实验室中经常使用，适用于所有电池。但它有两个显著缺点：一是需要大量时间；二是电池进行的工作要被迫中断。放电实验法不适合行驶中的电动车，可用于电动汽车电池的检修。

② 安时计算法。安时计算法是最常用的 SOC 估计方法。如果充放电起始状态为 SOC_0，那么当前状态的 SOC 为

$$SOC = SOC_0 - \frac{1}{C_N} \int_0^t \eta I \mathrm{d}t \tag{5-11}$$

式中，C_N 为额定容量；I 为电池电流；η 为充放电效率，不是常数。

安时计算法应用中存在的问题：电流测量不准会造成 SOC 计算误差，长期积累，误差越来越大；要考虑电池充放电效率；在高温状态和电流波动剧烈的情况下误差较大。电流测量可通过使用高性能电流传感器解决，但成本增加。解决电池充放电效率要通过事前大量试验，建立电池充放电效率经验公式。安时计算法可用于所有电动汽车电池，如果电流测量准确，有足够的估计起始状态的数据，那么它就是一种简单、可靠的 SOC 估算方法。

③ 开路电压法。电池的开路电压在数值上接近电池电动势。电池电动势是电解液浓度的函数，电解液密度随电池放电成比例降低，用开路电压可估计 SOC。镍氢电池和锂离子电池的开路电压与 SOC 关系的线性度不如铅酸电池好，但根据其对应关系也可以估计 SOC，尤其在充电初期和末期效果较好。

开路电压法的显著缺点是需要电池长时间静置，以达到电压稳定。电池状态从工作恢复到稳定，需要几个小时甚至十几个小时，这给测量造成困难；静置时间如何确定也是一个问题，因此该方法单独使用只适于电动汽车驻车状态。开路电压法在充电初期和末期 SOC 估计效果好，常与安时计算法结合使用。

④ 负载电压法。电池放电开始瞬间，电压迅速从开路电压状态进入负载电压状态，在电池负载电流保持不变时，负载电压随 SOC 变化的规律与开路电压随 SOC 的变化规律相似。

负载电压法的优点：能够实时估计电池组的 SOC，尤其在恒流放电时具有较好的效果。在实际应用中，剧烈波动的电池电压给负载电压法应用带来困难。解决该问题，要储存大量电压数据，建立动态负载电压和 SOC 的数学模型。负载电压法很少应用到实车上，但常用来作为电池充放电截止的判据。

⑤ 内阻法。电池内阻有交流内阻（常称交流阻抗）和直流内阻之分，它们都与 SOC 有密切关系。电池交流阻抗是电池电压与电流之间的传递函数，是一个复数变量，表示电池对交流电的反抗能力，要用交流阻抗仪来测量。电池交流阻抗受温度影响大，是在电池处于静置后的开路状态还是在电池充放电过程中进行交流阻抗测量，存在争议，因此很少用于实车上。直流内阻表示电池对直流电的反抗能力，等于在一段很短的时间内，电池电压变化量与电流变化量的比值。在实际测量中，将电池从开路状态开始恒流充电或放电，相同时间内负载电压和开路电压的差值除以电流值就是直流内阻。铅酸电池在放电后期，直流内阻明显增大，可用来估计电池 SOC；镍氢电池和锂离子电池直流内阻变化规律与铅酸电池不同，故此方法应用较少。直流内阻的大小受计算时间段影响，若时间段小于 10ms，则只有欧姆内阻能够检测到；若时间段较长，则内阻将变得复杂。准确测量单体电池内阻比较困难，这是直流内阻法的缺点。内阻法适用于放电后期电池 SOC 的估计，可与安时计算法组合使用。

除此之外，还有线性模型法、神经网络法、卡尔曼滤波法等。

对于恒定小电流或者电流缓变的情况，除开路电压法、负载电压法、放电实验法外，其他各种估算方法都具有很好的适应性，同时其估算的精度也满足要求；对于大电流或者电流波动剧烈的场合，卡尔曼滤波法和神经网络法具有较好的适应性，其余估算方法均出现不同程度的不适应性。但卡尔曼滤波法和神经网络法虽然能够适应该场合，但是因为能力要求高，所以实现起来具有较高难度。这些缺点使得这两种方法在实际应用中受到限制。

(2) 电池安全技术

① 电池安全。对于车用锂离子电池，我国国家标准和美国先进电池协会有严格的滥用性能测试要求及测试项目。滥用测试性能等级要求有 1~7 级，等级大于 2 级，即说明电池遭到了不可修复的损坏。滥用测试项目分为三大类，包括机械、热和电滥用总共 16 个项目。每个量产的电池产品都必须完成以上滥用测试。

如果车用锂离子电池系统使用不当，如发生过充电、过放电、过热、碰撞等，则可能产生以下安全隐患：

a. 内部短路。钴酸锂电池在过充电时（甚至正常充放电时），锂离子在负极堆积形成枝晶，刺穿隔膜，形成内部短路。

b. 产生大电流。包括外部短路时，电池瞬间大电流放电，产生巨大热能，导致内部短路，隔膜穿透，温度上升，短路扩大，形成恶性循环。

c. 气体排放。如有机电解液在大电流、高温条件下电解，产生气体，导致内压升高，严重时冲破壳体。

d. 燃烧。在壳体破裂时金属锂与空气接触，导致燃烧，同时引燃电解质发生爆炸。

因此在设计车用锂离子动力电池系统时，应从电池材料（包括正负极材料、隔膜、电解液）、电芯的设计和制造（包括电池结构、安全设计、均一性）、电池系统的安全功能（包括电池管理系统、热管理系统、高压安全、外壳等）、整车安全功能等不同层面进行研究和分析，以确保它在车上的安全使用。

② 高压互锁回路。设计车用锂离子电池系统时，电池管理系统要提供一个手动开关。手动开关内部集成主回路的熔丝及主回路的高压互锁电路。当手动开关从电池系统中拔出时，要保证电池系统的输出端没有任何潜在的危险电压。电池管理系统同时要为充电器提供另一个高压互锁电路。电池管理系统要实时监控高压动力母线以及充电器的高压互锁电路，

电池管理系统提供高压互锁电路的输出源，同时在 CAN 总线上给出当前高压互锁电路的监控信息。所有的高压部件都应提供高压互锁连接装置，这些高压互锁连接装置通过串行方式进行连接。

③ 绝缘电阻测量。SAE-J1766 规定了高压动力源与车辆底盘的绝缘电阻要求。标准规定：高压系统绝缘电阻要大于 $1000\Omega/V$。因此，要求 BMS 控制器应实时监测高压系统的绝缘故障，当出现故障时，执行相应的操作。BMS 要实时测量高压动力母线正负极和车身绝缘电阻的状态，并通过 CAN 总线上报当前的绝缘电阻值。如果当前测量的绝缘电阻值小于设定值，电池管理系统就要给出报警信号。例如：对于最高电压为 400V 左右的系统，当绝缘电阻为 $400k\Omega$ 时，电池管理系统给出报警信号；如果当前测量的绝缘电阻值小于设定值，例如 $200k\Omega$ 时，电池管理系统就要给出危险信号并切断所有的主接触器。

④ 碰撞安全。车辆在行驶过程中，发生碰撞事故是难免的。出于安全考虑，电池系统主回路上必须安装碰撞开关，且要求车用锂离子电池管理系统的正负极主接触器及预充电接触器的电源由碰撞开关提供。同时，电池管理系统需要控制正负极主接触器及预充电接触器的电源负极。当碰撞开关断开后，正负极主接触器及预充电接触器的电源会被切断。

(3) 电池热管理技术

电池在不同的温度下会有不同的工作性能，温度的变化会使电池的 SOC、开路电压、内阻和可用能量发生变化，甚至会影响电池的使用寿命。另外温度的差异也是引起电池均衡问题的原因之一。为了保证电池系统的性能和寿命，车用锂电池系统都必须装有热管理系统。

在热管理方面存在的主要问题是：充放电产生的反应热如何散出；电池组模块内部单体之间的温度如何均衡；在寒冷环境下，如何将电池预热到设定的温度范围等。在设计电池热管理系统时，一般的要求如下：

动力电池的热管理及数据通信

a. 电池温度的准确测量和监控。

b. 电池主动制冷和主动制热功能。

c. 电池组温度过高时的有效散热和通风。

d. 低温条件下的快速加热，满足电池低温起动性能要求。

e. 有害气体产生时的有效通风。

f. 保证电池组温度场的均匀分布。

g. 电池满功率工作的温度区间定义，电池降功率工作区间定义。

h. 电池隔热功能。

在电池热管理中，国内外的研究中主要有液冷和风冷两种冷却方式。液冷方案设计主要考虑冷却管道、流场，进出口冷却剂的流量、温度、压降，以及水泵和整车空调压缩机的控制策略等。风冷方案设计主要考虑电池系统结构的设计、风道、风扇的位置及功率的选择，以及风扇的控制策略等。风冷的方式主要有串行冷却式和并行冷却式，如图 5-17 所示。

风冷方式的主要优点：结构简单，质量相对较小；没有发生漏液的可能；有害气体产生时能有效通风；成本较低。主要缺点：与电池壁面之间的换热系数低，冷却、加热速度慢。

液冷方式的主要优点：与电池壁面之间换热系数高，冷却、加热速度快；体积较小。主要缺点：存在漏液的可能；质量相对较大；维修和保养复杂；需要水套、换热器等部件，结构相对复杂。

电池箱内电池组的温度分布一般是不均匀的,因此需要知道不同条件下电池组热场分布以确定危险的温度点。测温传感器数量多,虽然有测温全面的优点,但也会增加系统成本。考虑到温度传感器有可能失效,整个系统中温度传感器的数量不能太少,至少为两个。根据不同的实际工程背景,理论上利用有限元分析、试验中利用红外热成像或者实时的多点温度监控的方法可以分析和测量电池组、电池模块和电池单体的热场分布,决定测温点的个数,找到不同区域合适的测温点。一般的设计应该保证温度传感器不被冷却风扇吹到,以提高温度测量的准确性和稳定性。在设计

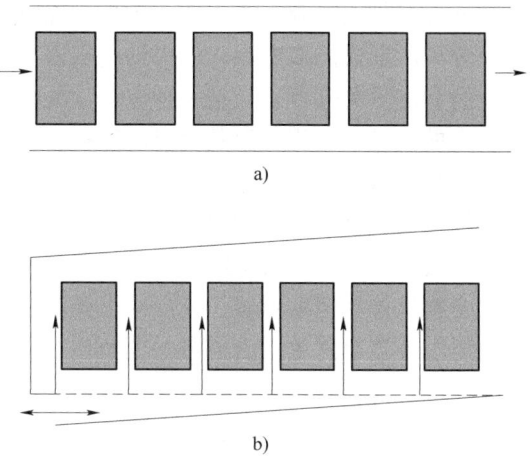

图 5-17 风冷方式
a)串行冷却方式 b)并行冷却方式

电池时,要考虑到预留测温传感器空间,比如可以在适当位置设计合适的孔穴。日本丰田公司普锐斯混合动力汽车的电池组有 228 个单体电池,温度的监测仅由 5 个温度传感器完成。

(4)电池均衡技术

在实际使用中,由于单体电池之间的差异,电池组的容量只能达到最弱的电池的容量。在串联电池组中,虽然通过单体电池的电流相同,但是由于其容量不同,电池的放电深度也会不同,容量大的总会浅充浅放,容量小的总会过充过放,这就造成容量大的电池衰减缓慢、寿命延长,容量小的电池衰减加快,寿命缩短,两者之间的差异会越来越大。因此小容量电池的失效会导致整个电池组的提前失效。

电池匹配失衡主要表现在两个方面:电池荷电状态失衡(即所有单体的容量相同,但在电池组制作或搁置过程中,单体的荷电状态不同)和电池容量或能量的失衡。采用电池均衡处理技术便可解决以上两种失衡问题,从而改进串联电池组的性能。电池荷电状态失衡需在电池组初次充、放电时进行均衡调整电池,此后只需在充电期间进行均衡即可,而容量或能量失衡则必须在充、放电过程都进行均衡。

电池组中的各单体电池要达到同样的荷电状态,一些单体电池的充电量或放电量比其他单体电池多,因此要给电池组增加额外的元件和电路,对串联单体进行均衡管理。这种均衡是通过对电压最高的单体电池分流来实现的。通过数据采集电路,检测每只串联电池的电压,进而判断它在整个电池组中所处的状态。当其电压超出总平均电压一定幅度后,控制与该只电池并联的分流电路导通,进行分流。通常的分流电路是由一个晶体管和限流电阻串联,再与单体电池并联组成的。在充电过程中控制晶体管导通,将高电压电池的电流部分分流,从而使其充电速度比其他电池慢;在放电过程中导通晶体管,增加高电压电池的负载,使其放电速度比其他电池快,从而实现电池均衡。当所有电池都达到同样的荷电状态时,从电池组中获得的总电能相对于均衡前会增加,且各单体电池不会过充电、过放电,从而延长电池组的使用寿命。

5.1.2 超级电容器及其管理技术

超级电容器是一种具有超级储电能力、可提供强大脉冲功率的物理二次电源。它是介于

蓄电池和传统静电电容器之间的一种新型储能装置。超级电容器主要是利用电极/电解质界面电荷分离所形成的双电层，或借助电极表面快速的氧化还原反应所产生的法拉第准电容来实现电荷和能量的储存。它是一种电化学元件，在电极与电解液接触面间具有极高的比电容和非常大的接触表面积，但其储能的过程并不发生化学反应，并且这种储能过程是可逆的，因此超级电容器的循环寿命非常长。

5.1.2.1 超级电容器的分类与结构

按超级电容器的电极材料分有碳电极双层超级电容器、金属氧化物电极超级电容器、高分子聚合物电极超级电容器、碳镍体电极超级电容器等。

超级电容器单体主要由电极、电解质、集电极、隔离膜、连线极柱、密封材料和排气阀等组成。电极材料要求电极内阻小，电导率高，表面积大，尽量薄；电解质需要有较高导电性和电化学稳定性，电解质材料分为有机类和无机类，或分为液态和固态类；集电极选用导电性能良好的金属和石墨等来充当；隔离膜防止超级电容相邻两电极短路，保证接触电阻较小，尽量薄，通常使用多孔隔膜。有机电解质通常使用聚合物或纸作为隔膜，水溶液电解质可采用玻璃纤维或陶瓷隔膜。双层超级电容的结构如图 5-18 所示。

5.1.2.2 超级电容器的工作原理

1. 碳电极双电层超级电容器

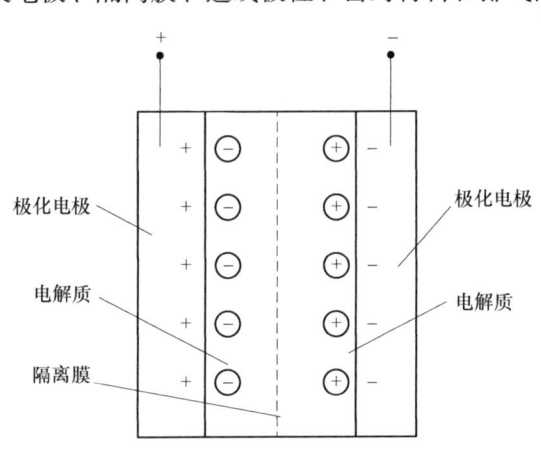

图 5-18 双层超级电容的结构

碳电极双电层超级电容器（Double Layer Capacitor，DLC）采用多孔碳制成的碳纤维或碳布为电极，用碳纤维或碳布为电极的活性面积层。超级电容的两个电极浸泡在电解液中。当超级电容器的端电压为 0 时，电极上没有电荷，超级电容器中的离子自由分布。当超级电容器的两个电极施加电压后，在正负电极表面分别聚集了正、负电荷。在正电荷的电力作用下，吸附负极表面和电解液中的阴离子，向正极聚集，并在正极形成与正、负电荷相对称的双电层。同时在负电荷的电力作用下，吸附正极表面和电解液中的阳离子，向负极聚集，并在负极形成与负、正电荷相对称双层。超级电容器在充电时用电极界面上发生电吸附来储存电能，在放电时用氧化还原反应来释放电能。

采用碳纳米管制造的碳薄膜电极，厚度仅 25.4μm，比电容达到 49~13F/g，电容密度达到 39.2~0.4F/cm^3。

2. 金属氧化物电极超级电容器

金属氧化物电极超级电容以氧化铱（IrO_2）、氧化钌（RuO_2）等作为电极活性物质，应用"法拉第"效应原理储存电能。在发生氧化还原反应过程中进行电子快速传递。以氧化钌（RuO_2）超级电容器的充电和放电为例，当金属氧化物（RuO_2）超级电容器充电时，一个电极吸附氢离子，另一个电极释放氢离子；当金属氧化物电容器放电时，原来吸附氢离子的电极转为释放氢离子，另一个原来释放氢离子的电极，转为吸附氢离子。超级电容器在充、放电过程中，氢离子被吸附/释放，进入/离开，在氧化钌的晶体内部循环交替进行。无论是充电或放电，电解质中氢离子的浓度总是保持不变。氧化钌（RuO_2）的化合价在反应过程中会在 3 价到 6 价之间变化，相当于动力电池中的化学反应效应。

因此，金属氧化物电极超级电容器兼有双层电容器和动力电池的效应，电能的储存密度超过双层超级电容器。

3. 导电高分子聚合物电极超级电容器

导电高分子聚合物电极超级电容器中的导电高分子聚合物，经过杂化处理，应用"法拉第"准电容效应原理储存电能。聚合物在充电和放电时的氧化还原反应过程中，在导电高分子聚合物上快速产生 N 型或 P 型掺杂和去掺杂的氧化还原反应过程，使导电高分子聚合物储存和释放高密度的电荷。因此储能方式与动力电池相类似，被称为"准"电容。导电高分子聚合物电极超级电容器，具有高的工作电压和电能的储存密度、比能量和比功率，超过其他类型的超级电容器。

4. 碳镍体系电极超级电容器

碳镍体系电极超级电容器与其他超级电容器的不同之处在于，只有一块碳电极，而另外一块为金属电极，因此又称为混合电极型超级电容器。在充电过程中，在正极氧化镍电极上发生氧化反应，氧化镍转变成 NiOOH，与碱性镍氢电池类似，负极上碳电极依然通过双电层效应来存储能量。在放电过程中，正极上 NiOOH 转变回氧化镍，负极上双电层结构逐渐减弱直至消失。在整个充放电过程中，氧化镍电极都显示出良好的可逆性。

5.1.2.3 超级电容器的充放电特性

碳电极的主要优点是原料广泛、活性面积大、制造技术成熟、价格低廉等，但随着活性面积的增大，其稳定性和导通性会降低，碳电极双层超级电容器充放电曲线如图 5-19 所示。

金属氧化物氧化钌（RuO_2）电极具有高导通率、低衰退率和良好的可逆性，RuO_2 电极的比电容可达到 750F/g，远远超过碳电极双层超级电容器 100F/g 的比电容。与碳电极相比，金属氧化物电极的电导率比碳电极大 2 个数量级，充电性能好，循环寿命长。但金属氧化物氧化钌（RuO_2）超级电容器存在额定电压较低、采用的电解质有限制等缺点（钌在地球上储存量稀少，氧化钌成本太高），因此难以实现大规模产业化生产。金属氧化物电极超级电容器充放电单体电压变化如图 5-20 所示。

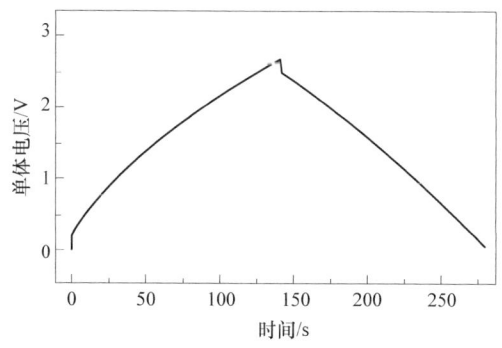
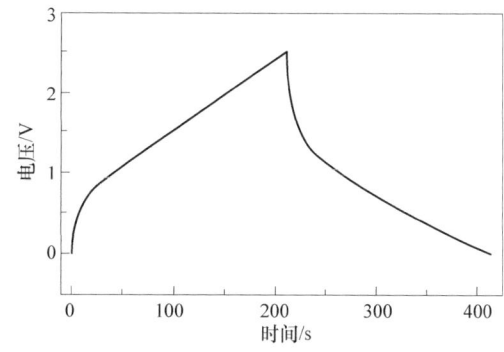

图 5-19　碳电极双层超级电容器充放电曲线　　图 5-20　金属氧化物电极超级电容器充放电曲线

高分子聚合物材料在循环充放电过程中，会发生体积膨胀和老化，在长期工作时会出现性能恶化、稳定性较差和寿命较短的缺点。导电高分子聚合物电极超级电容器放电单体电压变化如图 5-21 所示。

5.1.2.4 超级电容器的管理系统

超级电容器管理系统可以实现电容对单体电容工作状态的实时监控、测量、保护及信息上报，具有电压均衡、过电压保护、故障定位、自行诊断、监测报警等功能，管理系统对超级电容器的工作状态进行实时监测与控制，可大大提高其安全性、可靠性，保证模块稳定运行，具有节能减排、绿色能源的实质性技术特点和显著效果，在工程上具有广阔的应用前景。

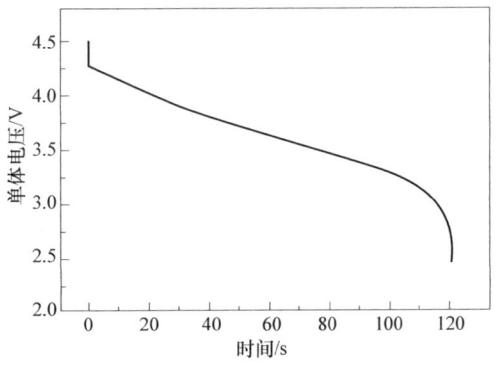

图 5-21 导电高分子聚合物电极超级电容器放电过程中单体电压变化

1. 超级电容器管理系统的组成及功能

超级电容器组的能量管理系统由以下几部分组成：单体检测单元、数据采集单元、能量管理单元和数据管理单元等。

（1）单体检测单元

该单元包括单体超级电容器失效监测电路。当某一单体超级电容器因各种原因失效，监测电路都会在第一时间内向超级电容器组能量管理系统报警。每一个监测电路都确定四个监测阈值电压，然后通过相应的逻辑变换电路，转化成为子机控制单元能够识别的电压监测单元数据。每组单元故障判别都是通过相应的逻辑电路来实现的。

（2）数据采集单元

数据采集单元主要包括电压检测模块、温度检测模块、单体故障判别模块等。数据采集单元的主要功能是：采集各个单体电容器的电压监测单元数据，连接各单体故障判别单元数据，另外还要采集各个超级电容器的温度状态，实时监测各个单体超级电容器的温度。

该单元采用电器隔离和抗干扰技术完成电容器组各单体电容器的电压、温度等数据的实时测量，实时监测单体电压完成故障诊断与报警状态的判别，并通过内部总线将结果提供给能量管理单元。

（3）能量管理单元

能量管理单元通过内部总线得到各单体电容器的电压、温度等数据，判断出电容器的实时状态，并实时监测单体电压完成故障诊断与报警状态的判别。

（4）数据管理单元

数据管理单元主要完成管理历史数据的任务，完成与 PC 连接，能够通过液晶屏显示相应的信息。

超级电容器组管理系统的主要功能为：超级电容器的电压、电流等电能数据和热量数据等的检测、采集和监管；控制超级电容器的充放电、解决超级电容器组中单体超级电容器的均衡问题和热量管理系统等。

2. 超级电容器管理系统的关键技术

（1）超级电容器的等效电路模型的建立

超级电容器的等效电路模型是应用一般的电器元件，来研究和描述超级电容的外特性，以解决对超级电容器的理论分析和控制策略研究的要求。超级电容器有多种等效电路，主要有充放电等效电路模型和变参数等效电路模型。

在超级电容器的充放电等效电路模型中,超级电容器用一个简单的 RC 回路来描述,如图 5-22 所示。

充放电等效电路模型结构简单,可以在一定的精度范围内对超级电容器的特性进行描述。但电动汽车电力驱动系统的实际工况非常复杂,超级电容器实际工作在大电流脉动状态下,电压、电流、环境温度都处于波动状态,基本的等效电路不能适应超级电容器的动态特性描述。

变参数等效电路模型考虑到实际超级电容器在工作时的动态等效电路模型是根据理想电容器的容量 C、等效串联电容内阻 R_{ESR} 的电阻、超级电容器自放电电阻 R_p 的电阻值(此值较大),都是随超级电容器工作环境变化而变化的函数,来建立的动态等效电路模型,如图 5-23 所示。

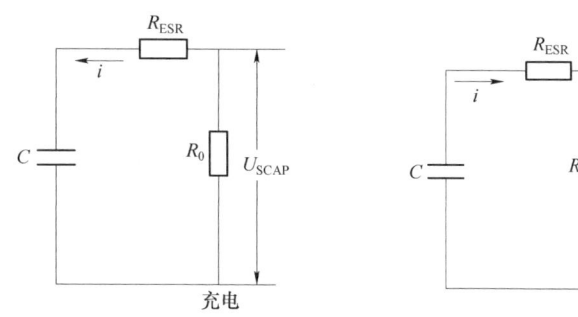
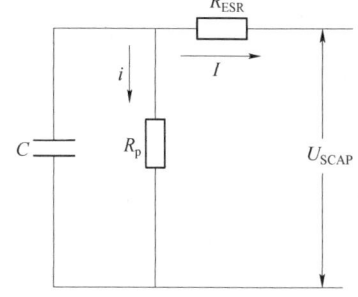

图 5-22 超级电容器基本的充放电等效电路
C—理想超级电容器 U_{SCAP}—超级电容器的工作电压 i—充放电时的电流

图 5-23 超级电容器变参数等效电路模型

(2) 超级电容器的均压问题

单体超级电容器由于材质不均匀、有制造误差、电容器内阻不同和自放电率不同等因素的影响,各个单体超级电容器的电压会出现"不一致"性,相互之间的容量偏差量可达到 -10% ~ 30%,上下偏差 ±1.44。在大量使用串联超级电容器组时,应选用电容量基本一致的超级电容器,但实际上较困难,且会增加超级电容器的成本。

引起超级电容器组"不一致"的原因有以下几种:

① 超级电容器电容量的"不一致"。当多个电容量不一致的超级电容器串联使用时,如果电容量最小的超级电容器最先达到额定电压,而电容量最大的超级电容器只达到 69% 左右的电压,则它的储能量只有额定储能量的 69% 左右。这直接影响了超级电容器组的充放电的电容量,并降低了超级电容器组的寿命。

② 超级电容器的等效内阻 R_{ESR} 的"不一致"。当多个等效内阻不一致的超级电容器串联使用时,在充放电过程中,电容器等效内阻 R_{ESR} 大的单体电容器最先达到充放电的终点,而单体电容器等效内阻 R_{ESR} 小的则充放电不充分。通常等效内阻 R_{ESR} 相对较大,随着反复充放电的次数增加,超级电容器的性能也逐步衰减。等效内阻 R_{ESR} 因超级电容器性能的衰减,不一致性也越来越大。

③ 超级电容器的漏电流"不一致"。超级电容器组各个单体电容器保持电荷的能力有所不同,在静置较长时间时,保持电荷能力较差的电容器的电荷会发生泄漏。充电时,漏电流小的电容器最先达到充电终点,而漏电流大的电容器仍然需要继续充电。放电时,漏电流大

的电容器最先将电荷放完,达到放电终点,而漏电流小的电容器仍然保持剩余的电荷。

5.2 驱动电机及其控制技术

驱动电机是电动汽车驱动系统的核心部件,其性能好坏直接影响电动汽车驱动系统的性能。驱动电机一般有直流电机、交流电机、永磁电机和开关磁阻电机四种。由于直流电机在电动车上的应用较少,本节主要介绍永磁同步电机、交流异步电机、开关磁阻电机三种电机及其控制技术。

5.2.1 永磁同步电机及其控制技术

永磁同步电机(Permanent Magnet Synchronous Motor, PMSM)具有高效、高控制精度、高转矩密度、良好的转矩平稳性及低振动噪声的特点,通过合理设计永磁磁路结构能获得较高的弱磁性能。它在电动汽车驱动方面具有很高的应用价值,受到国内外电动汽车界的高度重视,是最具竞争力的电动汽车驱动电机系统之一。

永磁同步电动机的构造与工作原理

5.2.1.1 永磁同步电机的结构与特点

1. 永磁同步电机的结构

永磁同步电机分为正弦波驱动电流的永磁同步电机和方波驱动电流的永磁同步电机两种。这里以三相正弦波驱动的永磁同步电机为例,阐述永磁同步电机的结构与特点。

永磁同步电机的结构如图5-24所示,和传统电机一样,它主要由定子和转子两大部分构成。

定子与普通异步电机的定子基本相同,由电枢铁心和电枢绕组构成。电枢铁心一般采用0.5mm硅钢冲片叠压而成,对于具有高效率指标或频率较高的电机,为了减少铁耗,可以考虑使用0.35mm的低损耗冷轧无取向硅钢片。电枢绕

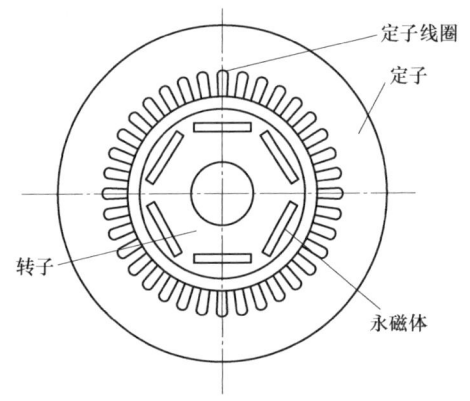

图5-24 永磁同步电机的结构

组则普遍采用分布、短距绕组,对于极数较多的电机,则普遍采用分数槽绕组。需要进一步改善电动势波形时,也可以考虑采用正弦绕组或其他特殊绕组。

转子主要由永磁体、转子铁心和转轴等构成。其中永磁体主要采用铁氧体永磁和钕铁硼永磁材料;转子铁心可根据磁极结构的不同,选用实心钢,或采用钢板、硅钢片冲制后叠压而成。与普通电机相比,永磁同步电机还必须装有转子永磁体位置检测器,用来检测磁极位置,并以此对电枢电流进行控制,达到对永磁同步电机驱动控制的目的。

根据永磁体在转子上位置的不同,永磁同步电机的磁极结构可分为表面式和内置式两种。

(1) 表面式转子磁路结构

在表面式转子磁路结构中,永磁体通常呈瓦片形,并位于转子铁心的外表面上,永磁体提供磁通的方向为径向。表面式结构又分为凸出式和嵌入式两种,如图5-25所示。对采用

稀土永磁材料的电机来说，因为永磁材料的相对回复磁导率接近，所以表面凸出式转子在电磁性能上属于隐极转子结构；而嵌入式转子的相邻两永磁磁极间有着磁导率很大的铁磁材料，故在电磁性能上属于凸极转子结构。

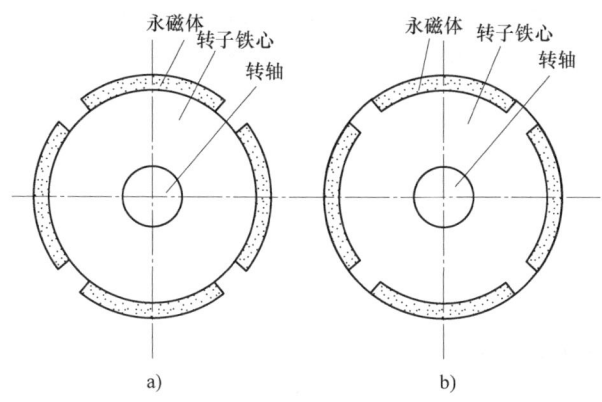

图 5-25　表面式转子磁路结构
a）凸出式　b）嵌入式

表面凸出式转子结构具有结构简单、制造成本较低、转动惯量小等优点，在矩形波永磁同步电机和恒功率运行范围不宽的正弦波永磁同步电机中得到了广泛应用。此外，表面凸出式转子结构中的永磁磁极易于实现最优设计，它能使电机气隙磁密波形趋近于正弦波的磁极形状，可显著提高电机乃至整个传动系统的性能。

表面嵌入式转子结构可充分利用转子磁路不对称性所产生的磁阻转矩，提高电机的功率密度，动态性能较凸出式转子结构有所改善，制造工艺也较简单，常被某些调速永磁同步电机所采用，但漏磁系数和制造成本都较凸出式大。

（2）内置式转子磁路结构

内置式转子磁路结构的永磁体位于转子内部，永磁体外表面与定子铁心内圆之间有铁磁物质制成的极靴。极靴中可以放置铸铝笼或铜条笼，可起到阻尼或起动作用，动态和稳态性能好，广泛用于要求有异步起动能力或动态性能高的永磁同步电机。内置式转子内的永磁体受到极靴的保护，其转子磁路结构的不对称性所产生的磁阻转矩也有助于提高电机的过载能力或功率密度，而且易于弱磁扩速。

按永磁体磁化方向与转子旋转方向的相互关系，内置式转子磁路结构可分为径向式、切向式和混合式三种，如图 5-26 所示。

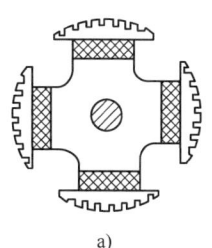  

a）　　　　　　　　　　　b）　　　　　　　　　　　c）

图 5-26　内置式转子磁路结构
a）径向式　b）切向式　c）混合式

径向式转子结构的永磁同步电机的磁钢或者放在磁通轴的非对称位置上，或同时利用径向和切向充磁的磁钢以产生高磁通密度。该结构的优点是漏磁系数小，转轴上不需要采取隔磁措施，极弧系数易于控制。转子冲片机械强度高，安装永磁体后转子不易变形等。

切向式转子结构的转子有较大的惯性，漏磁系数较大，制造工艺和成本较径向式有所增加。其优点是一个极距下的磁通由相邻两个磁极并联提供，可得到更大的每极磁通。尤其当电机极数较多、径向式结构不能提供足够的每极磁通时，这种结构的优势就显得更为突出。此外，采用该结构的永磁同步电机的磁阻转矩可占到总电磁转矩的40%，对提高电机的功率密度和扩展恒功率运行范围都是很有利的。

混合式转子结构集中了径向式转子结构和切向式转子结构的优点，但结构和制造工艺都比较复杂，制造成本也比较高。

2. 永磁同步电机的特点

永磁同步电机与其他电机相比，具有以下优点：

① 用永磁体取代绕线式同步电机转子中的励磁绕组，从而省去了励磁线圈、集电环和电刷，以电子换相实现无刷运行，结构简单，运行可靠。

② 永磁同步电机的转速与电源频率间始终保持准确的同步关系，控制电源频率就能控制电机的转速。

③ 永磁同步电机具有较硬的机械特性，对于因负载变化而引起的电机转矩的扰动具有较强的承受能力，瞬间最大转矩可以达到额定转矩的3倍以上，例如在负载转矩变化较大的工况下运行，例如电动汽车的起动加速。

④ 永磁同步电机转子为永久磁铁，无须励磁，因此电机可以在很低的转速下保持同步运行，调速范围宽。

⑤ 永磁同步电机与异步电机相比，不需要无功励磁电流，因而功率因数高，定子电流和定子铜耗小，效率高。

⑥ 体积小、质量小。近些年来随着高性能永磁材料的不断应用，永磁同步电机的功率密度得到很大提高，与同容量的异步电机相比，体积和质量都大幅减小，适合安装在电动汽车有限的空间内。

⑦ 结构多样化，应用范围广。永磁同步电机由于转子结构的多样化，产生了特点和性能各异的许多品种，从工业到农业，从民用到国防，从日常生活到航空航天，从简单电动工具到高科技产品，几乎无所不在。

但是，永磁同步电机还存在以下缺点：

① 由于永磁同步电机转子为永磁体，无法调节，必须通过加定子直轴去磁电流分量来削弱磁场，这会增大定子的电流，增加电机的铜耗。

② 永磁同步电机的磁钢价格较高。

由此可见，永磁电机体积小、质量小、转动惯量小、功率密度高，适合安装在电动汽车有限的空间内。另外它过载能力强，尤其低转速时输出转矩大，适合电动汽车的起动加速。因此永磁同步电机得到国内外电动汽车界的广泛重视，并得到了普遍应用。

5.2.1.2 永磁同步电机的工作原理与运行特性

1. 电枢反应

永磁同步电机带负载时，气隙磁场是永磁体磁动势和电枢磁动势共同建立的。电枢磁动势对气隙磁场有影响，电枢磁动势的基波对气隙磁场的影响称为电枢反应。电枢反应不仅使气隙磁场波形发生畸变，而且还会产生去磁或增磁作用。因此，气隙磁场将影响永磁同步电机的运行特性。

对永磁同步电机进行分析时，需要采用双反应理论，即需要把电枢电流和电枢电动势分解成交轴和直轴两个分量。交轴电枢电流产生交轴电枢电动势，发生交轴电枢反应；直轴电枢电流产生直轴电枢电动势，发生直轴电枢反应。

2. 电压方程式

忽略磁饱和效应的影响，永磁同步电机的电压方程式为

$$U = E_0 + i_a R_a + j i_d X_d + j i_q X_q \tag{5-12}$$

式中，U 为电枢端电压；E_0 为励磁电动势；i_a 为电枢电流，$i_a = i_d + i_q$；i_d 为电枢电流在 d 轴的分量；i_q 为电枢电流在 q 轴的分量；R_a 为电枢绕组电阻；X_d 为直流同步电抗；X_q 为交轴同步电抗。

3. 功率与转矩

当永磁同步电机具有滞后功率因数并考虑电枢电阻的影响时，电机从电网输入的电功率为

$$P_1 = m U I_a \cos\varphi = \frac{mU[E_0(X_q\sin\theta - R_a\cos\theta) + R_a U + U(X_d - X_q)\sin2\theta/2]}{R_a^2 + X_d X_q} \tag{5-13}$$

式中，θ 为电机的功率角。

电机的电磁功率为

$$P_e = P_1 - P_{cua}$$

式中，P_{cua} 为电机的电枢绕组铜耗。

如果忽略电枢电阻的影响，则

$$P_e = \frac{mE_0 U}{X_d}\sin\theta + \frac{mU^2}{2\left(\frac{1}{X_q} - \frac{1}{X_d}\right)\sin2\theta} \tag{5-14}$$

式（5-14）右边的前半部分称为基本电磁功率，由永磁磁场与电枢磁场相互作用产生；后半部分因凸极效应产生，称为附加电磁功率或磁阻功率。对于永磁同步电机，充分利用磁阻功率是提高电机功率密度和效率的有效途径。

电磁功率与功率角的关系称为永磁同步电机的功角特性，如图 5-27 所示。如果把纵坐标改用转矩，则表示了电磁转矩与功率角之间的关系，称为永磁同步电机的矩角特性。与基本电磁功率相对应的转矩分量称为基本电磁转矩，也称为永磁转矩；与磁阻功率相对应的转矩分量称为磁阻转矩。

4. 永磁同步电机的运行特性

永磁同步电机的运行特性主要包括机械特性和工作特性。

永磁同步电机稳态正常运行时，转速始终保

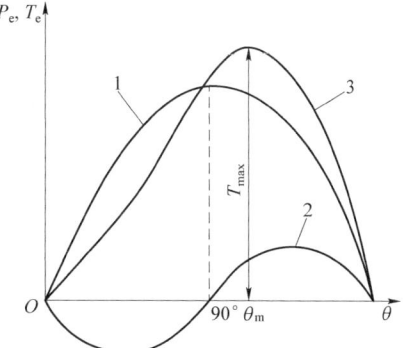

图 5-27 永磁同步电机的功角特性和矩角特性
1—基本电磁功率 2—磁阻功率 3—合成电磁功率

持不变。因此，其机械特性为平行于横轴的直线，调节电源频率来调节电机转速时，转速将严格地与频率成正比例变化，如图5-28所示。

永磁同步电机的工作特性是指当电源电压恒定时，电机的输入功率P_1、电枢电流I_a、效率η、功率因数$\cos\varphi$等随输出功率变化的关系，如图5-29所示。

从图5-29中可以看出，在正常工作范围内，永磁同步电机的功率因数比较平稳，效率特性也保持较高水平。电机的输入功率和电枢电流近似与输出功率成正比例。

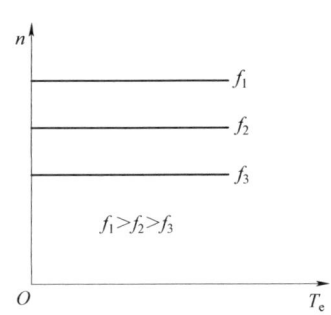

图5-28　永磁同步电机的机械特性

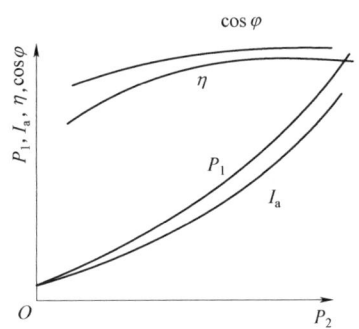

图5-29　永磁同步电机的工作特性

5.2.1.3　永磁同步电机的控制

为了提高永磁同步电机控制系统性能，使其具有更快的响应速度、更高的转速精度及更宽的调速范围，使其动态、静态响应能够与直流电机系统相媲美，人们提出了各种新型控制策略用于永磁同步电机控制。

1. 恒压频比开环控制

恒压频比开环控制（VVVF）的控制变量为电机的外部变量（即电压和频率）。控制系统将参考电压和频率输入实现控制策略的调制器中，最后由逆变器产生一个交变的正弦电压施加在电机的定子绕组上，使之运行在指定的电压和参考频率下。按照这种控制策略进行控制，使供电电压的基波幅值随着速度指令成比例地线性增长，从而保持定子磁通的近似恒定。VVVF控制策略简单、易于实现，转速通过电源频率进行控制，不存在异步电机的转差和转差补偿问题。但是，由于系统中不引入速度、位置等反馈信号，因此无法实时捕捉电机状态，致使无法精确控制电磁转矩；在突加负载或者速度指令时，容易发生失步现象；也没有快速的动态响应特性。因此，VVVF控制电机磁通而没有控制电机的转矩，控制性能差。VVVF通常只用于对调速性能要求一般的通用变频器上。

2. 矢量控制

矢量控制理论的基本思想：以转子磁链旋转空间矢量为参考坐标，将定子电流分解为相互正交的两个分量：一个与磁链同方向，代表定子电流励磁分量；另一个与磁链方向正交，代表定子电流转矩分量。分别对其进行控制，获得与直流电机一样良好的动态特性。矢量控制因其控制结构简单，控制软件实现较容易，已被广泛应用到调速系统中。

永磁同步电机矢量控制策略与异步电机矢量控制策略有些不同。由于永磁同步电机转速和电源频率严格同步，其转子转速等于旋转磁场转速，转差值恒等于零，没有转差功率，控制效果受转子参数影响小。因此，在永磁同步电机上更容易实现矢量控制。

永磁同步电机输出电磁转矩对应多个不同的交、直轴电流组合，不同组合对应着不同的系统效率、功率因数以及转矩输出能力，因此永磁同步电机有不同的电流控制策略。

(1) $i_d = 0$ 控制

目前，在永磁同步电机伺服系统中，$i_d = 0$ 矢量控制是主要的控制方式。通过检测转子磁极空间 d 轴位置，控制逆变器功率开关器件的导通与关断，使定子合成电流位于 q 轴。此时 d 轴定子电流分量为零，永磁同步电机电磁转矩正比于转矩电流，即正比于定子电流幅值，只需控制定子电流大小就可以很好地控制永磁同步电机的输出电磁转矩。

(2) 最大转矩/电流比控制

在电机输出相同电磁转矩下使电机定子电流最小的控制策略称为最大转矩/电流比控制。

最大转矩/电流比控制实质是求电流极值问题，可以通过建立辅助方程，采用牛顿迭代法求解。但是计算量较大，在实际应用中系统实时性无法满足，只有通过离线计算出不同电磁转矩对应的交、直轴电流大小，以表的形式存放于 DSP 中，实际运行时根据负载情况查表求得对应的 i_d、i_q 进行控制。

(3) 弱磁控制

永磁同步电机弱磁控制思想来自他励直流电机调磁控制。对于他励直流电机，当其电枢端电压达到最高电压时，为使电机能运行于更高转速，采取降低电机励磁电流的方法，以平衡电压。在永磁同步电机电压达到逆变器所能输出的电压极限后，要想继续提高转速，也要采取弱磁增速的办法。

永磁同步电机励磁磁动势由永磁体产生，无法像他励直流电机那样通过调节励磁电流实现弱磁。传统方法是通过调节定子电流 i_d 和 i_q，增加定子直轴去磁电流分量实现弱磁升速。为保证电机电枢电流幅值不超过极限值，转矩电流分量 i_q 应随之减小，因此这种弱磁控制过程本质上就是在保持电机端电压不变情况下减小输出转矩的过程，永磁同步电机直轴电枢反应比较微弱，因此需要较大的去磁电流才能起到去磁增速作用。在电机工作在额定电流情况下，去磁电流的增加有限，因此采用这种方法所能得到的弱磁增速范围也是有限的。

图 5-30 是某电动汽车用永磁同步电机矢量控制系统框图。从图中可知，通过分别比较控制永磁同步电机的实际电流值 i_d、i_q，与给定电流值 i_d^*、i_q^*，实现其转速和转矩控制。由于 i_d 和 i_q 独立控制，便于实现各种先进的控制策略。

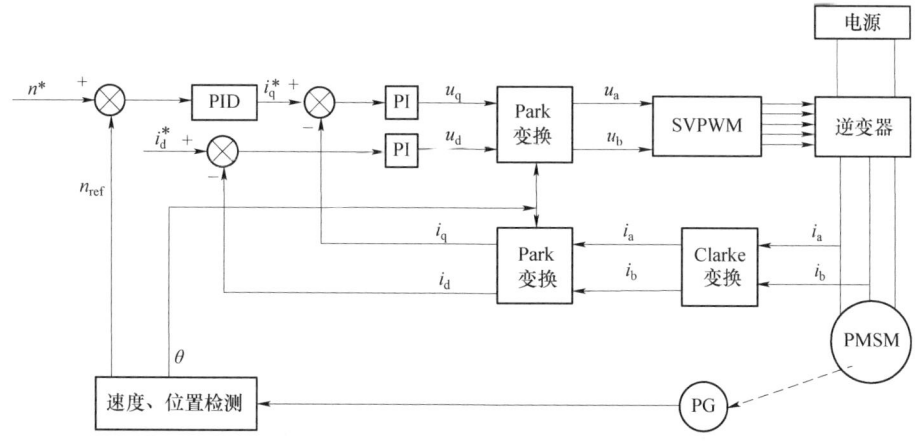

图 5-30 某电动汽车用永磁同步电机矢量控制系统框图

3. 直接转矩控制

永磁同步电机直接转矩控制系统原理图如图 5-31 所示,它由永磁同步电机、逆变器、磁链和转矩计算及扇区判断模块、速度传感器、开关表以及调节器模块组成。其工作原理及控制过程如下:通过检测逆变器输出的三相电流以及逆变器直流侧电压,利用坐标变换和系统控制规律可计算出电机的定子磁链;根据计算的磁链和实测的电流来计算电机的瞬时转矩;再根据 $\alpha\beta$ 轴定子磁链来判别其位置所在的扇区 θ;速度调节器根据转速参考值和实际转速的偏差来确定转矩参考值,并与反馈转矩相比较,得到的偏差经滞环比较器得到转矩的控制信号 τ,电机的转速可通过光电编码器获得,也可以通过定子磁链的旋转速度估计得到,实现无速度传感器运行;定子磁链参考值与实际值比较后得到的偏差经同样滞环比较器产生磁链的控制信号 φ;三个控制信号 τ、φ、θ 经过开关表选取电压矢量,确定出适当的开关状态,控制逆变器进而驱动永磁同步电机。

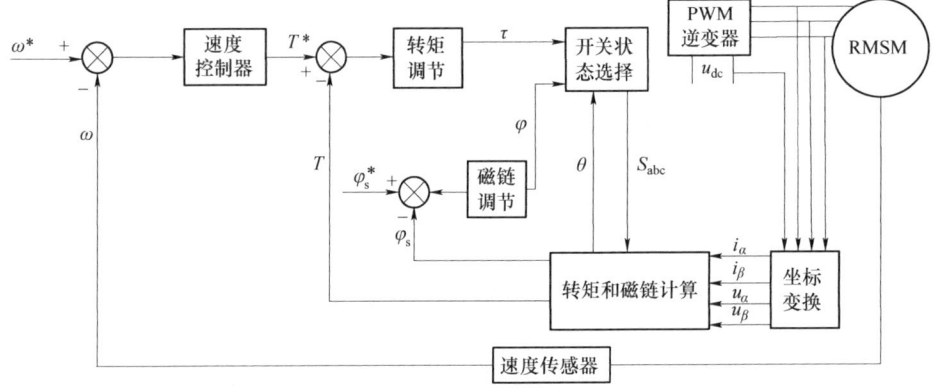

图 5-31　永磁同步电机直接转矩控制系统原理图

4. 智能控制

为了提高永磁同步电机的控制性能和控制精度,模糊控制、神经网络控制等开始应用于同步电机的控制。采用智能控制方法的永磁同步电机控制系统,在多环控制结构中,智能控制器处于最外环充当速度控制器,而内环电流控制、转矩控制仍采用 PI 控制、直接转矩控制这些方法。这主要是因为外环是决定系统的根本因素,而内环的主要作用是改造对象特性以利于外环的控制,各种扰动给内环带来的误差可以由外环控制或抑制。

在永磁同步电机系统中应用智能控制时,也不能完全摒弃传统的控制方法,必须将两者很好地结合起来,才能彼此取长补短,使系统的性能达到最优。

5.2.2　交流异步电机及其控制技术

异步电机（Induction Motor，IM）,是由气隙旋转磁场与转子绕组感应电流相互作用产生电磁转矩,从而实现电能转换为机械能的一种交流电机。

异步电机的种类很多,最常见的分类方法是按转子结构和定子绕组相数分类。按照转子结构来分,有笼型异步电机和绕线转子异步电机;按照定子绕组相数来分,有单相异步电机、两相异步电机和三相异步电机。异步电机是各类电机中应用最广、需求量最大的一种电机。在电动汽车中,主要使用笼型异步电机。下面介绍的异步电机就是指三相笼型异步电机。

5.2.2.1 交流异步电机的结构与特点

1. 交流异步电机的结构

交流异步电机主要由静止的定子和旋转的转子两大部分组成，定子和转子之间存在气隙。此外，还有端盖、轴承、机座和风扇等部件。图5-32所示为三相交流异步电机的典型结构。

三相交流异步电动机的构造与工作原理

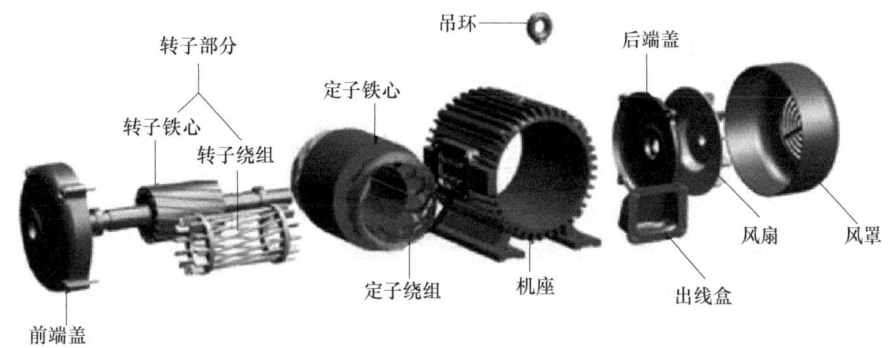

图5-32 三相交流异步电机的典型结构

（1）定子

交流异步电机的定子由定子铁心、定子绕组和机座构成。定子铁心是电机磁路的一部分，并在其上放置定子绕组。定子铁心一般由0.35~0.5mm厚表面具有绝缘层的硅钢片冲制叠压而成，在铁心的内圆冲有均匀分布的槽，用以嵌放定子绕组。定子铁心槽型有半闭口型槽、半开口型槽和开口型槽三种。

定子绕组是电机的电路部分，通入三相交流电，产生旋转磁场。定子绕组由三个在空间互隔120°电角度、对称排列的结构完全相同的绕组连接而成。这些绕组的各个线圈按一定规律分别嵌放在定子各槽内。

机座主要用于固定定子铁心与前后端盖，以支撑转子，并起防护、散热等作用。机座通常为铸铁件，大型交流异步电机机座一般用钢板焊成，微型电机的机座采用铸铝件。封闭式电机的机座外面有散热筋以增加散热面积，防护式电机的机座两端端盖开有通风孔，使电机内外的空气可直接对流，以利于散热。

（2）转子

交流异步电机的转子由转子铁心、转子绕组和转轴组成。转子铁心也是电机磁路的一部分，并在铁心槽内放置转子绕组。转子铁心所用材料与定子一样，由0.5mm厚的硅钢片冲制叠压而成，硅钢片外圆冲有均匀分布的孔，用来安置转子绕组。通常用定子铁心冲落后的硅钢片内圆来冲制转子铁心。一般小型交流异步电机的转子铁心直接压装在转轴上，大、中型交流异步电机（转子直径在300~400mm以上）的转子铁心则借助于转子支架压在转轴上。

转子绕组是转子的电路部分，其作用是切割定子旋转磁场产生感应电动势及电流，并形成电磁转矩而使电机旋转。转子绕组分为笼型转子和绕线式转子两种。

转轴用于固定和支撑转子铁心，并输出机械功率。转轴材料一般用中碳钢。

（3）气隙

交流异步电机定子与转子之间有一个小的间隙，称为电机气隙。气隙的大小对交流异步电机的运行性能有很大影响。中小型交流异步电机的气隙一般为 0.2~2mm；功率越大，转速越高，气隙尺寸就越大。

2. 交流异步电机的特点

交流异步电机的基本特点：转子绕组不需与其他电源相连，其定子电流直接取自交流电力系统；与其他电机相比，交流异步电机的结构简单、维护方便、运行可靠、质量小、成本低。以三相交流异步电机为例，与同功率、同转速的直流电机相比，前者质量只及后者的1/2，成本仅为1/3。交流异步电机还容易按不同环境条件的要求，派生出各种系列产品。它还具有接近恒速的负载特性，能满足大多数工农业生产机械拖动的要求。

交流异步电机的转速与其旋转磁场的同步转速有固定的转差率，因而调速性能较差，在要求有较宽广的平滑调速范围的使用场合，不如直流电机经济、方便。此外，交流异步电机运行时，从电力系统吸取无功功率以励磁，这会导致电力系统的功率因数变坏。因此，在大功率、低转速场合不如用同步电机合理。

5.2.2.2 交流异步电机的工作原理与运行特性

当交流异步电机的三相定子绕组通入三相交流电后，将产生一个旋转磁场，该旋转磁场切割转子绕组，从而在转子绕组中产生感应电动势，电动势的方向由右手定则来确定。由于转子绕组是闭合通路，转子中便有电流产生，电流方向与电动势方向相同。而载流的转子导体在定子旋转磁场作用下将产生电磁力，电磁力的方向可用左手定则确定，由电磁力进而产生电磁转矩驱动电机旋转，并且电机旋转方向与旋转磁场方向相同。交流异步电机的工作原理图如图 5-33 所示。

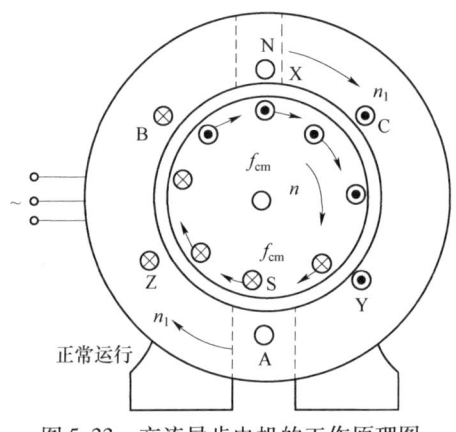

图 5-33 交流异步电机的工作原理图

交流异步电机的转子转速不等于定子旋转磁场的同步转速，这是交流异步电机的主要特点。

如果电机转子轴上带有机械负载，则负载被电磁转矩拖动而旋转。当负载发生变化时，转子转速也随之发生变化，使转子导体中的电动势、电流和电磁转矩发生相应变化，以适应负载需要。因此，交流异步电机的转速是随负载变化而变化的。

交流异步电机的转子转速与定子旋转磁场的同步转速之间存在转速差，它的大小决定着转子电动势及其频率的大小，直接影响交流异步电机的工作状态。通常将转速差与同步转速的比值用转差率表示，即

$$s = \frac{n_1 - n}{n_1} \tag{5-15}$$

式中，s 为转差率；n_1 为定子旋转磁场的同步转速；n 为转子转速。

转差率是交流异步电机运行时的一个重要物理量。交流异步电机运行时，取值范围为 $0 < s < 1$。在额定负载条件下运行时，一般额定转差率 $s = 0.01~0.06$。

交流异步电动机的运行特性

交流异步电机的运行特性包括工作特性和机械特性。

① 交流异步电机的工作特性是指电机在保持额定电压和额定频率不变的情况下，电机

的转速、电磁转矩、定子电流、效率和功率因数随输出功率变化的特性。工作特性一般通过负载试验来测取。交流异步电机的工作特性如图5-34所示。

工作特性是交流异步电机的重要特性。转速特性和电磁转矩特性关系到电机与机械负载匹配的合理性；定子电流特性可以表明电机的发热情况，关系到电机运行的可靠性和使用寿命；效率特性和功率因数特性关系到电机运行的经济性。

② 交流异步电机的机械特性是指电机在恒定电压和恒定频率的情况下，电机的转速与转矩之间的关系，是电机的重要特性。机械特性曲线一般包括交流异步电机的起动转矩，起动过程的最小转矩、最大转矩、额定转矩、同步转速、额定转速等重要技术数据，以及电机转速随转矩变化的情况。

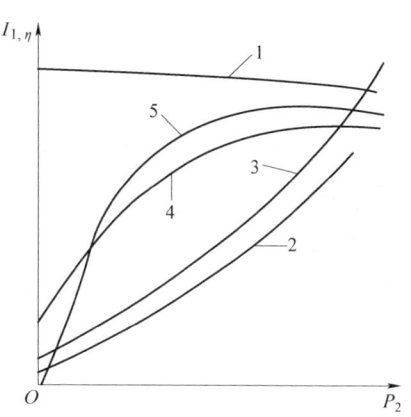

图5-34 交流异步电机的工作特性
1—转速特性 2—转矩特性 3—定子电流特性
4—功率因数特性 5—效率特性

交流异步电机的机械特性分为自然机械特性和人为机械特性。

在电源电压和电源频率恒定，且定子、转子回路不接入任何附加设备情况下的机械特性称为自然机械特性，如图5-35所示。图中，T_{st}为交流异步电机的起动转矩；T_{min}为起动过程的最小转矩；T_{max}为最大转矩；T_N为额定转矩；n_1为同步转速；n_N为额定转速。

电源电压、电源频率、电机极对数、定子或转子回路接入其他附属设备等，这些条件中任意一项改变得到的机械特性称为人为机械特性。图5-36为电源电压改变时的人为机械特性。因为电源频率不变，所以同步转速点不变。电磁转矩与电源电压的二次方成比例变化，但各条曲线的最大转矩点对应的转差率基本保持不变。

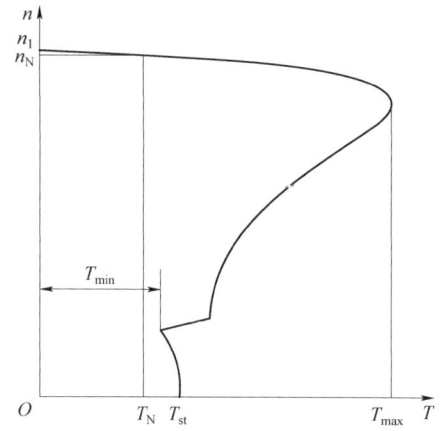

图5-35 交流异步电机的自然机械特性

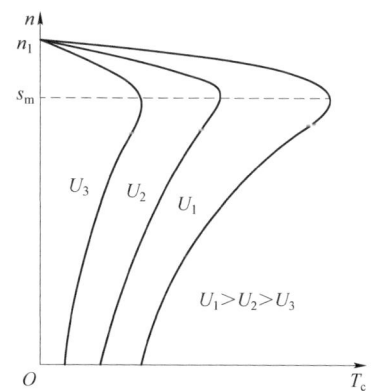

图5-36 电源电压改变时的人为机械特性

5.2.2.3 交流异步电机的控制

交流异步电机是一个多变量（多输入输出）系统，其中变量电压（电流）、频率、磁通、转速之间又相互影响，所以是强耦合的多变量系统。对这样一个非线性、多变量、强耦合的复杂系统进行有效控制，成为研究的重点。把经典理论与现代控制理论相结合，已经形成了诸多有效的控制策略与方法。

目前对交流异步电机的调速控制主要有恒压频比开环控制（VVVF）、转差控制、矢量控制（VC）以及直接转矩控制（DTC）等。

恒压频比开环控制实际上只控制了电机磁通而没有控制电机的转矩，采用这样的控制系统对异步电机来讲根本谈不上控制性能，通常只用于对调速性能要求一般的通用变频器上。

转差控制根据交流异步电机电磁转矩和转差频率的关系来直接控制电机的转矩，可以在一定的转差频率范围内、一定程度上通过调节转差来控制电机的电磁转矩，从而改善调速系统的控制性能，但其控制理论是建立在交流异步电机的稳态数学模型基础上的，它适合于电机转速变化缓慢或者对动态性能要求不高的场合。这里主要介绍交流异步电机的矢量控制和直接转矩控制。

1. 交流异步电机的矢量控制

矢量控制理论采用矢量分析的方法来分析交流电机内部的电磁过程，是建立在交流电机的动态数学模型基础上的控制方法。它模仿直流电机的控制技术，将交流电机的定子电流解耦成互相独立的产生磁链的分量和产生转矩的分量。分别控制这两个分量就可以实现对交流电机的磁链控制和转矩控制的完全解耦，从而达到理想的动态性能。

交流异步电机的矢量控制是基于磁场定向的方法，其调速控制系统的方式比较复杂，常用的控制策略有以下四种。

（1）转子磁场定向矢量控制原理

交流电机的转矩与定子、转子旋转磁场及其夹角有关，要控制好转矩，必须精确检测和控制磁通，在这种控制方式中，检测出定子电流的 d 轴（电机转子上建立一个坐标系，此坐标系与转子同步转动，转子磁场方向为 d 轴，垂直于转子磁场方向为 q 轴）分量，就可以观测出转子磁链的幅值，当转子磁链恒定时，电磁转矩和电流的 q 轴分量成正比。忽略反电动势引起的交叉耦合，可以由电压方程 d 轴分量控制转子磁通，q 轴分量控制转矩，目前大多数变频系统使用此种控制方法，它实现了系统的完全解耦，但是其最大的缺点是转子磁通的观测受转子时间常数的影响。

（2）转差率矢量控制原理

如果使电机的定子、转子或气隙磁场中的任何一个保持不变，电机的转矩就主要由转差率决定。因此，此方法主要考虑转子磁通的稳态方程式，从转子磁通直接得到定子电流 d 轴分量，通过对定子电流的有效控制，形成了转差矢量控制，避免了磁通的闭环控制，不需要实际计算转子的磁链，用转差率和测量的转速相加后积分来计算磁通相对于定子的位置，此种方法主要应用在低速系统中，而且系统性能同样受转子参数变化的影响。

（3）气隙磁场定向矢量控制原理

除了转子磁场的定向控制以外，还有一些控制系统使用的是气隙磁场的定向控制，此种方法比转子磁通的控制方式复杂，但它利用了气隙磁通易于观测的优点，保持气隙磁通的恒定，从而使转矩与 q 轴电流成正比，直接对 q 轴电流控制，达到控制电机的目的。

（4）定子磁场定向矢量控制原理

由于转子磁通的检测容易受电机参数的影响。气隙磁通的检测需要附加一些额外的检测器件等，国内外兴起了定子磁场的定向矢量控制方法。此种方法是通过保持定子磁通不变，控制与转矩成正比的 q 轴电流，从而控制电机。但是，此种方法和气隙磁场定向的矢量控制一样,需要对电流进行解耦,而且以定子电压作为被测量,容易受到电机转速的影响。

2. 交流异步电机的直接转矩控制

直接转矩控制是将电机输出转矩作为直接控制对象,通过控制定子磁场矢量控制电机转速。它不需要复杂的坐标变换,也不需要依赖转子数学模型,只是通过控制 PWM 型逆变器的导通和切换方式,控制电机的瞬时输入电压,改变磁链的旋转速度来控制瞬时转矩,使系统性能对转子参数呈现鲁棒性。这种方法已被推广到弱磁调速范围。逆变器的 PWM 采用电压空间矢量控制方式,性能优越,但同时不可避免地产生了转矩脉动、调速性能降低的问题。此外,该方法对逆变器开关频率提高的限制较大,定子电阻对电机低速性能也有较大影响,如在低速区,定子电阻的变化会引起定子电流和磁链的畸变,以及转矩脉动、死区效应和开关频率等问题。

交流异步电机直接转矩控制系统主要包括磁链调节器、转矩调节器、磁链和转矩观测器、转速调节器等,如图 5-37 所示。其中磁链观测器对磁链的观测是否准确对整个控制系统的稳定性有着举足轻重的作用,而开关策略和磁链、转矩调节是先进控制算法的核心部分。

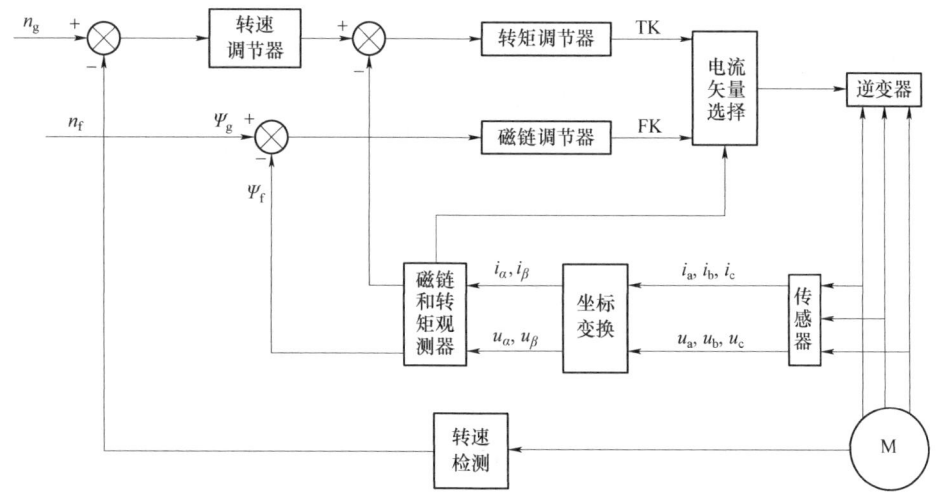

图 5-37 直接转矩控制系统框图

① 磁链观测器。定子磁链观测器的准确性,是直接转矩控制技术实现的关键。定子磁链无论是幅值还是相位,若出现较大的误差,控制性能都会变坏,或者出现不稳定。解决磁链问题的较为通用的方法为间接测量方法,即通过测量的定子电压、定子电流和转速等建立定子磁链的观测模型,在控制中实时准确地计算出定子磁链的幅值和相位,常用的磁链观测模型有基于定子电压和电流的磁链观测模型、基于定子电流和转速的磁链观测模型和基于定子电压和转速的磁链观测模型。

② 磁链调节器。控制定子磁链在给定值的附近变化,输出磁链控制信号。

③ 转矩观测器。转矩观测器的任务是用状态检测转矩模型,完成电磁转矩的计算。

④ 转矩调节器。转矩调节器的任务是实现对转矩的直接控制,直接转矩控制的名称由此而来。为了控制转矩,转矩调节必须具备两个功能:一是转矩调节器直接调节转矩;二是在调节转矩的同时,控制定子磁链的旋转方向,以加强转矩的调节。

⑤ 转速调节器。在直接转矩控制系统中，主要是通过控制电压空间矢量来控制转速，从而控制转矩。而转矩的控制又成为转速控制的基础，故在系统中应用闭环控制，闭环控制系统具有简洁、直观等特点。从传感器中引出转速反馈信号与转速给定信号做比较后送入 PI 调节器，调节器的输出直接作为转矩的给定值，便可以实现转速的闭环控制。

直接转矩控制过程如下：通过传感器检测得到定子电流、电压的 $\alpha-\beta$ 分量，然后通过磁链观测器和转矩观测器分别获得定子磁链的实际值 Ψ_f 和转矩的实际值 T_f，将定子磁链的实际值 Ψ_f 和给定值 Ψ_g 输入磁链调节器，通过滞环比较器实现磁链的自控制。转速给定值 n_g 和通过速度测量得到的转速 n_f 之差经过转速调节器得到转矩给定值 T_g，将转矩的实际值 T_f 和给定值 T_g 输入转矩调节器，实现转矩的自控制。

5.2.3 开关磁阻电机及其控制技术

开关磁阻电机（Switched Reluctance Motor，SRM）是继直流电机和交流电机之后，又一种极具发展潜力的新型电机。

5.2.3.1 开关磁阻电机的结构与特点

1. 开关磁阻电机的结构

开关磁阻电机由双凸极的定子和转子组成，其定子、转子的凸极均由普通的硅钢片叠压而成。定子极上绕有集中绕组，把沿径向相对的两个绕组串联成一个两级磁极，称为"一相"；转子既无绕组又无永磁体，仅由硅钢片叠成。开关磁阻电机的结构如图 5-38 所示。

开关磁阻电动机的构造与工作原理

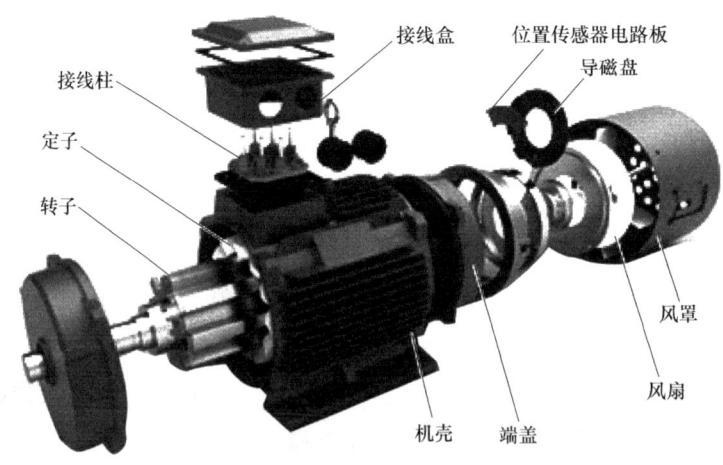

图 5-38 开关磁阻电机的结构

开关磁阻电机有多种不同的相数结构，如单相、两相、四相及多相等，且定子和转子的极数有多种不同的搭配。低于三相的开关磁阻电机一般没有自起动能力。相数多有利于减小转矩脉动，但结构复杂，主开关器件多，成本增高。目前应用较多的是四相 8/6 极结构和三相 6/4 极结构。下面以四相 8/6 的开关磁阻电机为例进行介绍。

2. 开关磁阻电机的特点

开关磁阻电机与其他电机相比，具有以下优点：

① 可控参数多，调速性能好。可控参数有主开关开通角、主开关关断角、相电流幅值、直流电源电压，控制方便，可四象限运行，容易实现正转、反转和电动、制动等特定的调节控制。

② 结构简单，成本低。开关磁阻电机转子无绕组，也不加永久磁铁，定子为集中绕组，比传统的直流电机、永磁电机及异步电机都简单，制造和维护方便，它的功率变换器比较简单，主开关元件数较少，电子器件少，成本低。

③ 损耗小，运转效率高。开关磁阻电机的转子不存在励磁及转差损耗，功率变换器元器件少，相应的损耗也小；控制灵活，易于在很宽转速范围内实现高效节能控制。

④ 起动转矩大，起动电流小。在15%额定电流的情况下就能达到100%的起动转矩。

但是，由于开关磁阻电机的特殊结构和工作方式，也存在如下一些缺点：

① 转矩脉动现象较严重。

② 振动和噪声相对较大，特别是在负载运行的时候。

③ 电机的出线头相对较多，还有位置检测器出线端。

④ 电机的数学模型比较复杂，其准确的数学模型较难建立。

⑤ 控制复杂，依赖于电机的结构。

5.2.3.2 开关磁阻电机的工作原理与运行特性

1. 开关磁阻电机的工作原理

开关磁阻电机的工作原理如图5-39所示。

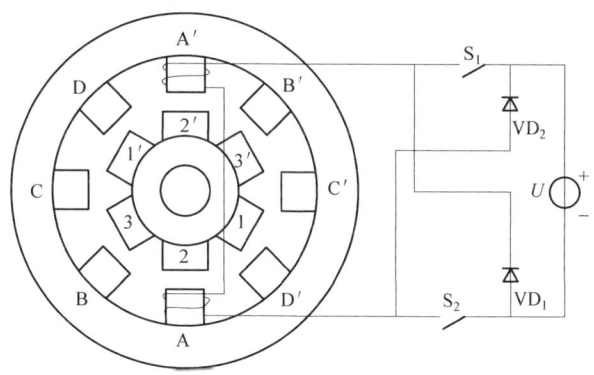

图5-39 开关磁阻电机的工作原理

S_1、S_2—电子开关　VD_1、VD_2—二极管　U—直流电源

电机的定子和转子呈凸极形状，极数互不相等，转子由叠片构成，转子带有位置检测器以提供转子位置信号，使定子绕组按一定的顺序通断，保持电机的连续运行。

开关磁阻电机的磁阻随着转子磁极与定子磁极的中心线对准或错开而变化。因为电感与磁阻成反比，所以当转子磁极在定子磁极中心线位置时，相绕组电感最大；当转子磁极中心线对准定子磁极中心线时，相绕组电感最小。

因为开关磁阻电机的运行原理遵循"磁阻最小原理"，即磁通总要沿着磁阻最小的路径闭合，所以具有一定形状的铁心在移动到最小磁阻位置时，必须使自己的主轴线与磁场的轴线重合。从图5-39可看出，当定子D-D'极励磁时，所产生的磁力使转子旋转到转子极轴线1-1'与定子极轴线D-D'重合的位置，并使D相励磁绕组的电感最大。若以图中定、转子所处的相对位置作为起始位置,则依次给 D－A－B－C 相绕组通电,转子即会逆着励磁顺序以逆时针方向连续旋转;反之,若依次给 B－A－D－C 相通电,则电机会沿着顺时针方向转动。所以开关磁阻电机的转向与相绕组的电流方向无关,而仅取决于相绕组通电的顺序。

2. 开关磁阻电机的运行特性

开关磁阻电机的运行特性可分为三个区域:恒转矩区、恒功率区和串励特性区(自然特性区),如图 5-40 所示。

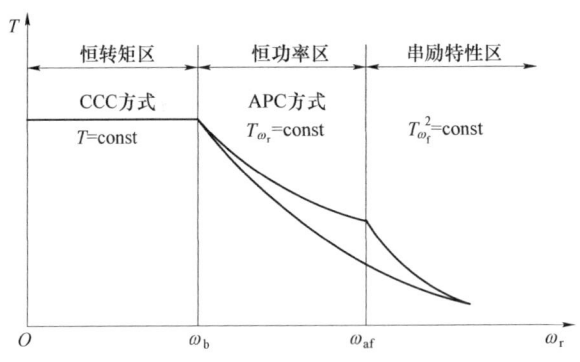

图 5-40 开关磁阻电机的运行特性图

开关磁阻电机一般运行在恒转矩区和恒功率区。在这两个区域内,电机的实际运行特性可控。通过控制条件,可以实现在实线以下的任意实际运行特性。

在恒转矩区,电机转速较低,电机反电动势小,因此需采用电流斩波控制(CCC)方式。

在恒功率区,旋转电动势较大,开关器件导通的时间较短,因此电流较小。当外加电压和开关角一定的条件下,随着角速度的增加,转矩急剧下降,此时可采用角度位置控制(APC)方式,通过按比例地增大导通角来补偿,延缓转矩的下降速度。

在串励特性区,电机的可控条件都已达极限。电机的运行特性不再可控,电机呈现自然串励运行特性,电机一般不运行在此区域。

电机运行时存在着第一、第二两个临界运行点,采用不同的可控条件匹配可得到两个临界点的不同配置,从而得到各种各样所需的机械特性。

临界运行点对应的转速称为临界转速,是开关磁阻电机运行和设计时要考虑的重要参数。第一临界转速是开关磁阻电机开始运行于恒功率特性的临界转速,定义为开关磁阻电机的额定转速,对应的功率即为额定功率;第二临界转速是能得到额定功率的最高转速,是恒功率特性的上限,可控条件都达到了极限,当转速再增加时,输出功率将下降。

5.2.3.3 开关磁阻电机的控制

开关磁阻电机不同于常规的异步电机,因其自身结构的特殊性,既可以通过控制电机自身的参数(如开通角、关断角)来实现,也可以用其他电机适用的控制理论,如 PID 控制、模糊控制等,对功率变换器部分进行控制,进而实现电机的速度调节。

针对开关磁阻电机的自身参数进行控制,目前主要使用的几种基本控制方式有角度位置控制(APC)、电流斩波控制(CCC)和电压控制(VC)。

1. 角度位置控制

角度位置控制是在加在绕组上的电压一定的情况下，通过改变绕组上主开关的开通角 θ_{on} 和关断角 θ_{off}，来改变绕组的通、断电时刻，调节相电流的波形，实现转速闭环控制。

根据电动势平衡方程式可知，当电机转速较高时，旋转电动势较大，则此时电流上升率下降，各相的主开关器件的导通时间较短，电机绕组的相电流不易上升，电流相对较小，便于使用角度位置控制方式。

因为开通角和关断角都可调节，角度位置控制可分为变开通角、变关断角和同时改变开通角关断角三种方式。改变开通角，可改变电流波形的宽度、峰值和有效值的大小，还可改变电流波形与电感波形的相对位置，从而改变了电机的转矩和转速。而关断角一般不影响电流的峰值，但可改变电流波形的宽度及其与电感曲线的相对位置，进而改变电流的有效值。因此一般采用固定关断角、改变开通角的控制方式。

根据开关磁阻电机的转矩特性分析可知，当电流波形主要位于电感的上升区时，产生的平均电磁转矩为正，电机运行在电动状态；当电流波形主要位于电感的下降区时，产生的平均电磁转矩为负，电机工作在制动状态。而通过对开通角、关断角的控制，可以使电流的波形处在绕组电感波形的不同位置，因此可以用控制开通角、关断角的方式来使电机运行在不同的状态。

角度位置控制的优点在于转矩调节的范围宽；可同时多相通电，以增加电机的输出转矩，同时减小了转矩波动；通过角度的优化，能实现效率最优控制或转矩最优控制。

根据上面的分析可知，此法不适于低速场合。因为在低速时，旋转电动势较小，使电流峰值增大，必须采取相应措施进行限流，故一般用于转速较高的场合。

2. 电流斩波控制

根据电动势平衡方程式可知，电机低速运行特别是起动时，旋转电动势引起的压降很小，相电流上升快。为避免过大的电流脉冲对功率开关器件及电机造成损坏，需要对电流峰值进行限定，因此可采用电流的斩波控制，获取恒转矩的机械特性。电流斩波控制一般不会对开通角、关断角进行控制，它将直接选择在每相的特定导通位置对电流进行斩波控制。

目前电流斩波控制常用的控制方案有两种：方案一，对电流上、下限进行限制的控制；方案二，限制电流上限值和恒定关断时间的控制。

方案一中，主开关器件在 $\theta = \theta_{on}$ 时导通，绕组电流将从零开始上升，当电流增至斩波电流的上限值时，切断绕组电流，绕组承受反压，电流迅速下降；当电流降至斩波电流的下限值时，绕组再次导通，重复上述过程，从而形成斩波电流，直至 $\theta = \theta_{off}$ 时实现相关断。方案二同方案一的区别在于，当绕组电流达到最大限定值后，将主开关关断一个固定的时间后再开通，这样，电流下降的幅度主要取决于电感量、电感变化率、转速等因素，因此该方式的关键在于合理地选取关断时间的长度。

电流斩波控制的优点在于：它适用于电机的低速调速系统，可以控制电流峰值的增长，并有很好的电流调节作用。因每相电流波形会呈现出较宽的平顶状，使得产生的转矩比较平稳，转矩的波动相应地比其他控制方式要小。

然而，由于电流的峰值受到了限制，当电机转速在负载的扰动作用下发生变化时，电流的峰值无法做出相应的改变，使得系统的特性比较软，因此系统在负载扰动下的动态响应很缓慢。

3. 电压控制

电压控制是保持开通角、关断角不变的前提下，使功率开关器件工作在脉冲宽度调制（PWM）方式。通过调节 PWM 波的占空比，来调整加在绕组两端电压的平均值，进而改变绕组电流的大小，实现对转速的调节。若增大调制脉冲的频率，就会使电流的波形比较平滑，电机出力增大，噪声减小，但对功率开关器件工作频率的要求就会增大。

按照续流方式的不同，电压控制分为单管斩波和双管斩波方式。在单管斩波方式中，连接在每相绕组中的上、下桥臂的两个开关管只有一个处于斩波状态，另一个一直导通。而双管斩波方式中，两个开关管同时导通和关断，对电压进行斩波控制。考虑到系统效率等因素，实际应用中一般常用单管斩波方式。

电压控制的优点在于，它通过调节绕组电压的平均值进而调节电流，因此可用在低速和高速系统，且控制简单，但它的调速范围有限。

在实际的 SRD（开关磁阻电机调速系统）运用中，也可以采用多种控制方式相结合的方法，如高速角度控制和低速电流斩波控制相结合，变角度电压斩波控制和定角度电压斩波控制相结合等。这些组合方式各有优势及不足，因此必须针对不同的应用场合和不同的性能要求，合理地选择控制方式，才能使电机运行于最佳状态。

5.3 整车综合能量管理技术

5.3.1 组成、功能与开发

整车控制器是电动汽车的关键部件，它基于人的操控指令、车速等整车的状态信息以及各个组成部件的状态信息等，实施驾驶人的指令解析、依据制定的控制策略进行动力分配控制、依据动力电池组等的能量状态进行能量管理、对各个组成部件进行信息监控和故障诊断等，并输出合理的指令到电机、发动机以及动力耦合装置等，满足汽车的行驶要求。

5.3.1.1 整车控制器的组成

整车控制器硬件包括微处理器、电源及保护电路模块、CAN 通信模块、A-D 模块、I/O 接口、调试模块等。微处理器负责数据计算和存储，是整车控制器的大脑；电源及保护模块为微处理器提供稳定的 12V 或 24V 电源，并在电源意外接错的情况下切断电路保护整车控制器的安全；CAN 通信模块通过内嵌的 CAN 控制器和外接的 CAN 收发器实现 CAN 网络通信；A-D 模块负责采集加速和制动踏板等模拟量信号的输入；I/O 接口负责接收钥匙、模式开关指令并实现继电器的开关控制；调试模块（BDM）实现程序的更新和在线调试。

5.3.1.2 整车控制器的功能

整车控制器是控制系统的核心，承担了数据交换、安全管理和能量分配的任务。根据重要程度和实现次序，将整车控制器功能划分为四层，如图 5-41 所示。

1. 数据交换管理层

整车控制器要实时采集驾驶人的操作信息和其他各个部件的工作状态信息，这是实现整车控制器其他功能的基础和前提。该层接收 CAN 总线的信息，对直接馈入整车控制器的物理量进行采样处理，并且通过 CAN 发送控制命令，通过 I/O、D-A 和 PWM 提供对显示单元、继电器等的驱动信号。

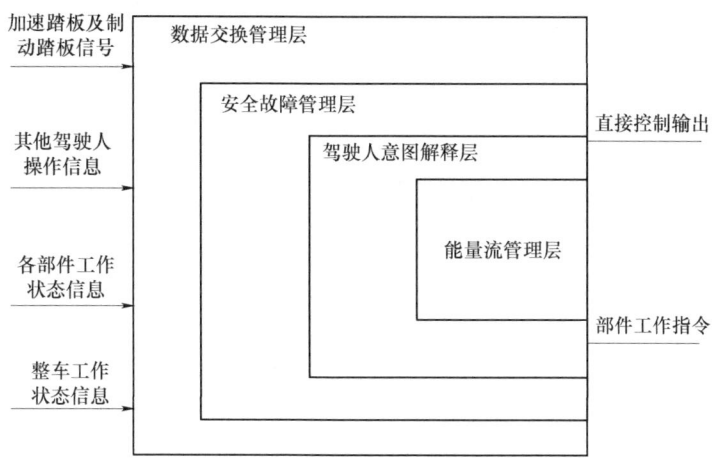

图 5-41 整车控制器功能划分

2. 安全故障管理层

实车运行中，任何部件都可能产生差错，从而可能导致器件损坏甚至危及车辆安全。控制器要能对汽车各种可能的故障进行分析处理，这是保证汽车行驶安全的必备条件。对车辆而言，故障可能出现在任何地方，但对于整车控制器而言，故障只体现在从第一层中继承的数据中。对继承的数据进行分析判断将是该层的主要工作之一。在检测出故障后，该层会做出相应处理，在保证车辆足够安全性的条件下，给出部件可供使用的工作范围，以便尽可能满足驾驶人的驾驶意图。

3. 驾驶人意图解释层

驾驶人的所有与驱动驾驶相关的操作信号都直接进入整车控制器，整车控制器对采集的驾驶人操作信息进行正确的分析处理，计算出驱动系统的目标转矩和车辆的需求功率来实现驾驶人的意图。

4. 能量流管理层

该层的主要工作是在多个能量源之间进行需求功率分配，这是提高燃料电池汽车经济性的必要途径。

5.3.1.3 整车控制器的开发

1. 开发模式

在传统的控制单元开发流程中，通常采用图 5-42 所示的串行开发模式，即首先根据应用需要，提出系统需求并进行相应的功能定义，然后进行硬件设计，使用汇编语言或 C 语言进行面向硬件的代码编写，随后完成软硬件和外部接口集成，最后对系统进行测试和标定。

目前，研发工程师所面临的问题越来越复杂，而开发时间却要求尽可能缩短。如果采用传统的开发方法，那么在系统调试过程中发现的由于硬件电路原因造成的问题就必须通过重新进行硬件设计来解决，然后再对软件做修改。这就使得控制系统参数的修改必须花很长时间才能得到验证，导致开发周期过长，延误项目的正常进行。

为了解决这一问题，现在的 ECU 开发多采用如图 5-43 所示的 V 模式开发流程。软硬件技术的不断发展，为并行开发提供了强有力的工具，例如德国 dSPACE 公司开发的基于

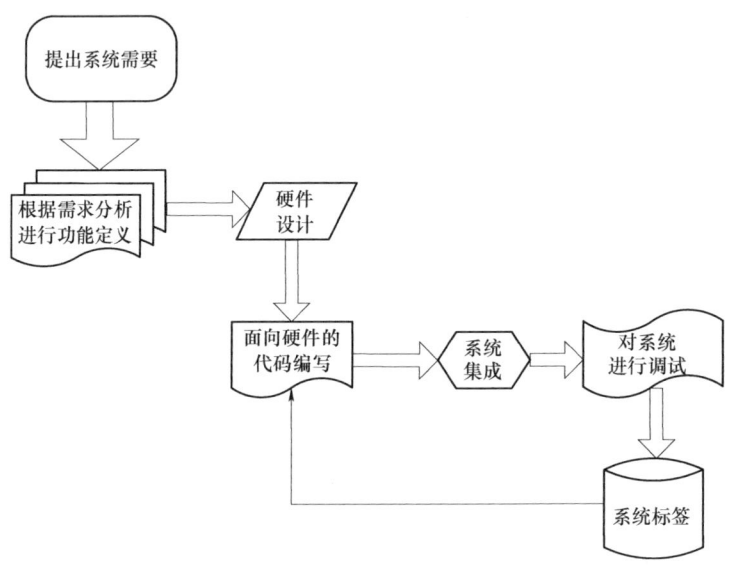

图 5-42 串行开发模式

Power PC 和 MATLAB/Simulink 的实时仿真系统，就为控制系统开发及半实物仿真提供了很好的软硬件工作平台。采用 dSPACE 并行开发的工作流程如图 5-44 所示。

第一步是功能定义和离线仿真，首先根据应用需要明确控制器应该具有的功能，为硬件设计提供基础；同时借助 MATLAB 建立整个控制系统（包括控制器和被控对象）的仿真模型，并进行离线仿真，运用软件仿真的方法设计和验证控制策略。

第二步是快速控制器原型（Rapid Controller Prototype，RCP）和硬件开发。从控制系统的 MATLAB 仿真模型中取出控制器的模型，并结合

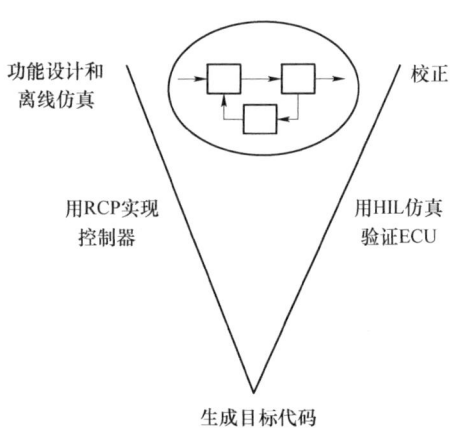

图 5-43 V 模式开发流程

dSPACE 的物理接口模块（A－D，D－A，I/O，RS232，CAN）来实现与被控对象的物理连接，然后运用 dSPACE 提供的编译工具生成可执行程序，并下载到 dSPACE 中。dSPACE 此时作为目标控制器的替代物，可以方便地实现控制参数在线调试和控制逻辑调节。这一过程生成快速控制器原型。

第三步是目标代码生成。前述的快速控制器原型基本形成了满意的控制策略，硬件设计也形成了最终物理载体 ECU，此时运用 dSPACE 的辅助工具 TargetLink 生成目标 ECU 代码，然后编写目标 ECU 的底层驱动程序，两者集成后生成目标代码下载到 ECU 中。

第四步是硬件在环（HIL）仿真。其目的是验证控制器电控单元（ECU）的功能。在这个环节中，除了电控单元是真实的部件，部分被控对象也可以是真实的零部件。如果将 MATLAB 仿真模型中的被控对象模型生成代码下载到 dSPACE 中，则 dSPACE 可用于仿真被控对象的特性，如图 5-45 所示。

第五步是调试和标定。把经过硬件在环仿真验证的 ECU 连接到完全真实的被控对象中，进行实际运行试验和调试。

并行开发流程包括从系统定义到系统标定的完整过程。先进软硬件工具的使用，使得开发的重点可以集中到控制策略的构思，不必在程序编写、硬件调试上花费大量时间，从而可以大大加速实际控制单元 ECU 的研究和开发。

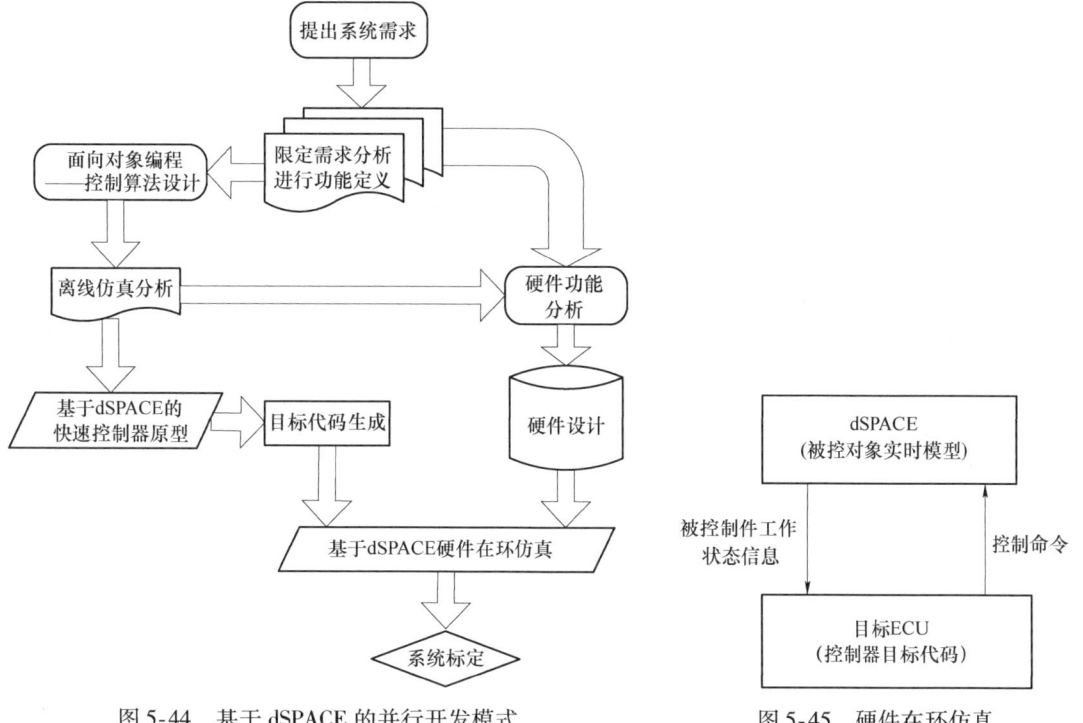

图 5-44　基于 dSPACE 的并行开发模式　　　图 5-45　硬件在环仿真

2. 开发平台

为了满足并行开发的要求，常借助于一定的开发平台，该开发平台应该具有如下的一些功能：

（1）整车及关键部件的实时前向仿真

为了充分模拟被控对象的特性，平台的仿真过程必须与汽车行驶时各部件的实际工作过程一致，并且其计算速度能够满足控制的需要。前向仿真示意图如图 5-46 所示，驾驶人模型作为仿真的起点，由其感知系统和环境的各项参数并跟随给定的行驶工况，输出加速踏板和制动踏板信号，仿真循环的数据流方向与实际系统的能量流动方向相同。

前向仿真模型还应该可以集成硬件在环仿真和驾驶人在环仿真，从而更真实地模拟系统运行状态和逻辑结构，方便整车控制器的开发和调试。

（2）整车控制器（VCU）在环仿真

平台应该提供接口以支持快速控制器原型和目标 VCU 的开发和调试。平台的数据交换方式包括 VCU 所有输入、输出的模拟量和开关量信号的物理特性，网络环境和通信协议，以及执行部件的控制方式都应该和实车一致。

（3）部分在环仿真

控制策略的研究，需要各个部件的精确特性。但是某些部件比较复杂，难以建立精确的

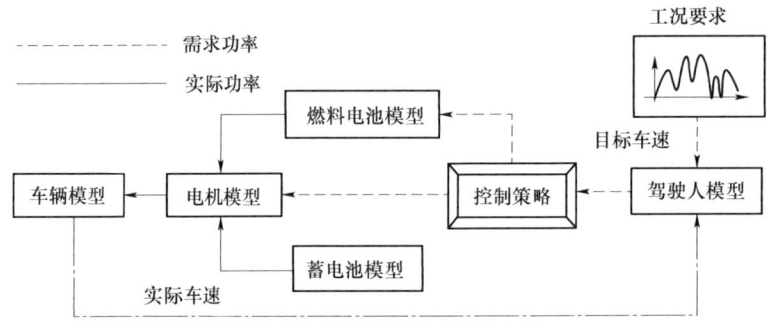

图 5-46　前向仿真示意图

模型,比如动力电池就具有强时变的非线性特性。对于此类部件,平台应该采用硬件在环的仿真方法以获得部件的实时特性。

(4) 驾驶人在环仿真

汽车处于人-车-路的闭环系统之中,驾驶人行为对整车控制器的运行与操作影响很大,但是每个驾驶人的驾驶习惯都不一样,难以建立统一的模型来描述,因此有必要采用驾驶人在环仿真的方法。这样可以在真实驾驶过程中对控制策略进行验证,也可以研究驾驶人操作习惯对控制策略的影响。

(5) 模块化和可扩展

平台应该具有模块化和可扩展的能力,以便根据研究和开发的需要接入不同的真实部件,比如 ABS,对局部的控制算法做深入研究。

与部件 ECU 相比,整车控制器的被控对象更为复杂,而且有些部件的特性难以用模型来描述,因而其开发和调试需要功能更为强大的支持平台。分布式硬件在环仿真平台可分为虚拟车辆、VCU 及监控、动力电池在环、驾驶人操作和模拟环境以及 CAN 总线及监控五部分,如图 5-47 所示。

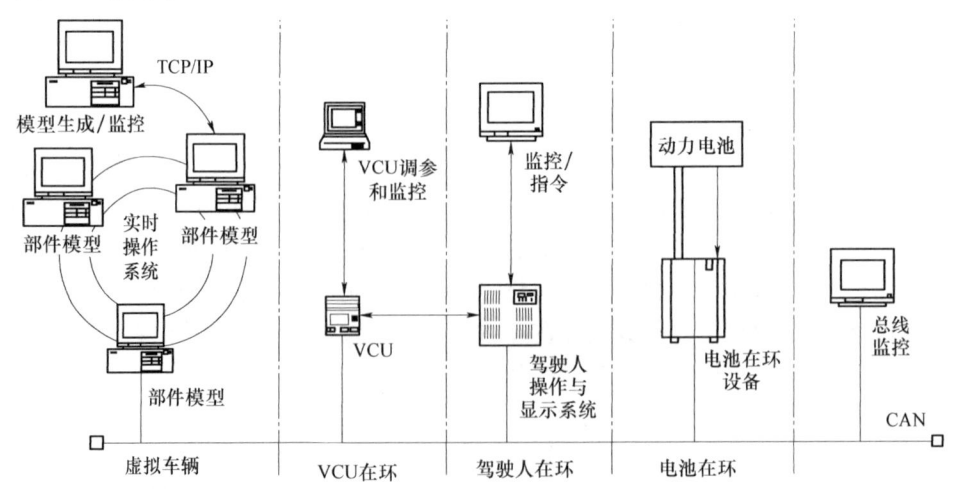

图 5-47　分布式硬件在环实时仿真平台示意图

各部分功能简要介绍如下:

① 虚拟车辆部分。按照 RT-Lab 的系统方案进行构建。承担整车动力学及部件特性的

实时仿真计算，在控制策略开发和 VCU 的调试过程中作为虚拟的被控对象；也可以包括 VCU 模型，用于离线仿真。

② VCU 及监控部分。执行整车控制器的功能，可以介入快速控制器原型如 dSPACE 或者开发的目标 VCU，实现 VCU 的测试、标定和在线调参等功能。

③ 动力电池在环部分。动力电池的充放电过程涉及电池内部的固、液、气三相反应，充放电特性受到 SOC 状态、环境温度以及时间历程的综合影响，表现为多变量时变非线性系统特征。另外，由于动力电池组采用模块串联的方式，模块参数的不均匀性会随着工作时间的延长而不断加剧，并进而影响电池组的整体特性。

通过专用的电池在环设备，可以实现真实的电池模块或电池组在环仿真。用模型计算得到的动力电池充放电电流值对接入的电池进行充放电，同时实时采集电池的温度、电压等信息，并通过通信系统返回仿真平台。

④ 驾驶人操作和显示模拟环境部分。该部分提供了仪表、踏板、钥匙门、档位和其他开关等与实车类似的驾驶人操作环境。除此之外，还具有诸如目标车速等辅助信息显示、驾驶人操作信息记录等功能。在整车控制器容错能力测试中，还能手动或程序控制灵活设定驾驶人的操作信号。驾驶人接口结构框图如图 5-48 所示，主要具有以下功能：

a. 驱动仪表显示。驾驶人接口采集与仪表相关的信息，包括整车控制器的输出信号，然后通过驱动电路实现仪表显示。

b. 产生驾驶人操作信号。驾驶人操作信号有两种产生方式：一种是通过操作面板直接产生；另一种是微控制器按照程序产生。

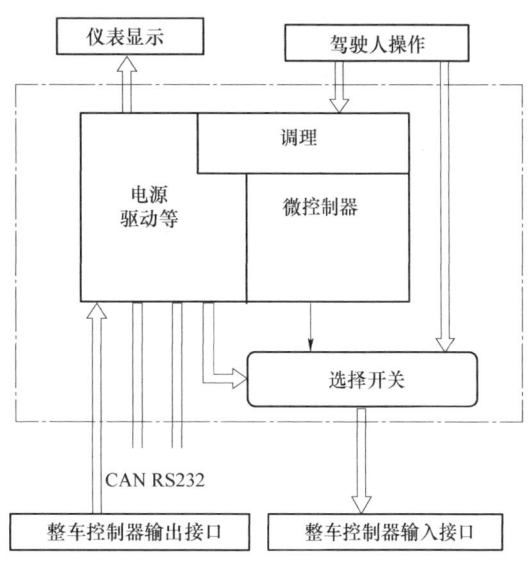

图 5-48 驾驶人在环接口示意图

c. 上位机监控。驾驶人接口通过串行通信与上位机相连。上位机的监控功能配合由程序产生的驾驶人操作信号，实现丰富的操作信号的组合。通过上位机监控，也可以实现数据存储、工况选择等其他辅助功能。

⑤ CAN 总线及其监控部分。CAN 总线采用与实车相同的拓扑结构和通信协议。CAN 总线的监控负责整个网络环境通信是否正常，一旦出现故障可进行及时处理。

这五个部分相互独立运行，通过 CAN 通信建立联系，构成一个有机的整体。

5.3.2 整车控制策略

新能源汽车的整车控制策略以整车控制器为载体，通过 CAN 总线通信网络实现对各个部件的协调控制。整车控制策略的功能主要包括对整车控制系统进行自检、对 CAN 总线模块进行检测、故障诊断及处理、安全性检测及处理、电池保护控制以及换档手柄信号检测及处理等。整车控制策略主流程如图 5-49 所示。

1. CAN 总线模块通信检测

CAN 总线模块通信检测子流程：该模块采集电机控制器、电池管理系统、AMT 控制单元及车身主控制单元的生命信号，通过与上次生命值的比较，判断 CAN 通信是否正常。如果通信异常，则发出通信异常报警信号；如果通信正常，则再检测总线上节点的状态是否正常。若节点状态异常，则发出通信异常报警；若节点状态正常，则进入故障诊断及处理环节。

2. 故障诊断及处理

故障诊断及处理子流程：该子模块主要是通过对各个部件的状态参数进行分析，判断各部件存在的故障情况，并根据不同的故障制定不同的处理措施，以提高行车安全性及车辆的使用寿命；如果各部件均诊断无误，则进入安全性检测及处理环节。

3. 安全性检测及处理

安全性检测及处理子流程：该模块主要检测各部件绝缘是否正常。若绝缘存在异常，则根据总电流和高压开关的状态进行电机降功率运转或断开高压开关等处理措施，保证安全性；若绝缘正常，再判断充电插头是否断开。如果没有断开，则进行充电互锁；如果已经断开，则子模块会发出闭合高压开关通断继电器的指令并进入电池保护控制环节。

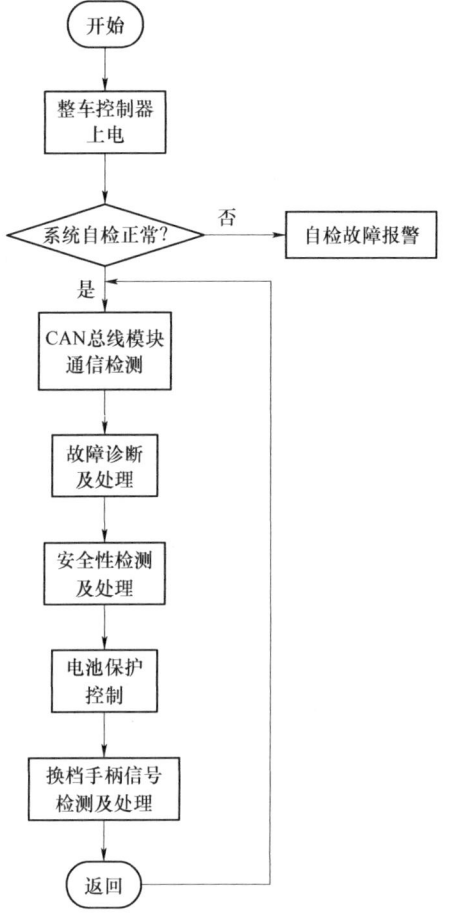

图 5-49 整车控制策略主流程

4. 电池保护控制

电池保护控制子流程：该模块主要采集电池 SOC 状态、最低及最高单体电池电压、电池最高温度等信息，通过查询各状态的规则表，确定符合各种状态规则的最大充电电流、最大放电功率、电机峰值功率和最大再生制动功率等参数值，并进入换档手柄信号检测及处理环节。

5. 换档手柄信号检测及处理

换档手柄信号检测及处理子流程：该模块通过采集车速、电机转速、不同档位手柄信号等信息，制定不同的处理措施并发送给 AMT 控制器和电机控制器，同时给电机控制器发送电机峰值功率值和最大再生制动功率值数据，最后返回主流程的 CAN 总线模块通信检测环节。

5.3.2.1 故障诊断管理策略

故障诊断管理策略是指电控单元自动识别硬件或者软件的故障，并且提醒驾驶人将车送到修理厂进行检查。当一个错误发生时，电控单元应该继续完成其他的任务，避免对人员或者汽车造成伤害。一些故障也可以通过在仪表板上显示指示灯的方式对驾驶人发出警告。当检测人员用检测仪和汽车连接时，检测仪应该可以读取汽车的状态，例如"发动机控制故障：加速踏板电路地线中断"等信息，检测人员获取这个诊断信息后，便可以进行相应处理。电控单元出错诊断的原理如图 5-50 所示。

故障诊断策略的开发，主要包括以下几个方面的内容：

① 能够实时地监测动力系统的诊断信息，主要包括电池诊断信息、电机及控制器诊断信息及踏板诊断信息。

② 设定故障失效的备份值。在设定一个故障码时，控制器也应该设定一个与该故障信息相对应的默认输入或者输出值，且此默认值必须保证整个系统还能够在一个比较安全的工况下工作。

③ 冻结帧信息的存储，为了给随后的维修提供参考，同时能够让维修人员更清楚了解故障发生时刻车辆的相关信息，必须定义并存储故障的冻结帧信息。

④ 警告驾驶人，控制器确定了某一个故障后，还必须根据实际情况给驾驶人提供相应的信息，如点亮报警灯、声音提示等。

⑤ 能够实现与外部通信，外部诊断仪可以获取存储的故障信息。

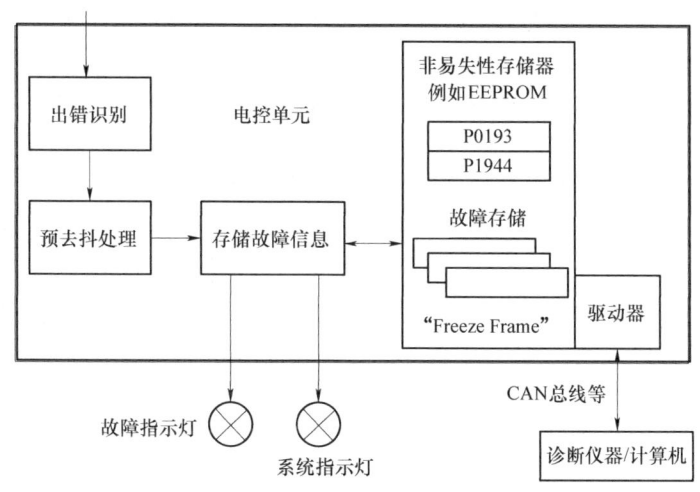

图 5-50 电控单元出错诊断的原理

5.3.2.2 功能安全管理策略

用来降低汽车本身或者其他系统风险的方法，称为功能安全（Functional Safety）。长期以来人们都坚信，安全性相关的系统不能通过电子系统或者软件来控制，但如今这个想法已经不再适用，基于 IEC61508 规范的电子产品被越来越广泛地使用。现在一些与安全性相关的系统只有基于电子部件和软件才能够实现。

IEC61508 的一个重要组成部分是将安全功能分为四个安全完整性等级（Safety Integrity Levels，SIL），其中 SIL 4 代表最高的安全性要求，主要适用于核电站以及大型化学装置等。汽车中的系统一般采用 SIL 3 等级，一些不特别重要的应用的分级更低。选择 SIL 等级时，并不是风险越小越好，而是需要在安全性和成本之间折中达到最优点。这个标准对开发工具也提出了严格的要求，例如某个重要的软件功能不能由于编译器的出错而受影响。汽车工业采用基于 IEC61508 而扩展的规范 ISO26262，其中也定义了四个不同的安全完整性等级（ASIL A、B、C、D），但并不是和 IEC61508 的四个等级一一对应的。SIL1 对应 ASIL A，但 SIL2 和 SIL3 与 ASIL 的 B、C 和 D 的标准并不相同。SIL4 在汽车工业中没有应用，因此也没有与之相对应的 ASIL 等级。

首先需要分辨潜在的风险,才能相应地制定规避风险的方法。本节介绍几种广泛使用的针对安全性和可靠性的分析方法,基本都是从航空航天领域移植到汽车工业中的。最重要的方法是 FMEA。

(1) FMEA

一个产品应该在开发阶段就识别出潜在的故障,而不应该等到测试阶段才进行识别。在开发阶段识别出来潜在故障后,要对其进行评估,评估的标准可以是故障发生的可能性、发生故障的后果以及能否及时识别等。对可能导致严重后果的故障,开发人员需要考虑更改设计、添加监控措施或者其他的一些针对性的方法。对这个过程提供支持的工具被称为失效模式与影响分析(Failure Mode Effect Analysis,FMEA),也被称为失效模式与影响和重要性分析(Failure Mode Effect and Criticality Analysis,FMECA)。汽车工业中几乎每个开发项目都采用 FMEA 作为分析工具。

第一步是将所有可能出现的失效模式一一列举出来。对复杂系统来说,把所有可能的失效模式列举出来几乎不可能,但是必须尽可能多地列举,尤其是有可能产生严重影响的失效。在实际中,这个"列举失效模式"的活动可以通过由一个有经验的人主持的小组会议的形式来进行。

下一步是需要定义所有的失效原因和影响。失效原因还有更上一级的原因,同时还会产生新的影响。如图 5-51 所示,失效原因可以通过树形图来表示,并且以某个失效为根。因为影响也具有树状结构,所以在失效左右两侧都可以利用树形图来描述。FMEA 中经常使用这个树形图。例如,图 5-51 中的失效的后果 2 也可以作为失效,同时把图中所标的失效作为其原因。不同的开发人员对同一个系统制定 FMEA 时,所得出的结果往往是不相同的。所以一般提倡将系统中所有的功能列举出来,然后将功能故障作为失效看待。

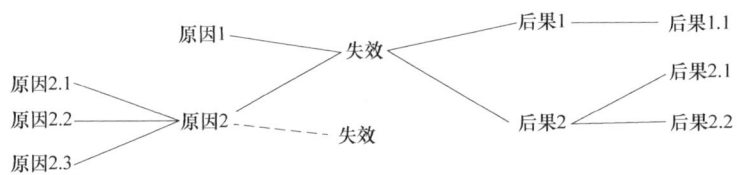

图 5-51 原因、失效和后果的关联

当完成上述双树状模型后,其内容要写为表格的形式,以便以后查阅(有时 FMEA 直接写为表格)。有些软件工具既支持双树模型,又支持表格形式,而且可以在两者之间快速切换,大大提高了创建 FMEA 的效率。在德国的汽车工业界最常用的 FMEA 工具是 IQ - FMEA [Apis],但是使用其他的表格工具也可以创建 FMEA。

当列举出所有的失效原因和影响之后,需要对每一个失效的紧要性做出定性的评估。需要进行评估的参数分别是发生的可能性(P)、后果的严重性(S)以及对失效识别的难易程度(D),每一个评估等级为从 1(最低)到 10(最高)。

在大型公司中,基于以往的经验,一般可以给出可能性的指导值,但更多的时候数值的评估是基于粗略的估算。下一小节我们将介绍的故障树分析方法(Fault Tree Analysis,FTA),也可以作为估算的一种办法。评估时应该尽量客观,但主观性的因素常常不能完全避免。

同样，严重性评估也会受到主观因素的影响。严重性等级为 1 的失效不会引起驾驶人的注意，严重性等级为 10 的失效则代表可能导致人员伤亡（例如汽车无故自动加速等），汽车起火的严重性等级为 9 或者 10。

对于失效识别的难易程度（D）的评估是非常难的。完全没有任何预兆就出现的失效等级为 10。可以及时通过监视手段或者通过视觉或听觉感知的失效，等级则会较低。

汽车电子中，对由传感器、执行器和电控单元以及被控设备所组成的系统，常常需要进行系统 FMEA 分析（System FMEA）。除此以外，还有在生产过程中为了识别各项错误操作而进行的流程 FMEA（Process FMEA），以及对力学结构分析进行的结构 FMEA（Construction FMEA）等。

为了直观和深入地了解 FMEA 解决问题的过程以及分析方法的多样性，建议读者选取日常工作中的一个简单问题，并尝试以此为分析对象做一个 FMEA 分析实例。

和 FMEA 有一定类似的另外一种方法为危险与可操作性分析（HAZard and OPerability Study，HAZOP），这种方法并不针对某个特定的失效进行定性分析，而是尝试对所有的失效寻找解决方案。虽然 HAZOP 并不像 FMEA 一样在汽车工业中有明确的规定，但是偶尔也会被用到解决某些问题。

（2）故障树分析

前一小节所讲的 FMEA 中，所利用的树形结构更有利于寻找失效原因。其中图 5-51 左侧的树形图，就相当于一个简单的故障树分析（Fault Tree Analysis，FTA）。

当尝试列举出故障树时，会发现失效有多种原因。故障树的"树叶"是最深层、最初级的原因，也就是说这些原因不再由其他原因所形成。

通常情况下，在很多潜在原因中，如果只有一个发生，就足以导致整个系统失效。例如在制动系统中，如果踏板损坏，即使其他的部件都良好，也将会导致整个制动系统失效。在这种情况下，结果（制动失效）和原因（踏板损坏）之间的逻辑关系是或。

但当一辆汽车同时有两个制动管路时，其中的一个失效，并不会导致整车制动失效。在这种情况下，结果（整车制动失效）和其原因（制动管路 1 和制动管路 2 失效）之间的逻辑关系是与。

如图 5-52 所示，故障树可以对系统做定性的分析，用来分辨因果之间的关系（如作为 FMEA 的补充）；也可以用来进行定量分析，定量计算某个事件发生的概率。

（3）事件序列分析

事件序列分析（Event Tree Analysis，ETA）有标准化规定，主要用于分析失效的影响，特别用于在监视系统或者安全系统没有按照预设计划响应的情况。

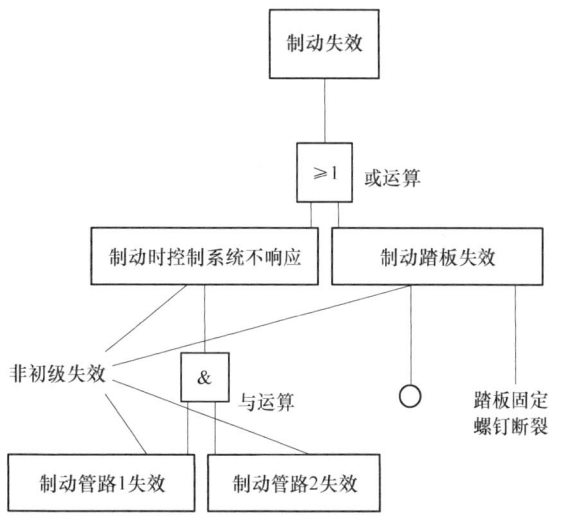

图 5-52 故障树中摘选的一部分

事件序列分析所针对的对象是某个特定的失效状况。严重的失效可以通过保护系统来避免。保护系统通常为多级系统，根据系统状态的不同，得出的最终结果和其严重性也不同。图 5-53 所示为一个特例，因为不仅包含了安全性系统的响应，也包含了驾驶人的反应。

事件序列分析也可以量化进行，但总的来说，很难对每一个分支发生的概率都做具体运算并得出确切的数值。

5.3.2.3 整车控制策略标定

整车控制参数的标定对于 ECU 的开发来说是一个关键因素。汽车的标定是指为了实现不同的功能，如排放、汽车操纵性、不同环境下的汽车性能等指标，而对汽车的控制参数进行调整。即在运行时访问 ECU，采集测量数据和参数并加以修改，以优化 ECU 算法。ECU 安装到车辆上时，需对大量的控制参数和 MAP 图进行修改和优化，实现 ECU 的标定。

可以利用简单的通信手段进行实时标定，如 SCI 串口；也可以利用完善高效的、专用于控制系统软件标定观测的协议，如 CCP（CAN Calibration Protocol）、XCP（通用的标定协议，可用于非 CAN 网络）。

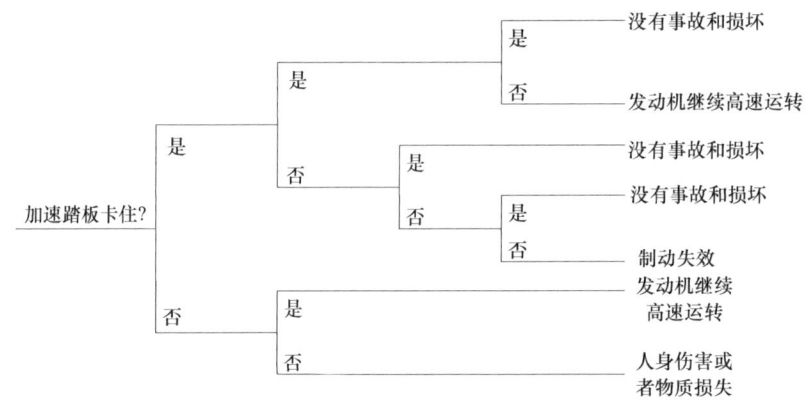

图 5-53 事件序列分析举例

标定系统的主要作用是监控 ECU 工作变量、在线调整 ECU 的控制参数（包括 MAP 图、曲线及点参数）、保存标定数据结果以及处理离线数据等。完整的标定系统包括上位机 PC 标定程序、PC 与 ECU 通信硬件连接以及 ECU 标定驱动程序三个部分。

自动测量系统标准化协会（Automatic Measurement System Standards Association，AMSSA）建立了汽车电控单元测量、标定和诊断（Measurement Calibration and Diagnostics，MCD）三方面的标准，实现了 ECU 与测量标定系统和诊断系统间接口的标准化。CCP 就是其中最为成功的一种标准。

下面对一些专业术语进行初步说明。

① ASAP2——由 ASAM 定义的标准化文件接口，用于描述 ECU 内部数据、ECU 接口和通信参数。

② 标定——在运行时访问 ECU，采集测量数据和参数并加以修改，以优化 ECU 算法。

③ CCP——CAN 标定协议，ASAM 定义的接口，使得测量和标定系统可以通过 CAN 总线采集 ECU 数据和校准 ECU 参数。

④ XCP——通用的标定协议，可用于非 CAN 网络（如 FlexRay、LIN 等），主要优点在于它是独立于传输层的；另外，XCP 可升级的构造、低资源需求与高性能使之能够满足所

有用户的需求，并将成为唯一的测量与标定协议。

⑤ KWP2000（Key Word Protocol 2000）——是国际性的机动车辆领域诊断系统协议。借助 KWP2000 提供的服务，可以通过测量与标定系统进行测量数据采集和参数标定工作。

用于系统标定的工具主要有 IPETRONIK，Vector 的 CANoe、CANlog、CANape，美国 ATI 公司的 VISION，这些工具都是汽车电子控制单元（ECU）的开发、标定和测量系统的软件。关于具体的标定过程，在此不再赘述。

课后习题

1. 简述锂离子电池的分类及其工作原理。
2. 解释下列名词：超级电容器、临界转速、整车控制器。
3. 电池管理系统的功用是什么？由哪几部分组成？
4. 永磁同步电机有什么特点？简单介绍其运行特性。
5. 交流异步电机的结构是怎样的？简述其工作原理。
6. 开关磁阻电机有什么特点？
7. 怎样实现开关磁阻电机的控制？简述这些控制模式的优缺点。
8. 简述整车控制策略的主要功能。

第 6 章

电动汽车与智能电网

6.1 电动汽车充换电技术

随着电动汽车的发展,必须研究与电动汽车相适应的电能供给方式。不同种类的动力电池具有不同的充电特性,电池充电方式应与电池的充放电曲线相匹配。行驶特性不同的电动汽车的电能供给方式也不相同。

6.1.1 电动汽车电能供给的方式

目前,电动汽车电能供给方式主要分为整车充电和电池更换两种方式。

① 整车充电是指采用交流充电桩、车载充电机、非车载充电机等充电设备直接对电动汽车车载动力电池进行充电。

② 电池更换是指用充满电的动力电池组更换车上需要充电的动力电池组,实现电动汽车能源的快速补给。

整车充电方式与电池更换方式的优劣对比见表6-1。

表 6-1 整车充电方式与电池更换方式的优劣对比

对比	整车充电方式	电池更换方式
优势	① 设施相对简单 ② 充电接口国家标准已出台,标准化程度较高	① 提高了车辆的使用效率,方便用户的使用 ② 更换下来的动力电池可以在低谷时段进行充电,降低了充电成本,提高了车辆运行的经济性 ③ 解决了充电时间长、续驶里程短等难题 ④ 便于电池组的维护、管理,提高了电池的使用寿命 ⑤ 有利于废旧电池的回收和再利用
劣势	① 交流慢充充电时间长,用户使用便利性低 ② 直流快充对电池寿命影响大 ③ 用户随即充电情况下对电网的负荷冲击大,降低电网运行效率和安全性	① 需配置备用动力电池及专业电池更换设备,设施造价较充电设施高 ② 不同车型电池的标准化存在一定难度

6.1.2 整车充电技术

对于整车充电方式,根据充电时间的长短可分为交流慢充和直流快充两种。根据充电装置和汽车接收装置的不同,连接形式可分为传导式充电和感应式充电两种。

电动汽车充电技术概述

6.1.2.1 交流慢充和直流快充

1. 交流慢充

交流慢充是指采用小电流(通常在 $0.1C \sim 0.3C$)在较长的时间内对动力电池进行慢速充电,这种充电又称为普通充电。常规动力电池均采用小电流的恒压恒流三段式充电,一般充电时间可长达 $5 \sim 10h$。

交流慢充的优点:

① 充电装置和安装成本较低。

② 可充分利用电力低谷时段进行充电,降低充电成本,保证充电时段电压相对稳定。

交流慢充的缺点:充电时间过长,难以满足车辆紧急运行的需求。

2. 直流快充

交流慢充的充电时间一般较长,给实际车辆使用带来许多不便。直流快充模式的出现,为电动汽车的商业化提供了技术支持。直流快充又称为应急充电,是指以较大的电流(一般用 $1C \sim 5C$)在 $12\text{min} \sim 1\text{h}$ 的短时间内,为电动汽车进行充电的一种方式。

直流快充的优点:充电时间短,便利性好。

直流快充的缺点:

① 充电效率较低,充电装置安装成本和工作成本较高。

② 充电电流大,对充电的技术和方法要求高。

③ 充电电流大,显著降低电池寿命,并存在安全隐患。

6.1.2.2 传导式充电和感应式充电

1. 传导式充电

传导式充电即接触式充电,采用插头与插座的金属接触来导电,具有技术成熟、工艺简单和成本低廉的优点。这种方式的缺点是:导体裸露在外面不安全,而且会因多次插拔操作,引起机械磨损,导致接触松动,不能有效传输电能。电动汽车的传导式充电如图 6-1 所示。

对于传导式充电,目前国内常采用的充电电源主要有以下几种:相控电源、线性电源和开关电源。

图 6-1 电动汽车的传导式充电

① 相控电源是较传统的电源,以晶闸管作为功率开关器件,它将交流电经过整流滤波后输出直流,通过改变晶闸管的导通相位角来控制整流器的输出电压。以晶闸管为开关器件的相控电源的优点是价格便宜,耐流、耐压能力强,能实现大功率。相控电源所使用的变压器是工频电源变压器,它的体积庞大,由此造成相控电源本身的体积庞大、效率低下,并且该类电源动态响应差、功率因数低、谐波污染严重。

目前相控电源已经有逐步被淘汰的趋势。

② 线性电源是另一种常见的电源，它是通过串联调整管可以连续控制的线性稳压电源。线性电源的功率调整管总是工作在放大区，流过的电流是连续的，由于调整管上损耗功率较大，需要采用大功率调整管并需要装配体积很大的散热器。

随着电力电子技术和自动控制技术的发展，尤其是大功率高压场效应晶体管等新型高频开关的应用，减小了功率变换器中变压器的体积和质量，减小了电感、电容等无源器件的容量，大大提高了功率密度。

③ 开关电源具有体积小、动态响应快、效率高等特点，近年来得到广泛研究与关注，特别是在通信、电力等领域中得到了较普遍的应用。

2. 感应式充电

感应式充电即非接触式充电，充电装置和汽车接收装置之间不采用直接电接触的方式，而是由分离的高频变压器组合而成，通过感应涡合，无接触式地传输能量。采用感应涡合方式充电，可以避免接触式充电的缺陷。

非接触充电装置的类型主要分为三种：电磁感应方式、磁共振方式和微波方式。

（1）电磁感应方式

电磁感应通过传送绕组和接收绕组之间传输电力，是最接近实用化的一种充电方式。当送电绕组中有交变电流通过时，发送（一次）、接收（二次）两个绕组之间产生交替变化的磁束，由此在二次绕组中产生随磁束变化的感应电动势，通过接收绕组端子对外输出交变电流。

感应充电机利用高频变压器充电的原理，如图6-2所示。高频变压器的一边绕组装在充电机上，另一边绕组嵌在电动汽车上，输入电网交流电经过整流后，通过高频逆变环节，将50～60Hz的市电转换为80～300Hz的高频电，经电缆传输通过感应耦合器后，传送到电动汽车输入端，再经过整流滤波环节，将高频交流电变换为能够为动力电池充电的直流电。

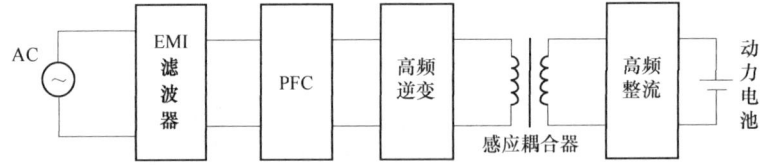

图6-2 感应充电机利用高频变压器充电的原理

目前存在的问题是送电距离比较短（约100mm），并且当传送与接收两部分出现较大偏差时，电力传输效率就会明显下降；功率大小与线圈尺寸直接相关，需要大功率传送电力时，需在基础设施建设和电力设备方面加大投入。

（2）磁共振方式

磁共振传送方式由美国麻省理工学院（MIT）于2007年研制成功。这种方式自问世以来，一直备受世界各国的普遍关注。它主要由电源、电力输出、电力接收、整流器等主要部分组成，原理与电磁感应方式基本相同。电源传送部分有电流通过时，所产生的交变磁束使接收部分产生电动势，为电池充电时输出电流。

与电磁感应充电方式的不同之处在于，磁共振方式加装了一个高频驱动电源，采用兼备线圈和电容器的 LC 共振电路，而并非由简单线圈构成传送和接收两个单元。共振频率的数值，会随传送与接收单元之间距离的变化而改变。当传送距离发生改变时，传输效率也会像电磁感应一样迅速降低。为此，可通过控制电路调整共振频率，使两个单元的电路发生共振，即"共鸣"。所以，这种磁共振状态也称为"磁共鸣"。

在控制回路的作用下改变传送与接收的频率，可将电力传送距离增大至数米左右，同时将两单元电路的电阻降至最小以提高传送效率。当然，传输效率还与传送与接收单元的直径相关，传送面积越大，传输效率也越高。目前的传输距离可达400mm左右，传输效率可达95%。

（3）微波方式

使用2.45GHz的电波发生装置传送电力，发送装置与微波炉使用的"磁控管"基本相同。传送的微波也是交流电波，可用天线在不同方向接收，用整流电路转换成直流电为汽车电池充电。为防止充电时微波外漏，充电部分装有金属屏蔽装置。使用中，传送与接收之间的有效屏蔽可防止微波外漏。

目前存在的主要问题是，磁控管产生微波时的效率过低，造成许多电能转变为热能，被白白消耗。

6.1.2.3 充电设备及关键技术

电动汽车充电设备主要包括交流充电桩、充电机等，其功能类似于加油站里的加油机。

1. 交流充电桩

交流充电桩是指固定安装在电动汽车外、与交流电网连接、采用传导方式为具有车载充电机的电动汽车提供交流电源的装置，一般由桩体、充电插座、保护控制装置、计量装置、读卡装置、人机交互界面等组成，功率一般不大于7kW。交流充电桩的原理框图如图6-3所示。

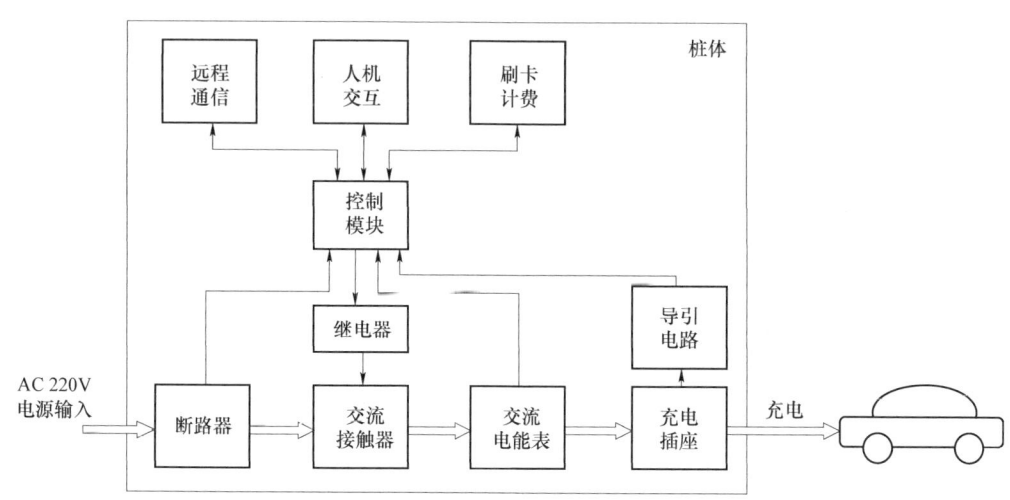

图6-3 交流充电桩原理框图

常用的交流充电桩可分为一桩一充式、一桩双充式及壁挂式。壁挂式交流充电桩适用于地面空间狭小、周边有墙壁等固定建筑物的场所。每个交流充电桩都装有充电插座，目前大部分交流充电桩都采用GB/T 20234.2—2015《电动汽车传导充电用连接装置 第2部分：交流充电接口》中规定的七孔插座，供电接口触头布置如图6-4所示，触头参数及功能定义见表6-2。

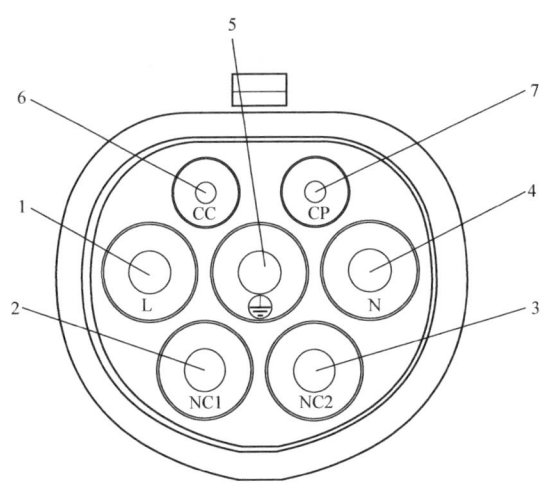

图 6-4 供电接口触头布置

表 6-2 触头电气参数值及功能定义

触头编号/标识	额定电压和额定电流	功能定义
1/L	250V/440V 和 16A/32A	交流电源
2/NC1	—	备用触头
3/NC2	—	备用触头
4/N	250V/440V 和 16A/32A	中性线
5/接地	—	保护接地（PE）、连接供电设备地线和车辆底盘地线
6/CC	30V 和 2A	充电连接确认
7/CP	30V 和 2A	控制确认

2. 充电机

电动汽车充电机作为供电电源与电动汽车动力电池之间的功率转换器，其功能是将供电电源的能量按照既定的充电模式传递给电动汽车动力电池。其基本工作原理是：三相/单相交流电输入，经过可控或者不可控整流器整流后，通过一系列的滤波环节得到直流电压，再经过隔离型 DC/DC 变换器、二次整流、平滑滤波，最后将直流电能传送给电动汽车的动力电池。反馈控制电路根据电池各项采样参数，产生 DC/DC 变换控制信号。

根据不同的分类标准，电动汽车充电机可以分成多种类型，见表 6-3。

表 6-3 充电机的分类

分类标准	充电机类型	
安装位置	车载充电机	非车载充电机
输入电源	单相充电机	三相充电机
连接方式	传导式充电机	感应式充电机

① 车载充电机是指安装在电动汽车上的采用地面交流电网和车载电源对电池组进行充电的装置，它将一根带插头的交流动力电缆线直接插到电动汽车的插座中给电动汽车动力电池充电。车载充电机的充电功率一般较小，采用单相供电，充电时间长（一般 5~8h）。由

于电动汽车车载质量和体积的限制，车载充电机要求尽可能体积小、质量小。由于充电机和电池管理系统（BMS，负责监控动力电池的电压、温度和荷电状态）都装在车上，它们相互之间容易利用电动汽车的内部线路网络进行通信。

② 非车载充电机一般安装于固定的地点，已事先做好输入电源的连接工作，而直流输出端与需要充电的电动汽车相连接。地面充电机可以提供多达上百千瓦的充电功率，可以对电动汽车进行直流快充。交流充电桩与车辆连接示意图如图 6-5 所示。

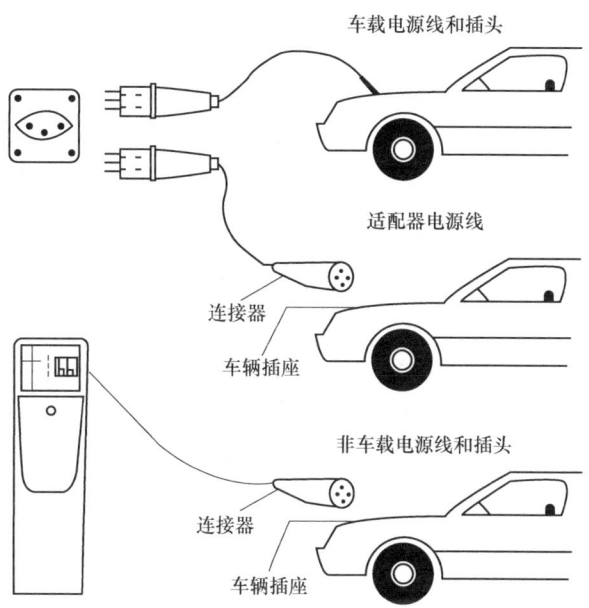

图 6-5 交流充电桩与车辆连接示意图

通常非车载充电机的功率、体积和质量都比较大。因为非车载充电机与电池管理系统在物理位置上是分开的，所以它们之间必须通过电线或者无线电进行通信。根据电池管理系统提供的关于电池的类型、电压、温度和荷电状态的信息，非车载充电机选择一种合适的充电方式为动力电池充电，以避免动力电池的过充和过热。非车载充电机一般采用 GB/T 20234.3—2015《电动汽车传导充电用连接装置 第 3 部分：直流充电接口》中规定的充电模式 4 及连接方式 C 对电动汽车进行供电。车辆插头触头布置如图 6-6 所示，触头电气参数及功能定义见表 6-4。

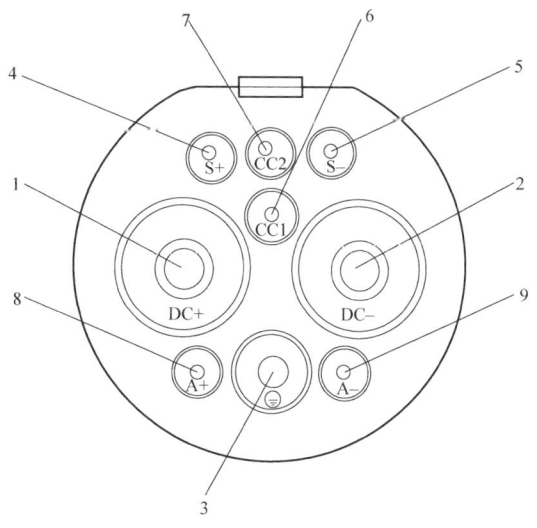

图 6-6 车辆插头触头布置

表 6-4 触头电气参数及功能定义

触头编号/标识	额定电压和额定电流	功能定义
1/DC+	750V 和 125A/250A	直流电源正,连接直流电源正与电池正极
2/DC-	750V 和 125A/250A	直流电源负,连接直流电源负与电池负极
3/接地	—	保护接地(PE),连接供电设备地线和车辆底盘地线
4/S+	30V 和 2A	充电通信 CAN_H,连接非车载充电机与电动汽车的通信线
5/S-	30V 和 2A	充电通信 CAN_L,连接非车载充电机与电动汽车的通信线
6/CC1	30V 和 2A	充电连接确认 1
7/CC2	30V 和 2A	充电连接确认 2
8/A+	30V 和 20A	低压辅助电源正,连接非车载充电机为电动汽车提供的低压辅助电源
9/A-	30V 和 20A	低压辅助电源负,连接非车载充电机为电动汽车提供的低压辅助电源

感应式充电机利用了电磁感应耦合方式向电动汽车传输电能,两者之间没有实际的物理连接,充电机分为地面部分和车载部分。感应式充电机结构如图 6-7 所示。

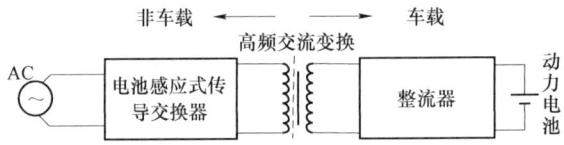

图 6-7 感应式充电机结构

目前,由于感应充电技术尚不成熟,电动汽车充电使用的多为传导式非车载充电机。非车载充电机一般采用多个电源模块进行串并联来实现大功率充电。

开关电源采用功率半导体器件作为开关,通过控制开关管的占空比来调整输出电压,原理图如图 6-8 所示。

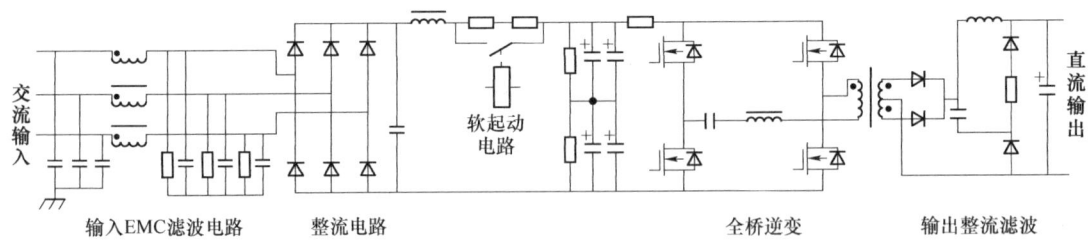

图 6-8 开关电源原理图

基本原理是通过不可控整流电路将电网电压转变为直流电压,然后通过逆变电路将直流电压转变为高频交流电,通过高频变压器进行隔离和电压转换,然后进入二次侧整流滤波电路实现直流输出。这种结构可以提高开关频率,能有效地减小电容、电感及变压器的尺寸,而且还能抑制干扰,改善系统的动态性能。

为提高变换器的变换效率,开关电源往往使用软开关技术,具有代表性的是无源开关技术和有源开关技术,主要包括 ZVS/ZCS(零电压开关/零电流开关)谐振、准谐振、ZVS/ZCS-PWM(零电压/零电流-脉宽调制技术)等。采用软开关技术可以有效地降低开关损耗和开关应力,有助于变换器变换效率的提高,而效率的提高降低了整机的温升,增加了开关电源的可靠性。

开关电源的功率器件可以是 MOSFET 和 IGBT，通常小功率下用 MOSFET，成本低、开关频率高，但 MOSFET 的通流耐压能力有限，若要实现大功率就需要多个模块并联，这就增加了成本，加大了实现难度。IGBT 通流耐压能力较强，可以用于大功率场合，但其开关频率不是很高，驱动电路复杂，成本也较高。

图 6-8 所示的开关电源有一个天然的缺陷就是输入功率因数低、谐波含量大。若直接使用此种结构，则对电网污染较大。为提高功率因数，降低谐波含量，在使用开关电源作为充电电源时往往要使用功率因数校正（APFC）技术，提高 AC/DC 变换的输入功率因数，减少开关电源对电网的谐波污染。带 APFC 电路的开关电源原理图如图 6-9 所示。

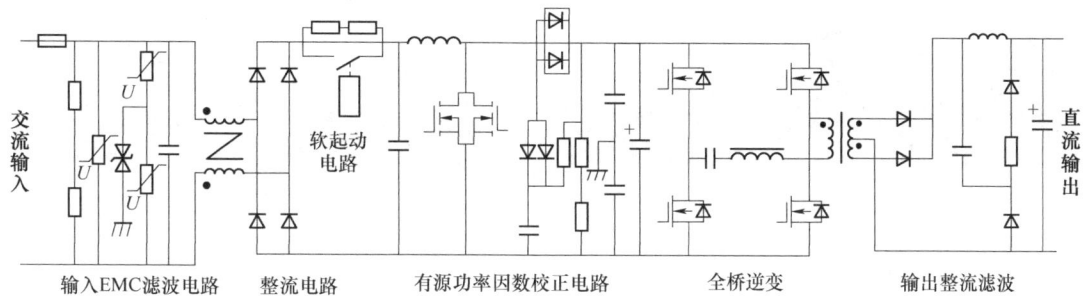

图 6-9 带 APFC 电路的开关电源原理图

随着电动汽车的大量应用，电动汽车可用作电网的分布式储能装置，在谷电期间对电动汽车充电，在峰电期间对电网进行调峰，这就对充电机提出了可进行电能双向流动控制的要求。现有的单向小功率充电机均无法满足这种要求。采用大功率元器件和先进的脉宽调制（PWM）技术控制的充电机，通过高性能 DSP 实现全数字化控制，可以实现高功率因数、低谐波、大功率，并且可以实现电能的双向流动。

6.1.3 电池更换技术

电池更换方式可以利用低谷时段给动力电池充电，同时又能在很短的时间内完成电动汽车电能补给过程，整个电池更换过程可以在 10min 内完成，与现有的燃油车加油时间大致相当；电池更换模式还可以及时发现电池组中电池单体的问题，对于电池的维护工作将具有积极意义；电池组放电深度的降低也有利于提高电池组的寿命。

我国目前对乘用车的定义：就其设计和技术特性而言，主要用于运载人员及其行李或偶尔运载物品，包括驾驶人在内，最多为 9 座的汽车。而商用车是在设计和技术特征上是用于运送人员和货物的汽车，商用车包含了所有的载货汽车和 9 座以上的客车。根据我国对商用车和乘用车的定义不同，电池更换技术也分为商用车更换和乘用车更换两种。

针对乘用车，根据电池箱在车辆中的部位，电池更换方式可分为底盘更换和行李舱更换。

在底盘更换方式中，电池箱安放在车辆底盘，与乘员厢有效隔离，没有占用行李舱储藏功能，整车重量均匀分布，前后轴负荷比例合理，可更好地满足车辆运行的技术性能指标、车辆行驶的安全性和舒适性。但底盘更换方式中电池箱的标准化难度较高，同时整车技术（或改造）难度较大。底盘更换如图 6-10 所示。

行李舱更换方式如图 6-11 所示。电池箱安放在车辆行李舱时，牺牲了整车行李舱的储藏功能，同时，电池箱没有与乘员厢有效隔离。另外，因为电池箱具有一定的重量，所以整车重心后移，使车辆运行的技术性能（尤其是爬坡）有所下降。但相比于底盘更换方式，行李舱更换方式容易实现，整车不需要太大的改造，这是它的优点。

图 6-10　底盘更换

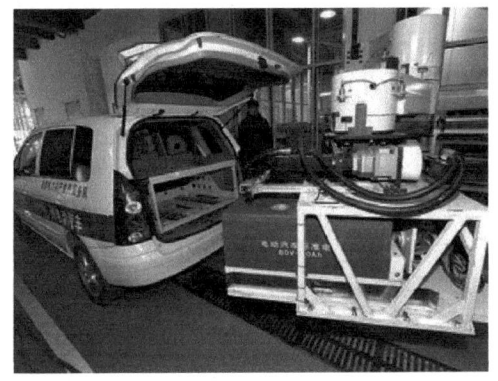

图 6-11　行李舱更换方式

操作步骤如下：

① 以半自动方式，将耗空电池组拉至助力车上。

② 180°回转助力车，将满电电池组转移至目标位置。

③ 将满电电池组推入车体，导向式插头保证位置准确及接触良好。

对于商用车的电池更换，根据车辆的结构，电池箱一般位于车辆的两侧，更换设备也是从车辆两侧对电池进行更换。因为商用车电池箱质量大，每辆车电池箱数量为 8～12 节，人工更换效率低，所以一般采用自动化更换设备来实现。

为了提高商用车电池的更换效率，缩短电池的更换时间，产生了不同模式的商用车电池更换方法，按操作步骤主要分为一步式方案和两步式方案。

① 一步式更换模式。更换设备将电池从电池架取下后旋转 180°安装在车上。更换过程中将车上电池取下，再放置到电池架上，两个动作由同一套装置完成。一步式方案下的换装设备操作简单，可靠性好，换电站整体占地面积小；但在该种换电模式下，电池充电环境开放，温度控制效果不理想。商用车电池箱一步式更换实物图如图 6-12 所示。

图 6-12　商用车电池箱一步式更换实物图

② 两步式更换模式。更换设备只负责车辆电池的取放，堆垛机只负责电池架上电池的取放，各负其责，整个电池更换动作分解为两步，因此整体系统较一步式复杂，换电站整站占地面积大，实际工程应用的技术经济性不如一步式更换模式。

两步式更换模式实物图如图 6-13 所示。

6.1.3.1 电池更换系统

电池更换系统所包含的设备是由其所需具备的主要功能所决定的,除电池箱外,还包括以下主要设备或器件:充电架、电池存储架、电池箱连接器、电池箱更换设备、电池箱检测与维护设备以及车辆导引系统等。下面分别对其进行介绍。

1. 充电架及电池存储架

充电架是指由机械、电气、通信等装置构成,用以连接非车载充电机和电池箱完成充电

图6-13 两步式更换模式实物图

过程的电池箱存放设备。电池存储架是指用于集中承载电池箱,实现电池箱安全存放的设备。

为保证动力电池箱的正常充电,充电架及电池存储架应与电池箱相匹配。同时,充电架应具有足够的机械强度以满足承载、抗振要求,并具有对电池箱的限位固定功能及导向功能。为满足动力电池箱的存储环境要求,充电架及电池存储架应具有通风装置,并且架体宜配置相应的电池温度调节装置。

2. 电池箱连接器

电池箱连接器是实现电池箱与电动汽车、电池箱与充电架之间传导式连接的专用电连接器。电池箱连接器由车载端、充电架端和电池端组成。电池箱连接器一般具有防误插的功能。由于电池箱连接器需要频繁地进行插拔操作,相关标准中规定,它在正常使用情况下的寿命不应小于10 000次。

3. 电池箱更换设备

因为电池组质量较大,更换电池的专业化要求较强,所以须配备专业人员借助专业机械来完成电池的快速更换。电池箱更换设备是指针对不同类型的电动汽车和不同标准等级的电池箱,在电动汽车和充电架之间能够实现电池箱更换的专用设备。

4. 电池箱检测与维护设备

由于目前技术的瓶颈,动力电池相对而言还是一个高损耗件,长时间使用后会出现容量严重失衡,如不及时维护处理会造成电池损坏,将不能再继续使用,这样会造成较大的浪费。使用电池检测与维护设备定期对电池进行检查和维护,可以有效预防并降低电池的损坏率,延长成组电池的使用寿命,从而提高动力电池使用的经济性。

电池检测与维护设备可测量单体电池或电池组的内阻、电压等指标数据,通过与存储的电池标准数据进行比较,即可判断电池的健康状态,并根据需要对电池组进行均衡充电等维护操作。

5. 车辆导引系统

车辆导引系统是指实现导引电动汽车至规定位置以便进行电池箱更换的装置。车辆导引系统应能够引导驾驶人将车辆按照规定路线准确停靠在指定换电位置,必要时能实现对车辆的停靠位置和姿态进行适当调整。

6.1.3.2 电池箱更换设备

电池箱更换设备是指针对不同类型的电动汽车和不同标准等级的电池箱,在电动汽车和

充电架之间能够实现电池箱更换的专用设备。简单分解来看，这一服务包括两个动作，即把用过的电池箱从车上取下和将充好电的电池箱放至车上。但这两个动作的实现过程中需要考虑诸多的因素。

① 定位技术。由于电动汽车停车的人不可控、车型一致性等因素的影响，电池箱每次停靠的位置不可能完全一致，这就需要换电机器人对电池箱的位置进行精确可靠的定位识别。

② 机器人的校正技术。可以柔性控制实现整个电池取放过程，实现 X、Y、Z 三个方向的动作调整，以适应汽车的不一致性、汽车停放过程中的偏差。

③ 机器人对电池箱的装卸技术。一般电池箱的质量都会超过 200kg，如何以一种平稳快速的方式装卸电池箱是对机器人的基本要求。

④ 电池箱的识别技术。准确识别电池箱，可以方便地电池的状态进行管理，并确保机器人的准确操作。

电池箱更换设备通过传感器技术，实现上下、左右及旋转自动对位功能，对不同停车姿态车辆的电池箱位置进行自动识别校准，可以柔性控制实现整个装卸过程，以适应不同类型的车辆。目前，主流的电池箱更换设备一般是单台集成换装和堆垛功能，这样充电架和电池箱更换设备须邻近布置，电

图 6-14　动力电池快速更换设备

池箱处在敞开的环境下，在冬季寒冷地区不利于电池充电。图 6-14 所示为充换储放一体化站使用的电池箱更换设备。

6.2　电动汽车充换电设施现状与发展趋势

充换电设施是电动汽车的重要配套设施，当电动汽车动力电池电能消耗到一定程度时，就需要使用充换电设施对其补充电能，从而满足电动汽车正常使用的要求。

电动汽车充换电设施是为电动汽车提供电能的相关设施的总称，一般包括充电站、电池更换站、集中或分散布置的交流充电桩等。电动汽车的种类和运行特点各不相同，决定了电能补给方式的多样化，也直接影响充换电设施的建设方式和功率需求。根据电动汽车电能补给模式的不同，充换电设施建设模式也各不相同，本节将详细介绍目前电动汽车充换电设施的相关内容。

6.2.1　充换电设施的需求

电动汽车充换电设施的服务对象是各类电动汽车，充换电设施必须满足不同电动汽车的电能补给需求。根据运行特点，电动汽车可以大致分为公交车、出租车、特种车辆和私家车四类，不同种类的车辆具有不同的用途，在行驶线路、行驶里程、行驶时间上会有所不同，具体的充换电需求见表 6-5。

表6-5 各种电动汽车充换电需求

电动汽车种类		充换电需求
公交车		要求一次充换电至少应满足单程运行里程,紧急情况下应能实现电能的快速补充。可利用停运时段充换电,每日需多次充换电
出租车		每日需多次充换电,且用电量变化大,停运时间段,对充换电时间要求高
特种车辆	特殊园区用车	行驶路线固定,每日需多次充换电,车辆使用频繁
	环卫、邮政车辆	环卫、邮政车辆行驶路线固定,每日需多次充换电
	公务用车	行驶路线固定,每日需多次充换电
私家车		夜间基本停运,可利用低谷时段充电,也可以选择换电

① 公交车用来满足公共交通需要,行驶线路固定,一般在首末站点建有大型停车场,夜间停运。同样由于每日行驶里程长,用电量大,一次充电难以满足一天的运行要求,为了保证车辆运营时间,需要实现电能快速补充,适宜采用电池更换为主、整车充电为辅的方式。可在停车场建设电池更换站。

② 出租车运行线路和区域具有不确定性,并且一般24h连续运营。由于每日行驶里程长,因此用电量大,一次充电难以保证当日续驶里程要求,另外停运时间短,要求能量补给时间短。出租车车型和电池型号较为统一,可以采用电池更换方式快速为车辆提供充电电源,因此可在市区适当位置建设电池更换站。

③ 环卫车、邮政车运行线路较固定,在所属单位有自己的停车场,可在单位停车场建设专用充换电站。

④ 私家车满足个人出行需要,线路、里程一般能预先估计,夜间基本停运。私家车由于搭载的电池容量小,充电功率也较小,因此充电机可安装在车上。同时一般私家车由于使用时间短,大部分的时间停放在小区停车位或单位停车场内,此时可采用交流供电装置为车辆提供交流充电电源。可在小区停车位和单位停车场建设专用交流充电桩,充分利用电网夜间用电低谷时段充电。针对私家车应急电能补充需求,可建设公共充换电设施为私家车提供快速电能补给。

6.2.1.1 充电站

1. 充电站的定义

充电站是采用整车充电模式为电动汽车提供电能的场所,主要由三台及以上电动汽车充电设备(至少有一台非车载充电机),以及相关的供电设备、监控设备等组成。充电站由配电系统、充电系统、计量计费系统、监控与通信系统、配套设施等部分组成。

2. 充电站的分类

根据配电容量及充电设备的数量,电动汽车充电站的建设规模可分为大型、中型和小型三类。

① 大型充电站。配电容量大于或等于500kV·A,具备为各类乘用车、商用车充电的能力,充电设备数量不少于10台。

② 中型充电站。配电容量大于或等于100kV·A且小于500kV·A,充电设备数量不少于3台。

③ 小型充电站。配电容量小于100kV·A,充电设备数量不少于3台。充电站效果图如

图 6-15 所示。

6.2.1.2 电池更换站

1. 电池更换站的定义

电池更换站是指采用电池更换方式为电动汽车提供电能供给，并能够在换电过程中对更换设备、动力蓄电池进行状态监控的场所。

2. 电池更换站的分类

根据功能不同，电动汽车电池更换站可分为三类：

图 6-15　充电站效果图

① 电池更换站（换电站）。可以对电池进行充电，也可以为电动汽车提供换电服务。

② 电池配送中心。对动力蓄电池集中进行充电，并为电池配送站提供动力蓄电池的场所，是电池更换站的一种特殊形式。

③ 电池配送站。通过配送方式获得动力电池，并为电动汽车提供电池更换服务的场所，是电池更换站的一种特殊形式。

根据服务的电动车辆类型，电动汽车电池更换站还可分为以下三类：

① 综合型电池更换站。同时具备商用车和乘用车电池更换及电池充电的功能，并具备辐射本地区的电池配送能力的电池更换站。

② 商用车电池更换站。具备商用车电池更换和电池充电的功能，并具备一定范围的电池配送能力的电池更换站。

③ 乘用车电池更换站。具备乘用车电池更换和电池充电的功能，并具备一定范围的电池配送能力的电池更换站。

6.2.2　充换电设施的发展现状

电动汽车充换电设施发展主要体现在智能化、标准化、便捷化方面，目前，充换电设施尚未考虑电动汽车与电网双向互动问题，对于大规模电动汽车无序充电造成的电网负荷不平衡还未进行充分的考虑。因此，为适应电动汽车的快速发展，国内外科研机构纷纷开展相关的研究工作，提升充换电设施的综合性能，在标准统一、充换电设施服务能力、参与电网互动等方面开展相关的研究。

国际电工委员会（IEC）和国际标准化组织（ISO）都在电动汽车、动力蓄电池组、电气附件等技术委员会中开展电动汽车相关标准的制定和修订工作。美国、德国、日本等国家的行业组织积极参与国际标准的制定和修订。充电接口作为连接外部供电设备和电动汽车的关键环节，受到世界及各国标准化机构的高度重视，成为目前电动汽车标准化领域的重点和热点。IEC 高度重视换电模式，计划开展换电标准编制。欧盟和美国的标准化组织已将换电标准列入充换电标准编制计划。

随着我国电动汽车推广示范工程的推进，充换电设施的发展速度也随之加快，目前我国已成为世界上投资运营充换电设备最多的国家。

6.2.3 充换电设施的发展需求和发展趋势

充换电设施建设是落实科学发展观、实施国家能源战略、落实国家节能减排任务、发展电动汽车的重要措施。充换电设施建设应为国家电动汽车推广应用提供支撑和保障。电动汽车充换电设施是电动汽车推广应用的重要基础支撑设施，是电动汽车商业化、产业化过程中的重要环节，电动汽车充换电设施建设与电动汽车发展是相互促进的。随着电动汽车规模化发展和我国智能电网建设的推进，电动汽车作为移动式储能单元，将成为智能电网的重要组成。

在电动汽车充换电设施关键技术方面，国内的相关高校、研究机构和企业开展了一系列研究工作，取得了一定的研究成果，与国外差距并不大，但是与我国电动汽车发展对充换电设施的需求还有一定差距。具体表现在以下几方面：

① 亟须开展充换电设施的规划研究。面对充换电设施的规模需求，亟须科学的规划方法编制充换电设施规划，规范充换电设施的建设。

② 亟须开展充换电设施相关设备的检测技术研究。随着充换电设施的规模化建设，充电设备的需求不断增加，研发生产单位的技术水平良莠不齐，须开展充换电设备的检测工作。

③ 亟须开展充换电设施商业运营模式和维护管理体系研究。充换电设施的商业化运营是实现电动汽车市场化推广的重要环节。目前我国充换电设施建设仍然依托示范项目，而且缺乏商业运营模式，同时充换电设施的维护管理机制还没有建立。

④ 亟须开展电动汽车充换电设施与电网协调发展的相关研究工作。大规模的充换电设施接入电网，如果随意充电，有可能造成电网"峰上加峰"，增加电网配套设施建设投入。如果结合配电网现状进行充换电设施的建设，并施行有序充电，就可以有效降低电网配套设施投入，实现电网的"削峰填谷"。

结合当前电动汽车发展现状，考虑未来发展趋势，电动汽车充换电设施建设要以满足电动汽车发展为目标，应按照"统一标准、统一规范、统一标识、优化分布、安全可靠、适度超前"的原则，综合考虑电动汽车及其动力电池的技术性能，建设具有中国特色的充换电设施，实现充换电设施与电动汽车的协调发展。充换电设施应向以下几个方向发展：

① 安全可靠。首先应保证操作人员、电动汽车用户和周围环境的安全。

② 通用便捷。通过电动汽车电力电池及其充电接口的标准化，实现充换电设施构成系列化、标准化的充换电设备，为电动汽车提供标准的充换电通用接口。

③ 经济实用。基于电动汽车发展和动力电池性能，结合配电网建设与改造，选择适合电动汽车特点的充换电基础设施，为电动汽车提供经济实用的充电服务，减少建设投入，提高社会资产效率。

④ 兼顾发展。在满足当前电动汽车充换电需要的基础上，考虑电动汽车和智能电网的发展，为电动汽车与电网的协调发展提供基础。

6.3 电动汽车与电网互动技术

电动汽车与电网互动技术（Vehicle to Grid，V2G）描述的是一种新型电网技术，电动汽车不仅作为电力消费体，同时在电动汽车闲置时可向电网回馈电能，实现在受控状态下电动汽车与电网之间的能量、信息双向互动。V2G 既解决了电动汽车大规模发展带来的充电需求问题，又可将电动汽车作为移动的、分布式储能单元接入电网，用于调峰、调频和旋转备用等，在提高电网供电灵活性、可靠性和能源利用效率的同时，减少了电网建设投资。

V2G 技术体现的是能量双向、实时、可控、高速地在车辆和电网之间流动，充放电控制装置既有与电网的交互，又有与车辆的交互。交互的内容包括能量转换、客户需求信息、电网状态、车辆信息、计量计费信息等。因此，V2G 技术是融合了电力电子技术、通信技术、调度和计量技术、需求侧管理等的高端综合应用，V2G 技术的实现将使电网技术向更加智能化的方向发展，也将使电动汽车技术的发展获得新突破。

1. 平抑负荷峰谷

在城市中，尤其是大型城市，电网峰谷负荷差会很大。每天电网负荷高峰时段需要有足够容量的电厂来调节负荷变化，在低谷时就会闲置很多容量。由于私家电动汽车绝大多数时间处于停驶状态，这就为电动汽车作为分布式移动储能单元提供了可能性。使用 V2G 可以实现在负荷低谷时给电动汽车充电，从电网吸收功率，而在负荷高峰时电动汽车通过逆变装置将电能回馈给电网，向电网输送功率。这样能够减少电网在备用容量上的投资，减小电网峰谷差，取得经济效益。

在国家节能减排和新能源汽车的政策支持下，采用 V2G 平抑负荷峰谷具有显著的社会效益。在经济方面，充分利用闲置的电动汽车储能能力，鼓励用户使用 V2G，一方面可以抵消用户使用电动汽车的部分费用，另一方面可以减少国家建设调峰电源的巨额投资，具有明显的经济效益。

2. 对频率做出响应

频率的变化也反映负荷的变化，同时也必须通过调整频率保证满足系统功率和负荷平衡。V2G 能实现在非高峰时段自动充电，在高峰时段放电，替代效率较低的调频电厂（一般的火电厂在接到调频信号后，需要一定的启动时间。而高性能车载动力电池对信号的反应速度是毫秒级的）。

电动汽车放电时可看作一种分布式电源，可用功率及可用时间都有很大的不确定性，但是，当使用 V2G 的车辆达到一定的数量时，对于一个整体来说少量车辆的退出，不会影响 V2G 总的可用功率。有研究表明，90% 的车辆都可以参加调频服务，即使在交通的最高峰点也有 80% 多的车辆是停着的，即可以参加调频服务；而且对于私家车，一天当中只有 4% ~ 5% 的时间是使用状态，即有 95% 的时间可以参加调频服务。当电动汽车规模化应用时，利用 V2G 模式实现调频功能将在一定程度上提高电网调频效率。

3. 用作应急电源

当交流电源（市电）出现干扰或中断时，V2G 能保证对负载不间断地供电，确保关键负载连续正常运行，从而节省应急供电装置的投资，而且其可靠性高，并可以根据实际情况来选择需要的容量或采用并联方式扩大容量，这样就可以使更多的设备受到保护。

当电动汽车规模化应用时，如旅游景点大型停车场、居民社区停车场等地方可以利用电动汽车放电，作为紧急情况下的备用电源使用，为景点电力设备及居民住宅提供足够的电能，为电网维修和恢复提供足够的时间，能够在一定程度上提高供电可靠性。

4. 为新能源接入平抑扰动

新能源发电具有较大的波动性，会对电网平稳运行形成较大冲击。以风力发电和光伏发电为例，风能、太阳能都是清洁能源，但从电网角度来看，风能、太阳能的波动性和随机性实际上会对电网供电质量产生不利影响。电网在接纳这些电能时要对这种波动进行调节，这时 V2G 就可以作为备用容量对新能源接入所产生的扰动进行平抑，减少火电或其他常规机组的备用容量。

总体而言，电动汽车规模化应用后，电网操作者可实时或在预定时间有目标地部署和调整资源，从而实现最优化的充放电模式。

6.3.1 电动汽车与电网互动框架

目前，我国正在建设以特高压电网为骨干网架，各级电网协调发展，以数字化、自动化、互动化为特征的坚强智能电网。配电网和用户则是智能电网建设的重要层面，智能电网具有完整的信息架构和基础设施体系，配电网中的每一节点和用户都可得到全面的监控，通过广泛应用的通信与自动控制装置保证电网和用户端信息的双向流动，实现电网和用户间的实时互动。未来电动汽车将广泛分布在低压配电网中，V2G 不仅意味着电动汽车将储存的能量回馈到电网，更包含电动汽车与电网之间的互动关系，即在电动汽车用户的有效参与下，电网通过一定的控制和引导手段，改变电动汽车的电力需求方式，达到改善发电设备利用水平、提高电网稳定性和可靠性、改善供电电能质量等目的。电动汽车与电网的互动包括：

① 信息的双向流动。电网可以获得电动汽车的充放电功率、动力电池荷电状态、计量计费等信息，电动汽车也可接受来自电网的电价信号、控制命令等。电动汽车用户可根据自身的行程安排和当前的电价情况做出响应。

② 能量的双向流动。在保证用户安全和电网正常运行条件下，电动汽车除了从电网获得电能外，还可向电网回馈能量。在 V2G 规模应用下，电动汽车作为分散式储能装置，将成为电网运行控制的有机部分，为电网提供各种有价值的服务。

智能电网为电动汽车与电网间的互动提供了硬件平台和信息通道。智能电网将为 V2G 提供应用平台，而 V2G 的规模化应用也正是配电网智能化的重要组成部分。电动汽车作为电网能量系统的有机组成，可提高电网的安全性、稳定性、可靠性和经济性。V2G 应用不仅使电动汽车"无序"充电变为"有序"充电，更可利用动力电池储能功能对电价做出响应或向电网提供服务为电动汽车用户带来经济收益。图 6-16 给出了电动汽车与电网互动的运行场景。

电动汽车与电网互动技术的发展和应用受到电动汽车规模、动力电池性能、通信技术、电网控制和保护策略、电力市场准入制度、电价制定准则等技术层面和政策层面众多因素的制约，需要解决从基础理论、标准体系、互动技术、支撑技术、互动设备与系统到互动验证与应用等一系列问题。图 6-17 给出了电动汽车与电网互动的技术框架。

6.3.2 电动汽车与电网互动关键技术与设备

实现电动汽车与电网的能量和信息交换，涉及硬件系统、软件系统、通信系统和商业运营模式四方面的内容。其中，硬件系统包括实现动力电池能量转换的充放电装置、保证电动

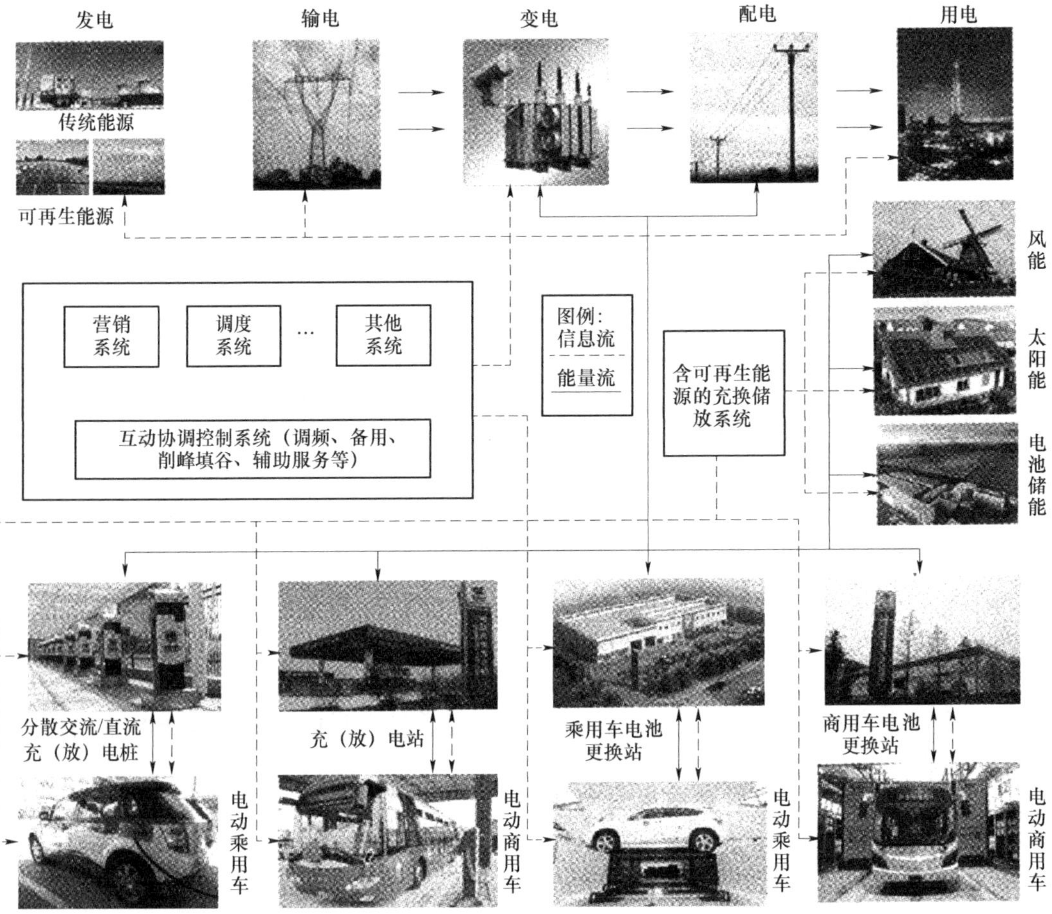

图 6-16 电动汽车与电网互动的运行场景

汽车和所接入电网运行安全的并网装置、双向计量计费装置、智能车载终端等。

1. 充放电装置

电动汽车动力电池与电网之间的能量转化需要进行交直流电的变换。可选用的一种方案是利用电动汽车电动机驱动系统的逆变器，加以必要的控制电路进行改造。目前能实现这一方案的只有 AC Propulsion 的 AC-150 系统，如图 6-18 所示。该种方案便于实现电动汽车与电网间以较大功率交换，避免使用专门的充放电装置，节约设备成本，但在与电网交互过程中，驱动电动机并没有断电，可能存在一定的安全风险。

另一种方案是通过独立的充放电装置将电动汽车接入电网，包括车载和非车载充放电装置。典型的充放电装置的拓扑结构由 PWM 整流 + 双向 DC/DC 变换器构成，如图 6-19 所示。

充放电装置为非线性设备，其谐波水平、电压闪变等都应满足一定限制，此外充放电装置的转换效率一定程度上影响电动汽车与电网间能量转换的经济性。目前研究方向为高转换效率、低谐波发射水平、低电磁干扰，同时可以实现灵活的四象限控制，其中软开关技术和各种控制策略是研究的重点。

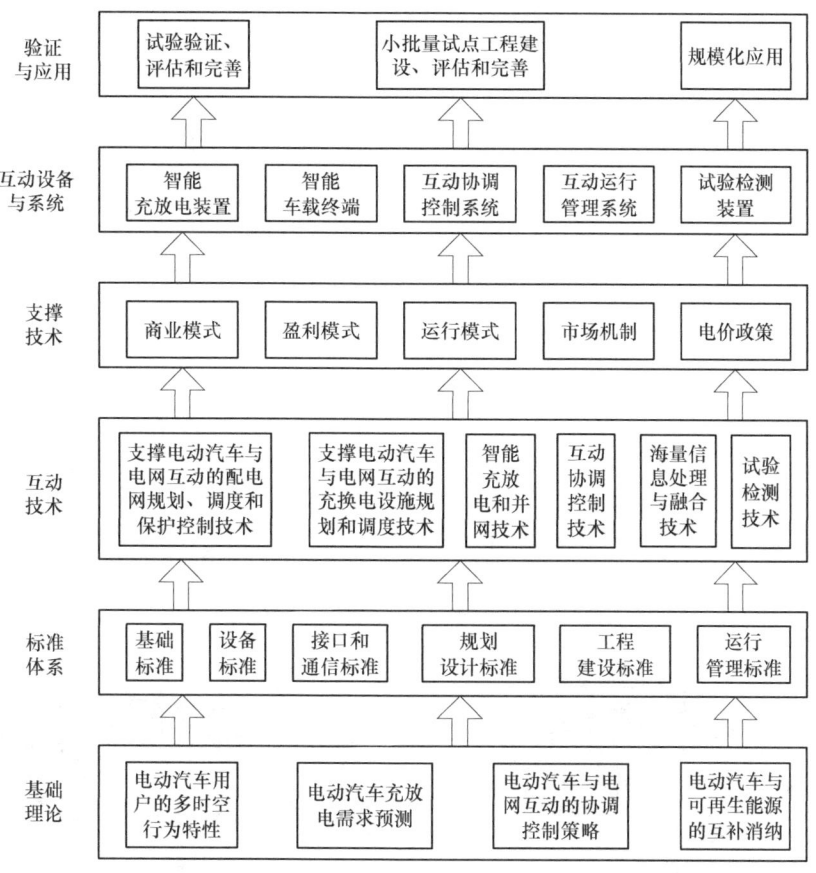

图 6-17 电动汽车与电网互动的技术框架

2. 智能量测和通信系统

在 V2G 应用下，电动汽车根据电网实时电价进行充放电，需要对电动汽车与电网之间的能量转换进行双向计量计费，并可将数据信息发送至数据中心存储，以便电网和电动汽车用户对充放电进行管理和查询。更高层级的应用还需要向电网传达用户信息并接受电网的控制指令，因此需要建立双向的通信系统。

（1）利用智能电网高级量测体系

高级量测体系（Advanced Metering Infrastructure，AMI）是智能电网的关键技术之一。AMI 包括智能电能表、计量数据管理系统及相应通信网络，如图 6-20 所示。

在该体系下，用户通过用户室内网（HAN）将包括电动汽车在内的家用电器与智能电能表连接起来，使用户能根据电网需要进行响应。

（2）通过车载智能量测装置

有一种方案是将电动汽车与电网的互动限制在住宅等具备 AMI 的区域。电动汽车也能通过不具备 AMI 的公共充电设施接入电网。此时，电动汽车需要告知电网其用户身份、所处位置、充电功率等级等信息，电网也需将电价、充电功率限制等信息告知电动汽车用户，解决方法是在车内安装具有 GPS 功能的智能量测装置，通过有线或无线方法与电网进行通信。通信方案有电力载波、以太网、Zigbee、移动蜂窝网等。这种方式可以使电动汽车在

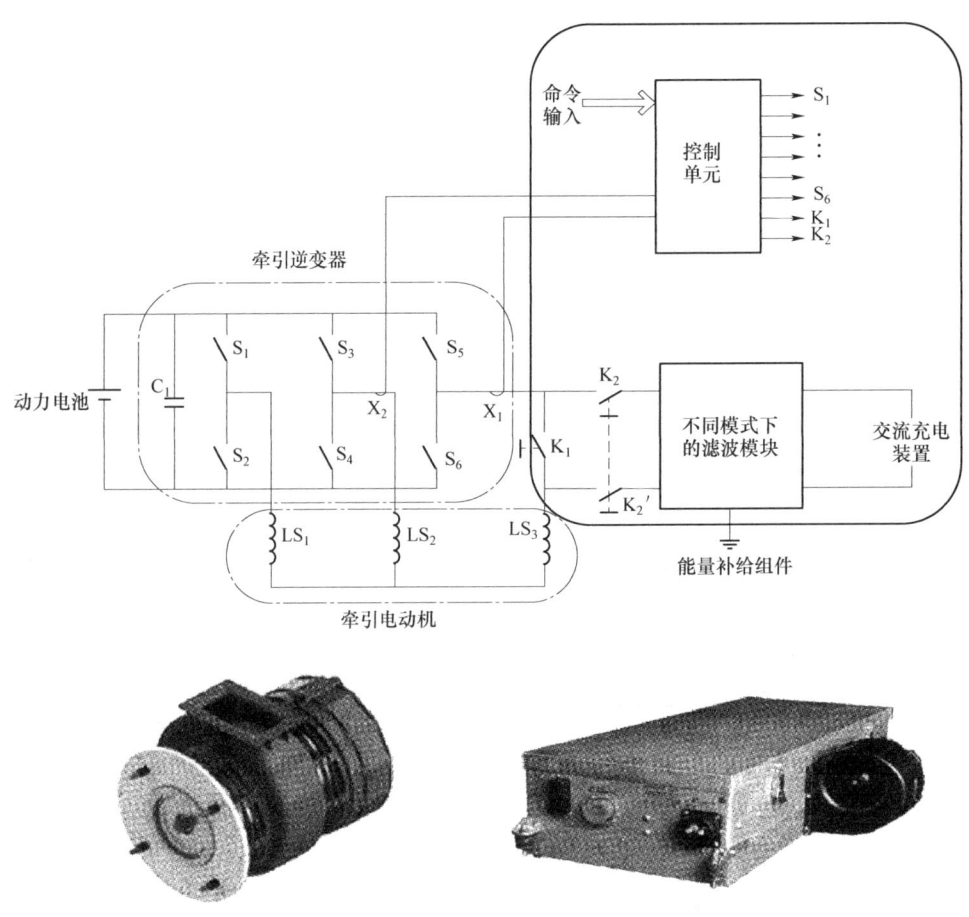

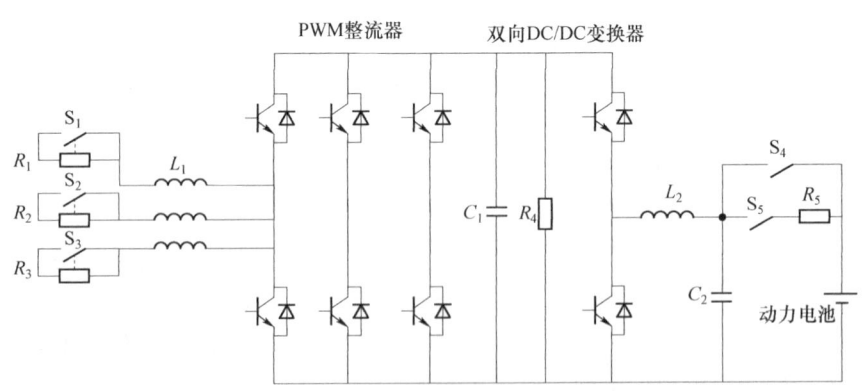

图6-18 AC-150驱动系统

图6-19 PWM整流+双向DC/DC变换器构成的充放电装置

"漫游"情况下,依然可以实现与电网的互动,并得到统一的计量计费。在这种方式下,无需对电网的计量装置进行改造,更有利于V2G的推广应用。

3. 电动汽车与电网互动的控制策略

目前,电网的调度运行并未考虑分散的发电和储能设备。电动汽车规模化应用后,数量庞大,分布广泛,一种方法是通过电价信号对电动汽车充放电进行间接的引导,另一种可行

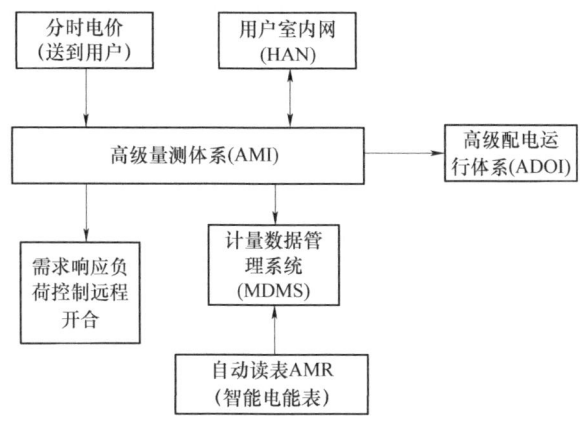

图 6-20 智能电网高级量测体系

的办法是将一定数量的电动汽车集合起来再与电网进行交互。相应的控制策略涉及电动汽车用户、聚集管理员（Aggregator）和电网调度三方，以及这三方之间的协调运行。

（1）基于用户层面的控制策略

基于用户层面的控制策略涉及用户行驶需求、用电成本、电池循环寿命损耗等方面。如基于电价信号的充放电策略，电动汽车用户跟随电网发布的实时电价信息进行充放电控制，以获得最大收益为目标。当售出电价高于用户的买入电价时，用户可选择将电动汽车存储的电能回馈给电网。

（2）基于聚集管理员的控制策略

基于聚集管理员的控制策略，涉及电动汽车的管理者如何对其服务的电动汽车用户进行协调管理。如在向电网提供辅助服务时，怎样考虑各用户的充电需求。

（3）基于电网调度运行的控制策略

基于电网调度运行的控制策略涉及 V2G 的应用层面，即电网如何利用电动汽车的充放电进行整个电网的优化运行，包括削峰填谷、扩大可再生能源接入、提高稳定性等方面。在电动汽车与分布式电源大规模接入电网后，电网的调度运行结构将发生根本性的转变，如何将电动汽车和分布式电源纳入整个电网的能量体系，对电网的经济性、稳定性进行优化，也是未来智能电网应用的一大课题。

此外，电动汽车与负荷、分布式电源相结合构成的微电网也是目前研究的方向之一。当电网发生故障时，进入孤岛运行，电动汽车充当系统中的储能装置，辅助波动的可再生能源发电，维持孤岛中电压、频率的稳定，此时需要对该模式下电动汽车的充放电控制策略进行设计。微电网在并网和孤岛运行的无缝连接，电网对微电网的兼容和协调控制都是有待研究的内容。若同时考虑电动汽车在微电网中的应用和电动汽车在整个电网能量体系的应用，整个系统将变得更加复杂。

4. 电动汽车与电网互动的商业模式

（1）基于充电站的层级管理模式

电动汽车通过公共充电站接入电网，可采取多级结构进行层级控制，底层为以单台车辆为基本单元的充电站，最高级的管理平台与电网进行直接的交互，即统一调度、分级管理的方式，如图 6-21 所示。各充电站对其下的车辆进行能量管理和分配，电网对各个充电站进行层级管理。在该模式下，充电站管理平台负责各用户需求的管理，同时接受电网的命令，根据电网需求做出响应。

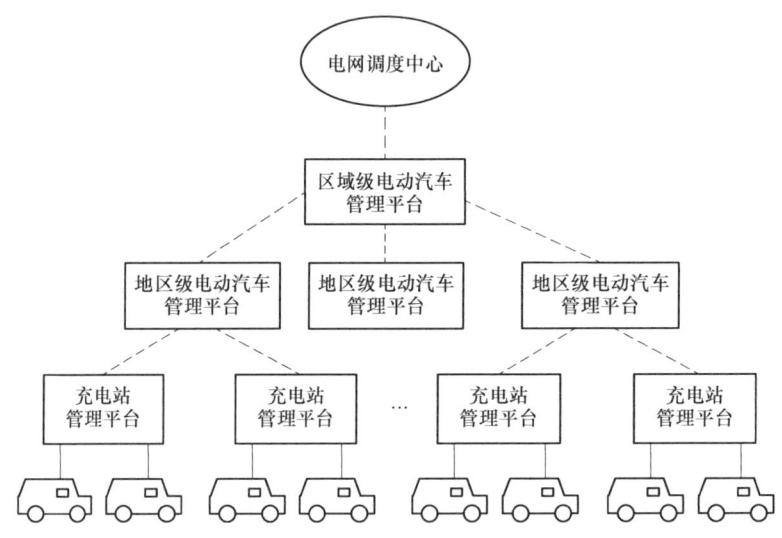

图 6-21　基于充电站的层级管理模式

（2）通过已有商业模式对分散的电动汽车进行管理

在该模式下，电动汽车分散地接入电网，利用已有的商业关系对电动汽车的 V2G 运行进行管理。如电力零售公司从电力市场批量购买电力再卖给其用户。在 V2G 应用下，电力零售公司可从成百上千个电动汽车购买电力，以兆瓦级销售给电力市场，电力零售公司以净用电量向用户收取费用，并给予一定经济补偿，以激励用户将电动汽车接入电网。

（3）通过第三方运营商对电动汽车进行集中管理

该模式类似于第二种商业模式，该第三方运营商为独立单位，专门对电动汽车充放电进行集中管理。该第三方可能是电信运营商、汽车制造厂商等。

6.3.3　电动汽车参与电网互动的经济性及其影响因素

6.3.3.1　电动汽车与电网互动的经济性

规模化电动汽车参与电网互动后，可以有效实现电网削峰填谷、调频调压，提高电网运行效率，节约电网企业运行成本。此外，电动汽车用户可以获得电网峰谷电价差及参与调频的费用，获得额外收益。因此，电动汽车与电网互动后，可以使双方达到互惠共赢的目的，实现经济利益的最大化。

1. 电动汽车用户参与互动的经济性

电动汽车用户包括私人用户和集团用户。集团用户主要包括公交、公司用户等，公司用户和私人用户的运行规律接近。私人用户每天的平均运行时间不超过 5h，运行时段一般在 6:00～8:30 及 17:00～19:00，每天有 19h 以上的停驶时间。公交车等车辆的运行时段一般在 5:30～21:00，每天有 8h 以上的停驶时间。因此电动汽车有足够的时间参与和电网之间的互动。

考虑到随着电动汽车的发展，私人电动汽车用户将是电动汽车用户的主流，因此以此类用户为例进行经济性分析。电动汽车用户利用车辆的相对闲置时间段,参与电网的峰谷平衡和电网调频,获得电网的峰谷电价差及参与调频的费用,从而使电动汽车用户获得额外的收益。

电动汽车用户参与削峰填谷的经济性分析。以一般私人用户使用汽车的规律为例,一般早晚上下班为车辆使用高峰时段,根据相关资料统计显示 8:30~11:30 以及 13:00~18:00 是车辆相对闲置的时间,这个时间段也恰和电网负荷的峰谷时段相匹配,见表6-6。

表6-6 不同时段电动汽车状态和电网负荷的统计数据

时间	电动汽车状态	电网负荷	电网是否需要进行峰谷调控	EV 是否可以参与峰谷调控
8:00~8:30	使用	中	否	否
8:30~11:30	停放	上午高峰负荷	是	是(放电,补充峰时电力供应)
11:30~13:00	使用	中	否	否
13:00~18:00	停放	下午高峰负荷	是	是(放电,补充峰时电力供应)
18:00~18:30	使用	中	否	否
18:30~21:00	停放	晚间高峰负荷	是	是(放电,补充峰时电力供应)
21:00~次日 8:00	停放	夜间低谷负荷	是	是(充电,填平负荷低谷)

用户在电网负荷高峰期对电网放电,即向电网进行售电,获得收入;而利用夜间或其他负荷低谷时段进行充电,即从电网购电。由于电动汽车必须保证一定的电量行驶,也就决定了电动汽车售出的电量必然要小于购买的电量,在此前提下,用户要获得收入就必须依赖于电价采用峰谷机制或实时电价机制。

实践表明,用户参与调频调压服务的收益不但和电动汽车参与调频调压服务的在线用量、在线时间有关,也与实时电价、电池的循环寿命、充放电效率等密切相关。

2. 电网参与互动的经济性分析

从电网方面看,应用电动汽车与电网互动技术,电动汽车作为分布式储能单元参与电网备用、调频调压等服务,有助于降低电网峰谷差,提高销售电量,减少调频电厂等建设的投资,提高电网的运行效率。

(1)电动汽车参与电网削峰填谷的经济性

以某地区 2010 年 1 月 1 日的用电负荷为例,图 6-22 给出了该地区当天的负荷曲线,当日该地区电网用电负荷的峰谷差为 192.21MW,按每辆电动汽车动力电池容量为 20kW·h,25% 的容量参与削峰填谷,充电和放电功率均为 5kW 计算,只要有 19 221 辆电动汽车参与削峰填谷,就可以完全补偿该日的峰谷差,节约电力公司的大量成本。

(2)电动汽车参与电网调频调压的经济性

大规模电动汽车可虚拟为调频电厂,参与电网调频。参与调频主要靠控制系统内所有发电机组输入功率总和(等于系统内所有用电设备在额定频率时所消耗的有功功率总和)实现,包括机组和电网损耗。应用电动汽车与电网互动技术,电动汽车可参与系统的调频服务,降低用户功率需求,从而达到调频的效果。

目前机组参与一次调频,最大可额外输出 6% 左右的功率,一般可输出 3% 左右的调频功率。按一台 300MW 的机组,每次调频一般能输出 10MW 的调频功率计算,若要达到与

图 6-22 某地区 2010 年 1 月 1 日全天用电负荷曲线

300MW 机组相同的调频效果，按每辆电动汽车输出 5kW 的功率计算，2000 辆电动汽车同时参与调频服务就可达到与 300MW 机组进行调频的效果，从而可延缓或节约大量调频电厂建设的费用。

6.3.3.2 电动汽车与电网互动经济效益的影响因素

电动汽车用户参与削峰填谷、调频调压服务后，将与电网实现有效互动，产生一定的经济效益。研究电价机制、电池成本以及市场运作机制和电动汽车用户参与积极度之间的相互影响关系，可以使电网企业和电动汽车用户达到互利共赢，实现经济效益的最大化。

1. 电价机制和电池成本是电动汽车和电网互动经济效益的主要影响因素

前文的分析结果表明，电动汽车用户参与电网互动，电价机制是影响互动效益的重要因素，适当的峰谷电价、实时电价，以及参与调频调压的在线容量价格、市场电价是进行电动汽车与电网互动的经济基础。另外，电池的循环寿命、电池容量、充放电的转换效率等则是影响电动汽车互动成本的重要因素。通过对价格机制的研究和不断完善，结合国家的相关激励政策，将能达到电动汽车用户和电网企业之间的互利共赢收益之间的平衡，并实现电动汽车用户和电网企业利益的最大化。

2. 市场运作机制是电动汽车与电网互动经济效益的实现方式

建立基于灵活价格机制的市场运作模式，实现电动汽车私人用户、集团用户、电网公司和运营商之间的市场合作，实现参与方的利益分享机制，保障参与方的利益和参与积极性，是电动汽车与电网互动运行经济效益能否实现的基础。

3. 电动汽车用户参与积极性是电动汽车与电网互动经济效益的保障

电动汽车与电网互动必须建立在电动汽车用户广泛参与的基础上，参与互动的电动汽车数量是互动效益能否有效取得的关键因素，也决定着电动汽车与电网互动的实现能力和实现效果。同时，电动汽车用户的参与积极度反过来也会影响价格机制和市场运作机制。

6.3.4 电动汽车与电网互动技术发展面临的挑战

V2G 系统的复杂程度与其应用层面有关，根据电动汽车规模和动力电池技术水平的发展，V2G 的应用层面也不同，如改善负荷曲线、负荷管理、辅助服务、微电网、与可再生能源发电协调运行等。将电动汽车纳入电网能量管理体系，与可再生能源发电协调运行，优化能源效率，参与电网调度，促进电网的安全性、稳定性、可靠性和经济性是 V2G 应用的

最终目标。实现该目标需要在电动汽车和电网之间建立双向通信体系,设计管理结构和控制策略,面临的挑战主要存在以下五个方面:

① 为各厂商的产品建立统一通信协议,便于与电网进行交互。各个制造商充电设备的通信接口和协议各不相同,将为电网对电动汽车的统一调度带来阻碍。

② 建立电动汽车与电网之间的快速可靠,实现实时控制。电动汽车在地理位置上具有很大的分散性,同时数量庞大,建立完整的通信网络需要大量投资。通信的速度和可靠性也是决定 V2G 应用的关键因素。

③ 对电网能量管理系统(Energy Management System,EMS)/配电管理系统(Distribution Management System,DMS)的扩展。现有 EMS 软件不对低压节点进行建模,将数目庞大又分散的电动汽车纳入电网的调度管理,将给 EMS 各应用软件的计算带来很大难度,如最优潮流计算、经济调度等。DMS 配电管理系统还将面临大量的计费、计量工作。

④ 需要成熟的电力市场环境。在 V2G 应用下,电动汽车根据电网需求进行充放电,需要合理的电价制定机制。同时电动汽车可能通过一定集成管理向电网提供辅助服务,确定集成管理者的角色,提供准入政策,也是促进 V2G 应用的条件。

⑤ 与现有配电网控制和保护策略的协调。在 V2G 规模应用下,负荷潮流可能变化较大,使线网上的电压幅值发生较大变化,给电压调节带来困难。电动汽车接入电网后,配电网可能出现双向潮流,短路电流也发生变化,原有保护装置不能正常运行。

以上所述挑战也是建设智能电网中可能面临的问题,V2G 是电动汽车在智能电网背景下的应用,同时也是智能电网的重要组成部分。V2G 应用与电网的智能水平密切相关,与智能电网相互促进,共同发展。

课后习题

1. 电动汽车电能供给方式主要有哪些?具体指什么?
2. 对于整车充电技术,根据充电时间的长短可分为交流慢充和直流快充两种,试分析两种方式的优缺点。
3. 非接触充电方式的类型主要有哪些?工作原理是什么?
4. 电动汽车充换电设施中的充电站与电池更换站的定义是什么?具体是如何分类的?
5. 电动汽车与电网互动技术(Vehicle to Grid,V2G)的应用可以带来哪些好处?
6. 简述电动汽车与电网互动技术发展所面临的挑战。

第 7 章

新能源汽车的其他关键技术

电动汽车的三大核心技术在第 5 章中已详细介绍，本章主要介绍有关新能源汽车的其他关键技术，包括匹配与集成技术、整车辅助系统技术、整车安全技术、电磁兼容技术、轻量化技术、试验与评价技术等。

7.1 匹配与集成技术

7.1.1 动力系统匹配的基本原则

1. 整车功率匹配基本原则

新能源汽车的整车总功率要求确定原则与传统汽车相似，都是根据整车的动力性来确定。汽车的动力性指标包括最高车速 v_{max}、加速时间 t 及最大爬坡度要求 i_{max}。

根据最高车速 v_{max} 确定最大功率 P_{max1} 为

$$P_{max1} = \frac{v_{max}}{3600\eta_t}\left(mgf + \frac{C_D A v_{max}^2}{21.15}\right) \tag{7-1}$$

式中，η_t 为整车动力传动系统效率；m 为整车总质量，单位为 kg；g 为重力加速度，取值为 9.8m/s²；f 为滚动阻力系数；C_D 为汽车空气阻力系数；A 为汽车正面迎风面积，单位为 m²。

根据爬坡性能确定最大功率 P_{max2} 为

$$P_{max2} = \frac{v_i}{3600\eta_t}\left(mgf\cos\alpha_{max} + mg\sin\alpha_{max} + \frac{C_D A v_i^2}{21.15}\right) \tag{7-2}$$

式中，$\alpha_{max} = \arctan(i_{max}/100)$；$v_i$ 为汽车爬坡速度。

根据加速性能来确定动力装置的总功率。汽车起步加速过程中的速度可以表示为

$$v = v_m\left(\frac{t}{t_m}\right)^x \tag{7-3}$$

式中，x 为拟合系数，一般为 0.5 左右；t 为加速过程时间，单位为 s；t_m 为起步加速过程总时间，单位为 s；v_m 为起步加速过程的最终车速，单位为 km/h。

假设整车在水平路面加速，根据整车加速过程动力学方程，其瞬态过程总功率 P_{all} 为

$$P_{all} = P_j + P_f + P_w = \frac{1}{3600\eta_t}\left(\delta mv \frac{dv}{dt} + mgfv + \frac{C_D A v^3}{21.15}\right) \quad (7\text{-}4)$$

式中，P_{all} 为加速过程总功率，单位为 kW，是加速功率 P_j、滚动阻力功率 P_f 与空气阻力功率 P_w 之和；δ 为汽车旋转质量换算系数（$\delta > 1$）。

整车在加速过程的末时刻，动力源输出最大功率，因此，加速过程最大功率 P_{max3} 为

$$P_{max3} = \frac{1}{3600 t_m \eta_t}\left[\delta m \frac{v_m^2}{2} + mgf \int_0^{t_m} v_m\left(\frac{t^{0.5}}{t_m^{0.5}}\right)dt + \frac{C_D A}{21.15}\int_0^{t_m} v_m^3\left(\frac{t^{1.5}}{t_m^{1.5}}\right)dt\right] \quad (7\text{-}5)$$

式中，dt 为设计过程中的迭代步长（s），通常取 0.1s 便可满足精度要求。

根据上述三项动力性指标计算的各工况最大功率，动力装置总功率 P_{total} 必须满足

$$P_{total} \geqslant P_{max} = \max(P_{max1}, P_{max2}, P_{max3}) \quad (7\text{-}6)$$

2. 传动系统匹配基本原则

在电机输出特性一定时，传动系统传动比如何选择，依赖于整车的动力性指标要求，即电动汽车传动比的选择应该满足汽车最高期望车速、最大爬坡度以及对加速时速的要求。

（1）传动系统传动比的上限

传动系统传动比的上限由电机最高转速和最高行驶车速确定。

$$\sum_{min} i \leqslant \frac{0.377 r n_{max}}{u_{max}} \quad (7\text{-}7)$$

（2）传动系统传动比的下限

传动系统传动比的下限由下述两种方法算出的传动系统速比的最大值确定。

由电机最高转速对应的输出转矩和最高行驶车速对应的行驶阻力确定传动系统传动比下限为

$$\sum_{max} i \geqslant \frac{r}{\eta_t T_{umax}}\left(mgf + \frac{C_D A v_{max}^2}{21.15}\right) \quad (7\text{-}8)$$

式中，T_{umax} 为电机最高转速对应的输出转矩。

由电机的最大输出转矩和最大爬坡度对应的行驶阻力确定传动系统传动比下限为

$$\sum_{max} i \geqslant \frac{r}{\eta_t T_{max}}\left(mgf\cos\alpha_{max} + \frac{C_D A v_i^2}{21.15}\right) \quad (7\text{-}9)$$

式中，T_{max} 为电机最大输出转矩。

3. 储能系统匹配基本原则

动力电池是电动汽车的关键部件之一。电动汽车动力电池系统的参数匹配主要包括电池的类型、电池组的数目、电池组容量、电池组电压等参数的选择。

（1）动力电池匹配原则

动力电池类型的选择要符合电动汽车的运行要求，电动汽车要求动力电池具有较高的比能量和比功率，以满足汽车的续驶里程和动力性的要求，同时也希望动力电池具有与汽车使用寿命相当的充放电循环寿命，拥有高效率、良好的性价比以及免维护特性。

动力电池的电压等级要与电机电压等级相一致且满足电机电压变化的要求。同时，因为电动空调、电动真空泵和电动转向助力泵等附件也消耗一定的电能，所以电池组的总电压要大于电机的额定电压。

动力电池一般有能量型与功率型两种，为满足电动汽车的行驶要求，采用能量型电池匹

配时主要考查电池的能量,即电池应具有较大的容量,以增加车辆的续驶里程。电池容量与其功率成正比,容量越大,其输出的功率越大,所以其输出功率均能满足整车电池系统的要求。因此,主要根据其续驶里程来确定电池容量,确定的电池容量还应符合市场现有产品的标准,并通过对现有产品反复验证进行设计。

(2) 动力电池组参数匹配

① 动力电池组类型选择。目前可用于电动汽车的动力电池主要有铅酸电池、镍氢电池、锂离子电池和燃料电池。其中锂离子电池由于其高能量和充放电速度快等优越性能得到越来越多的关注,是目前市场前景最好的一种产品。

② 电池组数目的确定。电池组数目必须满足电动汽车行驶时所需的最大功率和续驶里程的要求。

满足电动汽车行驶时所需的最大功率要求的电池组数目为

$$n_P = \frac{P_{emax}}{P_{bmax}\eta_e\eta_{ec}N} \tag{7-10}$$

式中,P_{emax}为电机的峰值功率,单位为kW;η_e为电机的工作效率;η_{ec}为电机控制器的工作效率;P_{bmax}为电池最大输出功率,单位为kW;N为单电池组所包含的电池的数目,单位为组。

满足电动汽车续驶里程要求的电池组数目为

$$n_x = \frac{1000SW}{C_s V_s N} \tag{7-11}$$

式中,S为续驶里程,单位为km;W为电动汽车行驶1km所消耗的能量,单位为kW·h/km;C_s为单节电池的容量,单位为A·h;V_s为单节电池的电压,单位为V。

电池组数目为

$$n = \max\{n_P \quad n_x\} \tag{7-12}$$

③ 电池组容量。电池组容量为

$$E_B = \frac{U_m C_E}{1000} \tag{7-13}$$

式中,E_B为电池组能量,单位为kW·h;U_m为电池组电压,单位为V;C_E为电池组容量,单位为A·h。

动力电池能量应满足以下条件:

$$E_B \geq \frac{mgf + \frac{C_D A v_i^2}{21.15}}{3600 \times DOD \eta_t \eta_{mc} \eta_{dis}(1-\eta_a) U_m} S \tag{7-14}$$

式中,η_{mc}为电机效率;η_{dis}为电池组放电效率;η_a为汽车附件能量消耗比例系数;DOD为动力电池放电深度。

7.1.2 动力系统集成技术

集成技术是新能源汽车的关键技术之一,动力系统的集成关系到新能源汽车的动力性、经济性等方面,是集成技术的重要部分。本书主要以本田IMA混合动力系统和通用的双模混合动力系统为代表来介绍动力系统的集成。

7.1.2.1 本田 IMA 混合动力系统

本田汽车公司的混合动力汽车采用的是并联式混合动力系统（见图 7-1），动力以发动机为主，结构设计简单，布置紧凑，质量较小。

1997 年，本田开发出第一代 IMA（Integrated Motor Assist）混合动力系统，并在 1999 年搭载于美国销售的 Insight 车型上，这使本田成为第一个在美国销售混合动力车型的公司。2003 年，第二代 IMA 系统问世，并应用在 Civic 车型上。随后，本田的第三代 IMA 系统出现在 Accord 车型上，第四代 IMA 系统用于 Civic 车型上。IMA 系统现在已经有了第五代（见图 7-2），目前本田公司已经拥有 Civic、Insight、CR - Z 和 Fit 等多款混合动力车型。

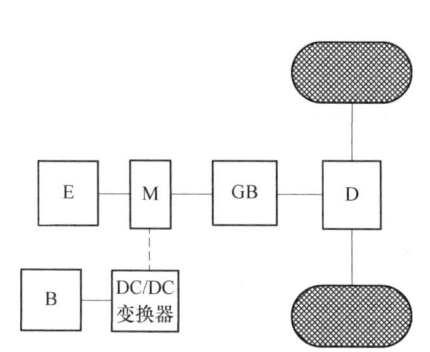

图 7-1 并联式混合动力系统
E—发动机　M—电机　B—动力电池　GB—变速器　D—差速器

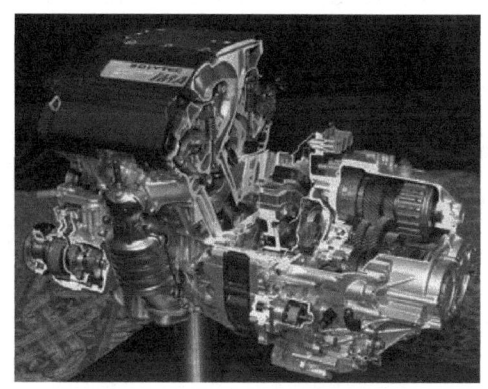

图 7-2 IMA 系统结构实物局部剖开图

1. IMA 系统的基本构成

本节以第四代 IMA 系统为例，介绍其基本构成。如图 7-3 所示，该系统主要由发动机、电机、无级变速器（Continuously Variable Transmission，CVT）、智能动力单元（Intelligent Power Unit，IPU）等组成。

（1）发动机

IMA 用发动机主要通过三项技术降低油耗，即可变气门正时和升程控制技术（Intelligent - Variable Valve Timing and Lift Electronic Control，i - VTEC）、双火花塞顺序点火技术（i - DSI）和可变气缸管理技术（VCM）。

图 7-3 IMA 系统的主要构成

i - VTEC 系统是利用进气凸轮轴上的主凸轮、次凸轮和中间凸轮及对应的三套摇臂机构组合控制同一缸内的主、辅两个进气门的升程，并通过液压作动器调节进气凸轮轴的相位，实现可变正时控制（VTC），实时获得最佳的配气相位。

i - DSI 系统是在一个气缸上安装两个火花塞，分别设在进气侧和排气侧，缩短了燃烧室内火焰传播时间，实现了全域范围内的急速燃烧，使得大幅度提高压缩比成为可能。本田独有的双火花塞连续控制系统是根据发动机转速和负荷状况实时控制的，发动机低速运行时，燃烧室内温度较低的进气侧先点火，以促进燃烧，降低油耗；高速运行时两处同时点火，通过加快燃烧速度提高功率。

VCM 系统可实现四个气缸全部停缸，由于 IMA 系统的电机与发动机曲轴连接，发动机需要在车辆减速时提供尽可能少的阻力，使电机能够更高效地给电池充电。此外，VCM 系统还可以减小发动机起停时的冲击。

（2）电机

IMA 电机为三相超薄永磁同步电机，安装在发动机和 CVT 之间，能够提供 15kW 的功率和 139N·m 的转矩。电机可作为电动机给发动机提供辅助动力或给车辆在低速状态下提供驱动力，也可以作为发电机在减速和制动时回收动能给电池充电。IMA 电机通过使用偏线圈缠绕，提高了线圈缠绕密度，使电机最大功率和最大转矩分别增加了 50% 和 14%，转换效率由原来的 94.6% 提高到 96%。

（3）无级变速器

通过无级变速器，不但能够实现平稳的变速过程，而且同传统的固定档位的自动变速器相比，能够使发动机和 IMA 电机工作在最优区域，从而提高系统效率；新设计的起动离合器可以充分发挥 IMA 系统的优点，它在低速时接合能够提高起步加速性能和燃油经济性。

（4）智能动力单元

IMA 系统的动力流向是通过 IPU 来控制的，IPU 由动力控制器（PCU）和电池系统集成。其中 PCU 包括电池监控模块（BCM）、电机控制模块（MCM）和电机驱动模块（MDM）。

BCM 主要监控电池 SOC、电池温度、电池保护需求等信息。通过温度传感器、电压传感器和电流传感器采集电池状态信息，计算电池 SOC，并将信息提供给 MCM，同时控制电池冷却风扇的运行。

MCM 用于计算电机应该达到的运行状态，主要功能包括：

① 与发动机控制模块（ECM）通信，决定车辆的运行状态，同时将 IMA 系统中检测到的问题传输给 ECM。

② 与电池监控模块（BCM）通信，获得电池模块的荷电状态，用于保护电池模块和保持适当的电池电量平衡。

③ 与仪表板连接，始终显示 IMA 系统条件和运行状态的信息。

④ 与 MDM 连接来接收电机的整流信息，通过电压转换模块控制电机功率转换器（MPI）。

MDM 依据 MCM 请求，控制电机执行电动或发电运行，以驱动车辆或给电池充电，通过 MPI 完成直流电和三相交流电转换，控制三相电流的相位来确保电机的正确运行，并通过 DC/DC 变换器，完成电池和电机直流母线之间的电压转换。

2. IMA 系统的工作过程

IMA 系统的工作过程主要包括起步加速、急加速、低速巡航、轻加速或高速巡航、减速、停车几个主要工况，具体说明如下：

（1）起步加速工况

发动机以低速配气正时状态运转，同时电机提供辅助动力，以实现快速加速性能，同时达到节油要求，如图 7-4 所示。

(2) 急加速工况

发动机以高速配气正时状态运转,此时电池给电机供电,电机与发动机共同驱动车辆,提高整车的加速性能,如图7-5所示。

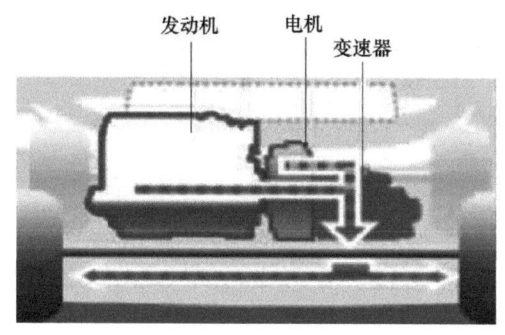

图7-4 起步加速工况总成工作状态

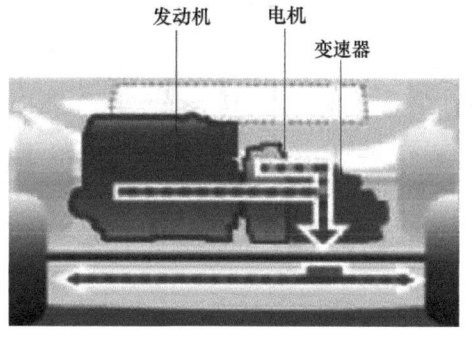

图7-5 急加速工况总成工作状态

(3) 低速巡航工况

发动机四个气缸的进排气阀全部关闭,发动机停止工作,车辆以纯电动方式驱动车辆,如图7-6所示。

(4) 轻加速或高速巡航工况

发动机以低速配气正时状态运转,此时发动机工作效率较高,单独驱动车辆,电机不工作,如图7-7所示。

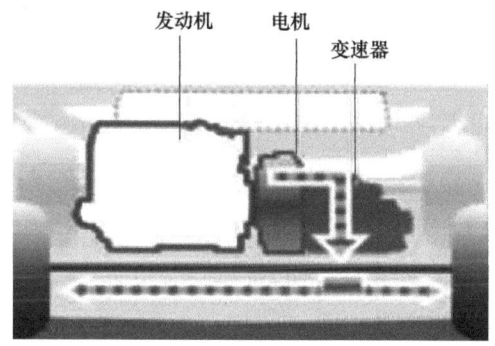

图7-6 低速巡航工况总成工作状态

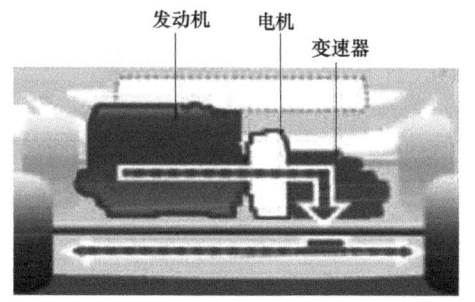

图7-7 轻加速或高速巡航工况总成工作状态

(5) 减速或制动工况

发动机关闭,电机此时以发电机方式工作,将机械能最大限度地转化为电能,存储到电池中。车辆制动时,制动踏板传感器给IPU一个信号,计算机控制制动主缸中的伺服单元,协调机械制动和电动机能量回馈之间的制动力,以得到最大程度的能量回馈,如图7-8所示。

(6) 停车制动工况

发动机自动关闭,以减少燃料损失和排放,在制动踏板松开时自动起动发动机,如图7-9所示。

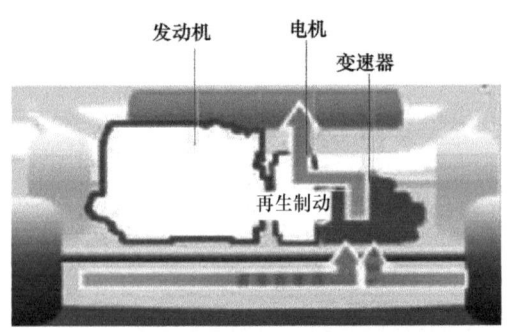

图 7-8 减速或制动工况总成工作状态

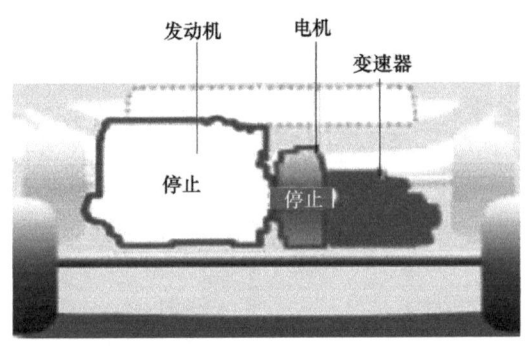

图 7-9 停车制动工况总成工作状态

7.1.2.2 通用双模式混合动力系统

通用汽车公司从 20 世纪 30 年代就开始研究电控自动变速技术（EVT）。60 年代曾设计出混合动力驱动的单模式 EVT。此后，向双模式 EVT 技术发展，使用离合器实现了两个不同的 EVT 模式下的无缝换档，降低了对电机功率和尺寸的要求。直到 2003 年，通用汽车公司生产出具有输入分配模式（Input – split mode）和复合分配模式（Compound – split mode）的混合动力汽车用双模式 EVT，并开始应用于公交车和 SUV 等车型。

通用汽车公司设计的双模式混合动力系统主要由三个行星排、两个电机和四个离合器（其中 C1 和 C3 是特殊的离合器，即制动器）构成，如图 7-10 所示。系统集成了两个动力分配模式和四个固定速比传动，依据车速变化，能够实现车辆以纯电动、低速混合动力模式驱动、一档驱动、二档驱动，高速混合动力模式驱动、三档驱动、四档驱动等方式交互切换行驶，这些驱动方式的组合减少了无级变速时机械能转化为电能的比例，提高了汽车加速、爬坡时的驱动力和汽车行驶过程中的能量传递效率。

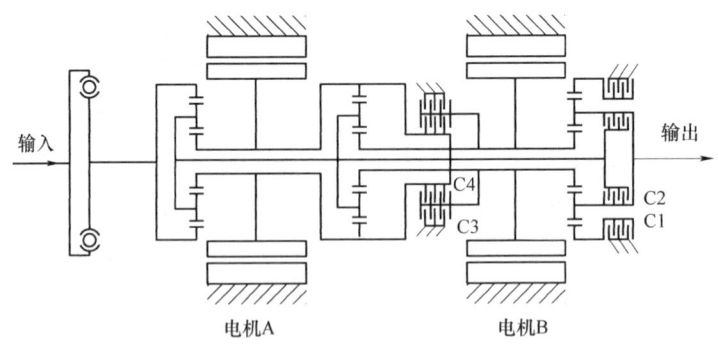

图 7-10 双模式混合动力系统结构简图

在结构设计方面，三个行星排和两个电机集成在变速器内，使用常规的液压湿式离合器在两个无级变速范围和四个固定档间自动切换，从而实现六种机械组合：EVT 模式 1、EVT 模式 2 以及四个固定档位。图 7-11 所示为通用汽车公司的 Tahoe 混合动力双模式变速器。图 7-12 所示为 Tahoe 双模式变速器的行星排和电机模型。

1. 双模式混合动力系统动力传动模型分析

如图 7-13 所示，双模式混合动力系统由三个行星排 PG1、PG2、PG3，两个电机 MG1、MG2，以及四个离合器 C1、C2、C3、C4 组成，其中行星排 PG1 的齿圈与发动机相连，由

PG3 的行星架输出动力驱动车辆。

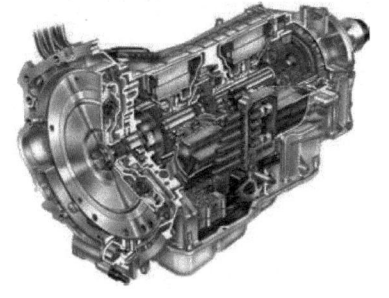

图 7-11 Tahoe 混合动力双模式变速器

图 7-12 Tahoe 双模式变速器的行星排和电机模型

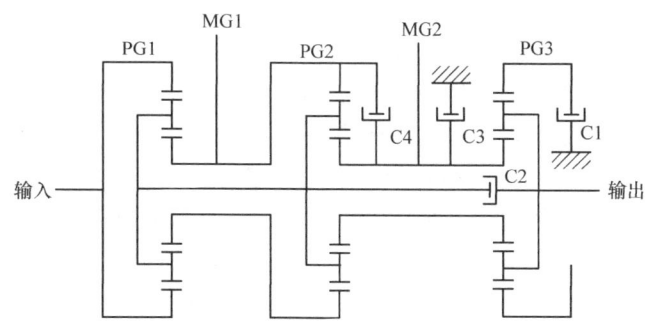

图 7-13 双模式混合动力系统模型

表 7-1 所示为双模式混合动力系统对应工况的离合器工作状况。系统通过离合器的工作状态组合来实现两个混合动力模式和四个固定速比传动。表 7-2 所列为通用汽车公司某型号的双模式混合动力系统三个行星排的太阳轮与对应齿圈的齿数比和据此计算的四个档位速比。

表 7-1 双模式混合动力系统对应工况的离合器工作状况

双模混合动力工况	C1	C2	C3	C4
输入分配模式	接合	分离	分离	分离
一档传动模式	接合	分离	分离	接合
二档传动模式	接合	接合	分离	分离
复合分配模式	分离	接合	分离	分离
三档传动模式	分离	分离	接合	接合
四档传动模式	分离	接合	接合	分离

表 7-2 行星排齿数比和档位速比

PG1	PG2	PG3	一档	二档	三档	四档
0.543	0.524	0.397	3.52	1.72	1	0.715

（1）输入分配模式（C1 接合）

离合器 C1 接合，C2、C3、C4 分离，行星排 PG3 起减速作用，系统形成第一种动力分配方式，即输入分配模式（Input – split mode）。如图7-14所示，由于PG1的行星架与PG2的行星架相连，PG1的太阳轮与PG2的齿圈相连（连接电机MG1），因此PG1和PG2组成的系统有两个自由度。

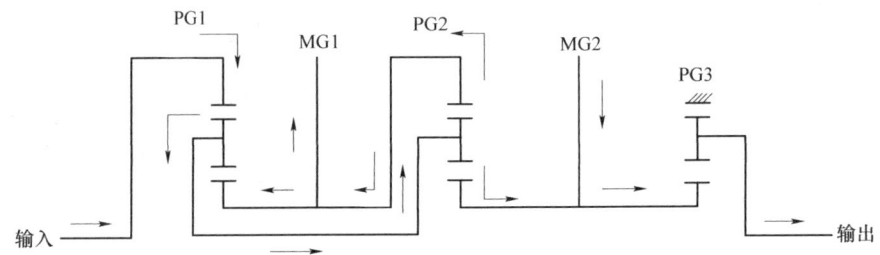

图7-14 双模式混合动力系统输入分配模型

汽车行驶时，发动机、电机MG1、电机MG2、动力输出轴以及三个行星排PG1、PG2、PG3的各运动部件之间的转速关系如图7-15所示。这些部件的转速关系始终构成两个模拟杠杆，各部件的横向位置是由行星排的速比决定的。

当车速一定时，PG1和PG2的行星架转速是确定的，改变电机MG1的转速，可以得到不同的发动机转速。因此系统可以实现发动机和车轮间的转速解耦，即对应某一车轮转速，可以找到一个合适的电机MG1转速，使得发动机以目标转速运行。

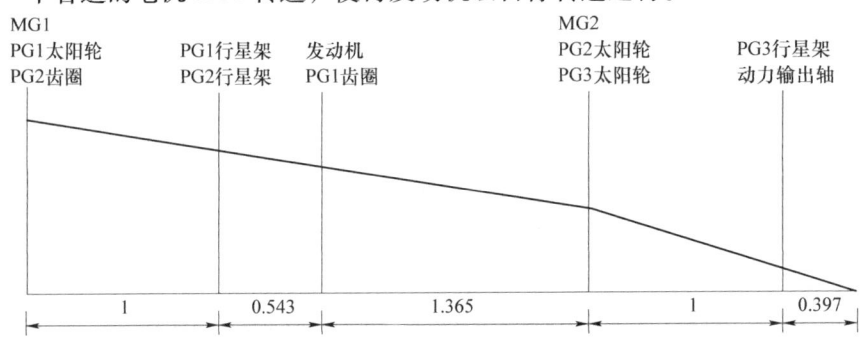

图7-15 输入分配模式的转速关系

由于经过行星排PG3的减速增矩，该模式适用于车辆低速行驶，为混联模式。发动机的动力一部分通过PG1和PG2的行星架以机械方式传到车轮，另一部分通过两个电机间的电力传送参与驱动车辆。需要注意的是，一般情况下电机MG1的旋转方向与发动机的旋转方向相同，但在车速较高、发动机转速相对较低的情况下，电机MG1也存在反转的可能（负转速），而电机MG1的转矩方向总与发动机转矩方向相反（注意：PG1和PG2组合后，类似于一个行星轮很小的单行星排，而发动机相当于接在这个单行星排的行星架上）。因此，当电机MG1正向旋转时，处于发电状态，其电能输送给电机MG2形成无级变速功能传动；当电机MG1转速为负时，处于电动状态，所需的电能由电机MG2发电提供，或由电池提供。

输入分配模式也可实现纯电动行驶，纯电动模式的转速关系如图7-16所示，此时电机MG1反向空转，电池提供能量，由电机MG2驱动车辆。

(2) 一档传动模式（C1、C4接合）

虽然已调整发动机工作点，但毕竟存在能量转换问题。如图7-17所示，在输入分配模

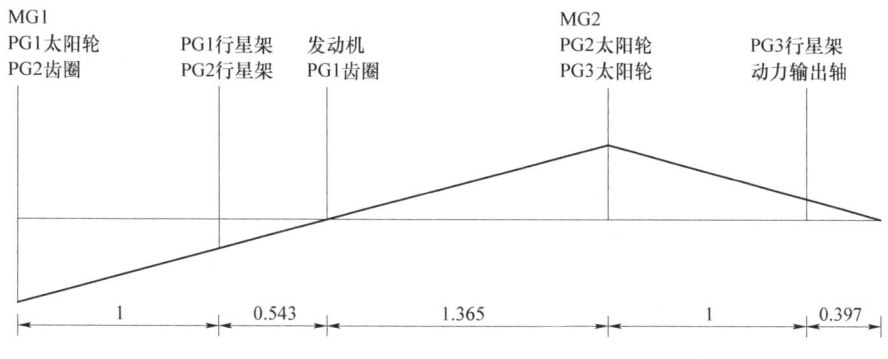

图 7-16　纯电动模式的转速关系

式下,随着车速的提升,PG2 的太阳轮转速逐渐提升,而 PG2 的齿圈转速逐渐下降。当两者接近同步转速时,离合器 C4 接合,即形成一档传动模式,系统完全依靠机械方式传输发动机的动力,从而提高能量传动效率。此时系统的动力传输模型如图 7-18 所示。

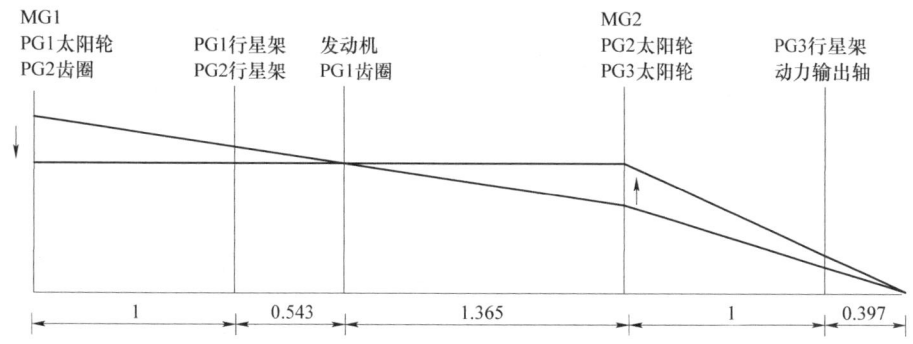

图 7-17　输入分配模式转为一档模式的速度关系

需要说明的是,在一档传动模式下,发动机的转速和车速成固定比例变化。随着转速的进一步提升,会使得发动机逐渐偏离经济运行区域,这时系统又把驱动模式切换回输入分配模式上,重新调整发动机工作方式和工作点,如图 7-19 所示。

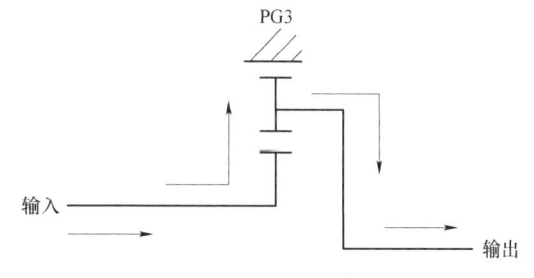

图 7-18　一档的动力传动模型

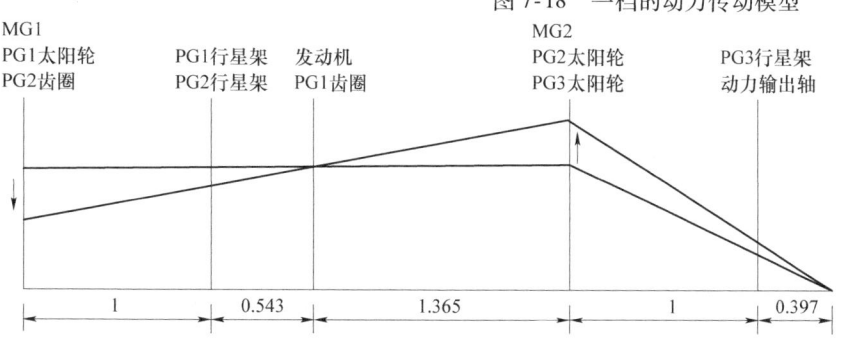

图 7-19　一档模式转为输入分配模式的速度关系

(3) 二档传动模式（C1、C2 接合）

如图 7-20 所示，在输入分配模式下，随着车速的进一步提升，PG3 的行星架转速逐渐升高。当 PG1、PG2、PG3 的三个行星架接近同步转速时（注意此时电机 MG1 的转速达到最小，出现负值，即以反向电动方式工作），离合器 C2 接合，便形成二档传动模式，此时发动机的动力又完全以机械传动驱动车轮。二档传动模型如图 7-21 所示。

(4) 复合分配模式（C2 接合）

在二档传动模式下，随着车辆提速，发动机的工作点又需要调整。调整方式是只需将二档传动模式下的离合器 C1 分离，维持 C2 接合。此时系统将进入第二种混合动力模式，即复合分配模式（Compound – split Mode）。其模型如图 7-22 所示，由 PG1 和 PG2 的行星架直接与动力输出轴相连。

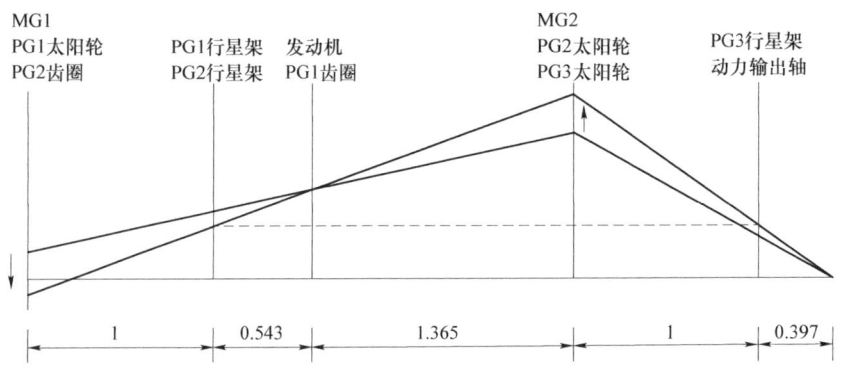

图 7-20　输入分配模式转为二档模式的速度关系

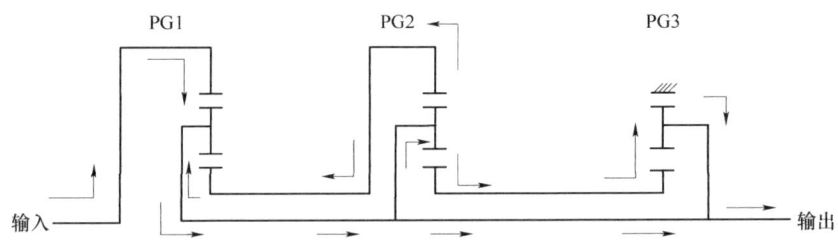

图 7-21　双模式混合动力系统二档传动模型

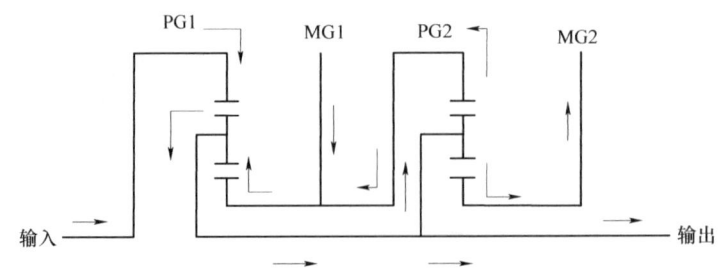

图 7-22　双模式混合动力系统复合分配模型

发动机、电机 MG1、电机 MG2、动力输出轴之间的转速关系如图 7-23 所示。在复合分配模式下，电机 MG2 处于发电状态，电机 MG1 处于电动状态。当发动机转速高于动力输出轴转速时，电机 MG2 比 MG1 转速高而转矩小，使得动力输出轴转矩大于发动机转矩，起到减速增矩的作用；当发动机转速低于动力输出轴转速时，电机 MG2 比电机 MG1 转速低而转矩大，使得动力输出轴转矩小于发动机转矩，起到减矩增速的作用。

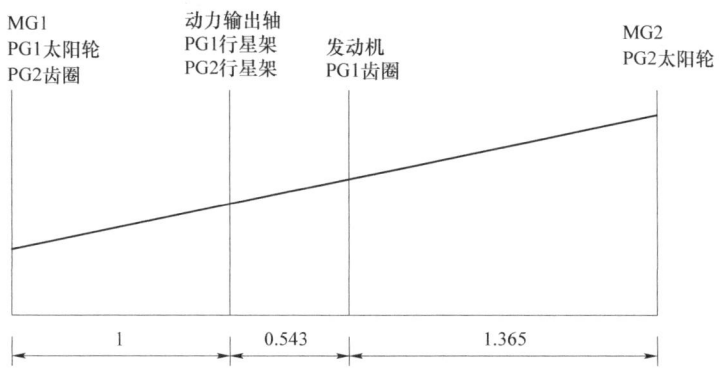

图 7-23　复合分配模式的转速关系

需要注意的是，在复合分配模式下，为了保证系统稳态运行，发动机、电机 MG1、电机 MG2 的转矩之间必须满足

$$\begin{cases} \rho_1 T_0 = T_1 + \dfrac{T_2}{\rho_2} \\ T_0 + T_1 = T_2 + T \end{cases} \tag{7-15}$$

式中，T_0、T_1、T_2、T 分别为发动机、电机 MG1、电机 MG2 和动力输出轴的转矩；ρ_1 为 PG1 太阳轮与齿圈的齿数比；ρ_2 为 PG2 太阳轮与齿圈的齿数比。T_0、T_1、T_2、T 之间的关系可用图 7-24 所示的模拟杠杆表示。此式表明，当改变电机 MG1 的驱动转矩时，电机 MG1 的发电转矩必须做出调整，才能继续维持系统的力矩平衡。

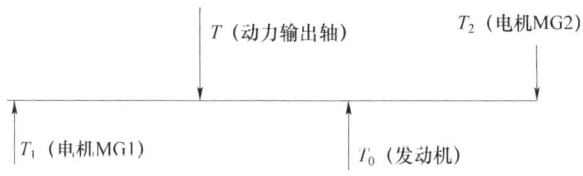

图 7-24　复合分配模式转矩平衡杠杆

（5）三档传动模式（C2、C4 接合）

如图 7-25 所示，车辆以复合分配模式运行时，随着车速继续上升，PG2 齿圈转速增大，其太阳轮转速减小。当二者转速接近时，离合器 C4 接合，形成三档传动模式，即直接档，其传动效率最高。

如图 7-26 所示，在三档传动模式下，车辆再提速时，发动机随之提速。当发动机工作点不再有高效率要求时，系统再次变为复合分配模式，传动系统过渡到超速运行档，即输出轴转速大于发动机转速。

（6）四档传动模式（C2、C3 接合）

如图 7-27 所示，传动系统以复合分配模式超速运行的情况下，如果驱动力仍大于行驶阻力，那么车辆将继续提速。当 PG2 太阳轮转速接近零时，离合器 C3 接合，形成四档固定

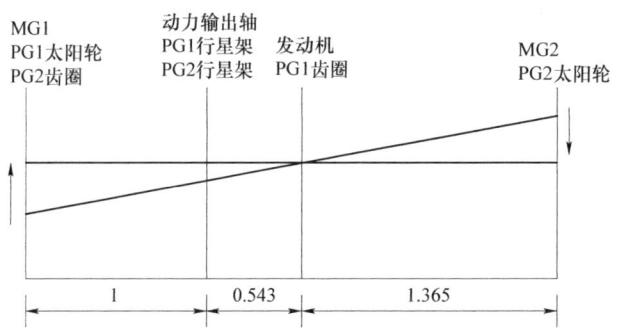

图 7-25 复合分配模式转为三档模式的速度关系

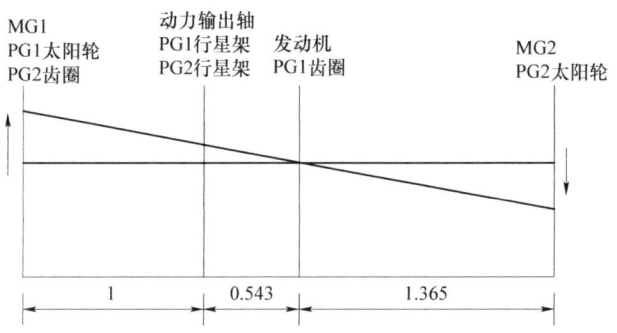

图 7-26 三档模式转为复合分配模式的速度关系

速比传动模式,达到最高车速。四档固定速比传动为超速档,其传动模型如图 7-28 所示。

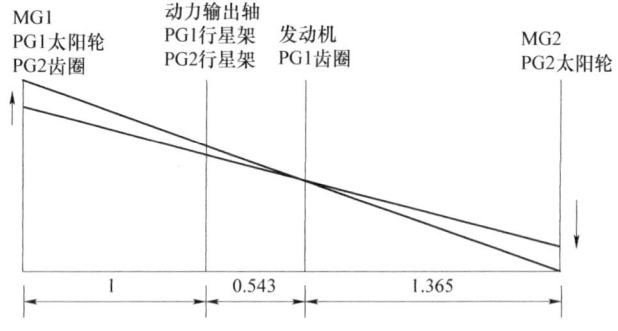

图 7-27 复合分配模式转为四档的速度关系

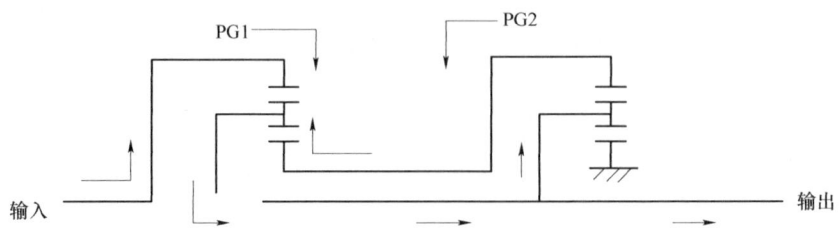

图 7-28 双模式混合动力系统四档传动模型

2. 双模式混合动力系统的工作过程

双模式混合动力系统中的两种动力分配模式、四个档位以及发动机工作方式根据车速和加速踏板的变化而改变，具体驱动模式选择如图 7-29 所示。通用混合动力系统的发动机还采用了停缸和可变气门正时（VVT）技术，进一步提高了燃油经济性。

下面分析双模式混合动力系统的工作过程。

① 车辆起步、低速行驶或倒车工况由电机 MG2 纯电动驱动（倒车时 MG2 反转）。

② 加速工况急加速时，由发动机八缸工作驱动；缓加速时，纯电动运行或发动机四缸工作。随着车速提高，按各离合器同步接合条件，系统依次使用纯电动、输入分配模式、一档、输入分配模式、二档、复合分配模式、三档、复合分配模式、四档完成加速，实现踏板开度对应的车速。急加速时，电池提供辅助动力，且尽量使用固定档位驱动（固定档时相当于并联混合动力），以使汽车迅速提速；缓加速时，尽量使用输入分配模式和复合分配模式驱动，以使发动机工作在最佳工作点。需要说明的是，输入分配模式和复合分配模式之间也可以无冲击切换，只需在三个行星排的行星架达到同步转速时，同时改变离合器 C1 和 C2 的接合状态。

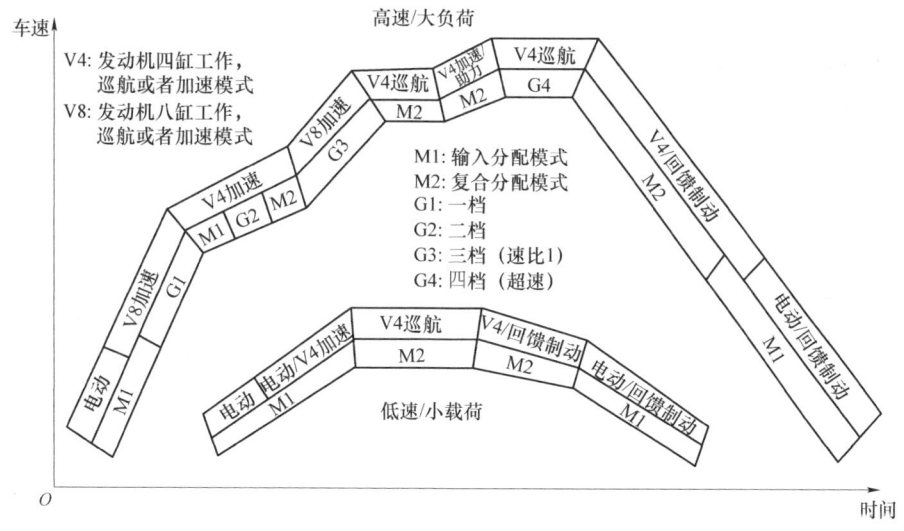

图 7-29 通用双模式混合动力系统工况分布图

③ 巡航工况发动机四缸工作，以效率最大化为目标，依据车速决定使用两种混合动力模式还是四个固定档位模式行驶。低速巡航时，尽量使用输入分配模式和复合分配模式，提高发动机燃烧效率；高速巡航时，尽量使用三档和四档模式，提高系统的动力传动效率。

④ 减速工况车速较高时，受电机转速限制，发动机保持四缸运转，由电机 MG1 在复合分配模式下回馈车辆动能；车速较低时，发动机关闭，由电机 MG2 在输入分配模式下回馈车辆动能。

3. 双模混合动力系统的特点

（1）同步换档

双模混合动力系统中，输入分配模式（EVT1）和一档、输入分配模式和二档、输入分配模式和复合分配模式（EVT2）、复合分配模式和三档、复合分配模式和四档都可以实现同步换档,换档时离合器的相对速度保持为零,能够减小冲击,并消除了摩擦损耗。

(2) 减小电机峰值功率

设置了输入分配和复合分配两种混合动力模式,车速较低时,使用输入分配模式以及较大的速比驱动车辆,减少对电机的转矩需求;车速较高时,使用复合分配和较小的速比驱动车辆,减少对两个电机的转速需求。因此双模式混合动力系统可以减小电机的峰值功率,使电机体积小、质量小、成本低。

(3) 防止电机过热工作

众所周知,电机及其控制器过热是电动汽车容易发生的技术问题。双模式混合动力系统增加了四个固定速比的动力传动模式,一旦在混合动力驱动状态下出现电机过热的现象,控制系统就退出混合动力模式,进入固定档位模式,使得混合动力车辆具有常规汽车一样的牵引能力。

(4) 能量回馈更充分

在汽车减速过程中,整车控制器依据车速选择复合分配模式和输入分配模式两种方式再生制动能量,以在较宽的车速范围内,使发电机都能够具有足够的转速来发电,使得制动能量回馈更充分,更高效。

(5) 双模式混合动力系统的缺点

双模式混合动力系统主要有两个缺点:一是结构复杂,设计和制造难度较大;二是控制方面难度较大,尤其是适于双动力源和汽车复杂工况的换档规律不易掌握。

7.2 整车辅助系统

新能源汽车和传统的内燃机汽车虽然在动力驱动装置上相差很大,但对于驾驶人而言,无论什么车,都必须满足驾驶的动力性、操控性、舒适性等基本要求。例如,内燃机汽车冬季可以利用发动机的冷却水进行取暖,而对于纯电动汽车而言,没有这种热水的来源,那就必须在设计时考虑到运用其他方式解决这个问题,如采用电动空调系统。这样,就出现了适应新能源汽车特点的一些辅助系统。

7.2.1 电动助力转向系统

7.2.1.1 概述

1. 设置助力转向的必要性

随着现代汽车技术的发展,人们对汽车转向系统提出了越来越高的要求,以下这几个方面的性能改进都对增设助力转向系统提出了要求。

① 良好的操纵性。即对转向盘的操纵轻便灵活,特别是在低速行车时。

② 较高的转向灵敏度。指操纵转向器,车轮就能快速响应使车身转向。对于助力转向系统,灵敏度主要反映在产生助力响应的快慢程度,助力作用快,转向就灵敏。

③ 转向车轮的运动规律正确稳定。要求内、外侧转向轮的偏转角及驱动轮的差速比正确稳定,两者的比值与转向盘的转角始终保持一定的关系,以保证在转向时各个车轮只有滚动而无滑动现象。

④ 具有良好的稳定操控性。转向盘具有转向结束时自动回正的功能,并使汽车具有直

线行驶的稳定性。

⑤ 安全可靠性。当汽车发生碰撞时，转向装置应能减轻或避免对驾驶人的伤害。对于助力转向系统，当助力转向失效或发生故障时，应保证通过人力转向仍能进行转向操纵。

2. 助力转向系统的分类

助力转向系按传力介质的不同，可分为液压助力转向、气压助力转向和电动助力转向三大类。本节将介绍电动助力转向（Electric Power Steering, EPS）系统及其结构特点。

3. 电动助力转向系统的由来和特点

最早的EPS系统出现在20世纪70年代中期，这种系统提出的初衷是解决行驶中车辆发动机突然停止工作、失去液压助力时的行车安全问题。一旦发动机停止工作，用蓄电池供电的EPS系统立即投入工作。这种技术出现后，EPS系统逐渐成为汽车技术发展的研究热点，但是，其推广应用进展缓慢，原因是EPS系统的成本太高。近年来，随着电子技术的不断发展，EPS系统的成本不断降低，很多车型上应用了这一系统。

对于新能源汽车而言，液压助力转向和气压助力转向系统都需要利用压缩机先把电能转换为液压或气压的机械能的形式，然后才能驱动助力转向系统，不如直接用电动助力转向系统效率高，而且便于实施智能控制。

与液压和气压助力转向系统比较，EPS系统具有以下特点：

① EPS系统能在各种行驶工况下提供最佳助力，减少由路面不平所引起的对转向系统的扰动，改善汽车的转向特性，减轻汽车低速行驶时的转向操作力，提高汽车高速行驶时的转向稳定性，进而提高汽车的主动安全性，并且可通过设置不同的转向手感特性来满足不同使用对象的需要。

② EPS系统只有在转向时电动机才提供助力（不像液压助力，即使在不转向时，液压泵也一直运转），因而能减少燃料消耗。

③ EPS系统取消了液压泵、传动带、带轮、液压软管、液压油及密封件等，其零件与液压助力系统相比大大减少，因此质量更小、结构更紧凑，在安装位置选择方面也更容易，并且能降低噪声。

④ EPS系统没有液压回路，比液压助力系统更易调整和检测，装配自动化程度更高，并且可以通过设置不同的程序，快速与不同车型匹配，因而能缩短生产和开发周期。

⑤ EPS系统不存在渗油问题，可大大降低维修成本，减小对环境的污染。

⑥ EPS系统与液压助力系统相比具有更好的低温工作性能。

⑦ EPS系统由电动机直接提供转向助力，具有调整简单、控制灵活，以及无论在何种工况下都能提供相适应的转向助力的特点。

EPS系统最为突出的优点是，该系统可在不更换硬件的情况下，提供改变控制器软件的设计，十分方便地调节系统的助力特性，使汽车能在不同的车速工况下获得所要求的助力特性。

此外，EPS系统有助于四轮转向的实现，还能促进车辆悬架系统的发展。

7.2.1.2 EPS系统的基本组成

EPS系统主要由传感器（车速传感器、转矩传感器、转向角传感器）、电子控制器（ECU）和执行机构（电动机、电磁离合器、齿轮减速及其传动件）三大部分组成。图7-30所示为电动助力转向（EPS）系统的基本组成。

下面分别介绍主要部件的作用和工作原理。

1. 转矩传感器和车速传感器

转矩传感器是为了让 EPS 系统获知驾驶人的驾驶意图而设置的传感器，用于测量驾驶人作用在转向盘上的转矩大小和方向，以及转向盘转角的大小和方向。

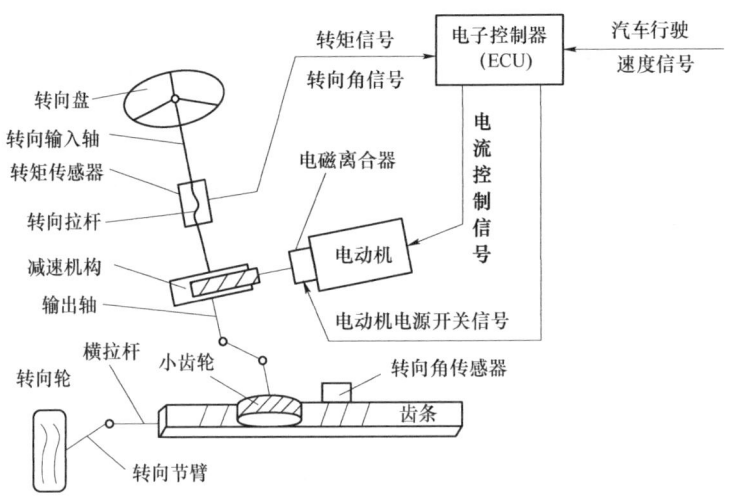

图 7-30　电动助力转向（EPS）系统的基本组成

转矩测量系统比较复杂而且成本很高，在 EPS 系统的成本中占据较大的比例。所以，精确、可靠、低成本的转矩传感器是决定 EPS 系统是否具有市场前景的关键之一。目前，采用较多的方案是在转向轴位置上加一个转向拉杆，通过测量转向拉杆的变形程度来测量转矩。另一种方案是采用非接触式转矩传感器。图 7-31 所示的非接触式转矩传感器中有一对磁极环，当输入轴和输出轴之间发生相对扭转位移时，磁极环之间的空气间隙发生变化，引起电

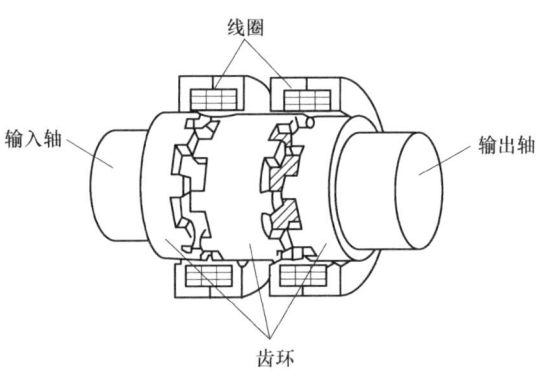

图 7-31　非接触式转矩传感器

磁感应系数的变化，用这一信号作为判断转矩大小和方向的依据。这种传感器体积小、精度高，缺点是成本高。

车速传感器给 EPS 系统提供车速信息，作为 EPS 系统决定产生助力大小的依据。

2. 电动机

转矩传感器向 EPS 系统的 ECU 提供驾驶人意图的信息，ECU 根据转矩传感器和车速传感器提供的数据，产生控制指令。电动机就是执行控制指令的一个执行机构，电动机的功能就是根据控制指令输出合适的转动方向和合适的转矩，输送给转向拉杆，以帮助驾驶人更加灵活、轻便、准确、稳定地完成转向的功能。

电动机是 EPS 系统的关键部件，对 EPS 系统的性能具有很大的影响。EPS 系统对电动机的要求是低转速大转矩、波动小、转动惯量小、尺寸小、质量小，而且可靠性高、易于控

制。在设计上常常对原有电动机做一些改进以满足 EPS 系统的要求,如沿转子的表面开一些斜槽或螺旋槽、定子磁铁设计成不等厚的形状等。

永磁同步电动机具有高功率、高功率因数和高转矩惯性比等优点,是 EPS 系统的理想电动机。这种电动机无机械换向器和电刷,结构简单,体积小,运行可靠,环境适应能力强,比功率远远大于一般电动机,是 EPS 系统电动机的首选。

3. 减速器

在 EPS 系统减速机构与电动机组合装置中,减速机构的作用是减速增矩,即降低转速增加转矩,常采用蜗轮蜗杆机构和行星轮机构形式。有的 EPS 系统减速机构还配有离合器,装在减速机构一侧,当车速达到一定值时,已经不再需要助力转向,这时用离合器切断电动机和减速系统的连接,EPS 系统停止工作。当电动机发生故障时,离合器也自动分离,转向系统进入无助力机械转向模式工作。

4. 三种助力方式

EPS 系统通常有三种助力方式:转向柱助力式、齿轮助力式和齿条助力式,如图 7-32 所示。

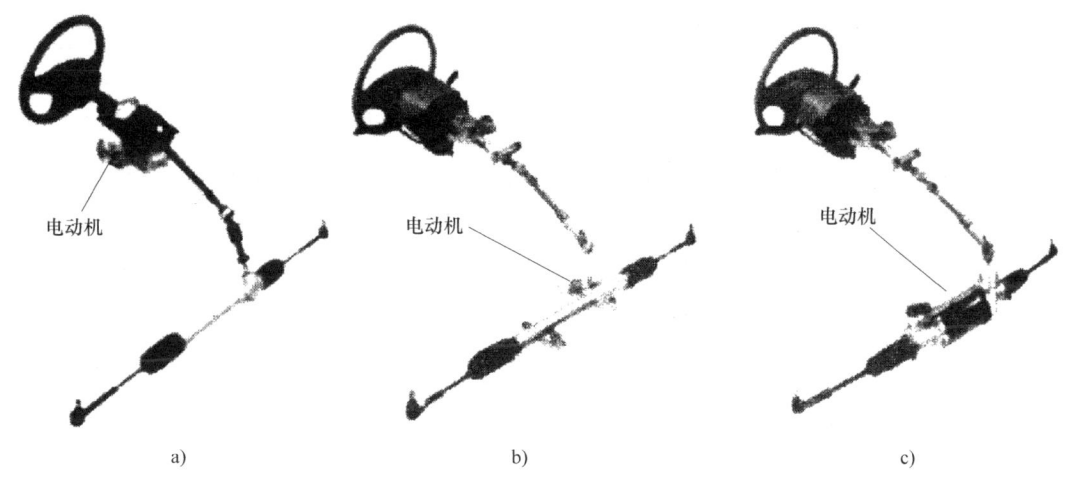

图 7-32 EPS 系统的三种助力方式
a) 转向柱助力式 b) 齿轮助力式 c) 齿条助力式

转向柱助力式 EPS 系统的电动机固定在转向柱一侧,通过减速机构与转向轴相连,直接驱动转向轴助力转向。齿轮助力式 EPS 系统的电动机、减速机构与小齿轮相连,直接驱动齿轮助力转向。齿条助力式 EPS 系统的电动机和减速机构直接驱动齿条提供助力。

7.2.1.3 EPS 系统的工作原理

转矩传感器和车速传感器将采集到的信号经滤波放大处理后,输入电子控制器(ECU),ECU 通过运行其内部的控制算法,向执行机构发出指令,控制执行部件的动作。如图 7-30 所示,其工作过程为:当操纵转向盘时,转矩传感器产生与输入转向转矩相对应的电压信号;该信号与车速信号同时输入 ECU,由 ECU 中的计算机系统运算处理后,确定其助力转矩的大小和方向,即选定电动机的驱动电流和方向,调整转向的辅助动力。电动机的转矩通过电磁离合器输出,再经减速机构减速增矩后,加在汽车的转向机构上,使之得到一个与工况相适应的转向作用力。

7.2.1.4 电子控制器（ECU）及其控制策略

电子控制器（ECU）的基本组成框图如图 7-33 所示，它包括 RAM、ROM、单片机及与其相应的外围接口电路。外围接口电路主要包括整形放大输入接口电路、A-D 转换器、D-A 转换器、电流控制电路、驱动电路、故障诊断输出及稳压电源等。

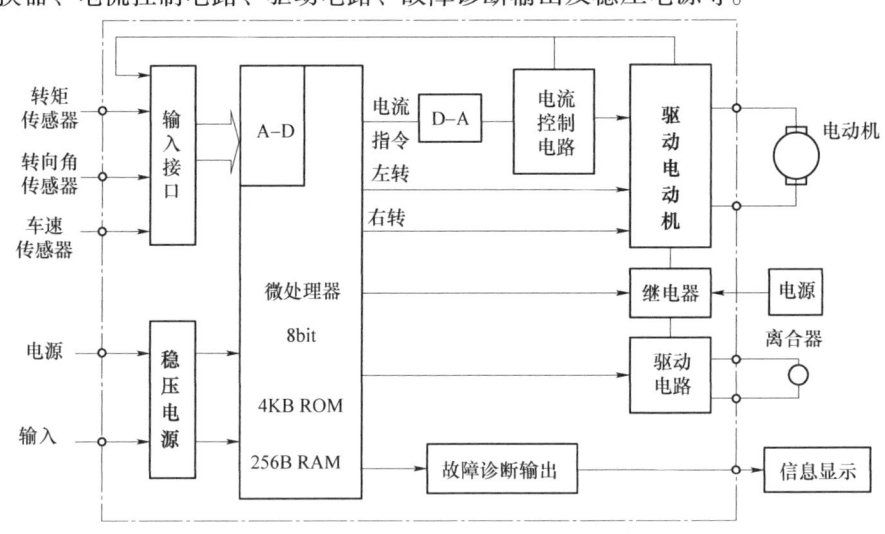

图 7-33 电子控制器（ECU）的基本组成框图

汽车转向运行时，转向转矩、转向角和车速信号经整形放大后，通过 A-D 转换器将模拟信号转换为数字信号输入微处理器（CPU）。CPU 根据这些信号计算出最优化的助力转矩值，然后把该值作为电流命令值送到 D-A 转换器转换为模拟量，再将其输入电流控制电路。电流控制电路把来自 CPU 的电流命令值与电动机电流的实际值进行比较，产生一个差值信号，该差值信号被送到电动机驱动控制电路。同时 CPU 控制电动机驱动电路输出一个决定电动机（左转或右转）转动方向的信号，电动机按其要求的电流值和方向提供转向机构相应的助力。当汽车速度达到一定值不需要转向助力或系统出现故障时，CPU 发出信号经继电器切断电动机和离合器驱动电路的电源，停止其转向助力。

随着汽车车速和转向盘输入转矩的变化，助力电动机通过改变驱动电流也做相应的变化。ECU 电流的控制逻辑如图 7-34 所示。地面对轮胎偏转阻力随车速的提高而减小，因此随着车速的提高，转向盘的辅助动力应该相应地减小，即需减小助力电动机的驱动电流。然而在实际控制中，电动机电流是按阶梯规律下降的。在起动和低速时，电动机电流的变化比较大，因为在车速极低时，转向盘上所需的转矩要大得多，当车速超过一定值时，转向盘上的操纵力会很小，为了保持一定的操作性，这时助力电动机和电磁离合器停止工作。

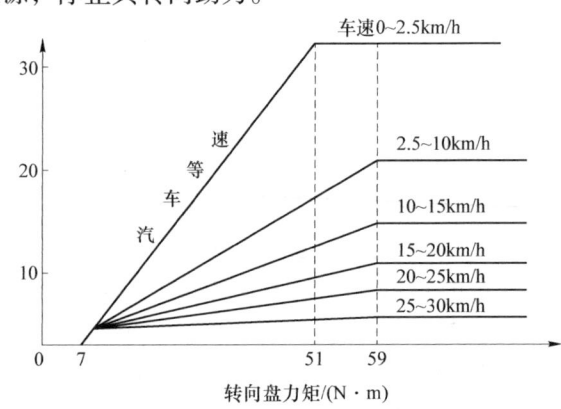

图 7-34 ECU 电流的控制逻辑

另外，助力电动机的电流还随着转向盘转矩的增加而增加。当转向盘转矩增加到一定程度后，在一定的车速范围内，电动机电流就维持不变。因为更大的转向盘转矩出现的概率很小，所以从整体上来说对驾驶人的转向操纵力影响不大。

由图 7-34 所示的控制逻辑曲线可以看出：随着转向盘转矩的增加，要求电动机电流增加，当转向盘转矩增加到一定程度时，在该车速范围内电动机电流维持不变；而随着车速的升高，电动机电流呈阶梯规律减小，并且随着车速的提高，其阶梯变化也越来越小。

7.2.2 新能源汽车的空调系统

新能源汽车与传统汽车在系统构成上存在着较大差别，不同类型的新能源汽车又有不同的特点。纯电动汽车没有发动机作为空调压缩机的动力源，也没有发动机余热可以利用以达到取暖、除霜的效果。燃料电池电动汽车也没有发动机作为空调压缩机的动力源，但是燃料电池可以产生比较稳定的余热。对于混合动力电动汽车来说，发动机由其控制策略决定，不能随时作为制冷压缩的动力源。汽车空调对车厢内部空气的调节首要的是调节空气的温度。根据新能源汽车的特点，目前可以选择的制冷空气调节方式主要有热电偶制冷、余热制冷和电动压缩机制冷三种。其中余热制冷可以考虑应用在燃料电池电动汽车上。

7.2.2.1 热电偶空调系统

热电偶技术自 20 世纪 50 年代末发展起来，其理论基础是佩尔捷 – 塞贝克物理效应。热电偶制冷、制热工作原理如图 7-35 所示，图中 N 型和 P 型半导体通过金属导流片连接。当电流由 N 通过 P 时，电场使 N 中的电子和 P 中的空穴反向流动，在导流片 1、2 上吸热，在导流片 3 上放热，产生温差。

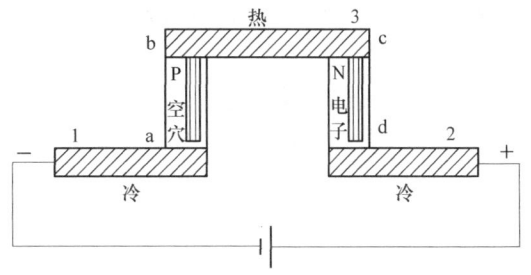

图 7-35　热电偶制冷、制热工作原理

热电偶技术因其独特的优点而得到了较广泛的应用，解决了许多特殊场合的空气调节问题，满足了人们在各种场合的需要。目前，该项技术已经应用到汽车冰箱、核潜艇空调器、宇航员及坦克乘员的空调服等方面。我国从 20 世纪 60 年代开始对热电偶技术进行研究，并生产出性能良好的热电偶材料。

热电堆制冷量与电流和温差的关系曲线如图 7-36 所示。由图可见，制冷量随工作电流变化而变化。因此，可以通过调节冷却器或散热器的工作电压改变其工作电流，从而改变其制冷量，来控制车内的送风温度。

该项技术具有很多适合电动汽车使用的特点，与传统机械压缩式空调系统相比，热电偶空气调节具有以下优势：热电偶元件工作需要直流电源；改变电流方向即可产生制冷、制热的逆效果；热电偶制冷片热惯性非常小，制冷时间很短，在热端散热良好冷端空载的情况下，通电不到 1min，制冷片

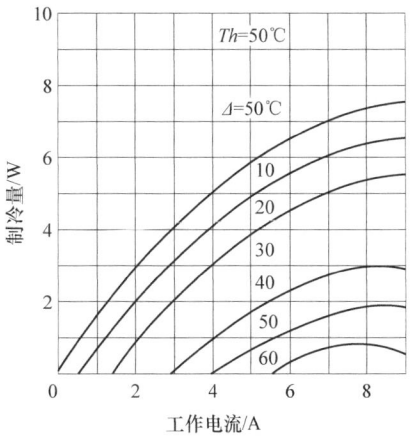

图 7-36　热电堆制冷量与电流和温差的关系曲线

就能达到最大温差;调节组件工作电流的大小即可调节制冷速度和温度,温度控制精度可达0.001℃,并且容易实现热量的连续调节;在正确设计和应用条件下,其制冷效率可达90%以上,且具有体积小、质量小、结构紧凑等特点,有利于减小电动汽车的整备质量。另外热电偶空调系统可靠性高、寿命长并且维护方便;没有转动部件,因此无振动、无摩擦、无噪声且耐冲击。

电动汽车热电偶空调系统原理结构示意图如图7-37所示。冷却器位于传统汽车空调系统蒸发器的位置,用于除去被调节空气的热量及水分,并将热量传给系统中的载热介质。散热器则位于传统汽车空调系统冷凝器的位置,吸收冷却器放给载热介质的热量,并将该热量排放到环境大气中。传递热量的载热介质可以采用乙二醇与水的混合物,与汽车散热器中使用的介质相同,价格便宜并对环境没有任何污染。另外,由于热电偶制冷效率的高低取决于热电堆冷热端的温差,而强化热端的散热与强化冷端的冷量散发有利于降低热电堆冷

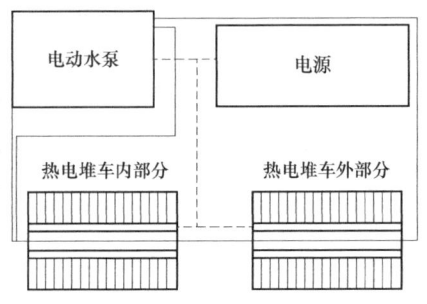

图7-37 电动汽车热电偶空调系统原理结构示意图

热端的温差,因此在车内外热电堆处均采用了风扇进行强制对流,以增加冷量的传递和提高制冷效率。

7.2.2.2 余热制冷空调系统

目前利用余热的空调制冷技术主要有氢化物制冷、固体吸附式制冷及吸收式制冷,其工作原理、特点、系统组成不尽相同。氢化物制冷是指利用金属氢化物作为介质,通过在不同温度下金属氢化物释放或吸收氢气的特点而实现制冷。固体吸附式制冷是利用某些固体物质在一定温度、压力下能吸附某种气体或水蒸气,在另一种温度、压力下又能把它释放出来的特性,通过吸附与解吸过程导致压力变化,从而起到压缩机的作用。吸收式制冷也是以热能为动力,利用由两种沸点不同的物质组成溶液具有的气液不平衡特性来完成制冷循环。溴化锂-水和氨-水吸收式制冷是最常见的吸收式制冷。

对于燃料电池电动汽车来说,其工作原理是将燃料化学能转化成的电能作为动力,但是燃料电池的化学能转化效率只有50%左右,其余的能量都转化为余热白白排放掉。而汽车空调系统需要消耗能源,若能利用燃料电池的余热制冷,一举两得,将大大提高燃料电池的能源利用效率。

同济大学对利用燃料电池汽车废热的吸收式制冷空调系统可行性进行了研究。他们设计的系统流程如图7-38所示,燃料电池热管理系统的主热交换器直接通入吸收式制冷的发生器中,避免了二次换热的能量损失;同时热交换器上部接一个带有变频水泵的旁通支路,当燃料电池的热量多于吸收式制冷所需的热量时,通过旁通支路从辅助热交换器排出,从而确保燃料电池在允许温度范围内工作;为简化设备,吸收式制冷的冷凝器、吸收器和燃料电池的辅助热交换器共用一套冷却系统通至车外的风冷式热交换器中。通过计算,该吸收式制冷的热力系数为0.762,燃料电池的发热量能够满足吸收式制冷所需的热量。但是吸收式制冷空调体积大,需要占用较大空间;系统复杂,对结构安装要求较高,并且对路面要求和汽车的减振性能要求较高;质子交换膜燃料电池的稳定工作温度为80℃,这一温度对于吸收式制冷来说属于最低的要求,只能采用单效吸收式制冷机组,所以该系统的热力系数比较低;燃

料电池需要稳定的工作温度,因此燃料电池的热管理系统要求精确控制,使用吸收式制冷之后,因为该制冷系统与热管理系统相耦合,所以对于电池控制系统的要求提高。

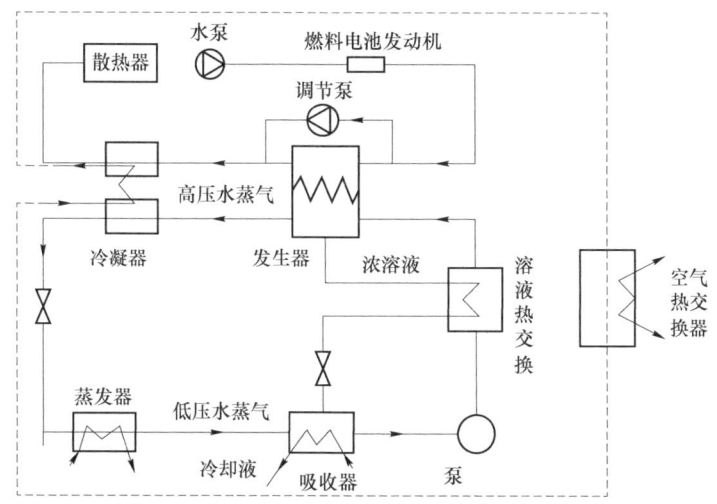

图 7-38 燃料电池汽车吸收式制冷空调流程图

总之,余热制冷技术在燃料电池电动汽车上的应用尚不太成熟,有待进一步研究。

7.2.2.3 电动压缩机空调系统

电动空调系统由于能量效率高、调节方便、舒适性好等优点逐步成为车辆空调研发应用的热点和发展趋势。电动汽车与传统汽车空调系统的区别在于:电动空调压缩机可以采用电动机直接驱动,电动空调系统在环境保护、动力舱结构布置以及车厢舒适性等各项指标上均处于优势,其主要优点如下:

① 电驱动压缩机空调系统可以采用全封闭的涡旋压缩机系统及制冷回收技术,整体的高度密封性可以减小正常运行以及修理维修时制冷剂的泄漏损失,从而减少了对环境的污染。

② 电动空调的压缩机靠电动机驱动,因此可以通过精确的控制以及在常见热负荷工况下的高效率运行来降低空调系统的能耗,从而提高整车的经济性。

③ 采用电驱动,噪声较低,可靠性高,故障率低,使用寿命长。

④ 对于一体式电动压缩机,取消了发动机与压缩机之间的传动带以及张紧件,减小了整车质量。

⑤ 可以在上下车之前预先启动电动空调,对车厢内的空气进行预先调节,增加乘客的舒适性,而传统空调则必须先起动发动机才能启动空调。

传统空调与电动空调的主要区别在于它们拥有不同的心脏——压缩机。一般空调压缩机采用开启式活塞压缩机,效率低、噪声大,且无法制热,存在制冷剂泄漏等问题。而车用空调不能采用高效的全封闭涡旋压缩机等先进技术,其原因就在于没有三相交流驱动电源,而电动汽车上的动力蓄电池恰恰可以解决这一问题。新型电动变频空调系统应用高效全封闭涡旋压缩机等先进技术,改变了车用空调的机械驱动活塞式压缩机模式,推动了车用空调整车技术的提升。新型电动变频空调的工作原理如图 7-39 所示。

其核心技术是空调变频电源系统,包括高电压自整流发动机及其稳压模块、逆变电源模

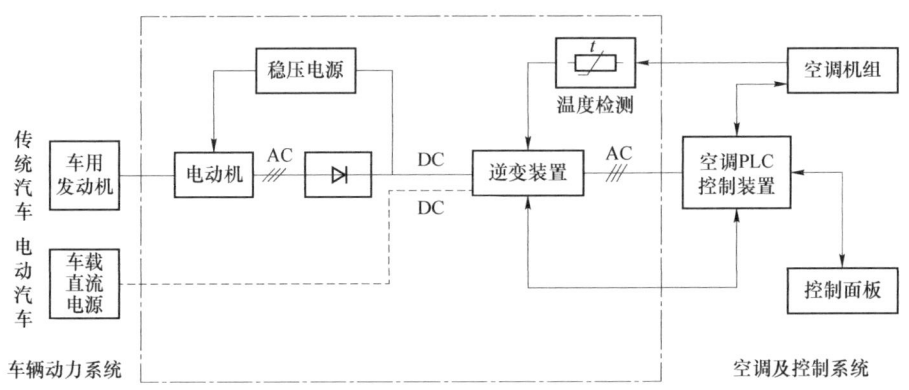

图 7-39 电动变频空调的工作原理

块两大部分。通过交直逆变电源的模块控制，对电动涡旋式压缩机进行电压空间矢量调制，实现电动涡旋式压缩机无级变频启动、基频制冷和降频保持等过程，彻底改变传统车用空调控制模式，节能效果明显，提高了舒适度。应用全封闭式涡旋压缩机，采用全焊接连接方式组成整体全封闭式无漏点系统，彻底解决了车用空调的制冷剂泄漏和密封技术难题，同时简化了安装，实现了空调系统的一体化集成设计。应用热泵循环原理，通过增加四通换向阀及调整相应的控制方式，方便地进行制冷制热模式切换，实现车用空调的冷暖一体化。采用两台涡旋式压缩机、两套冷凝器和蒸发器构成两个独立系统，可以同时启动也可以单独启动，实现了空调效果与节能的有机结合。

全封闭式涡旋压缩机电驱动方式与开启式压缩机机械驱动方式相比，其主要优势如下：

① 能效高。能耗与同等规格传统车用空调相比节约 15% 左右，与传统电加热制热相比，制热能效比提高 40%。制热能效比是空调器的制热性能系数，表示空调器的单位功率制热量。

② 噪声低。比传统空调噪声低 5dB 以上。

③ 彻底解决制冷剂泄漏难题，有利于降低温室效应。

④ 工况不受发动机影响，变频调节温度，舒适性好。

⑤ 热泵系统不需要辅助设备，制热效率高。

⑥ 可实现一体化设计，简化了安装。

⑦ 免维护，使用寿命更长。

7.2.3 电液复合制动系统

电液复合制动作为一种节能与新能源汽车上独有的新技术，在混合动力车辆发展之初就受到重视。在保证汽车具有良好制动性能的前提下，电液复合制动可以尽可能地回收制动能量，以提高能源效率。

7.2.3.1 电液复合制动技术介绍

1. 混合动力汽车的制动特点

混合动力汽车将动力蓄电池、电机为核心的电力驱动系统引入传统汽车中，电机在车辆制动时可以作为发电机使用，将车辆的制动能量转变为电能回收储存在动力电池内，即具有电再生制动功能。这样混合动力汽车就可以对汽车的制动能量进行回收，从而提高整车的经济性能。在混合动力汽车中,起制动作用的有电再生制动和机械制动两套系统,从而形成机电复合制动系统。

2. 电机制动能量回馈的基本情况

汽车制动能量的回馈受到车辆速度、电机特性、动力电池SOC等影响,电再生制动力的大小受到电机外特性、动力电池最大充电电流和SOC的限制。车辆在进行电再生制动时,需要对电池SOC进行实时检测,如果SOC超过工作范围上限,则不再进行制动能量回收。回馈电流过高时可能会引起电池的损坏,就一般情况而言,电机外特性中的峰值功率依据动力电池的最大放电功率设计,大于电池的最大充电功率,所以最大充电再生制动功率一般设置为动力电池的最大充电功率。

在汽车电再生制动过程中,由于受到电池最大充电功率的限制,电机可以提供的制动功率是有限的,因此只有在驾驶人抬起加速踏板或轻微踩下制动踏板时才以电再生制动为主。在汽车强力制动时,瞬间要求的车辆制动功率远大于电再生制动功率,此时必须同时施加机械制动,形成复合制动过程。在一定制动强度的要求下,控制策略合理地分配机械制动力和电再生制动力之间的比例,在保证车辆制动性能的前提下实现最大制动能量回收。

3. 不同减速工况下的制动能量回收

传统燃油汽车制动消耗的能量接近车辆滚动阻力耗能与空气阻力耗能之和,而汽车在起停频繁的市区运行,车辆的大部分动能都会消耗在制动过程中,因此回收汽车制动能量对节能减排而言意义重大。

汽车缓减速或下坡工况下,传统的燃油汽车一般以两种方式消耗车辆的动能:一是车轮通过传动系统反拖发动机运转,依靠活塞压缩气体形成发动机制动;二是通过制动器的轻微摩擦形成制动。对于一些大型车辆,还有其他制动方式,如重型货车常采用关闭排气管形成排气制动的方式,而大客车则常采用电涡流制动方式。这些制动方式都有一个共同的特点,就是把车辆的机械能变为热能散发掉,而不能实现能量回收利用。由于混合动力系统本身具备了机电转换和能量存储装置,因此制动能量的回收能够非常方便地实现。只要在汽车减速时解除车轮与发动机间的刚性连接,由车轮驱动电机发电,即可回收汽车减速能量。需要说明的是,尽管汽车缓减速或者下坡的制动强度不大,但由于制动时间相对较长,同时可以完全依靠电再生制动,因此能够回收的能量较多。

汽车紧急制动工况下,在满足电池最大充电功率的前提下,电再生制动系统尽可能多地回收制动能量,制动强度不足部分由机械制动系统完成。在这种工况下,车速下降较快,电机回馈的制动能量所占比例不大,但也能收回一部分车辆动能。

依据车辆制动强度,优先使用电再生制动可以大幅度地提高整车经济性。据有关研究显示,在起停频繁的市区运行,通过车辆减速能量的回收,可实现节油10%~15%。

7.2.3.2 复合制动系统的功能需求和特点

1. 复合制动系统的功能需求

为了尽可能多地回收制动能量,在电再生制动满足制动需求的情况下,系统要求优先使用电再生制动,因此复合制动系统应该具备这几项功能:保证制动安全性、有效地回收制动能量、使驾驶人驾驶感受良好、有效的机械备份工作模式以保证系统在电气有故障的时候仍然能够有效地制动。

2. 复合制动系统的结构特点

从结构上看，复合制动系统与传统液压制动系统的区别主要有三大方面：

① 具备制动力可控的液压制动系统结构。为了实现在一定制动强度下的能量回收，需要施加电再生制动力。若要同时保持整车制动强度不变，则需相应降低液压制动力。复合制动系统中对制动液压的控制基本分成两种形式：一是液压阀直接控制管路压力（阀控），如图 7-40 所示；二是通过控制主缸推力进行制动液压控制（缸控），如图 7-41 所示。目前大部分复合制动系统采用的是液压阀直接控制管路压力。

采用电磁液压阀控制管路压力时，液压源可以来自于制动主缸或者单独设立的泵站。图 7-40 所示的系统采用电机、液压泵、蓄能器构成了独立的泵站，通往每个车轮的制动管路压力由电磁阀控制。图 7-41 所示的系统是通过控制主缸推力来控制制动压力。通过在真空助力器和制动主缸之间加装一个液压执行机构，此机构同时作用在主缸推杆和制动踏板推杆上，由三位三通电磁阀控制液压机构的工作压力。此工作压力一方面完成主缸的工作，另一方面提供制动踏板力反馈。

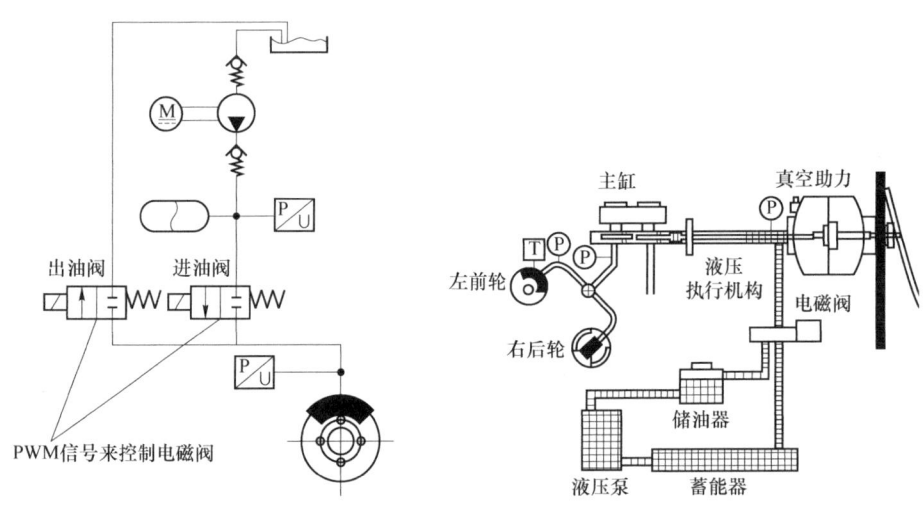

图 7-40　阀控的液压制动力控制系统　　图 7-41　缸控的液压制动力控制系统

② 能够检测制动指令并解释制动意图，复合制动系统需要根据驾驶人的制动意图对液压制动力和电再生制动力分别进行控制，在满足制动意图的同时实现制动能量的回收。因此复合制动系统必须增加制动意图的感知设备，一般是采用制动踏板位移传感器来检测制动意图。

③ 复合制动系统控制器是复合制动系统的控制部件，制动踏板位移检测、制动意图解释、液压阀控制和制动力分配都由它完成。另外复合制动控制器从整车控制器获取制动力分配策略执行过程中所需要的车辆状态信息，并将电再生制动力矩指令发送给整车控制器。

在以上系统中，实现制动力可控是复合制动系统的基础和保证，也是系统最大的难点。目前绝大多数复合制动系统采用图 7-40 所示的阀控液压制动力控制系统，液压泵的输出压力可以达到 20MPa 以上。难点之一是由于制动所需的液体量很小，因此要求系统的各控制阀有极高的动态性能。难点之二是高效率、高性能的复合制动控制策略。复合制动如果要尽可能地回收能量，则必须最大限度地发挥电机和动力电池系统的能力，然而此能力随着车辆状态的变化而不断改变。因此，如何在保证最大电再生制动能力的同时，精确地协调控制液压制动力，使车辆制动过程平滑，是系统控制的难点。

7.3 整车安全技术

7.3.1 结构安全技术

汽车车身概念设计阶段，首先要实现对车身分析模型的快速构造和对结构尺寸的编辑修改，其次是快速实现多个方案的性能比较和结构优化设计。以并行工程为主要模式的现代车身设计方法要求设计与分析并行，车身结构分析贯穿于整个设计过程，优化的思想在概念设计开始的阶段就被引入，以寻找最优的方案，并将其贯穿于整个设计阶段。

为了实现车身的最优化设计，实现车身的轻量化和降低成本，需要对车身进行优化设计。在车身的概念设计阶段，对车身的结构性能进行优化可保证后续的设计参数更加合理可靠。但是一般的优化设计仅仅对其中某个指标进行单一目标的优化，很难得到满足实际车身设计需要的最优结构参数，因为对单一目标优化可能会对其他结构性能产生不利的影响。因此需要进行以多个结构性能指标同时作为优化目标的多目标优化。

车身结构概念设计系统（Vehicle Concept Design – Intelligent CAE，VCD – ICAE），基于汽车行业常用的软件 UG/NX 平台进行二次开发。它以 CAE 技术为核心，融合了参数化设计、模板技术和优化方法等先进的设计分析技术，可快速建立参数化概念车身的几何模型，生成有限元网格模型和边界约束载荷。通过调用外部求解器 NX/Nastran 进行刚度和模态计算，生成后处理视图和产品设计报告，还可对概念车身的梁和板组合结构进行灵敏度分析及参数优化、形状优化，指导和帮助用户得到满意的设计方案，最终实现"分析驱动设计"这一新的概念设计理念。该系统包括概念车身的几何建模模块、有限元建模模块、求解与后处理模块、车身结构优化模块。该系统的多目标优化模块可对白车身有限元概念模型的结构刚度和低阶模态多个目标同时进行灵敏度和优化分析，得到最优设计方案，从而为用户提供更加满意的改进建议。

多目标优化模块基于 NX 系统采用开放的二次开发语言 NX/Open API，通过 NX/Styler 界面工具建立了向导型界面，通过 NX Spreadsheet 功能实现了优化参数的存取和更新，系统无缝集成了 NX Nastran 作为概念模型分析的求解器，采用 NX OPT 模块作为优化器进行优化迭代。多目标优化模块流程图如图 7-42 所示，具体步骤如下：

① 优化参数设置：设定优化最大迭代次数及收敛条件参数等。

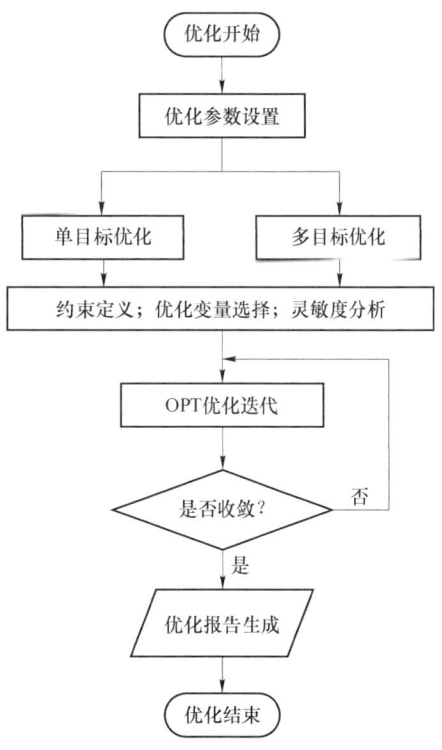

图 7-42 多目标优化模块流程图

② 优化类型选择：选择刚度多目标优化、模态多目标优化或刚度和模态综合多目标优化，并设定优化目标方式，即求解优化目标最大还是最小。

③ 约束条件定义：多目标优化模块中三种优化类型均以白车身概念模型的车身质量为约束，在质量不增加的约束条件下进行优化分析。

④ 优化变量选择：多目标优化模块支持以车身板件厚度和梁截面形状为优化变量进行优化分析。

⑤ 灵敏度分析：对选取的所有优化变量进行灵敏度分析，输出结果，从而确定对优化目标贡献较大的变量。

⑥ 优化迭代实现：根据灵敏度分析结果，选取对优化目标贡献较大的变量进行优化迭代分析，直至满足收敛条件。

针对上述步骤，对新能源汽车的车梁结构刚度和模态进行多工况分析，对相应结构参数、形状参数和材料特性进行多目标优化，保证车体结构安全正向设计最优实现，降低制造成本、提高车身安全性。整车结构安全技术路线如图 7-43 所示。

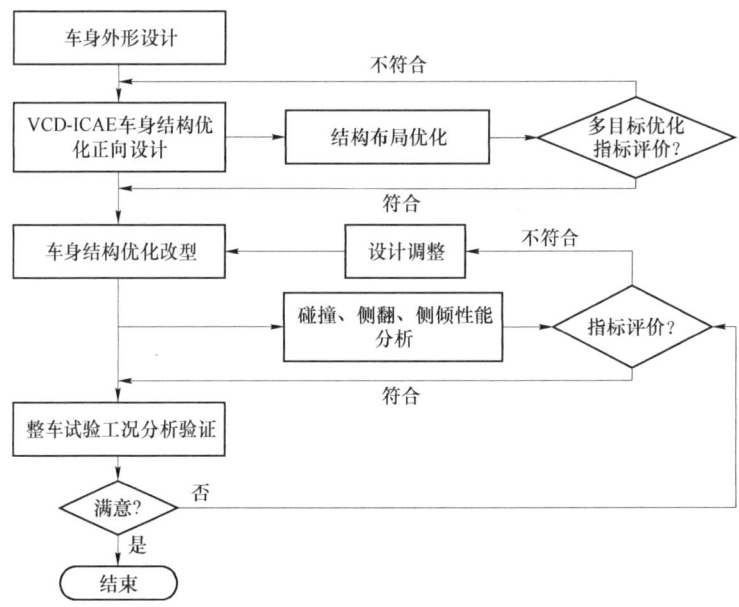

图 7-43　整车结构安全技术路线

7.3.2　高压电安全技术

新能源汽车动力系统的一个重要特点就是具有高电压、大电流的动力回路。为了适应电机驱动工作的特性要求并提高效率，高压电气系统的工作电压可以达到 300V 以上，而且电力传输线路的阻抗很小。高压电气系统的正常工作电流可能达到数十甚至数百安培，瞬时短路放电电流更是成倍增加。高电压和大电流会危及车上乘客的人身安全，同时还会影响低压电器部件和车辆控制器的正常工作。因此，在设计和规划高压电气系统时，不仅应充分满足整车动力驱动要求，还必须确保车辆运行安全、驾乘人员安全和车辆运行环境安全。根据电动汽车的实际结构和电路特性，设计安全合理的保护措施，是确保驾乘人员和车辆设备安全运行的关键。为了保证高压电安全，必须针对高压电防护进行特别的系统规划与设计。国际标准化组织和美国、欧洲、日本等都先后发布了若干电动汽车的技术标准，它们对电动汽车的高压电安全及控制制定了较为严格的标准和要求，并规定了高压系统必须具备高压电自动切断装置。其中涉及与电动汽车安全有关的电气特性有绝缘特性、漏电流、充电机的过电流特性和爬电距离及电气间隙等。

电动汽车的运行情况非常复杂，在运行过程中难免会出现部件间的相互碰撞、摩擦、挤压，这有可能使原本绝缘良好的导线绝缘层出现破损；接线端子与周围金属出现搭接。高压电缆绝缘介质老化或受潮湿环境影响等因素，都会导致高电压电路和车辆底盘之间的绝缘性能下降，电源正负极引线将通过绝缘层和底盘构成漏电流回路。当高电压电路和底盘之间发生多点绝缘性能下降时，还会导致漏电回路的热积累效应，可能造成车辆的电气火灾。因此，高压电气系统相对车辆底盘的电气绝缘性能的实时检测，也是电动汽车电气安全技术的核心内容。电动汽车电气安全监测系统需要实时监测整车电气状态信息，如总电压、总电流、正负母线对地电压值、正负母线绝缘电阻值、辅助电压和继电器连接状况等，并通过CAN总线输出测得各部分的状态及数值、输出系统的报警状态和通断指令，从而确保电动汽车的安全运行。

7.3.2.1 高压系统布置要求

由纯电动汽车的实际结构以及高压回路特性可知，纯电动汽车高压系统需要在保证整车动力传动的同时，实时监测高压电状态。要求高压系统能在发生故障时，通过高压接触器及时切断高压回路，保证整车系统和乘客的安全，同时要求在驻车充电或者驻车维修时，能切断所有可能的高压危险因素。系统零部件和电气系统的布置要求易于实现高压电安全监控功能，安全性好，可靠度高，还需要考虑高压部件的隔离以及动力蓄电池的电磁干扰问题。下面具体列出了七项纯电动汽车高压系统布置要求：

① 供电的所有动力蓄电池做到分组串联，且每组电压小于96V，并配熔断器，可在发生意外短路时断开电池组之间的连接。

② 将一个含有多个动力的电池包、两个高压直流接触器以及熔断器各自集成在绝缘封闭壳体内，这样就可以将高电压的带电部件与外部环境隔绝，同时相互之间的电磁干扰也得到了较好的屏蔽。

③ 设计的高压电安全监控系统也安装在一个绝缘封闭壳体内，而且布置位置需要尽量靠近电池包以便在发生高压故障时可及时切断高压回路。

④ 高压电安全监控系统包含高压回路预充电电路，目的是防止高压系统容性负载产生的瞬态冲击，在系统断电后，保证预充电继电器能够完全断开。

⑤ 高压电安全监控系统通过控制高压接触器通断，可以确保电动汽车高压回路的安全性，且在系统断电后，两个高压接触器能够完全断开。

⑥ 在高压回路中布置高压环路互锁电路，以确保电池组外的所有高压电路的连续性。

⑦ 设置手动切断高压回路装置，用于维修或者紧急情况下手动切断高压回路。

7.3.2.2 安全要求及检测参数

在最大交流工作电压小于660V、最大直流工作电压小于1000V以及整车质量小于3500kg的条件下，电动汽车的高压安全要求如下：

① 人体的安全电压低于35V，触电电流和持续时间乘积的最大值小于30mA·s。

② 绝缘电阻除以电池的额定电压至少应该大于100Ω/V，最好是能够确保大于500Ω/V。

③ 对于高于60V的高压系统的上电过程至少需要100ms，在上电过程中应该采用预充电过程来避免高压冲击。

④ 在任何情况下继电器断开时间为20ms，当高压系统断开后1s，汽车的任何导电部分应该和可触及的部分对地电压的峰值应当小于42.4V（交流）或60V（直流），储存的能量应该小于20J。

对于电动汽车的高压电系统和自动断路器的工作状态及功能的监测，需要检测的参数可以分成以下几类：

① 高压电气参数：高压系统电压、电流、高压总线剩余电量。

② 高压电路参数：动力电池绝缘电阻、高压总线等效电容。

③ 非电测量参数：环境温度、湿度。

④ 数字测控参数：主要是开关量的输入和输出。

7.3.2.3 高压安全防护措施

1. 剩余电流断路器

电动汽车采用剩余电流断路器是必要的。一旦有正母线或负母线与车身相连，保护器就报警，这就避免了电机壳体翻电成为高压正极，站在车上的人触摸负极造成电击伤。这样的设计也可避免空调系统高压、DC/DC变换器高压的泄漏。

2. 高压互锁

逆变器密封在高压盒中，非工作人员不能拆开，但也会有工作人员疏忽和非工作人员强行拆开的情况。为防止电击伤，在逆变器盒盖上设计有高压互锁开关，只要逆变器盒体打开，开关动作，控制器收到信号，断开系统的主继电器，可以避免意外电击出现。

3. 绝缘电阻检测

较高的供电电压对整车的电气安全提出了更高的要求，尤其是对高压系统的绝缘性能提出了更为苛刻的要求。绝缘电阻是表征电动汽车电气安全好坏的重要参数，相关电动汽车安全标准均做了明确规定，目的是消除高压电对车辆和驾乘人员人身的潜在威胁，保证电动汽车电气系统的安全。

7.3.2.4 高压绝缘监测

1. 电气绝缘监测的一般方法

对于封闭回路的高压直流电气系统，其绝缘性能通常用电气系统中电源对地漏电流的大小来表征。现在普遍使用两种漏电流检测方法：辅助电源法和电流传感法。

（1）辅助电源法

在我国某些电力机车采用的漏电检测器中，使用一个直流110V的检测用辅助蓄电池，蓄电池正极与待测高压直流电源的负极相连，蓄电池的负极与车辆机壳实现一点连接。在待测系统绝缘性能良好的情况下，蓄电池没有电流回路，漏电流为零；在电源线缆绝缘层老化或者环境潮湿等情况下，蓄电池通过电源线缆绝缘层形成闭合回路、产生漏电流，检测器根据漏电流的大小进行报警，并关断待测系统电源。这种检测方法不仅需要直流110V电源，增加了系统结构的复杂度，而且难以区分绝缘故障源是电源正极引线电缆还是负极引线电缆。

（2）电流传感法

采用霍尔式电流传感器是对高压直流系统进行漏电流检测的另一种方法。将待测系统中电源的正极和负极一起同方向穿过电流传感器，当没有漏电流时，从电源正极流出的电流等于返回到电源负极的电流，因此穿过电流传感器的总电流为零，电流传感器的输出电压为零；当发生漏电现象时，电流传感器输出电流不为零。根据电压的正负可以进一步判断产生漏电流的来源是来自电源正极引线电缆还是电源负极引线电缆。但是，应用此方法的前提是待测电源必须处于工作状态。

在目前的电动汽车产品研发中，采用母线电压在"直流正极母线－底盘"和"直流负极母线－底盘"之间分压来表征直流母线相对于车辆底盘的绝缘程度。但是，这种电压分压法只能表征直流正、负母线对底盘的相对绝缘程度，无法判断直流正、负母线对底盘绝缘性能同步降低的情况。

2. 电动汽车电气绝缘性能的描述

电动汽车的电气设备直接安装在车辆底盘上，每个电气设备都有独立的电流回路，与底盘没有直接的电气连接。整个高压系统是与底盘绝缘、封闭的电气系统。

绝缘体是相对导体而言的，在直流电源系统中，定量描述一种介质绝缘性能和导电性能的物理量是电阻。导体的电阻小，绝缘体的电阻大，绝缘体电阻的大小表征了介质的绝缘性能。电阻越大，绝缘性能越好，大电阻被称为绝缘电阻。在电动汽车的高压电气系统中，分别利用电源的正极引线电缆和负极引线电缆对底盘的绝缘电阻，来反映电气系统的绝缘性能。

3. 绝缘电阻检测原理

为了检测上述绝缘电阻，直接将车载高压电源作为监测电源。电源正极、负极和车辆底盘之间建立了桥式阻抗网络，如图7-44所示。其中，A点与电源正极相连，B点与电源负极相连，O点与车辆底盘相连。U_0为高压电源的输出电压，R_1、R_2分别为高压电源正极、负极引线对底盘的绝缘电阻，R为限流电阻，取$R = 51\text{k}\Omega$。VT_1、VT_2为电子控制开关，通过控制电子开关的导通与关断，改变了AB两点之间的等效电阻和电源的输出电流I，根据U_0、I和等效电阻计算出R_1和R_2。

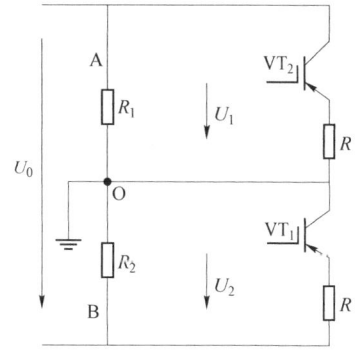

图7-44 桥式阻抗网络

相对于电压U_0而言，开关的导通电压很小，可以忽略不计。电动汽车在运行过程中，电压U_0不是恒定不变的，其读数需要和电流同时采集。当VT_1导通、VT_2关断时，桥式阻抗网络等效形式为R_1与R并联后与R_2串联，这时，电源电压为U_1，电流为I_1，关系式为

$$U_1 = I_1\left(R_2 + \frac{R_1 + R}{R_1 R}\right) \tag{7-16}$$

当VT_2导通、VT_1关断时，桥式阻抗网络等效形式为R_2与R并联后与R_1串联，这时，电源电压为U_2，电流为I_2，关系式为

$$U_2 = I_2\left(R_1 + \frac{R_2 + R}{R_2 R}\right) \tag{7-17}$$

当高压电源正极、负极引线对底盘的绝缘性能良好,满足 R_1、R_2 的电阻值都大于 $10k\Omega$ 时,可以做以下近似处理:

$$\frac{R_1 + R}{R_1 R} \approx R \qquad (7-18)$$

$$\frac{R_2 + R}{R_2 R} \approx R \qquad (7-19)$$

综合上述四个表达式,得到

$$R_1 = \frac{U_1}{I_1} - R \qquad (7-20)$$

$$R_2 = \frac{U_2}{I_2} - R \qquad (7-21)$$

如果 VT_1、VT_2 同时关断,电流 I 大于 $2mA$,则说明绝缘电阻 R_1、R_2 电阻值之和小于 $150k\Omega$,电源的正极、负极引线电缆对底盘的绝缘性能不好,检测系统不再单独检测 R_1、R_2,立即发出报警信号。

7.3.3 功能安全技术

参照汽车功能安全标准 ISO26262,按照图 7-45 所示的整车功能安全技术开发流程,基于新能源汽车整车系统架构,分析可能存在的功能安全风险并评估风险等级,给出功能安全的判据,提出系统软硬件设计方法。通过整车控制系统各部件运行状态监控、控制功能监控,保证新能源汽车控制系统安全运行;进行控制系统故障诊断技术研究,建立整车控制的故障树,开发诊断通信协议,研究诊断服务请求和诊断应用技术;针对新能源汽车数字化网络技术的应用,开展高安全通信技术研究,包括冗余通信技术、失效安全容错控制技术等。同时,进行新能源汽车跛行回家功能研究,保障车辆控制系统失效安全性能。

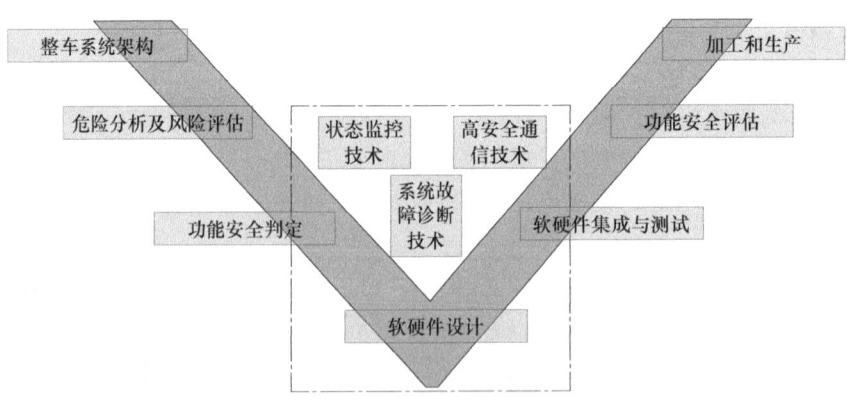

图 7-45 整车功能安全技术开发流程

7.4 电磁兼容技术

本节主要介绍电磁兼容的基本概念、电磁干扰源,分析现代电动汽车的电磁兼容问题及抑制电磁干扰的技术措施等。

7.4.1 电磁兼容基础

7.4.1.1 电磁兼容的含义

电磁兼容（Electro Magnetic Compatibility，EMC）是指电气及电子设备在共同的电磁环境中能执行各自功能的共存状态，即要求在同一电磁环境中的相关设备都能正常工作又互不干扰，达到兼容状态。该表述包含两方面的含义：

① 设备不会由于受到处于同一电磁环境中其他设备的电磁发射导致或遭受不允许的降级。

② 它也不会使同一电磁环境中其他设备因受其电磁发射而导致或遭受不允许的降级。

国际电工技术委员会（IEC）对电磁兼容性的定义：电磁兼容性是设备的一种能力，它在其电磁环境中能完成自身的功能，且不在其环境中产生不允许的干扰。

电磁兼容的理论基础涉及数学、电磁场理论、电路基础、信号分析等学科与技术，其应用范围又几乎涉及所有用电领域。因为其理论基础宽、工程实践综合性强、物理现象复杂，所以在观察与判断物理现象或解决实际问题时，实验与测量具有重要的意义。因为在新能源汽车上采用了更多的电力电子设备，同时车辆工作电压一般可以达到几百伏，尤其是采用高频调制的电机驱动系统，谐波现象明显，所以电磁兼容问题就越加突出。

7.4.1.2 现代汽车电磁兼容问题

随着汽车安全性、舒适性和经济性等要求的不断提高，以汽车电子产业为代表的汽车相关技术发展非常迅猛。据统计，近年来，有关汽车的技术创新70%都来源于汽车电子；在国内外生产的部分轿车中，汽车电子设备价值超过了整车价值的30%。

然而随着汽车电气设备数量、种类和密度的不断增加，工作频率的不断提高，汽车内的电磁环境更加恶劣，各电子设备相互间的电磁干扰愈加严重，导致了诸多汽车电磁干扰问题。例如，各种信号指示灯的误动作，刮水器、安全气囊的误开启，ABS制动效能降低等。这些电磁干扰问题产生的原因主要来自汽车的内部，如点火系统、电子燃油喷射系统、各种电机、一些集成芯片的控制器、通信系统等高频工作的设备和大量开关性元器件。它们产生的电磁波通过传导与辐射，对诸如各种电子模块、信号传输线等易受影响的设备造成干扰。虽然车内的干扰源功率不一定大，但因为距离被干扰对象非常近，所以对车内电子系统的干扰是很强的。

欧美发达国家十分重视对汽车电磁兼容性的研究，世界各国和相关国际性组织制定了众多的标准和法规来解决汽车的电磁兼容问题。汽车生产商极为重视汽车电磁兼容性问题的研究，通用、菲亚特、宝马等汽车生产商制定了比某些国家和地区规定更为严格的电磁兼容标准。有关车辆电磁兼容性的主要国际标准见表7-3。

表7-3 国际主要汽车电磁兼容标准

标准号	标准名称
IEC/CIS PR12	车辆、船和内燃机驱动装置无线电骚扰特性限值和测量方法
IEC/CIS PR21	脉冲噪声对移动无线电通信的干扰评定其性能降级的方法和高性能措施
IEC/CIS PR25	用于保护车、船舶和设备用接收机的无线电骚扰特性的测量方法及限值
IEC/CIS PR25	辐射电磁场抗扰性试验

(续)

标准号	标准名称
IEC 61000	道路车辆—由传导和耦合产生的电气干扰窄带辐射电磁能量产生的电磁干扰
ISO 7637-1/2/3	道路车辆—校准20kHz功率密度测试仪的标准电磁场的产生
ISO/TR 10305	道路车辆—静电放电产生的电骚扰试验方法
ISO 10605	道路车辆—窄带电磁能的电干扰（整车试验）-1-4部分
ISO 11451.1-4	道路车辆—窄带电磁能的电干扰（部件试验）-1-7部分
ISO 11452.1-7	车辆和装置的电磁特性测量方法和特性水平6Hz~18GHz
SAE J1113	车用电子部件电磁兼容的测量规格及限值6Hz~18GHz
ECE R10	车辆电磁兼容性认证规定
2004/104/EC	新的欧洲汽车电磁兼容指令

我国对汽车电磁兼容性的研究处于起步阶段，国内汽车电磁兼容性标准还不健全。目前发布的有关车辆电磁兼容性的标准见表7-4。

表7-4 国内汽车电磁兼容性的标准

标准号	标准名称
GB 14023—2011	车辆、船和内燃机 无线电骚扰特性 用于保护车外接收机的限值和测量方法
GB/T 18655—2018	车辆、船和内燃机 无线电骚扰特性 用于保护车载接收机的限值和测量方法
GB/T 15152—2006	脉冲噪声干扰引起移动通信性能降级的评定方法
GB/T 17619—1998	机动车电子电器组件的电磁辐射抗扰性限值和测量方法
GB/T 18387—2017	电动车辆的电磁场发射强度的限值和测量方法
GB/T 19951—2019	道路车辆 电气/电子部件对静电放电抗扰性的试验方法

7.4.1.3 电动汽车干扰源

目前电动汽车的干扰源主要有自然干扰源、人为干扰源和车载干扰源三种。

1. 自然干扰源

自然干扰源是指由自然现象引起的电磁干扰，比较典型的自然界电磁现象产生的电磁噪声有大气噪声、太阳噪声、宇宙噪声以及静电放电等。在大多数情况下，自然干扰源对汽车的干扰影响可以忽略，然而闪电和静电放电可能会产生很大的瞬变场强。汽车上的直接电击很少，但是闪电引起的场强很大，在200m处是100kV/m，在175km处是4V/m。乘客和座椅之间的摩擦以及汽车车身在行驶过程中与空气的摩擦都会积累形成静电，高压静电在放电时会影响电子设备的工作，甚至造成永久性破坏。

2. 人为干扰源

人为干扰源是指由汽车外部人工装置产生的电磁干扰，这主要有其他车辆的辐射干扰，车外的雷达、无线电台发射机、移动通信设备等发射的电磁波干扰，以及高压输电线的电晕放电等。

3. 车载干扰源

车载干扰主要是指车上各种电子电气系统产生的电磁干扰。车载干扰源主要有驱动系统、动力电池、功率变换器、继电器、电动辅助系统、开关、通信设备以及微处理器等电子设备。这些电子设备电路中出现的各种瞬变电压，或者电路开断瞬间触点之间产生的电火花和电弧等，都可能影响车上敏感设备的正常工作。电压和电流的快速暂态会产生辐射和噪声，距离这些设备较近的电子设备有可能产生故障，特别是电机驱动模块的快速整流、电机起动、高压辐射更会引起较高场强的传导及辐射骚扰。

随着汽车电气技术的发展，电动机在汽车上的应用越来越广泛，功率从几瓦到几十千瓦都有。电动机电磁干扰主要是指绕组中突变磁场和换向器与电刷之间产生的火花放电两方面。这些干扰的电磁波频率为10Hz～1000MHz，频带很宽，场强为垂直极化和水平极化两种，场强与频率基本是正态分布。电动机的干扰脉冲峰值与电动机的结构、工作负载、绕组绝缘老化、换向器与电刷的间隙及磨损等诸多因素有关。

现代汽车电气系统内存在大量的感性负载，有各种电磁阀、继电器等，其线圈在开路瞬间，都会成为一种宽频谱、高能量的瞬变干扰源。

7.4.2 电磁兼容性设计方法

电动汽车电气系统电磁兼容性设计采用分层与综合设计法。可根据所采取的措施在实现电磁兼容时的重要性，分层依次进行设计：第一层为有源器件的选型和印制板设计；第二层为接地设计；第三层为屏蔽设计；第四层为滤波设计和瞬态骚扰抑制。在每一层都要进行接地、屏蔽和滤波的综合设计以及软件抗骚扰。

7.4.3 抑制电磁干扰的技术措施

通常抑制电磁干扰的主要措施有屏蔽、滤波和接地。

1. 屏蔽

屏蔽是在两个区域之间建立电磁屏障，它是保护系统中的电路不受电磁环境损坏的最直接方法。可采取两种屏蔽方式：一是主动屏蔽，使辐射电磁能限制在特定区域之内；二是被动屏蔽，防止辐射电磁能进入特定区域。屏蔽的形式多种多样，可以是隔板、盒式封闭体，也可以是电缆或插接器式的屏蔽。屏蔽的效能用屏蔽有效度表示，它不仅与屏蔽材料有关，而且与材料的厚度、应用频率、辐射源到屏蔽层的距离以及屏蔽层不连续的形状和数量有关。

2. 滤波

屏蔽主要是为了解决辐射干扰，而滤波则主要是为了解决通过传导途径造成的干扰。完成滤波作用的部件称为滤波器。滤波器主要用于抑制通过电路通路直接进入的干扰，它是应用最普遍的抗干扰方法。根据信号与干扰信号之间的频率差别，可以采用不同性能的滤波器，抑制干扰信号，提高信噪比。

3. 接地

接地就是在两点之间建立导电通路，其中的一点通常是系统的电气元件，而另一点则是参考点。一个接地系统的有效性取决于在多大程度上减小接地系统的电位差和减小接地电流。

在进行电动汽车的电磁兼容性设计时还应注意以下几点：

① 合理规划线束。在线束布置上，使小功率敏感电路紧靠信号源，大功率干扰电路紧靠负载，尽可能分开小功率电路和大功率电路，减小线束间的感应干扰和辐射干扰。不同用

途、不同电平的导线,如输入与输出线、弱电与强电要远离,尽量不要平行;接地线长度要尽量短,截面要尽量大。关键元件、电路和走线都要加屏蔽,屏蔽要合理接地。对较长的线束,为减小传导和辐射干扰,应在线束上增加滤波,比较方便的方法是套接合适的铁氧体磁环。

② 元器件选择和电路设计。元器件选择和电路设计是抗电磁干扰和电磁兼容性设计的重点之一。通过选择元件及抗扰筛选,以得到高抗干扰门限值的元件,采用屏蔽的双绞线作连线,缩短元件和电路的连线。这项措施可使系统的抗干扰性增加 3~10dB,使设计的电路具有高信号电平和低阻抗特性,可大大降低对干扰的灵敏度。另外,还要考虑到数字电路比线性、模拟电路抗扰性强,低速数字电路比高速数字电路有更低的电磁灵敏度。在确定元件和电路时,除了要注意其电磁干扰灵敏度外,还应注意一些会产生电磁干扰的元件和电路,它也会对系统造成不应有的影响,使信号发生畸变,或产生干扰电压、干扰电流,或使系统产生失误。

7.5 轻量化技术

汽车轻量化是在保证汽车强度和安全性能的前提下,尽可能地降低汽车的整备质量,从而提高汽车的动力利用率,减少能量消耗,降低排气污染,对新能源汽车有十分重要的意义。汽车轻量化可以从三个方面实现:轻量化结构、轻量化工艺和轻量化材料。实验证明,汽车整车重量降低10%,能耗可降低6%~8%;对燃油车而言,汽车整备质量减少100kg,百公里油耗可减少0.3~0.6L。

7.5.1 轻量化结构

轻量化结构又称结构轻量化,可以通过三个途径来实现,即拓扑优化、形状优化和尺寸优化。拓扑优化是在结构设计的概念设计阶段引入的结构优化形式。形状优化和尺寸优化都是在结构布局已经决定的情况下进行。

1. 拓扑优化

拓扑优化方法是在一个给定的空间区域内,依据已知的外部载荷及支承等约束条件,寻找承受单载荷或多载荷的物体的最佳结构材料分配方案,从而使结构的刚度达到最大或使输出位移、应力等达到规定要求的一种结构设计方法。它是有限元分析和优化方法有机结合的新方法,如图 7-46 所示。因为拓扑优化设计自由度大,所以通常用于车身设计初期和概念设计阶段。

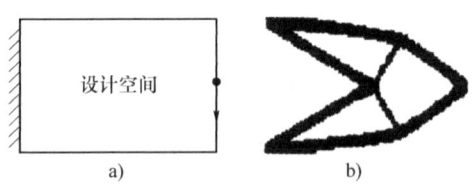

图 7-46 拓扑优化设计原理
a) 设计空间 b) 最优拓扑结构

拓扑优化可以获得一个最佳结构布局——最佳的载荷路径,接下来在这个最优布局的基础上按照真实的设计需求来形成工程设计方案,并应用更仔细的尺寸优化和形状优化工具来优化这个设计方案。拓扑优化比形状优化更进了一个层次,其难度也大大增加,主要原因是拓扑优化很难用通用且准确的解析方式来表达。拓扑优化技术目前已在车身部件的结构设计中得到了广泛的应用,同时在整车及车架等分总成的结构优化中也得到了初步的应用。

Altair公司进行的悬架横臂和SUV车架的拓扑优化设计实例,如图7-47和图7-48所示。

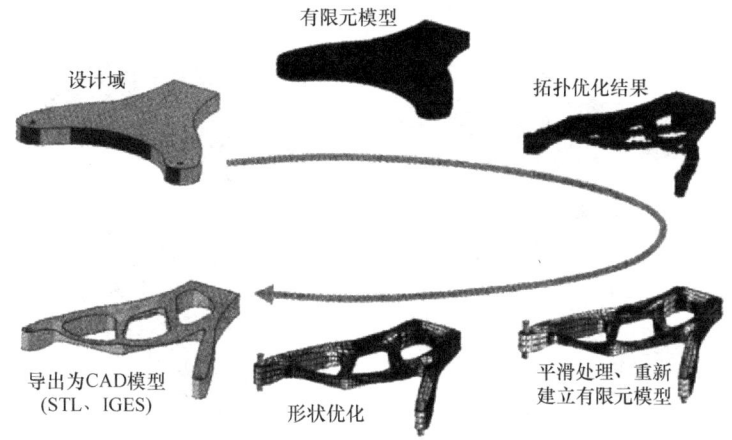

图7-47 悬架横臂拓扑优化设计实例

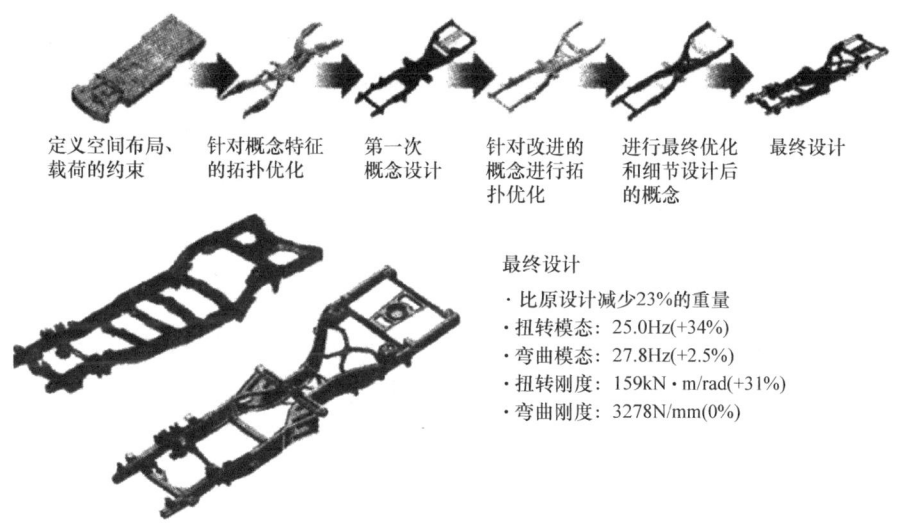

最终设计
- 比原设计减少23%的重量
- 扭转模态:25.0Hz(+34%)
- 弯曲模态:27.8Hz(+2.5%)
- 扭转刚度:159kN·m/rad(+31%)
- 弯曲刚度:3278N/mm(0%)

图7-48 SUV车架拓扑优化设计实例

2. 形状优化

形状优化是指在结构的类型、材料、布局已定的前提下对结构的几何形状进行优化,例如对布局已定的桁架的节点位置进行优化,对连续体的边界形状进行优化,对实体结构内部开孔的尺寸、形状进行优化等,如图7-49所示。

在板形结构中寻找最优的加强肋分布的设计,用于设计薄壁结构的强化压痕,在减轻结构重量的同时能满足强度、频率等要求。在可设计区域中根据节点的扰动生成加强肋。

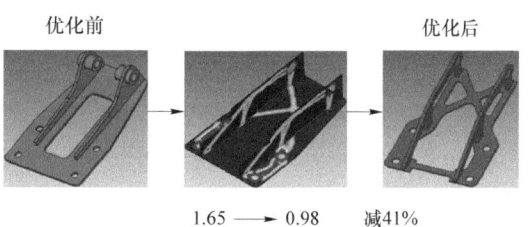

1.65 → 0.98 减41%

图7-49 减振器上支架优化

发动机油底壳的形状优化实例如图 7-50 所示。

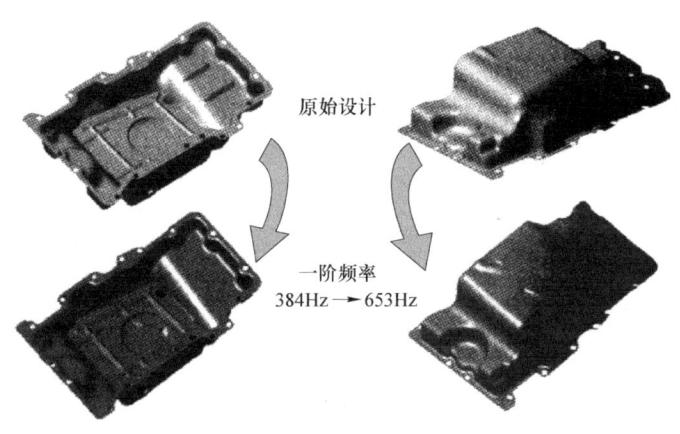

图 7-50　形状优化设计实例

3. 尺寸优化

尺寸优化是指在给定结构的类型、材料、布局和外形几何的前提下，优化各个组成构件的截面尺寸，使重量最轻。尺寸优化是最早发展起来、最容易实现的优化技术，目前比较成熟，很多商业有限元软件都有该模块，使用起来比较方便，可进行静力学及动力学问题优化。

7.5.2　轻量化工艺

轻量化工艺指的是以整车轻量化设计为基础，在综合考虑所采用轻量化材料的特性和产品控制成本要求前提下而采用的制造技术。目前广泛使用的主要有激光拼焊技术、液压成形技术、超高强度钢热成形技术、高强度钢辊压成形技术和电磁成形等先进的成形技术及连接技术、表面处理技术和切削技术等。

7.5.2.1　成形制造技术

1. 液压成形技术

传统的车身骨架结构，如底架纵梁，大多是由复合冲压件组成的封闭截面梁。曾经有人研究用铝管或钢管来制造，因为管材具有完全封闭的截面，可以提高扭转刚度。尤其是当采用从前保险杠直通到后保险杠的连续纵梁时，车身结构的扭转刚度明显提高。但由于过去采用连续纵梁只能是等厚度的，这就限制了按沿长度方向刚度和强度性能要求来设计纵梁厚度的可能，因此不利于减轻重量。现在的液压成形技术可以解决这一问题。

液压成形技术是指把管状或板状材料放在密封的模具中，再把流体介质（水、油等）引入管件的内腔或板件与模具的内腔，通过增加液体的压力，使工件在常温下变形，经过膨胀、压缩和成形三个阶段，最终成为所需零部件形状。液压成形技术有很多优点，包括可减少零件和模具数量、结构完整性好、强度高和使用寿命长等，并可在保证零件刚度和强度的前提下有效降低构件重量和成本。使用液压成形方式制造的零件，可将原来因加工工艺所不能及而必须分割成数个部件进行加工的零件改为以单一的零件代替，减少了零件组合的工作,同时也增加了车体的刚性,从而达到减轻重量、降低成本的目的。据统计,液压成形件比冲压件平均成本可降低15%~20%、模具费用降低20%~30%。成形后的零件可减重30%。

2. 超高强度钢热成形技术

热成形技术是解决超高强度钢成形问题的关键工艺技术之一。它是将板材加热到奥氏体后,然后在模具中进行热成形,经通水冷却,在保持零件良好形状的前提条件下得到高强度的马氏体组织。其优点是可提高零件强度;减小零件壁厚或截面尺寸,节约材料消耗;材料塑性和成形性好,能一次成形复杂的冲压件;可减少模具数量和成形工序;可消除回弹影响,零件精度高,成形质量好。超高强度热成形技术主要用于B柱、防撞梁、保险杠等安全结构件的生产,起到了为满足高碰撞条件要求使车身局部结构得到加强的作用。

3. 高强度钢辊压成形技术

三维辊压成形是以轻量化和一体化为特征的一种三维空心变截面轻体构件的新型辊压成形技术。采用高强度钢辊压成形技术加工出的变截面车身零部件,可大幅度提高承载能力,充分发挥材料的利用率,减轻结构重量,降低零件生产成本,提高生产效率。

7.5.2.2 连接技术

连接技术也是轻量化制造技术发展的关键技术之一,它关系到被连接结构的性能、重量、加工工艺、装配、安全与回收等诸多方面。传统的连接技术主要有电阻点焊和惰性气体保护焊接/活性气体保护焊接(MIG/MAG),但随着越来越多材料轻量化设计的需要,激光焊接、铆接与自冲铆接、粘接及复合连接等新的连接技术逐步发展并得到越来越多的应用。

1. 激光焊接

激光焊接以可聚焦的激光束作为焊接能源,它是将经不同表面处理、不同材质、不同厚度的钢板通过激光焊接组合成一个毛坯件,然后再将其冲压成所需的零部件。当高强度激光照射在被焊材料表面上时,部分光能将被材料吸收而转变成热能,使材料熔化,从而达到焊接的目的。激光焊接可焊材质种类范围大,也可相互接合各种异质材料。激光焊接的焊接应力和变形小,焊接工艺稳定,焊缝表面和内在质量好,性能高。

激光焊接技术在国外的车身内结构件制造中已得到广泛应用。与传统点焊工艺的产品相比,激光拼焊技术的特点如下:

① 减少零件数量。由于拼焊板可以一体成形,提高了车身覆盖件的精度,减少了大量冲压加工的设备和工序。一辆汽车的车身由300多种零件组成,采用激光拼焊板技术可使零件数量减少66%,提高了材料的利用率。

② 减轻结构件的重量。由于将不同厚度的板料焊在一起,然后一次冲压成形,而不再需要焊接加强板,因此可以降低钢材消耗,减轻结构重量。

③ 可以改进车身结构的安全性能和耐久性。激光拼焊技术目前可以广泛应用于车门内板、前纵梁、地板、侧围总成及侧围部件(如B柱)等。图7-51所示为由不同厚度的板材冲压而成的车身侧围内板总成,图中数字表示板料的厚度(mm)。

2. 机械连接技术

机械连接技术包括压焊、钳铆、自冲铆接、盲铆和折叠等。采用机械连接技术代替电阻点焊,其优点是可用于多种材料组合或夹层材料,允许表面带有涂层,成本低,不需加热(变形小、不改变材料性能),不需预处理及加工。

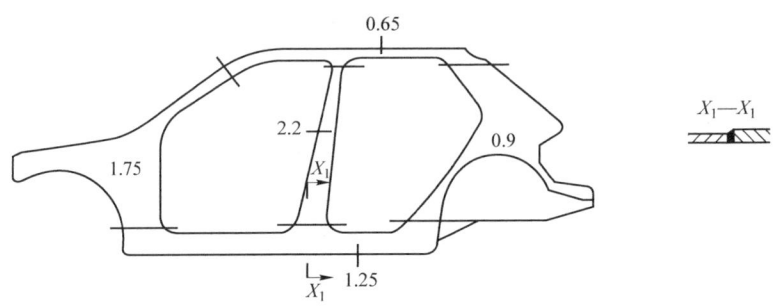

图 7-51 激光焊接技术在车身侧围内板中的应用

3. 粘接技术

粘接技术是指利用适宜的胶粘剂作为工艺材料,采用适当的接头形式和合理的粘接工艺而达到连接目的。粘接连接产生连续的连接,应力分布更加均匀,因而与点焊和机械连接的局部的、断续的连接相比,提高了连接刚度。

4. 复合连接技术

复合连接是将两种连接方法组合在一起使用的连接技术,如铆接 – 粘接、点焊 – 粘接、激光焊接 – MIG 等。复合连接的主要优点是可以使不同连接方式的优势互补,接头扭转刚度和疲劳强度高,密封性好,并可改善汽车的 NVH 性能。

7.5.3 新型材料的应用

节能降耗已成为汽车新产品开发的难点和重点,轻质材料的应用成为减重节能的重要手段。实施汽车轻量化的主要材料有高强度钢、铝合金、镁合金、钛合金、碳纤维、复合材料等。

7.5.3.1 高强度钢

汽车用钢按照其刚度可分为软钢、高强度钢、超高强度钢。高强度钢是在普通碳素钢的基础上加入少量合金元素制成的。这种钢的生产成本与普通碳素钢相近,但由于合金元素的强化作用却使其抗拉强度比普通钢高得多。

高强度钢与车身轻量化的关系最为密切,是车身轻量化后保证碰撞安全的最主要材料,高强度钢的用量直接决定着车身轻量化的水平。高强度钢的使用不仅可以有效降低车身重量,还可以提高车身结构的强度、刚度和被动安全性,节省原材料消耗。

高强度钢加工硬化比普通钢板高,可以吸收更多的冲击能量,因此用于底架的前后纵梁等处和要求高强度、耐久性部位,可以提高汽车的安全性,减轻零件的重量。研究表明:钢板的强度提高 40~50MPa,车身外板制件的板厚可减小 10%~15%,车身内部制件的板厚可减小 20% 左右。

7.5.3.2 铝合金

铝是钢在车身应用方面的主要竞争者,因此下面将对这两种材料在设计性能、可成形性方面进行比较,并且对铝合金的耐蚀性、连接、成本以及循环利用等问题进行讨论。

1. 设计性能

铝合金与钢相比最大的优点是其挤压成形性能较好。例如上边梁这样的车身结构件，如果用钢制造，需要多次冲压和焊接。而用铝合金制造，整个部件一次挤压就可以完成。整个部件一次挤压完成与多次冲压和焊接完成相比，在加工和装配上都会使成本降低。简单的计算方法是采用铝合金车身板件替代钢车身板件时将减轻重量约50%。

2. 可成形性

绝大部分的钢和铝车身结构件车身板件都是通过冲压、辊轧、弯曲、卷边等冷加工成形工艺完成的。在这些工艺中，材料的两项最重要的可成形性指标是应变硬化指数和塑性应变率。铝合金的应变硬化指数与低碳钢相当，这意味着在成形过程中的均匀伸长率也基本相同（见表7-5），但铝比钢的颈缩伸长率小得多。如果冷成形工艺不能很好地控制，并且稍微超过均匀伸长率，那么铝合金部件在成形过程中就可能产生裂纹。铝比钢的塑性应变率低得多，这意味着铝的压薄阻力比钢低得多。

表7-5 几种用于车身的铝合金的性能

材料	屈服强度/MPa	抗拉强度/MPa	伸长率（%）	应变硬化指数	塑性应变率
5182－O	130	275	24	0.33	0.80
5454－O	115	250	22	0.30	0.80
5754－O	100	220	26	0.30	0.80
6009－T4	125	220	25	0.22	0.64
6009－T62	260	300	11	—	—
6111－T4	150	280	26	0.28	0.70
6111－T62	320	360	11	—	—
6061－T6	275	310	12	—	—

3. 耐蚀性

铝的氧化电势很高，因此会迅速在其表面生成致密的氧化铝薄膜。这一层氧化膜在大部分环境下是天然的防腐蚀保护层，但这为焊接和喷漆工艺带来了麻烦，在进行这两道工艺前必须去掉这层氧化膜。

4. 循环利用

铝合金是一种高循环利用材料，像铝罐这样的消费产品，其铝的循环利用率在80%以上，用于汽车上的铝的循环利用率也可以达到80%以上。

许多汽车制造厂通过开发铝密集概念车证明了铝合金在汽车轻量化方面的应用潜力。美国通用汽车公司的电动概念车取名为"Impact"，其车身是由铝合金冲压件、挤压件以及铸件组合而成的。挤压件如前中横梁、前挡泥板梁和后下连接支架等，都是由6000系列铝合金制成的，并通过点焊或机械紧固件将其最终连接在一起。铸件如前悬架滑柱塔形支承、后减振器支架等，是由ZL101A－T6或者ZL114A－T6制造的。它们用真空无冒口铸造工艺铸造，这种铸造工艺能够生产壁厚4mm或者更厚的高质量的铸件。通用汽车公司"Impact"电动概念车如图7-52所示。

图 7-52 通用汽车公司"Impact"电动概念车

福特汽车公司开发了一款称为"Synthesis 2010"的概念车,它将铝合金应用到了底盘、车身板件、车门防侧撞杆、制动盘以及其他几种部件上。"Synthesis 2010"比福特公司 20 世纪 90 年代生产的与其尺寸相似的金牛座汽车轻 35%。

7.5.3.3 镁合金

镁是比铝更轻的金属材料,密度只有铝的 2/3,铁的 2/9。但与铝合金相比,镁合金的耐腐蚀性差,研究和发展还很不充分,应用也很有限。尽管镁合金在当前汽车用材中所占的比例不到 1%,但是在轻量化的驱动下,镁合金的应用受到世界各大汽车生产企业的重视。以美国为例,在一些车型上镁合金用量为 5.8~26.3kg/辆。欧洲的镁合金用量仅次于北美,部分车型上的镁合金用量可达 9.3~20.3kg/辆。

镁合金除具有较小的密度外,还有较高的比强度、比弹性模量和刚性,比强度约为铝的 1.8 倍,有较高的稳定性断面收缩率稳定,铸件和加工件尺寸精度高,具有良好的阻尼系数和减振降噪性能;电磁屏蔽性好,尤其适用于电磁干扰严重的电动汽车;与塑料相比,可回收性能好;切削加工性能极好;铸造成形性能好,镁合金铸件最小壁厚可达 0.6mm,而铝合金为 1.2~1.5mm。

镁合金可分为铸造镁合金和变形镁合金。汽车用的镁合金材料以铸造镁合金为主,占汽车用镁量的 90% 以上。目前汽车用铸造镁合金主要有四大系列,分别是 AM(Mg-Al)系、AZ(Mg-Al-Zn)系、AS(Mg-Al-Si)系、AE(Mg-Re)系,其力学性能见表 7-6。铸造镁合金在汽车上的应用大致可分为两大类:一是不需承受大的载荷的非结构件,如变速器壳体、进气歧管和油底壳等壳体类零件;另一类是需要承载的结构件,如转向盘、仪表板、座椅框架、座椅等。变形镁合金包括型材、板材等延性镁合金,主要有 Mg-Al-Zn 系合金和 Mg-Mn-Zr 系合金两大类,以 AZ31 为主。变形镁合金主要用于车身组件(如车门、行李箱、发动机舱盖)的外板、车门窗框架、座椅框架、底盘框架、车身框架等,变形镁合金在车身上的应用有很大的潜力。

表 7-6 铸造镁合金的力学性能

牌号	抗拉强度/MPa	屈服强度/MPa	延伸率(%)	疲劳强度/MPa	布氏硬度/HB	弹性模量/GPa	减振系数(%)
AZ9D	240	160	3	50~70	70	45	25
AM6B	225	130	8	50~70	65	43	45

（续）

牌号	抗拉强度/MPa	屈服强度/MPa	延伸率（%）	疲劳强度/MPa	布氏硬度/HB	弹性模量/GPa	减振系数（%）
AM5A	210	125	10	—	60	45	—
AS4A	215	140	6	50~70	60	45	—
AS21	172	110	4	—	63	—	60
E42	230	145	10	—	60	45	—

丰田汽车的转向系统中转向盘加装安全气囊后自身质量增加，采用了 AM60B 镁合金后，自身质量比过去的钢制品、铝制品分别减少了 45% 和 15%，同时也减少了转向系统的振动。奔驰公司用镁合金座椅骨架，质量比过去的冲压结构件大大减轻。美国福特汽车公司用镁合金 AM60 生产的座椅支架使座椅骨架从 4kg 降为 1kg。通用汽车 EV1 用镁合金制造的仪表板，将 20 个冲压件和塑料零件模块化，组合成一个零件，使仪表板质量下降到 3.6kg，而且增加了刚度。欧盟 Super Light Car 项目开发的白车身中，镁合金的用量达到 11kg（占白车身质量的 7%），主要用于车身顶盖、悬架支撑等部件。

7.5.3.4 钛合金

钛合金的主要优点是密度低、高强度-密度比以及优异的耐蚀性，另外即使在温度升高至 500℃ 时仍能保持很高的强度。

与汽车用钢、铝合金以及镁合金相比，钛合金的缺点是成本较高。钛合金在汽车轻量化的应用上很有潜力。应用之一是悬架弹簧，在这一应用中，钛合金较低的剪切弹性模量和较高的疲劳强度使其优于钢材料。由于弹簧的变形与材料的剪切弹性模量成反比，钛合金螺旋弹簧可以设计成比钢弹簧较少的工作圈数，这不仅减轻了重量，而且增加了其固有振动频率。在汽车上首先使用钛合金螺旋弹簧的是大众的 Lupo FSI（Faller and Froes，2001）。大众公司的钛合金弹簧材料是 Ti-4.5Fe-6.8Mo-1.5Al 合金（Timetal LCB），它是专门开发用于汽车的钛合金材料，钛合金螺旋弹簧比钢螺旋弹簧轻约 60%。

钛合金具有较高的强度/密度比值、较高的疲劳强度以及在高温下强度的保持能力，可以用于制造如连杆、活塞和活塞销等发动机往复运动部件，以减轻重量。

钛合金也能够很好地应用于发动机的其他部件如气门、气门座圈和气门弹簧。这些发动机部件中的大部分减轻重量后可以减小摩擦，从而提高发动机效率。如使用钛合金气门系统可以降低发动机摩擦损失 10%，这对于典型驾驶循环而言将降低油耗 3%~4%（Hrman and Allison，1986）。世界上首先使用钛合金连杆的是 1992 款 Acura NSX 汽车，首先使用钛合金气门的是 1999 款丰田 Altezza 汽车。这些部件工作时容易磨损，而钛合金耐磨性较差，因此它们需要进行表面耐磨处理，包括表面镀层和氧化等。另一种方法是使用钛基复合材料和铝化钛，这是一种钛和铝的金属复合物，它不仅耐磨，而且有很高的弹性模量，可用于活塞销。

钛合金另一个有潜力的应用领域是排气系统，因为钛合金的抗氧化温度达到 700℃。由于钛合金的密度低，使用钛合金代替目前流行使用的不锈钢排气管、消声器和排气系统其他部件可以明显减轻重量。钛合金消声器是 CorvetteZ06 汽车的选装件，比不锈钢消声器轻 41%。因为排气系统的许多部件都是冷加工成形的，所以建议使用工业纯钛（非合金）材料（一级或者二级）。

7.5.3.5 碳纤维

碳纤维是一种纤维状复合材料，含碳量超过 90%，既具有碳材料的固有特性，又兼备纺织纤维的柔软可加工性，是新一代增强纤维。它的强度比钢大，密度比钛小，具有极好的电学、热学和力学性能。

1. 碳纤维分类

碳纤维按力学性能可分为通用型碳纤维和高性能型碳纤维。通用型碳纤维强度为 1000MPa、模量为 1000Pa 左右；高性能型碳纤维又分为高强型（强度为 2000MPa、模量为 250GPa）和高模型（模量为 300GPa 以上）碳纤维。强度大于 4000MPa 的又称为超高强型碳纤维，模量大于 450GPa 的称为超高模型碳纤维。

碳纤维按状态可分为长丝碳纤维、短碳纤维和短切碳纤维。

2. 碳纤维的特性

碳纤维是一种力学性能优异的新材料。它的密度不到钢的 1/4，碳纤维树脂复合材料抗拉强度一般都在 3500MPa 以上，是钢的 7.9 倍。抗拉弹性模量为 23 000 ~ 43 000MPa，也高于钢。但碳纤维材料也只是沿纤维轴方向表现出很高的强度，其耐冲击性却较差，容易损伤，所以在制造成为结构组件时，往往利用其耐拉质轻的优势而避免去作承受侧面冲击的部分。

碳纤维的拉伸破坏方式属于脆性破坏，即在拉断前没有明显的塑性变形，这一点与玻璃纤维相似，然而其断裂伸长率比玻璃纤维的小。高模量碳纤维的断裂伸长率约为 0.5%，高强度碳纤维的约为 1%，玻璃纤维的约为 2.6%，所以碳纤维复合材料的强度能得到充分的发挥。

3. 碳纤维在汽车上的应用

碳纤维和碳纤维增强复合材料（CFRF）作为新型材料，具有强度高、质量小、耐腐蚀等优势，多年前便应用于赛车领域。目前已开始逐步应用到民用汽车领域，特别是在新能源汽车上，有着广泛的应用前景。

碳纤维增强复合材料有足够的强度和刚度，是制造汽车车身和底盘等主要结构件的最轻材料。预计碳纤维复合材料的应用可使汽车车身、底盘的重量减轻 40% ~ 60%。但其价格较高，应用尚不广泛。

7.5.3.6 复合材料

复合材料是指将两种或两种以上化学性质和物理性质不同的物质结合起来而得到的一种多相固体材料，复合材料通常由基体和增强体复合而成。

复合材料按性能分类，可分为功能型复合材料和结构复合材料两种；按基体分类，可分为高分子基（PMC）、金属基（MMC）和陶瓷基（CMC）复合材料；按增强相的种类、形状分类，可分为颗粒状、层状和纤维增强复合材料。

纤维增强复合材料应用最多，高分子基的纤维增强复合材料通常称为纤维增强塑料（FRP），金属基的纤维增强复合材料称为纤维增强金属（FRM），陶瓷基的纤维增强复合材料称为纤维增强陶瓷（FRC）。

世界各主要汽车生产国家最初将复合材料只用于发动机舱盖、顶盖等大型覆盖件，近年来在车身上采用复合材料的越来越多。用复合材料制成的车身具有以下特点：

① 质量小。复合材料的密度小，如玻璃纤维增强材料的密度为 $1.6 \sim 2.4 \text{g/cm}^3$，用它制作车身可大大减小质量。

② 耐腐蚀，车身寿命长。复合材料均有不生锈、耐酸等耐蚀性好的特点，特别是玻璃纤维增强材料，几乎同玻璃一样具有不生锈和耐腐蚀的能力。

③ 具有高韧性和抗冲击能力。用复合材料支撑的零部件当受到冲击力的作用时，塑料变形大，韧性好，因此具有缓冲、减振、降噪等优点，能吸收碰撞动能，有利于保护乘客。

④ 保温隔热性好。除碳纤维增强材料外，复合材料的导电、导热能力差，所以能起到很好的保温、隔热作用。

⑤ 成形性好。由于纤维增强塑料（FRP）的流动性和层压性好，使车身表面可制成形状各异的曲面，既满足车身外形的艺术造型要求，又减小了空气阻力。

⑥ 车身部件大型化。应用复合材料可以制造集许多单一零件和功能于一体的多功能部件或大型集体部件，从而减少零部件数量，简化车身装配工序，提高部件刚性和造型整体性。

⑦ 着色性好。

⑧ 材料利用率高。

在车身上使用最多的复合材料是玻璃纤维增强材料（GFRP，俗称玻璃钢）和碳纤维增强材料（CFRP）。宝马公司 2011 年发布的全新开发的纯电动乘用车 i3 采用 GFRP 车身结构，使得整车质量仅 1250kg，比传统纯电动汽车减轻了 250 ~ 350kg，同时实现了最高级别的碰撞安全保护，如图 7-53 所示。

图 7-53　宝马纯电动乘用车 i3 碳纤维车身结构

7.5.4　轻量化技术应用实例

汽车轻量化设计可通过车身、发动机、底盘轻量化设计等来实现，其目的均是在保证性能的前提下通过优化设计减轻车重，从而实现节能环保的功效。

奥迪 A8 首创了 ASF（Audi Space Frame）铝合金空间桁架车身轻量化技术，因此成为世界上首辆全铝合金车身的量产型轿车。最新一代的奥迪 A8 采用 ASF 铝合金空间桁架车身结构，如图 7-54 所示，其整体结构刚性则提升 25%。

发动机轻量化设计是在保证发动机质量和动力性能不受影响的情况下，最大限度地减轻各类零部件的重量，从而提高动力性，降低燃油消耗，减少污染排放。

曲轴的轻量化设计是其他部件轻量化设计的前提和基础。在曲轴的轻量化设计中使用两个设计阶段：概念设计阶段和布局阶段。概念设计是找出优化方案和确定结构尺寸，布局阶段是验证概念设计的曲轴是否满足详细设计的要求。

缸体的轻量化设计，依据优化后的形状重新造型的缸体不仅减轻了重量，而且具有了更大的承载能力，消除了应力集中和应力较小区域，应力分布更加均匀。

连杆将所承受的活塞压力传递给曲轴，它与活塞一起组成运动部件，因此其质量的大小对发动机运转的平稳性、高转速区的耐久性有很大影响。采用优化结构的轻量化连杆设计方案已经成为发动机连杆设计的趋势。

以日产为例，DIG – TR 发动机排量为 1.5L，可以达到最高 294kW、380N·m 的强劲动力输出，质量仅为 40kg，一个成年人就可以将它抬起，同时部件也十分紧凑。DIG – TR 发动机外形如图 7-55 所示。

图 7-54　奥迪 A8 的 ASF 铝质车身框架

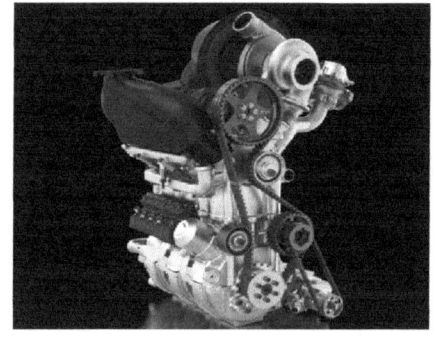

图 7-55　DIG – TR 发动机外形

底盘轻量化设计是在确保稳定提升性能的基础上，优化设计各总成零部件，持续优化车型，减少专用件的使用，增加零件的通用化、系列化、模块化设计等。

汽车行业已经使用了一些底盘轻量化的技术，如少片簧、空气悬架、橡胶悬架等，大幅减轻汽车重量。采用功能集成技术，也可以减少零件和减轻零件重量。如车架采用等孔设计，同时对边接板和支架进行优化、后桥桥壳厚度薄壁设计、悬架采用少片簧结构。此外还有很多轻量化技术仍在研究中。

课后习题

1. 新能源汽车的关键技术包括哪些？
2. 什么是双模混合动力系统？简述其结构和特点。
3. EPS 的基本组成和工作原理是什么？
4. 简述多目标优化步骤？
5. 简述电磁兼容的概念。
6. 汽车轻量化方法有哪些？

第8章

新能源汽车仿真、测试与评价技术

8.1 新能源汽车仿真技术

8.1.1 仿真技术概述

1. 基本概念

仿真技术是建立在控制理论、相似理论、信息处理技术和计算机技术等基础之上,以计算机和其他专用设备为工具,利用系统模型对真实或假想的系统进行仿真实验,反映系统行为或过程,并借助专家经验知识、统计数据和信息资料对结果进行研究,进而做出决策的综合性技术方法。

2. 仿真方法

按照仿真过程中控制信息与实际系统能量信息的流动方向,可将仿真方法划分为两大类:后向仿真与前向仿真。

后向仿真中,仿真系统的控制信息与实际系统的能量信息方向相反。后向仿真流程如图8-1所示,后向仿真从满足循环工况要求出发,计算车辆各部件必须提供的转矩、转速、功率等。仿真信息沿整车阻力模型、车轮模型、传动系统模型,最终到达原动机或电机。后向仿真一般只能反映系统的静态特征,其过程比较简便,不需要建立驾驶人模型,也不考虑动力系统(尤其是离合器和变速器)的动态过程,计算步长较大,计算速度快,多用于系统设计阶段的参数匹配、能量管理和车辆动力性计算等。

前向仿真中,仿真系统的控制信息与实际系统的能量信息方向相同。前向仿真流程如图8-2所示,前向仿真含有驾驶人模型,能够根据车辆信息,将驾驶员指令转化为实际的转矩或转速,在整车控制模块中,根据整车控制策略提出对各总成的转矩需求,经过动力分配装置最终到达车辆各部件,实现车辆的正常行驶。相较于后向仿真,前向仿真中部件模型之间的联系更加接近于车辆的实际情况,计算结果更准确,但是计算量大,仿真速度慢。

新能源汽车的仿真研究可以将后向仿真与前向仿真结合,先利用后向仿真确定系统的基本参数与控制策略,再利用前向仿真对真实系统进行在线调试,最大限度地逼近实车,从而对前一阶段确定的动力系统参数和控制策略进行验证,并对系统进行更深入细致的分析和测试。

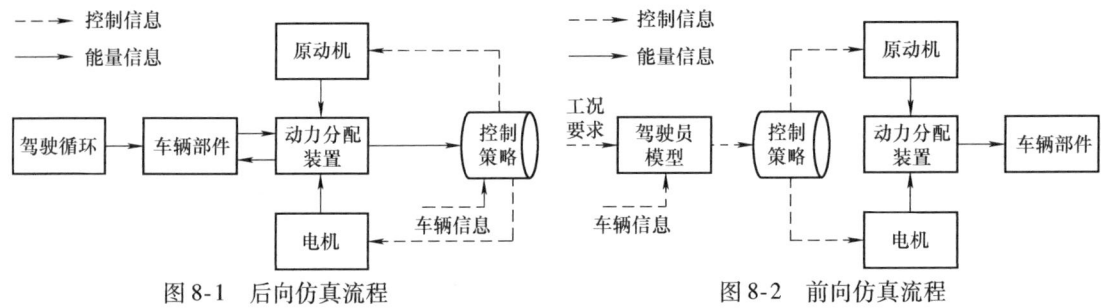

图 8-1 后向仿真流程　　　　　图 8-2 前向仿真流程

3. 仿真技术在新能源汽车开发中的应用

模拟仿真技术是产品开发的重要手段。一方面，在产品构思、系统设计与分解过程中，可以利用仿真平台大大加快产品前期的开发与迭代进度，使得测试具有高效、快速和低成本的优势；另一方面，随着产品研发进入原型和定型阶段，可以利用硬件在环仿真进一步提高仿真置信度，加快产品验证进度。这里的"硬件"包括汽车电子控制器、制动器或转向器等底盘系统、动力和动力传动系统等。

目前，汽车行业广泛采用"V"字开发流程或者"V"模型来保证整个系统开发的有效性和高效性。"V"字开发流程是在快速应用开发（Rap Application Development）模型的基础上演变而来，强调软件开发的协作和速度。它将软件实现和验证有机地结合起来，使软件仿真过程中每一个开发活动都对应一个测试活动，并且两者是同时进行的，可以在保证产品质量的情况下缩短开发周期。"V"模式下的产品研发与测试验证流程如图 8-3 所示，即需求驱动、自顶向下分解设计、自底向上集成验证；借助软、硬件在环仿真技术提高仿真测试的置信度，在保证产品质量的前提下，缩短从概念构思到产品定型的整个研发周期。

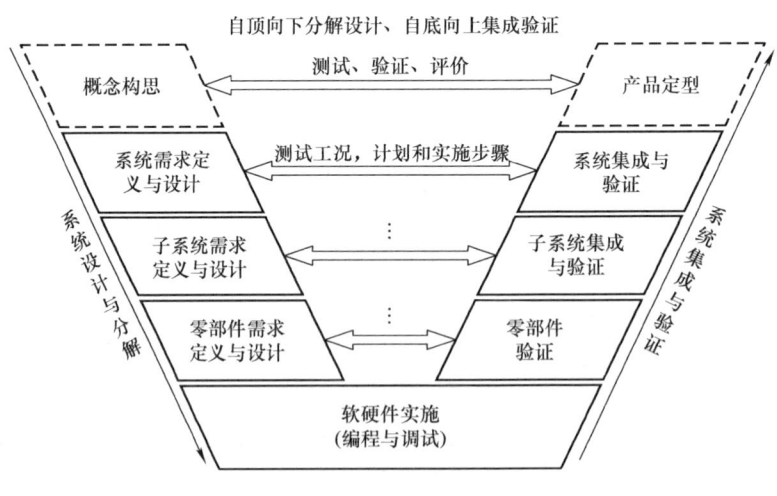

图 8-3 产品开发"V"字流程

8.1.2 软件在环仿真技术

1. 软件在环仿真技术概述

软件在环（Software In the Loop，SIL）能够在不接入任何实物的情况下进行算法模型及代码的测试验证，基本测试架构为虚拟环境和虚拟被测对象之间的联合仿真，可对算法进行加速测试、并行测试，以此提高测试验证的效率。

国内外的研究机构进行了大量有关电动汽车整车及部件的建模与仿真研究工作，尤其是在对一些关键部件，如动力电池、电机、能量管理策略等的建模方式与优化方法上取得了突破。目前，绝大部分新能源汽车仿真软件的开发集中在美国，一些大型的汽车公司也都有各自的专用仿真系统。表 8-1 所列为当前适用于新能源汽车的一些仿真软件。

表 8-1 新能源汽车仿真软件基本情况表

软件名称	仿真车型	软件特点	仿真方法	开发单位
SIMPLEV	传统内燃机汽车、纯电动汽车、混合动力汽车	可定义部件模型参数，以图表的形式报告仿真结果	后向仿真	Idaho 美国国家工程实验室
HVEC	纯电动汽车、混合动力汽车	具备电池、飞轮、氢燃料和压缩天然气等模型	后向仿真	Lawrence Livermore 美国国家工程公司
ADVISOR	传统内燃机汽车、纯电动汽车、混合动力汽车、燃料电池汽车	模型较完善，功能全	后向仿真	美国可再生能源实验室（NREL）
Cruise	纯电动汽车、混合动力汽车、燃料电池汽车	易于改变模型和控制方法	前向仿真	AVL 公司
PSAT	传统内燃机汽车、纯电动汽车、混合动力汽车、燃料电池汽车	模型较为完善，具有实时仿真和快速原型功能	前向仿真	USCAR、NASA、EPA 和 DOE
AMESim	传统内燃机汽车、纯电动汽车、混合动力汽车、燃料电池汽车	易于改变模型和控制方法	前向仿真	LMS Imagine.Lab AMESim

新能源汽车仿真软件具有以下特点：

1）仿真软件多为模块化设计。以混合动力汽车为例，仿真软件涉及发动机、电机、电池和控制器等诸多系统部件模型，并提供各个部件之间的数据通信。仿真软件中设计了多个版本的部件模型，以适应不同场合的需要，能够按照纯电动汽车、混合动力汽车和燃料电池汽车等实车参数来配置各部件的模型，用户可以在建立各个部件模型的基础上进行仿真，极大地提高了计算效率。

2）软件间的交叉耦合特性。新能源汽车是一个复杂系统，受计算能力、仿真对象等限制，单个软件难以建立整个汽车系统的精准模型，通过多个软件之间的联合仿真能够有效提高仿真结果的准确性。

3）可视化界面设计。能够通过 GUI 界面构建具有实际外形的仿真模型，帮助用户更直观的编辑参数与查看仿真效果。

2. 软件在环仿真技术应用

下面以插电式混合动力公交车（PHEB）正交试验设计与参数标定为例，介绍软件在环仿真技术在实际项目中的应用。仿真过程中，利用 Cruise 软件搭建插电式混合动力汽车模型，在 Simulink 中完成整车能量管理控制策略模型，利用 Isight 软件的试验设计（DOE）模块进行正交试验，最后选择对综合燃油消耗影响最大的 5 个控制参数进行自动化标定。

(1) PHEB 整车模型建立

以某公司 12m 插电式混合动力公交车为原型，在 AVL Cruise 整车仿真软件上建立整车仿真模型。该模型采用了双电机同轴混联驱动系统，能实现纯电动驱动、发动机驱动、混合驱动、行车充电和制动能量回收 5 种工作模式。PHEB 动力系统结构如图 8-4 所示，整车基本参数见表 8-2。

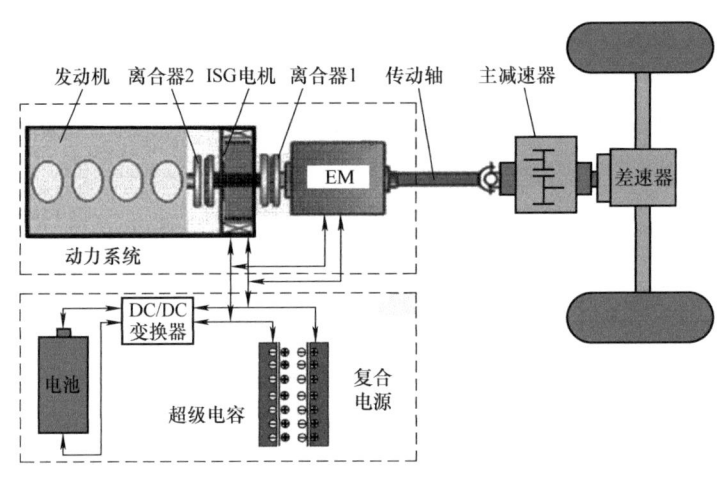

图 8-4　PHEB 动力系统结构

表 8-2　整车基本参数

参数项	参数值	参数项	参数值
整车整备质量/kg	12500	发动机功率/kW	140
满载质量/kg	17000	发动机最大转速/最小稳定转速/(r/min)	2500/650
长/mm	12000	ISG 功率/kW	80
宽/mm	2550	主电机功率/kW	130
高/mm	3050	主电机最高转速/基速/(r/min)	2600/600
车轮静态半径/mm	452	电池电量/电压/(kW·h/V)	13.8/460
迎风面积/(m^2)	6.6	超级电容器电量/电压/(kW·h/V)	0.37/384
空气阻力系数	0.55	双向 DC/DC/kW	50
滚动阻力系数	0.018	主减速器速比	5.77

为充分利用电网的电能，将整车的运行过程分为 HDCD（混合驱动电量消耗）和 HDCS（混合驱动电量维持）两个阶段，在 MATLAB/Simulink 中搭建相应的整车控制策略模型，两个阶段的具体转矩分配策略见表 8-3。表 8-3 中 T_{req} 为整车需求转矩，T_{ISG} 为 ISG 电机输出转矩，T_m 为电机输出转矩，T_e 为发动机输出转矩，T_{emin} 为发动机工作转矩下限值，T_{emax} 为发动机工作转矩上限值，S_{clu} 为离合器 1 的通断，n 为发动机转速，n_{min} 为发动机最低转速，SOC_{bat} 电池荷电状态，SOC_{cap} 为超级电容器荷电状态，指电容当前剩余可用电能以及其饱和状态下电能的比值。

表8-3 PHEB 转矩分配表

工作条件		工作状态	转矩分配
HDCD 阶段（$SOC_{bat} > 0.3$）			
$S_{clu} = 1$	$n < n_{min}$	纯电动模式	$T_{req} = T_m$
$S_{clu} = 0$	$T_{req} \leq T_{emin}$	并联充电模式	$T_{req} = T_{ISG} + T_{emin}$
	$T_{emin} \leq T_{req} \leq T_{emax}$，且 $SOC_{bat} > 0.65$	发动机单独驱动	$T_{req} = T_e$
	$T_{req} \geq T_{emax}$	混合驱动模式	$T_{req} = T_m + T_{emax}$
HDCS 阶段（$SOC_{bat} \leq 0.3$）			
$S_{clu} = 1$	$n < n_{min}$，且 $SOC_{cap} \geq 0.65$	纯电动模式	$T_{req} = T_m$
	$SOC_{cap} < 0.65$	串联充电模式	$T_{req} = T_m$，$T_{ISG} = T_{emin}$
$S_{clu} = 0$	$T_{emin} \leq T_{req} \leq T_{emax}$，且 $SOC_{cap} \leq 0.65$	并联充电模式	$T_{req} = T_{emax} + T_{ISG}$
	$T_{emin} \leq T_{req} \leq T_{emax}$，且 $SOC_{cap} > 0.65$	发动机单独驱动	$T_{req} = T_e$
	$T_{req} \geq T_{emax}$	混合驱动模式	$T_{req} = T_m + T_{emax}$

（2）试验变量与正交表选取

随着电量的消耗，插电式混合动力汽车进入 HDCS 阶段，发动机和电机转矩的分配将直接影响到该阶段整车的燃油经济性。选取 HDCS 阶段下的 13 个主要控制策略参数作为正交试验设计研究对象，13 个参数编号和名称见表 8-4。每个参数选取 3 个水平值，每个参数有不同的取值范围，取值时使 3 个水平值有一定的差别，避免集中取值影响试验结果。对于 13 个因素 3 个水平，若要进行全面试验，共需 $3^{13} = 1594323$ 次试验。根据设计因素及水平构建 L27 标准正交表，用正交试验方法寻求优化方案，只需进行 27 次油耗仿真计算，便可得出试验所需结果。

表8-4 正交试验设计因素和水平

代号	试验因素	水平		
		1	2	3
A	离合器1接合转速值	700	750	800
B	BOOST 模式下的电流限制系数切换限值1	0.90	0.95	1.00
C	BOOST 模式下的电流限制系数切换限值2	0.80	0.85	0.90
D	BUCK 模式下的电流限制系数切换限值1	0.80	0.85	0.90
E	BUCK 模式下的电流限制系数切换限值2	0.70	0.75	0.80
F	发动机转矩工作上限修正系数	0.80	0.90	1.00
G	发动机转矩工作上限修正系数	0.80	1.00	1.10
H	发动机单独充电开关限值1	0.80	0.85	0.90
I	发动机单独充电开关限值2	0.60	0.70	0.80
J	复合电源充电系数切换限值	0.50	0.60	0.70
K	复合电源放电系数切换限值	0.50	0.55	0.60
L	发动机驱动充电开关限值1	0.80	0.85	0.90
M	发动机驱动充电开关限值2	0.65	0.70	0.75

(3) 正交试验

Isight 软件中的试验设计 (DOE) 模块可以通过输入的因素和水平，自动生成正交表进行试验测试。在软件 DOE 模块中选择正交试验方法，输入 13 个因素的代号及水平值，自动生成了 13 列 27 行的正交表。利用 Isight 软件自带的 MATLAB 组件与数据交换组件搭建正交循环试验，如图 8-5 所示。图中 DOE1 模块将每次试验数据传递给 MATLAB 模块，启动 Simulink 控制策略与 Cruise 整车模型联合仿真测试控制参数，Cruise 整车模型加载的测试工况是根据某市 111 路公交车构建出的实际行驶工况（图 8-6），Date Exchanger 模块采集 Cruise 联合仿真后的试验数据，MATLAB 1 模块采集的试验数据并将结果传递给 DOE1 进行存储，系统自动完成了 27 次测试，试验结果见表 8-5。

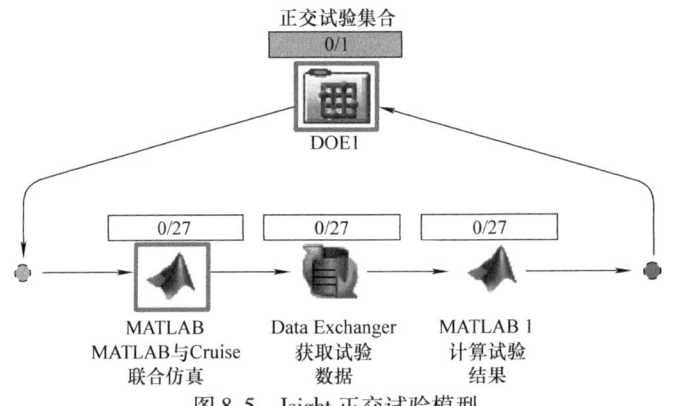

图 8-5 Isight 正交试验模型

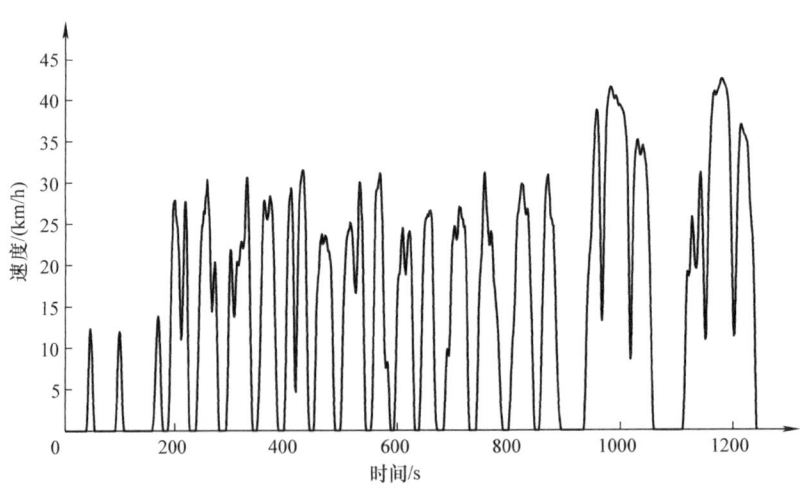

图 8-6 能量管理控制策略的测试工况

表 8-5 正交试验表及试验结果

试验编号	试验因素与水平									试验指标
	A	B	C	D	E	…	K	L	M	Q/(L/100km)
1	1	1	1	1	1	…	1	1	1	27.28
2	1	1	2	2	2	…	2	1	1	25.30
3	1	1	3	3	3	…	3	1	1	26.31

(续)

试验编号	试验因素与水平									试验指标
	A	B	C	D	E	…	K	L	M	Q/(L/100km)
4	1	2	1	2	2	…	1	2	2	32.42
5	1	2	2	3	3	…	2	2	2	27.54
6	1	2	3	1	1	…	3	2	2	23.39
7	1	3	1	3	3	…	1	3	3	29.45
8	1	3	2	1	1	…	2	3	3	27.78
9	1	3	3	2	2	…	3	3	3	22.49
10	2	1	1	2	3	…	3	2	3	24.11
11	2	1	2	3	1	…	1	2	3	23.70
12	2	1	3	1	2	…	2	2	3	36.18
…	…	…	…	…	…	…	…	…	…	…
22	3	2	1	1	3	…	2	1	3	36.22
23	3	2	2	2	1	…	3	1	3	36.36
24	3	2	3	3	2	…	1	1	3	26.55
25	3	3	1	3	1	…	2	2	1	29.37
26	3	3	2	1	2	…	3	2	1	32.27
27	3	3	3	2	3	…	1	2	1	34.25

（4）试验结果分析

极差分析法是正交试验结果分析最常用的方法，具有计算简单、直观形象、简单易懂等优点。采用极差分析法对27次试验数据进行处理，结果见表8-6。$\bar{K_i}$为各因素水平均值。R为因素的极差，即各因素水平均值的最大值与最小值之差。R反映了因素的水平变动时，试验指标的变动幅度。R越大，说明该因素对试验指标的影响越大，也就越重要。因此依据极差R的大小，就可以判断各控制参数对试验指标影响的主次。

由表8-6可知，对于综合油耗这一性能指标，按影响大小进行排序，选取前五个为优化标定参数，参数为离合器1接合转速值（A）、发动机转矩工作下限修正系数（G）、发动机单独充电开关限值1（H）、BUCK模式下的电流限制系数切换限值1（D）、发动机单独充电开关限值2（I），剔除影响比较小的控制参数，提高优化标定效率。

表8-6 极差分析试验结果

试验指标	试验因素	各因素水平均值$\bar{K_i}$			极差R
		水平1	水平2	水平3	
油耗/(L/100km)	A	26.88	28.28	32.69	5.81
	B	29.17	29.37	29.36	0.20
	C	29.72	28.90	29.23	0.82
	D	31.59	29.02	27.24	4.35
	E	29.22	28.93	29.70	0.77

(续)

试验指标	试验因素	各因素水平均值 $\overline{K_i}$			极差 R
		水平1	水平2	水平3	
油耗/ (L/100km)	F	28.89	29.15	29.80	0.91
	G	31.79	29.99	26.06	5.73
	H	26.30	29.75	31.79	5.49
	I	27.54	28.81	31.50	3.96
	J	30.30	29.05	28.50	1.80
	K	29.17	28.94	29.74	0.80
	L	29.63	29.94	28.97	0.97
	M	28.52	30.13	29.20	1.61
极差排序		A>G>H>D>I>J>M>L>F>C>K>E>B			

8.1.3 硬件在环仿真技术

1. 硬件在环仿真技术概述

硬件在环（Hardware In the Loop，HIL）仿真是一种半实物仿真系统。系统中一部分用仿真模型在计算机上实时运行，另一部分以实物硬件形式接入仿真回路。HIL 克服了传统方法需要在真实环境下测试的缺点，可以根据需要模拟控制对象的运行及故障状态。实验的重复性好，可进行极限条件下的测试，从而排查 ECU 算法错误，进行系统极限及失效测试，达到整个系统的完整性能预测与分析，进而缩短了开发周期，节约了人员、设备及资金的投入。

2. 硬件在环仿真平台

（1）NI 软硬件仿真平台

NI（美国国家仪器公司）在硬件在环仿真方面拥有三款强大的软硬件支持：LabView、VeriStand、PXI 系统，如图 8-7 所示。LabView 拥有直观的图形化编程语言和丰富的 IP 库，且可无缝集成众多硬件，可以让用户加速工程开发。VeriStand 应用于为实时硬件配置 I/O 通道、数据记录、激励生成和主机通信、可视化数据，并管理测试的执行，从而缩短测试时间。在 PXI 系统中机箱为模块化仪器或 I/O 板卡提供电源、冷却和通信总线，并可连接上位机远程操控工程的进行。

图 8-7　NI 软硬件仿真平台

(2) RT – LAB

RT – LAB 是由加拿大 Opal – RT Technologies 开发的一个分布式实时平台,它能够在很短的时间内通过对硬件在环实时系统建立动态模型,使得工程系统的设计过程变的更加简单。为了达到理想性能,RT – LAB 可以将子任务分配到网络中的多个目标机节点上,实现高度复杂的模型仿真。此外,RT – LAB 的模型化设计使得用户仅提供应用所需的模型就能完成系统化、最小化的经济要求,并满足用户的价格目标。这在大量的嵌入式应用中尤其显得重要。

RT – LAB 完全集成了 MATLAB/Simulink,支持 StateFlow、StateMate、CarSimRT、GT – PowerRT、AMESim、Dymola 的模型,以及 C、C ++、FORTRAN 的合法代码。同时,具备了丰富的 API 来开发自己的在线应用,可以使用诸如 LabVIEW、C、C ++、Visual Basic、TestStand、Python and 3D virtual reality 等工具轻松创建定制的功能和自动测试界面。

(3) dSPACE

dSPACE(Digital Signal Processing And Control Engineering)实时仿真系统是由 dSPACE 公司开发的一套基于 MATLAB/Simulink 的控制系统开发及测试工作平台,实现与 MATLAB/Simulink 的完全无缝连接。dSPACE 实时系统拥有高速计算能力的硬件系统,包括处理器、I/O 等,还拥有方便易用的实现代码生成/下载和实验/调试的软件环境。

MicroAutoBox Ⅱ(图 8-8)是 dSPACE 总部开发的一款用于执行快速功能原型开发的实时系统,可用于各种领域,例如动力总成、底盘控制、车身控制、先进驾驶人辅助系统(ADAS)。电驱动控制系统具有高性能、丰富的汽车输入/输出接口、小巧的尺寸和坚固的外壳(已执行 ISO 16750 – 3:2007 的极端冲击和振动测试)。这样可以将其安装在多辆车辆或所有被测车辆中,以检

图 8-8　dSPACE 总部开发的 MicroAutoBox Ⅱ

查控制逻辑的可靠性。除标准 I/O 功能外,MicroAutoBox Ⅱ 还提供了针对特定于应用程序的 I/O 扩展和用户可编程 FPGA 应用的 FPGA 功能,所有主要汽车总线系统(CAN、CANFD、LIN、K/L 线、FlexRay 和以太网)的接口版本也都可用,可以选择将其他嵌入式 PC 集成到 MicroAutoBox Ⅱ 中。

3. 硬件在环仿真技术应用

下面以插电式混合动力公交车控制参数自动化标定方法为例,介绍硬件在环仿真技术在实际项目中的应用。仿真过程中,利用优化算法自主寻优特性代替人工分析结果和调整参数,构建控制参数优化模型,借助 Cruise、MicroAutoBox、Isight 等工具开发出控制参数自动化标定的实时硬件在环仿真平台。

(1) 控制参数优化模型

控制参数标定是指根据控制器的性能要求或者整车的性能要求,修改调整或者优化控制器内部参数的过程。前文通过正交试验已确定 5 个对油耗影响较大的控制参数,现对这 5 个参数重新标定,以提高公交车在实际道路行驶的燃油经济性。以 5 个控制策略参数为优化标定变量,汽车的动力性能为主要约束条件,油耗和电耗的综合油耗最小为参数优化目标,通

过不断修正标定参数值,在保证整车动力性的前提下降低整车综合油耗,控制参数优化的数学模型为:

$$\begin{cases} \min f_0(x) = f_{\text{fuel}} + \dfrac{f_{\text{elec}}}{3.02} \\ \text{s. t. } g_k(x) \geqslant 0 \quad k = 1,2,\cdots,m \\ x_i^l \leqslant x_i \leqslant x_i^h \quad i = 1,2,\cdots,n \end{cases} \quad (8\text{-}1)$$

式中,$f_0(x)$ 为综合油耗(L/100km);f_{fuel} 车辆的油耗(L/100km);f_{elec} 为电耗(kW·h/100km);$g_k(x)$ 为约束条件;m 为约束条件个数;x_i^l 和 x_i^h 分别为第 i 个标定变量的下限值和上限值;n 为标定变量个数,标定变量和约束条件等见表 8-7。

表 8-7 标定变量及约束条件

约束条件	标定变量	取值范围
0~18km/h 加速时间≤5s 0~50 km/h 加速时间≤20s 15km/h 最大爬坡度≥12% 车速误差的最大绝对值≤3km/h	A	700~800
	G	0.80~1.10
	H	0.80~0.90
	D	0.80~0.90
	I	0.60~0.80

(2) 自动优化标定原理

自动优化标定方法借助软硬件联合来实现控制参数的自动化标定。硬件部分包括:计算机、MicroAutoBox 控制器、CANoe 通信设备;软件部分包括:Isight、MATLAB/Simulink、AVL Cruise。Isight 是一款综合性 CAE 软件,它能快速耦合各种仿真软件。以 Isight 软件为整个参数优化标定过程的控制中枢,控制 MicroAutoBox 控制器进行自动化标定仿真测试,其标定原理如图 8-9 所示。

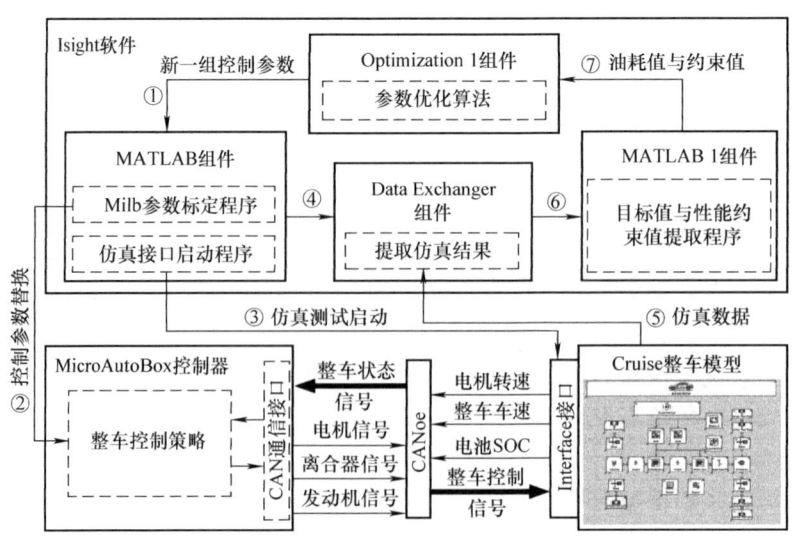

图 8-9 自动优化标定原理

首先 Isight 软件在 Task1 组件中设定优化算法、优化参数取值范围、目标值、约束值，其优化算法生成一组控制参数到 MATLAB 组件，MATLAB 组件调用 MATLAB 软件运行 Milb 参数标定程序将优化算法生成的控制参数值标定到 MicroAutoBox 控制器中对应的位置（Milb 函数为 MicroAutoBox 驱动软件安装时在 MATLAB 的函数库中加入专属的函数，具有在线调参的功能），再运行 Interface 接口启动程序进行控制器与 Cruise 整车模型的仿真测试。Date Exchanger 组件读取 Cruise 整车模型仿真测试的数据传递给 MATLAB 1 组件，由其使用数据处理程序从数据中提取约束值和目标值，再传递给优化算法。优化算法分析结果后优化参数，生成一组新标定参数值，再进行新一轮仿真测试……如此自动进行优化标定，直到完成优化标定的停止条件，输出最优控制参数，完成参数标定任务。

(3) 硬件在环自动化标定平台

为更加准确模拟台架测试和保证软硬件通信的稳定性，控制器与整车模型以 CAN 总线的方式进行通信。选择 MicroAutoBox 中 DS1401 控制卡板为测试卡板，选择其对应的 CAN 通信 I/O 接口，对 Simulink 控制策略的输入、输出口进行 CAN 通信接口配置，将离线模型转为实时模型，通过实时仿真工具箱（RTW）下载到 MicroAutoBox 控制器中。

在 Isight 软件中搭建控制参数自动优化模型，如图 8-10 所示。在 Task1 组件中选取以模拟退火算法和序列二次规划法的组合算法对控制参数进行优化，并设定参数取值范围、目标值、约束限值等。在 MATLAB 组件中用 M 语言写入 Milb 参数标定程序和 Interface 仿真接口启动程序。在 Date Exchanger 组件中确定需要数据的位置和内容，并在 MATLAB 组件中编写数据处理程序获得优化算法需要的目标值与约束值。

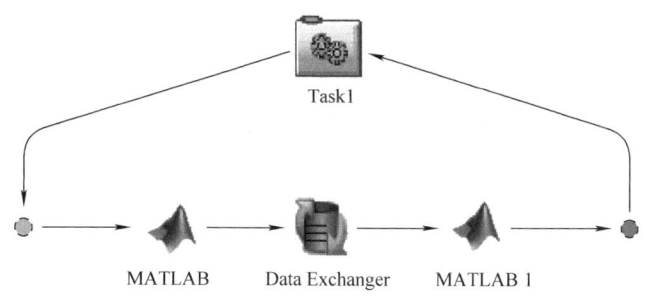

图 8-10　Isight 软件自动优化标定控制模型

以 MicroAutoBox 控制器为核心搭建自动优化标定平台，如图 8-11 所示。其中，供电电源为 MicroAutoBox 控制器提供 12V 直流电源。MicroAutoBox 控制器通过 DS821 连接板与计算机的 Expresscard 接口相连，通过 RS232 串口与 CANoe 通信设备相连，CANoe 通信设备通过 USB 接口与计算机相连，形成闭环完成自动优化标定平台的硬件连接。硬件连接完成后，由软件驱动硬件工作，形成软硬件协同的自动化标定仿真平台。

(4) 自动优化标定仿真结果分析

测试工况采用构建出的实际道路工况，通过 Isight 等软件进行控制参数自动化仿真标定。经过 804 次自动仿真标定，结果如图 8-12 所示，优化算法在标定过程具有自主寻优的能力，随着标定次数的增加，综合油耗不断降低。

一次标定测试时长为 2484s，自动仿真标定平台启动、在线调参、结果分析耗时约 3s，而由人工完成至少花费 15min，经过 804 次标定共节约 200.33h，有效提升了标定效率，降

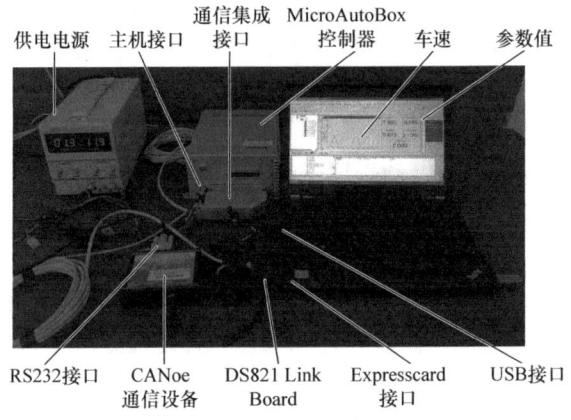

图8-11 参数自动优化标定平台

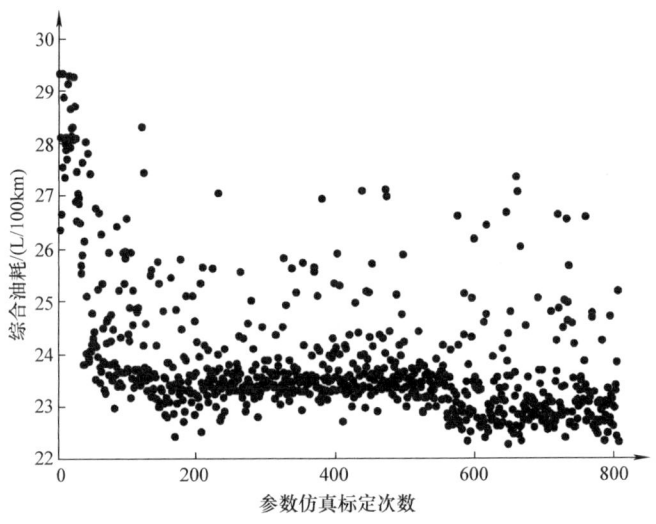

图8-12 自动化标定实时仿真结果

低了人工成本。

标定完成后需对整车性能进行验证分析。标定前后的整车百公里燃油消耗、控制参数的对比见表8-8。从表中可以看出，标定前后控制参数值有明显的差异，标定后的综合油耗比标定前降低了12.30%，节油效果明显。从图8-13可以看出，在有驾驶人模型的整车前向仿真中，实际车速与期望车速最大误差仅为1.31km/h，满足车速跟随误差低于3km/h的动力性指标。

表8-8 优化标定前、后控制参数对比

	A	G	H	D	I	综合油耗/(L/100km)	油耗降低
优化标定前	770	0.951	0.865	0.853	0.648	25.20	基准
优化标定后	734	0.858	0.815	0.841	0.607	22.10	12.30%

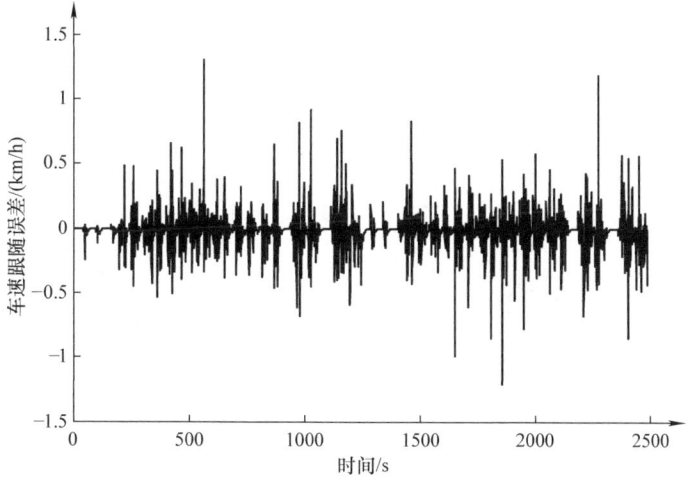

图8-13　实际仿真车速与测试工况车速误差

图8-14所示为标定前、后动力电池和超级电容器SOC的变化曲线，由图8-14a可知，在标定后的动力电池的SOC比标定前下降得更加平缓，一定程度上避免了电池快速放电，有利于增加电池的使用寿命。在图8-14b中200～1200s之间，SOC变化的峰值降低，波动更加平稳，避免了对超级电容器大功率快速充放电。

图8-15a所示为整个工况下发动机、驱动电机、ISG电机的转矩分配曲线。为更清晰地说明转矩分配情况，截取1600～1700s区间，结果如图8-15b所示。优化标定后发动机、驱动电机、ISG电机很好地完成了转矩的分配，验证了标定方法的合理性。

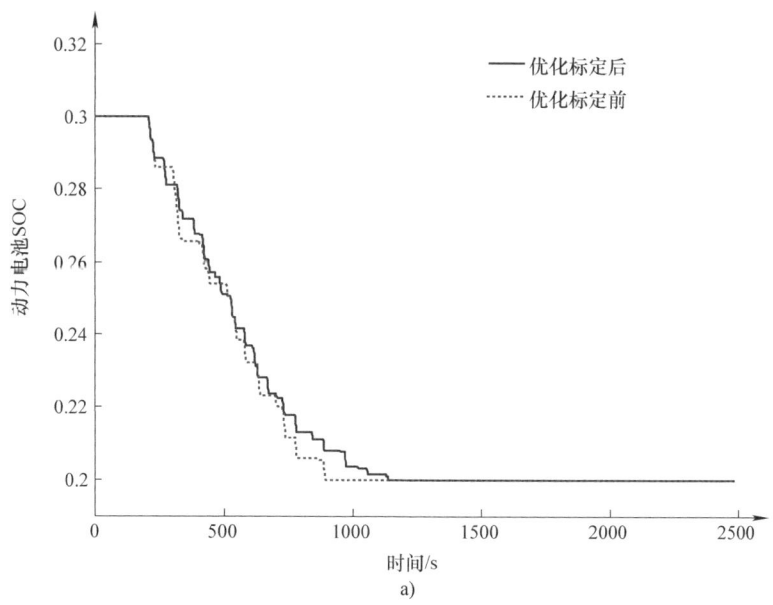

图8-14　标定前后动力电池和超级电容SOC变化曲线
a）标定前后动力电池SOC变化曲线

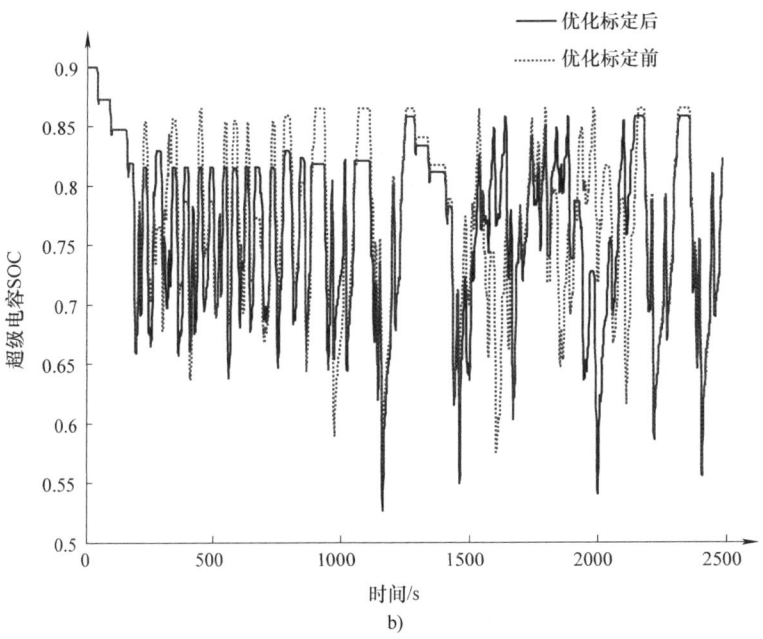

图 8-14 标定前后动力电池和超级电容 SOC 变化曲线（续）
b）标定前后超级电容器 SOC 变化曲线

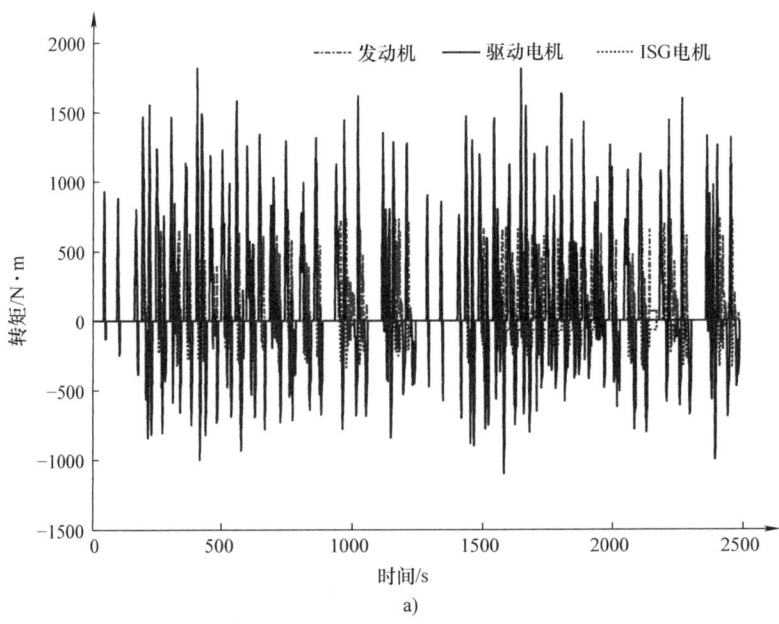

图 8-15 标定后转矩分配
a）标定后整车各动力源转矩分配曲线

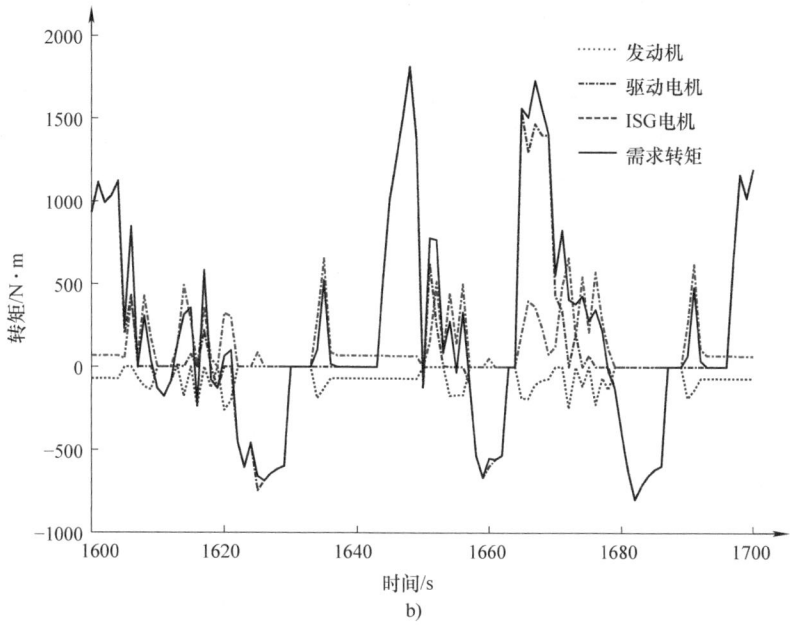

图 8-15 标定后转矩分配（续）
b）1600~1700s 转矩分配

8.2 测试评价技术

随着我国新能源汽车产业规模和产销量的扩大，全行业高度重视新能源汽车测试评价工作。新能源汽车测试评价不局限于检测认证，还在于通过测试评价数据的沉淀和积累，真实地反映车辆性能、策略和功能等层面的表现。通过对数据的挖掘和分析，探索标杆车型、竞品车型的设计理念和技术亮点，为开发过程提供重要的数据支撑。此外，测试评价还可用于开发过程中的车型验证工作，获取功能样车的性能，判断其控制策略和功能定义的合理性，确定后期的技术整改和优化方向，从而指导产品技术的精细化开发和设计，是产品开发过程中不可或缺的重要一环。

新能源汽车测试评价将贯穿于车辆开发流程的主要环节中。在需求定位和目标分解环节，通过大量的测试数据抽取关键指标之间的关联，获取性能指标分布带，掌握技术发展趋势和主流产品定位，确定开发过程中的产品定义和目标输入。在设计优化环节，获取车辆控制策略的设计思路及关键的参考阈值，形成开发性的试验和评价方法，将其运用于功能样车的验证阶段。同时，将测试数据用于车辆和控制模型的搭建及修正，为性能和控制策略优化提供基础性数据支撑。

8.2.1 整车测试评价

一般来说，电子产品的测量精度要求比较高，而电动汽车最大的特点就是大量的电气化，这就要求研发测试的精度必须大幅度提高，这是汽车界从来没有经历过的事情。传统轿车内燃机的转速一般不超过 8000r/min，而电动汽车的电机转速普遍为 16000~18000r/min。

高转速伴随着较小的惯量以及极低的内阻力,这就要求测试技术及设备有极高的响应速度。

随着技术和市场不断变化,插电式混合动力、增程式汽车也受到大家的广泛关注,未来还有固态电池汽车以及燃料电池汽车投入到大规模量产之中,这些新变化都对传统的研发测试提出了新挑战。本节主要介绍新能源汽车常用的测试方法及整车动力性和经济性相关的测试评价技术。

1. 测试方法

(1) 道路测试法

道路测试法是基于整车的测试方法,通过在实际道路进行实车测试来评价混合动力汽车性能的优劣。道路测试分为安全性测试、噪声测试、动力性测试、能耗和排放测试(车载测试),这些测试均需要在专用试验场按规定试验方法完成。道路测试方法比较简单、直观,通过试验结果可以很快地评价整车性能,为试验样车的参数标定、控制策略优化以及新样车的开发提供可靠的试验依据,但是受温度和风速等外界环境因素影响较大,道路测试方法的可控性和重复性较差。

(2) 底盘测功机测试法

底盘测功机试验也是从整车角度出发的测试方法,它首先通过负荷设定来精确模拟汽车在实际道路的行驶阻力,从而实现其道路行驶阻力在底盘测功机上的再现,这也是底盘测功机试验的关键,将直接影响汽车的动力性和能耗排放等性能的研究。在此基础之上,参考标准试验程序进行汽车性能的测试评价,混合动力汽车在底盘测功机上可以进行排放性、动力性、经济性试验。与道路测试法相比,底盘测功机试验能够控制室内环境等可变因素,可以精确模拟多种典型行驶状况,试验结果重复性好,但试验设备昂贵,成本较高。

(3) 整车模拟法

整车模拟法是在台架测试系统的基础之上,利用硬件在环仿真法(HIL)转换测试循环来对汽车整车性能进行评估的方法。图 8-16 所示为 HIL 模拟的示意图。该方法首先把整车速度测试循环转化为发动机转速测试循环,并建立电动机/发电机、发动机、动力电池或超级

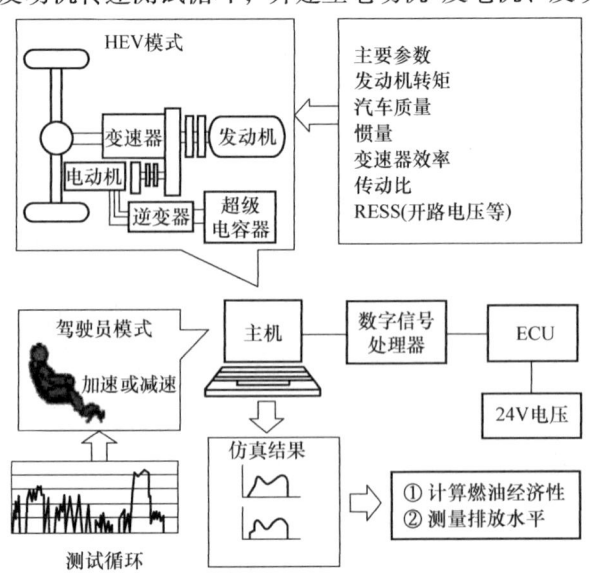

图 8-16 HIL 模拟的示意图

电容器等部分的数字信号处理（DSP）模型。根据各总成部件控制系统的控制信号，DSP模型模拟出汽车各总成部件的运行状态。在得出发动机的转速-转矩关系之后，利用发动机的效率MAP图来计算HEV在测试循环下的燃油经济性，并依据转换的发动机测试循环在台架上进行发动机试验，可测量得出HEV在测试循环下的排放特性。整车模拟法是传统台架测试方法的改进，解决了发动机测试工况与整车行驶工况脱离的问题，测量精度较高。缺点是采用HIL模拟缺乏混合动力各总成部件的标准模型，通用性较差。

（4）台架测试法

台架测试是把发动机、电动机、发电机、动力电池及变速器等总成部件按照混合动力总成布置方案安装在发动机台架上，利用CAN总线把台架测试控制系统与整车多能源控制器和各总成部件ECU连接起来，实时测量混合动力总成的各项参数，控制动力总成的运行状态，并借助油耗仪、排放分析仪及电功率计等相关测试设备完成动力性、燃油经济性、排放及噪声等整车性能试验。图8-17所示为并联式动力总成台架能耗排放试验示意图。

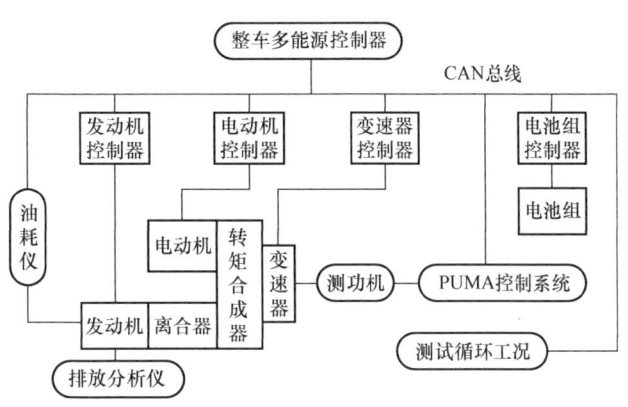

图8-17 并联式动力总成台架能耗排放试验示意图

台架试验受外界自然环境的限制较少，并可以使各零部件的布置不受整车总布置的限制。此外，台架测试还可以利用不同总成部件的模块化设计进行高效率的安装和调试，不仅减少了开发成本，而且大大缩短了混合动力总成的研发周期。

2. 测试评价内容

（1）动力性测试

动力性是指汽车在良好路面上直线行驶时由汽车受到的纵向外力决定的，所能达到的平均行驶速度。汽车的动力性主要由以下3个指标评定：①汽车的最高车速V_{max}；②汽车的加速时间t；③汽车的最大爬坡度i_{max}。

1）纯电动汽车。纯电动汽车在实际的测试评价过程中，一方面，由于纯电动系统工作模式或档位模式的影响，对动力性测试提出了新的约束条件；另一方面，由于纯电动系统动态响应特性和传统系统的差别，为动力性测试的动态历程分析提出了更为细致的需求。依据GB/T 18385—2005《电动汽车 动力性能 试验方法》，纯电动汽车动力性能测试试验项目见表8-9，具体测试方法与步骤参考相关标准。

表8-9 纯电动汽车动力性能测试项目

序号	测试项目
1	最高车速（1km）试验
2	30min最高车速试验
3	加速性能试验
4	爬坡车速试验
5	坡道起步能力试验

2）插电式混合动力汽车。插电式混合动力汽车在实际的测试评价过程中，一方面，由于混合动力系统工作模式的影响，对动力性测试提出了新的约束条件；另一方面，混合动力系统动态响应特性和传统系统的差别，对动力性测试的动态历程分析提出了更为细致的需求。因此，针对混合动力汽车动力性测试评价方法，需要提出更为细致的客观评价指标，构建更为完善的测试评价体系。

动力性客观测试评价综合参考纯电动汽车、已有的混合动力汽车最高车速测试评价等标准，结合混合动力汽车的特点，提出混合动力汽车动力性客观测试评价试验项目。目的是通过试验测试，量化具体的动力性指标，形成可横向比较的指标体系。GB/T 19752—2005《混合动力电动汽车 动力性能 试验方法》规定了插电式混合动力汽车动力性测试评价的试验条件、试验准备、试验方法和评价指标等内容，测试项目见表8-10，具体要求参考相关标准。

表8-10 插电式混合动力电动汽车动力性测试项目

序号	测试项目
1	混合动力模式下的最高车速
2	纯电动模式下的最高车速
3	混合动力模式下0~100km/h加速性能
4	纯电动模式下0~100km/h加速性能
5	混合动力模式下超车加速性能
6	混合动力模式下的爬坡速度
7	纯电动模式下的爬坡速度
8	混合动力模式下的30min最高车速
9	混合动力模式下的坡道起步能力
10	纯电动模式下的坡道起步能力
11	混合动力模式下的最大爬坡度

注：纯电动模式测试项目按照GB/T 18385—2005《电动汽车 动力性能 试验方法》实施。

在实际测试中，应考虑到一些汽车装置对该项试验的影响，如使用了汽车限速装置，就无法测试出车辆真实的最高车速。另外，在环道测试最高车速时车身侧倾角较大，装备ESP或ESC（电子稳定程序）的汽车易误触发，汽车会采取主动制动模式，从而带来安全隐患或使试验失败。因此，测试前要关闭该功能或使该项功能失效。

3）燃料电池电动汽车。当前燃料电池电动汽车动力性测试仅有最高车速测试标准，总体评价体系不够完善。而燃料电池电动汽车动力性与油电混合动力汽车、纯电动汽车存在共性和差别，因此燃料电池电动汽车的动力性评价需参考油电混合动力汽车、纯电动汽车的测试评价方法，研究更为全面的客观评价指标。所参考的标准如下：

GB/T 12534—1990《汽车道路试验方法通则》

GB/T 26991—2011《燃料电池电动汽车 最高车速试验方法》

GB/T 18385—2005《电动汽车 动力性能 试验方法》

GB/T 19752—2005《混合动力电动汽车 动力性能 试验方法》

GB/T 12539—2018《汽车爬陡坡试验方法》

GB/T 12543—2009《汽车加速性能试验方法》

燃料电池电动汽车动力性评价测试项目见表8-11。

表8-11 燃料电池电动汽车动力性测试项目

序号	测试项目
1	混合动力模式下的最高车速
2	纯电动 RESS 模式下的最高车速
3	0～100km/h 加速性能
4	0～50km/h 加速性能
5	混合动力模式下的爬坡速度
6	纯电动 RESS 模式下的爬坡速度
7	混合动力模式下的超车加速性能
8	混合动力模式下的30min 最高车速
9	混合动力模式下的坡道起步能力
10	纯电动 RESS 模式下的坡道起步能力
11	混合动力模式下的最大爬坡度
12	滑行距离

注：1. 可再充电能储存系统（Renewable Energy Storage System，RESS）由用来储存能量的部件或系统成，且该部件或系统可再充电，如动力电池、超级电容器。
2. 纯电动 RESS 模式测试项目按照 GB/T 18385—2005《电动汽车 动力性能 试验方法》实施。

(2) 经济性测试

汽车燃油经济性指在保证动力性的条件下，汽车以尽量少的燃油消耗量经济行驶的能力，是评价整车性能关键指标之一，常用一定工况下汽车行驶百公里的燃油消耗量来衡量。

1）纯电动汽车。针对纯电动汽车的经济性概念及评价指标，一般以能量消耗率和续驶里程评价。能量消耗率是电动汽车经过规定的试验循环后对动力电池重新充电至试验前的容量，从电网上得到的电能除以行驶里程所得的值，单位 W·h/km。续驶里程是电动汽车在动力电池完全充电状态下，以一定的行驶工况能连续行驶的最大距离，单位为 km。评价指标参考 GB/T 18386—2017《电动汽车 能量消耗率和续驶里程试验方法》。

2）插电式混合动力汽车。插电式混合动力汽车的测试项目大部分与纯电动汽车的相同，其经济性常用以下指标评价：①汽车的百公里燃料消耗量 C；②汽车的电能消耗量 E；③汽车的纯电动续驶里程 D_e。其测试依据标准有 GB/T 19753—2021《轻型混合动力电动汽车能量消耗量试验方法》和 GB 18352.5—2013《轻型汽车污染物排放限值及测量方法（中国第五阶段）》。

另外，插电式混合动力汽车（PHEV）具有电能消耗比例大、运行模式多的特点，其性能评价试验方法比较难以制定。汽车的能耗水平是以燃油消耗指标来体现和评价的。PHEV 由于同时消耗电能和燃油两种类型的能源，因此进行能耗指标评价时通常需要统一到等效的燃油消耗指标。传统 HEV 虽然运行过程中也会有电能量消耗，但所占比例一般较小，同时因为没有外接充电的功能，所以消耗电池电能的最终来源还是发动机燃油消耗，电池 SOC 在一个较小的范围内波动。相同的试验循环下，电能消耗和燃油消耗之间存在线性关系，因此比较容易利用这种线性关系得到准确的等效的燃油消耗评价结果。对于 PHEV，由于电能量消耗比例大，电池 SOC 变化的范围很大，电能消耗与燃油消耗之间没有明确的线性关系，并且 PHEV 电池的能量储备大部分来自于外部电网，而非发动机的燃油消耗，因此 PHEV 电能消耗向燃油消耗的转化也缺乏合理的依据。

3）燃料电池电动汽车。在实际的测试评价过程中，尤其是针对燃料电池电动车辆，上述指标越来越不能满足经济性测试要求。因此，根据 GB/T 18386.1—2021《电动汽车能量消耗量和续驶里程试验方法 第 1 部分：轻型汽车》、GB/T 19753—2021《轻型混合动力电动汽车能量消耗量试验方法》、GB/T 19754—2021《重型混合动力电动汽车能量消耗量试验方法》和 GB/T 35178—2017《燃料电池电动汽车 氢气消耗量 测量方法》中介绍的试验条件、试验准备、试验方法和评价指标等内容，确定燃料电池电动汽车经济性测试评价指标和测试方法，构建测试评价体系。燃料电池电动汽车经济性测试项目见表 8-12。

表 8-12 燃料电池电动汽车经济性测试项目

序号	测试项目
1	续驶里程测试
2	氢气消耗量测试
3	能量消耗量测试

8.2.2 关键零部件测试评价

1. 动力蓄电池

动力蓄电池测试主要针对单体电池和动力电池包/系统进行测试。单体电池是指能够直接将化学能转化为电能的基本单元装置，包括电极、隔膜、电解质、外壳和端子，并被设计成可充电结构。单体电池的试验标准主要有 GB/T 31484—2015《电动汽车用动力蓄电池循环寿命要求及试验方法》、GB/T 31486—2015《电动汽车用动力蓄电池电性能要求及试验方法》等。单体电池主要测试项目见表 8-13，其测试内容与方法请参阅相关标准。

表 8-13 单体电池相关测试项目

序号	测试项目	序号	测试项目
1	基本信息检查和基本参数测量	11	短路试验
2	放电容量、放电能量和能量密度	12	挤压试验
3	室温倍率充放电性能	13	机械冲击试验
4	荷电保持与容量恢复能力测试	14	振动试验
5	HPPC 测试	15	温度循环试验
6	脉冲功率测试	16	加热试验
7	标注循环寿命测试	17	绝热升温试验
8	日历寿命测试	18	重物冲击试验
9	过放电试验	19	热失控试验
10	过充电试验		

第8章 新能源汽车仿真、测试与评价技术

动力蓄电池包通常包括动力蓄电池模块、动力蓄电池管理模块（不包含动力蓄电池控制单元）、动力蓄电池包以及相应附件，是一种具有从外部获得电能并可对外输出电能的单元。动力蓄电池系统则由一个或一个以上的动力蓄电池包及相应附件（管理系统、高压电路、低压电路、热管理设备以及机械总成等）构成的能量存储装置。动力蓄电池包或系统相关的试验标准主要有 GB/T 31467.1—2015《电动汽车用锂离子动力蓄电池包和系统　第1部分：高功率应用测试规程》、GB/T 31467.2—2015《电动汽车用锂离子动力蓄电池包和系统　第2部分：高能量应用测试规程》，以及 QC/T 897—2011《电动汽车用电池管理系统技术条件》等。动力蓄电池包/系统主要测试项目见表8-14，其测试内容与方法请参阅相关标准。

表8-14　动力蓄电池包/系统相关测试项目

序号	测试项目	序号	测试项目
1	基本信息检查和基本参数测量	26	过温保护
2	放电容量和放电能量	27	过电流保护
3	库伦效率和能量效率	28	外部短路保护
4	快速充放电效率测试	29	过充电保护
5	室温倍率充电性能	30	过放电保护
6	室温倍率放电性能	31	高温工作测试流程
7	恒定功率放电测试	32	低温工作测试流程
8	自放电及容量和功率测试	33	隔热试验测试流程
9	开路电压测试	34	系统加热时间及温升测试
10	HPPC测试	35	结露测试
11	脉冲功率测试	36	化学液体暴露试验
12	功率密度测试	37	IP67防护等级测试
13	能量密度测试	38	盐雾试验
14	快充倍率测试	39	气密性试验
15	EOL功率测试	40	振动
16	标准循环寿命测试	41	模拟碰撞
17	工况循环寿命测试	42	挤压
18	动态短时放电功率测试	43	翻转
19	动态短时回馈功率测试	44	跌落
20	模拟动力电池正向衰减	45	底部球击
21	模拟动力电池反向衰减	46	砂石冲击
22	SOC累积误差	47	外部火烧
23	SOC误差修正速度	48	热失控扩展
24	SOP估算精度	49	浸水安全
25	SOE估算精度		

2. 电机系统

作为电动汽车核心部件，电机系统的认证测试是检验设计是否达到设计需求的客观验证

手段，测试标准决定了产品设计水平。电机系统测试主要在电机台架上进行，主要进行电机系统的一般性参数测试、温升测试、输入输出特性测试、安全性测试、环境适应性参数测试以及可靠性测试等。

电机系统测试项目见表8-15，一般性参数测试中的外观、外形和安装尺寸、质量、驱动电机控制器壳体机械强度、液冷系统冷却回路密封性能等项目的测试方法比较简单，可以参阅 GB/T 18488.2—2015《电动汽车用驱动电机系统 第2部分：试验方法》，这里不再赘述。

表8-15 电机系统相关测试项目

序号	测试项目	序号	测试项目
1	电机定子绕组冷态直流电阻测试	16	控制准确度
2	电机系统绝缘电阻测试	17	响应时间
3	电机系统耐电压测试	18	控制器工作电流
4	电机超速测试	19	馈电特性
5	电机温升测试	20	安全接地检查
6	工作电压范围测试	21	控制器保护功能测试
7	转速-转矩特性	22	控制器支撑电容放电时间
8	持续转矩	23	低温试验
9	持续功率	24	高温试验
10	峰值转矩	25	湿热试验
11	峰值功率	26	耐振动试验
12	堵转转矩	27	防水防尘试验
13	最高工作转速	28	盐雾试验
14	高效工作区	29	可靠性测试
15	最高效率		

现阶段，面向车用驱动电机系统生产的自动线下性能检测设备受到重视，成为车用电机生产企业缩短产品终端检测时间、提高生产率、降低检测成本、提高产品质量的重要保证。电机测试技术的网络化管理和云端平台成为建设现代化检测平台的方向之一，基于电机控制器硬件在环的功率级电机模拟器逐步成熟，并在行业获得应用。

在未来几年，基于高性能交流电力测功机系统的电机测试平台的数字化控制、自动化测试和网络化集成将更加普遍，利用互联网技术的测试台架也将出现，互联网技术、自动测试技术和数据挖掘技术相结合，将推动测试设备对电机功能的深度开发和充分利用。计算机仿真软件、试验台架和被试电机相结合的程度越来越高，分别依托于电机测试台架、电机控制策略开发和电机控制器的硬件在环仿真和试验测试技术将更为成熟，并成为技术发展的主要方向之一。同时，由于碳化硅新技术在电力电子行业的应用和普及，适用于高温、高频、高效控制条件下的电机及控制器的高准确度测试技术将获得发展。

3. 燃料电池堆与系统

燃料电池堆与燃料电池系统是燃料电池汽车相对独立的体系，也是整车厂可以从供应商处采购到的产品。燃料电池堆通常是由数百个单电池和其他必要的结构件，如集流板、端板、密封件等组成的具有统一电输出的组合体。燃料电池系统是指由燃料电池模块和必要的辅助部件组成的一个完整的、可稳定运行的发电系统，辅助系统通常包括氧化剂供给系统、燃料供给系统、水热管理系统与控制子系统等。

无论从制造还是采购角度，都需要通过测试环节对燃料电池堆与燃料电池系统的产品参数进行标定与验证。此外，也可以通过测试对已使用的燃料电池堆与燃料电池系统进行性能及安全性评估。燃料电池堆的相关测试项目见表8-16。

表8-16 燃料电池堆相关测试项目

序号	测试项目
1	参数确认与测量
2	气密性测试
3	压力测试
4	绝缘电阻测试
5	极化曲线测试
6	额定功率测试
7	反应气利用率测试
8	效率测试
9	操作参数对性能的影响测试
10	单电池一致性测试

本部分内容主要适用于以氢气为燃料、空气为氧化剂的车用质子交换膜燃料电池堆与系统，其他反应气体、其他种类的燃料电池、其他用途场合，由于参数与结构均不同，测试时应注意区分。

燃料电池系统作为燃料电池汽车的主要动力源，负责向车辆驱动系统提供所需的主要能量，包括燃料电池堆和辅助系统两部分。燃料电池系统的测试主要包括燃料电池系统的气密性测试、绝缘性测试，以及燃料电池系统的稳态特性、动态响应特性、动态循环特性、动态平均效率、起动特性、氢气排放特性等性能的测试。

随着燃料电池技术的发展，相关燃料电池堆的技术标准体系不断健全，测试内容也会不断丰富。如燃料电池高原环境适应性的测试是非常必要的，建议未来建立相关的测试标准。因为高原环境低氧浓度、低气压的空气对燃料电池性能会产生负面的影响。随着海拔的升高，大气压力降低，空气中氧浓度降低，海拔每升高100m，大气压下降5.9mmHg，氧分压下降约1.2mmHg，氧体积分数下降0.16%。如何模拟高原环境，测试燃料电池高原环境下的性能变化，是未来测试技术需要解决的问题。此外，燃料电池堆与系统相关部件的测量方法有待进一步完善和补充，电池堆的关键部件如双极板、膜电极，系统部件包括空压机、氢循环泵等，也是研发人员比较关注的。另外，燃料电池耐久性的测试方法，包括部件的耐久性、电池堆的耐久性、系统耐久性等，也是比较关键的测试内容。由于相关标准还处于制定过程中，暂时未在本部分体现。

8.2.3 关键测试设备

1. 整车及电机系统测试设备

（1）测功机

测功机可以测量被测试件的输出转矩、转速和功率，是一种用来测试汽车动力性、燃油经济性、多工况排放指标等性能的室内试验设备。通过实时模拟道路行驶阻力，并用其他辅助装置，实现对汽车各工况的模拟。可测试项目有：底盘输出功率测试，最高车速测试，加速、滑行测试，车速、里程表校验，油耗测试等。目前使用较多的有电涡流测功机和交流电力测功机。图 8-18 所示为 HORIBA 交流电力测功机主机。

图 8-18　HORIBA 交流电力测功机

标准的交流电力测功机系统由一台交流电机（含转矩转速传感器）、一套四象限运行的交流变频调速系统、一台交流电力测功机测控仪和上位机等组成。交流电力测功机控制系统如图 8-19 所示。其中测控仪实现对测功机转速转矩数据的采集，同时实现对交流变频调速系统的通信控制，利用测控仪可以实现对测功机转速和转矩的控制。上位机利用程序控制测控仪的功能，并实现数据的采集和图形显示。交流变频调速系统与电网连接，将试验过程中交流测功机发出的交流电经变频器整流为直流电，然后再变为标准工频正弦交流电上网，通过交流变频调速系统调节测功机的馈电电流以控制原动机的转速或转矩。

（2）电功率分析仪

电功率分析仪是一种测量用电功率和其他电参数的仪器，也称为电参数分析仪。新能源汽车电机系统采用变频调速技术，其电压、电流等信号含有较多的谐波含量，因此采用传统的工频仪器仪表无法进行准确测量。采用电功率分析仪，不但能够对电机变频系统进行准确的电气测量，能够进行谐波分析，还能够同时进行电机转速和转矩信号的采集及分析。

功率分析仪可以测量和显示的参数包括电压和电流的有效值、平均值、峰值、峰峰值、基波和谐波含量、波形畸变，有功功率、无功功率、视在功率，相位角，电机轴端转矩、转

第8章 新能源汽车仿真、测试与评价技术

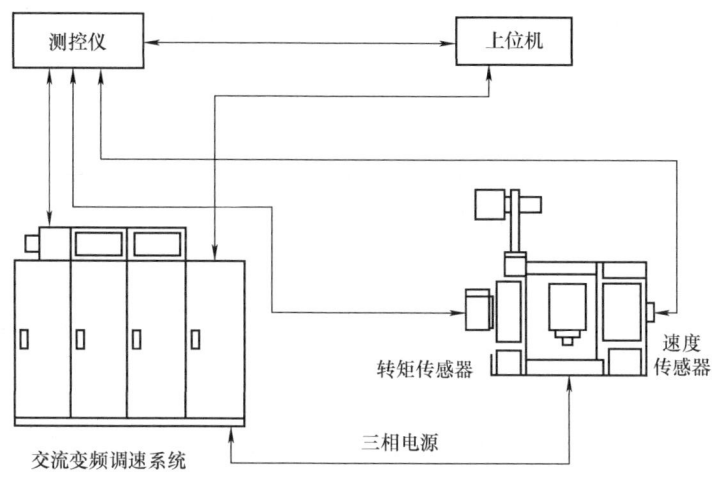

图 8-19 交流电力测功机控制系统

速及机械功率等。一般情况下，高准确度宽带功率分析仪的测量带宽可达 3～10MHz，电流和电压的测量精度可达 0.01%，功率计算精度可达 0.02%。现阶段应用较多的功率分析仪主要有美国福禄克（Fluke）公司 Norma 系列高准确度功率分析仪以及日本横河（YOKOGAWA）公司 WT5000、WT3000、WT1800 等规格型号的功率分析仪。图 8-20 所示为 Norma5000 功率分析仪。

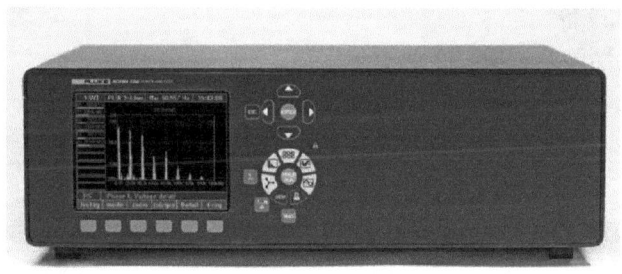

图 8-20 Norma5000 功率分析仪

(3) 电机系统测试台架

电机系统测试台架结构如图 8-21 所示，被测试驱动电机、转速转矩传感器与测功机（一般以交流电力测功机居多）之间采用弹性联轴器顺序连接以传递机械动力，电池模拟器、电机控制器与被测试驱动电机之间采用电气连接以传递电功率。测功机与测功机变频装置之间也为电气连接，测功机上位机为测功机系统的控制单元，可以检测测功机和测功机变频装置的工作状态，也可以通过变频装置调整测功机的工作状态。在台架试验过程中，测功机需要模拟被测试驱动电机轴端负载大小，在加减速或者变速过程等动态工作特性测试过程中，有时候需要模拟相关车辆机械惯量的大小，可以采用交流电力测功机电惯量模拟的方式。但是这种方式将增加测功机的功率或者转矩等级，特别是模拟的惯量较大时，必须采用功率或转矩等级大得多的测功机来实现，并且要求测功机的动态响应特性要高，这将导致试验成本急剧增加。为了解决这一问题，一般情况下可以将测功机的电惯量模拟和机械飞轮惯

233

量模拟相结合，采用机械飞轮模拟主要惯量部分，采用测功机的电惯量模拟功能进行小惯量补偿，从而可以在不增加太多试验成本的情况下实现对整车惯量的模拟。

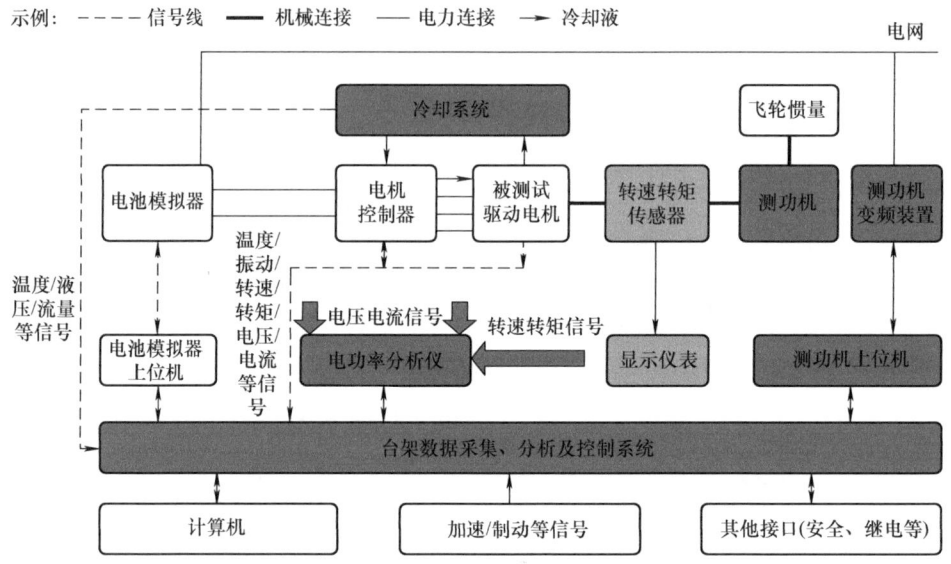

图 8-21　车用电机系统性能的试验台架结构

2. 动力电池试验测试设备

（1）电性能测试设备

当前所使用的电性能测试设备主要有迪卡隆、德普、星云等电池系统电性能试验设备。电性能测试系统主要由上位计算机、充放电动力柜及辅助电压、温度数据采集器组成。测试系统可对外接口各类设备，可与电池管理系统（BMS）等外部设备进行系统集成。在充放电测试过程中，同步采集单体动力电池电压、温度，动力电池模块电压、温度信息，并作为设备起停跳转及保护的判断条件。ARBIN 电池测试设备如图 8-22 所示。

（2）模拟碰撞试验台

模拟碰撞试验台用于模拟产品在实际使用中需要承受的冲击破坏，以此来评定产品结构的抗冲击能力，并通过试验数据优化产品结构强度。通过正确评定产品的抗冲击能力，可有效地提高产品使用的可靠性。用实验室试验的方式来模拟动力电池包在运输、

图 8-22　ARBIN 电池测试设备

装卸、行车过程中可能受到的冲击破坏，由此来评定产品在使用过程中受到冲击时，产品的缓冲、减振性能能否达到对产品的保护要求。模拟碰撞试验台如图 8-23 所示。

（3）挤压针刺测试设备

动力电池挤压针刺试验机又称为动力电池挤压针刺一体机，如图 8-24 所示，适用于各

图 8-23　模拟碰撞试验台

类单体蓄电池、动力蓄电池模块和动力蓄电池包试验,模拟动力蓄电池遭受挤压针刺的情形。

图 8-24　动力蓄电池挤压针刺一体机

挤压:被试动力电池在两个平面被挤压,通过台虎钳或者活塞液压臂施加一定的挤压力,挤压持续至液压装置上压力表读数达到某一数值。一旦到达设定压力值,就解除挤压。通过挤压试验可检验动力电池的安全性能,用于模拟各类动力电池在使用过程中遭受挤压的情形,进行试验后动力电池应不起火,不爆炸。

针刺:试验应在一定范围的环境温度下进行,将接有热电偶的动力电池(热电偶的触点固定在动力电池大表面上)置于通风橱中,用一定直径的无蚀锈钢针以一定速度刺穿动力电池大表面的中心位置。

(4) 动力电池系统短路测试设备

遥控大电流短路装置综合多种电池短路试验标准要求而设计,短路装置必须符合内阻小于 $5m\Omega$ 的规定,从而获得试验要求的一定数值的大短路电流。短路装置在线路设计上要能够承受大电流的冲击,因此一般选用工业级直流电磁接触器及全铜接线柱和内部铜板导流,内置主动式滚珠轴流风机提供有效的散热保护,使大电流短路装置更安全,有效减少试验设备的损耗,确保试验数据的准确性。动力蓄电池系统短路设备如图 8-25 所示。

(5) 动力蓄电池包外部火烧试验台

外部火烧试验装置由下部底座、油盘、覆盖板移动导轨、油盘覆盖板、动力蓄电池放置支架、控制台、动力蓄电池包吊装装置等组成。动力蓄电池放置支架采用可移动小车方式设计。小车由牵引机牵引实现小车在导轨上的平行移动，移动速度、距离可预先设定。小车上部为动力电池放置面，整体采用槽钢框架结构；小车下部采用轮轨方式，由牵引机牵引平行移动。油盘采用不锈钢板制造，油盘数量及尺寸依据需要要求设定；隔框之间采用金属管固定连接；油盘每一隔框下方分别安装有一路油水快速连接头；油盘支架可手动调节高度；油盘支架可安装可移动式点火装置。动力蓄电池包火烧试验台如图 8-26 所示。

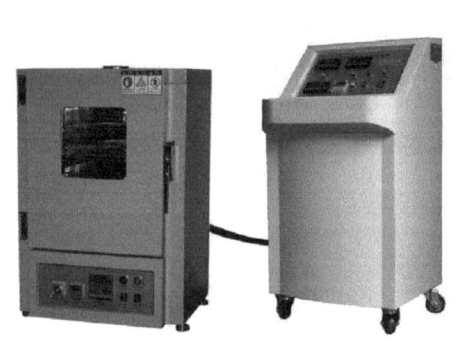

图 8-25　动力蓄电池系统短路试验机　　　　图 8-26　动力蓄电池包火烧试验台

3. 燃料电池汽车测试专用设备

（1）氢气流量计

氢气流量计具有安装简单、维修方便等特点，并带有防爆功能，使用安全可靠。氢气流量计是根据卡门涡街原理研究生产的，由设计在流场中的旋涡发生体、检测探头及相应的电子线路等组成。当流体流经旋涡发生体时，它的两侧就形成了交替变化的两排旋涡，这种旋涡被称为卡门涡街，主要用于工业管道介质流体的流量测量，如气体、液体、蒸汽等多种介质。其特点是压力损失小、量程范围大、精度高，在测量工况体积流量时几乎不受流体密度、压力、温度、黏度等参数的影响。由于无可动机械零件，因此可靠性高，维护量小，仪表参数能长期稳定。氢气流量计采用压电应力式传感器，可靠性高，可在 -20 ~ +250℃ 的温度范围内工作。该设备有模拟标准信号输出，也有数字脉冲信号输出，容易与计算机等数字系统配套使用。某型号氢气流量计如图 8-27 所示。

（2）氢气浓度检测仪

气体检测仪是一种检测气体泄漏浓度的工具，其中包括便携式气体检测仪、手持式气体检测仪、固定式气体检测仪、在线式气体检测仪等，主要利用气体传感器来检测环境中存在的气体种类。气体传感器是用来检测气体成分和含量的传感器。

图 8-28 是某公司一款手提式多功能氢气检测分析仪，主要用于检测分析氢气气体浓度、温湿度等。该仪器可以检测分析管道中或受限空间、大气环境中的氢气浓度，也可以检测气体泄漏，检测气体种类超过 500 种，还可以分析高浓度单一气体的纯度。

（3）燃料电池系统测试平台

燃料电池系统测试方案如图 8-29 所示。系统测试平台包含主控系统、辅助电源系统、氢气供应系统、负载系统、冷却系统、环境舱等。系统测试平台主要分为控制及检测两部分。通过与燃料电池系统建立通信，控制部分向燃料电池系统发送控制命令，使燃料电池系统按照测试方法要求的步骤执行操作，并接收燃料电池系统所发送的执行反馈信息。检测部分按照测试方法要求，实时检测燃料电池系统相关参数，包括燃料电池系统输出电压、电流、功率以及测试平台为燃料电池系统所提供的氢气用量、辅助电功率、散热功率等。

图 8-27 某型号氢气流量计

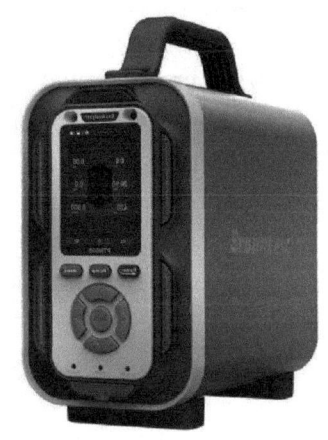

图 8-28 手提式多功能氢气检测分析仪

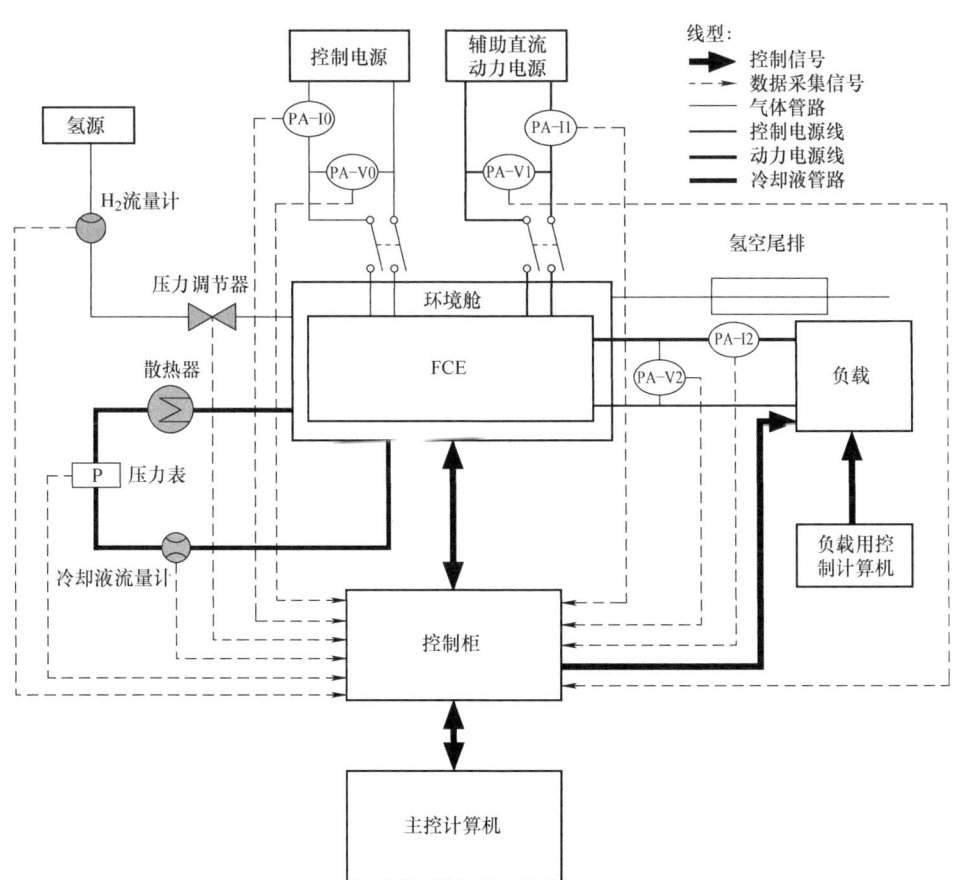

图 8-29 燃料电池系统测试方案

课 后 习 题

1. 根据仿真过程中控制信息与实际系统能量信息的流动方向,可将仿真方法划分为哪两大类?
2. 目前使用较多的测功机有( )和( )。( )是正交试验结果分析最常用的方法。
3. 前向仿真与后向仿真的区别是什么?
4. 请简要介绍汽车行业的"V"字开发流程。
5. 在标准的交流电力测功机系统中如何对原动机转速或转矩进行控制?
6. 列举几个动力蓄电池的测试项目(不少于6个)。
7. 新能源汽车整车测试方法主要包括哪些?

第 9 章

其他类型的新能源汽车

新能源汽车种类较多，上述章节重点介绍了纯电动汽车、插电式混合动力（增程式）电动汽车和燃料电池电动汽车等主流新能源汽车的基本内容。本章主要介绍新型电动汽车、动势能汽车和新型燃料汽车。

9.1 新型电动汽车

新型电动汽车主要是利用新型能源进行车载发电，全部或部分由电机驱动的汽车，这类汽车以太阳能汽车、风能汽车及核能汽车为主。

9.1.1 太阳能电动汽车

太阳能汽车是利用太阳能电池将太阳能直接转化为电能，再利用电机驱动汽车的一种新型汽车。在光照情况下，通过光伏发电技术产生电流，并可以直接或者协同动力电池同时供电来驱动电机，或将多余的能量储存在动力电池中以便在光照不足环境下利用。相比传统热机驱动的汽车，太阳能汽车不会向大气中排放废气，真正做到了零排放。另外，与石油燃料相比，太阳能取之不尽，用之不竭。

9.1.1.1 太阳能的转换

目前，太阳能的利用已日益广泛，包括太阳能的光热利用、太阳能的光电利用和太阳能的光化学利用等。将太阳能转换成不同形式的能量需要不同的能量转换器，集热器可以将太阳能转换成热能，利用光伏效应太阳能电池可以将太阳能转换成电能，通过分解水可以将太阳能转换为氢能，通过光合作用植物可以将太阳能转换成生物质能等。原则上，太阳能可以直接或间接转换成任何形式的能量，但转换次数越多，太阳能转换的效率便越低。太阳能汽车是太阳能的光电转换在汽车领域中的应用。

1. 太阳能－热能转换

黑色吸收面吸收太阳辐射，将太阳能转换成热能。黑色吸收面吸收性能好，但辐射热损失大，所以黑色吸收面不是理想的太阳能吸收面。选择性吸收面具有高的太阳吸收比和低的发射比，吸收太阳辐射的性能好，且辐射热损失小，是比较理想的太阳能吸收面。这种吸收面由选择性吸收材料制成，简称为选择性涂层。

2. 太阳能－电能转换

电能是一种高品位能源，利用、传输和分配都比较方便。将太阳能转换为电能是大规模利用太阳能的重要技术基础，世界各国都十分重视，其转换途径很多，有光－电直接转换、光－热－电间接转换等。

3. 太阳能－氢能转换

氢能也是一种高品位能源，太阳能可以通过分解水或其他途径转换成氢能，即太阳能制氢。

4. 太阳能－生物质能转换

通过植物的光合作用，太阳能把二氧化碳和水合成有机物（生物质能）并释放出氧气。光合作用是地球上最大规模转换太阳能的过程，现代人类所用燃料都是远古和当今利用光合作用转换太阳能的结果。目前，光合作用机理尚不完全清楚，能量转换效率一般只有百分之几，今后对其机理的研究具有重大的理论意义和实际意义。

5. 太阳能－机械能转换

物理学家通过实验证明了光具有压力，提出利用在宇宙空间中巨大的太阳帆，在阳光的压力作用下可推动宇宙飞船前进，将太阳能直接转换成机械能。通常，太阳能转换为机械能需要通过中间过程进行间接转换。

9.1.1.2 太阳能汽车的结构及应用

1. 太阳能汽车的结构

太阳能汽车主要由太阳能电池、控制器、电机驱动系统及一些机械装置等组成，具体结构如图9-1所示。

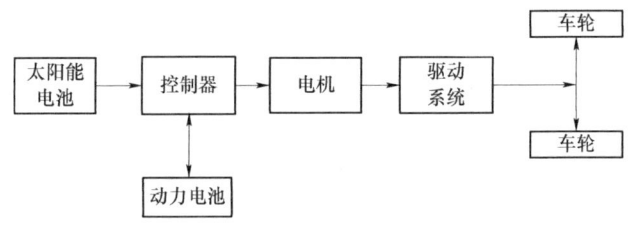

图9-1 太阳能汽车的具体结构

2. 太阳能汽车的应用

（1）典型实例

德国达姆施塔特高等技术学校研制的太阳能汽车和美国密歇根（Michigan）大学设计的Sun Runner太阳能汽车是典型的实例。两种太阳能汽车的基本性能参数见表9-1。

表9-1 两种太阳能汽车的基本性能参数

参　数	密歇根大学设计的 Sun Runner太阳能汽车	达姆施塔特高等技术 学校研制的太阳能汽车
长/mm×宽/mm×高/mm	6000×2000×1270	4700×1800×1000
轴距/mm	2430	2500
满载质量（不计驾驶人）/kg	229	309（电池组质量125）

(续)

参　　数	密歇根大学设计的 Sun Runner 太阳能汽车	达姆施塔特高等技术 学校研制的太阳能汽车
电动机形式	三相脉冲调制换流器的特制电机	异步电机
最大功率/kW	16	12
最大功率/kW	4.47	3
太阳能电池组	单晶硅	单晶硅
面积/m^2	8.3	5.6
最大功率/kW	0.6	0.54
动力电池	银锌电池	铅酸电池
动力电池组比能量	10 个 20.5V 电池为一组，2.8kW·h/kg	10 个 12V 电池为一组，4.8kW·h/kg

图 9-2 所示为达姆施塔特高等技术学校研制的太阳能汽车的装备平面示意图。

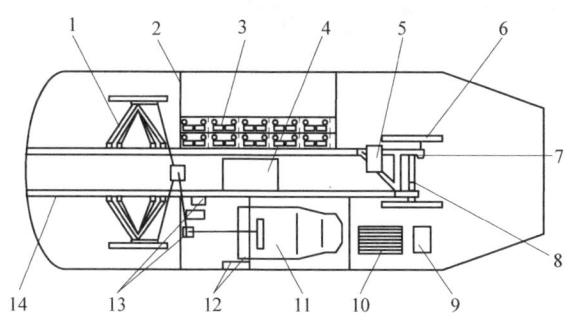

图 9-2　达姆施塔特高等技术学校研制的太阳能汽车的装备平面示意图
1—前桥与车身的横向连接支条　2—隔板　3—动力电池　4—动力系统转换装置　5—异步电机
6—从动带传动轮　7—盘式制动器　8—后桥　9—太阳电池组转换装置　10—充电器　11—驾驶人座椅
12—微处理控制装置　13—操纵踏板　14—车架
注：差速器处于工作状态/锁止状态

（2）其他应用实例

1996 年，清华大学按照日本能登竞赛规范，研制了"追日"号太阳能汽车。该车重 800kg 左右，最高车速达 80km/h。它采用的电池板是我国第五代产品，太阳能转化率达到 14%。

2001 年，"思源号"在上海交通大学诞生。该车无需任何助动燃料，只要在阳光下晒 3~4h，便能轻松跑上 10 多 km。之后，中山大学太阳能系统研究所也推出了一辆酷似公园电动车的太阳能电动车。该车可以搭乘 6 名乘客，但是速度最高只有 48km/h，持续行驶时间也就 1h。

2003 年，在澳大利亚太阳能汽车比赛中，由荷兰学生制造的"Nuna Ⅱ"（纽纳 2 号）太阳能汽车取得了冠军。纽纳 2 号安装了欧洲太空局发明的太阳能电池，它以约 31h 的时间跑完了 3100km 的路程，创造了太阳能汽车最高速度 170km/h 的新世界纪录。

2006 年，我国首辆太阳能乘用车在南京亮相，这辆可以直接切换电能的太阳能汽车的行驶速度高达 88km/h。如果加上电能，这辆车晚上能跑 220km，白天可跑 290km。

2008年10月14日，在浙江举行的第二十九届中国浙江国际自行车电动车展上，我国首批头顶太阳能电板的太阳能汽车闪亮登场。该车由浙江001集团与浙江大学历时4年研发，太阳能接收率可达95%左右，太阳能转化率可达14%~17%，充电时间10h，续驶里程150km。图9-3为001太阳能电动汽车。

图9-3　001太阳能电动汽车

9.1.2　风能电动汽车

9.1.2.1　风能的转换

风能是太阳能的一种转换形式，是一种重要的自然能源，也是一种储量巨大的、无污染的、永不枯竭的可再生能源。风能的利用主要是将大气运动时所具有的动能转化为其他形式的能量，一般利用风推动风车的转动以形成动能。风能的各种应用包括风力发电、风帆助航、风车提水、风力制热采暖等。风能转换与应用情况如图9-4所示。

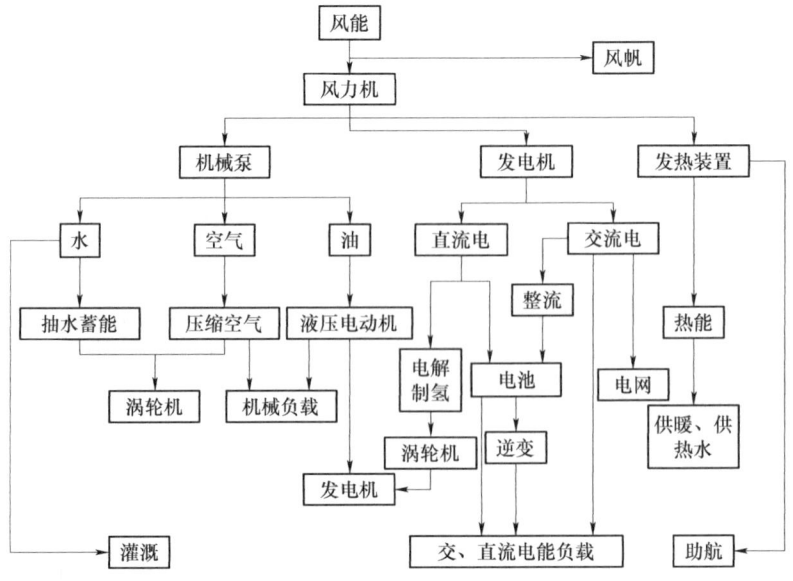

图9-4　风能转换与应用情况

在风能的各种应用中，风力发电是风能利用最重要的形式。风力发电技术状况以及实际运行情况表明，它是一种安全可靠的发电方式。随着风力发电机组的生产和控制技术日渐成熟，产品商品化进程的加快，风力发电成本降低，已经具备了和其他发电手段相竞争的能力。

9.1.2.2 风能电动汽车的结构及案例

1. 风能电动汽车的结构

风能电动汽车通过安装在汽车车头、发动机、顶棚上的由风轮、导流板、发电机、风筒等组成的筒式高效风力发电装置产生的强大电流，提供给汽车上的电动机运转、驱动汽车行驶及其他用电系统使用。风能电动汽车的主要动力来自锂电池，夜间利用便携式风力发电机为其充电。

风能电动汽车的结构如图9-5所示。

风能电动汽车的最大优势在于改变了传统意义上汽车必须以燃料为动力的局限性，使汽车自身的能量通过转换再有效利用，为节能及环保汽车的开发提供了新的思路。

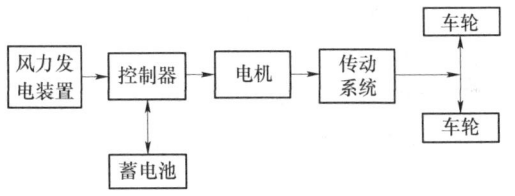

图9-5 风能电动汽车的结构

2. 风能电动汽车典型案例

"风力探测者"如图9-6所示，是由德国工程师德克·吉昂和斯特凡·塞默尔研制出的一款轻量型风能电动汽车，车身重量仅约220kg，车内空间足够容纳两名乘员。车身呈鸡蛋状，由碳纤维材料制成，车架则由铝材料制成。四个轮胎则是专门定制的低滚阻轮胎，这样可以减小阻力。

图9-6 "风力探测者"风能电动汽车

两位工程师驾驶着"风力探测者"从西澳大利亚珀斯市出发，18天后抵达悉尼。在澳大利亚惊人地完成了3000mile（约4828km）的测试旅行，从而创造了三项全新的纪录，而且实现了零排放，花费仅为13.5美元。这是首次由风力驱动穿越澳大利亚的旅行。3000mile的距离是由风力驱动的陆上交通工具完成的最长总距离。该汽车在36h内行驶了研制成功以来最远的一段距离。

这辆类似赛车风格的敞篷车，没有电池时车身质量仅为82kg，远远轻于一般汽车，且速度可达 88km/h 以上。其主要动力来自锂电池，夜间利用便携式风力发电机为其充电，但有时会使用类似拖拽伞的"风筝"。在白天行驶时，尤其是在穿越南澳大利亚纳勒博平原时，汽车可能会遭遇极强的风力，因此研究人员又采用了一种滑翔伞状的风筝来获得电能。即使在无风的时候，这种汽车也可以接入澳大利亚电网进行充电。

9.1.3 核能电动汽车

尽管太阳能、风能等绿色能源越来越引起科学家们的重视，但是，上述这些能源由于受地理位置、气候条件等诸多因素限制，很难在短期内实现大规模的工业生产和汽车应用。

9.1.3.1 核能的转换

核能主要有两种，即核裂变能和核聚变能。核能有以下优点：

① 能量密集，功率高，为其他能源所不及。这一特点决定了它的运输量小，可以减缓交通运输压力。

② 核能比太阳能、风能等其他新能源容易储存。核燃料的储存空间不大，在核船舶或核潜艇中，通常两年才换料一次。相反，烧重油或烧煤设备需庞大的储存罐或占地面积很大。

③ 核能比较清洁，不会产生二氧化碳。世界上大量有机燃料燃烧后排出的二氧化硫、二氧化碳、氧化亚氮等气体，不仅会直接危害人体健康和农作物生长，还会导致酸雨和大气层的"温室效应"，破坏生态平衡。比较起来，核电站就没有这些危害。利用核能可有效地削减主要污染物的排放量，改善环境空气质量。

④ 核电比火电"经济"。电厂每度电的成本是由建造折旧费、燃料费和运行费三部分组成的。核电厂由于特别注重安全和质量，建造折旧费高于火电厂，一般要高出 30%~50%，但燃料费则比火电厂低得多。据测算，火电厂的燃料费占发电成本的 40%~60%，而核电厂的燃料费则只占 20%~30%。经验证明，核电厂的发电成本要比火电厂低 15%~50%。

9.1.3.2 核能汽车的结构及工作原理

核能汽车的结构及工作原理与纯电动汽车类似，不同之处在于储能系统，核能汽车通过核发电装置取代了纯电动汽车的动力电池或者超级电容器。

核动力车主要是将核能转化为电能，核能转化为电能的装置包括反应堆和汽轮发电机组。核能在反应堆中被转化为内能，内能将水变为蒸汽推动汽轮发电机组发电。核能汽车的结构如图 9-7 所示。

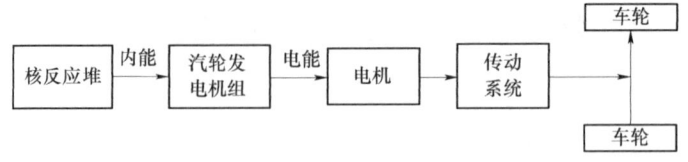

图 9-7 核能汽车的结构

核电池动力技术研究得较早并得到了一定应用，探月用的月球车就是用核电池作为备用电源。但是核电池动力技术存在一些难题，无法在民用汽车上使用：

① 核电池动力技术属于尖端技术，保密程度很高。

② 核电池动力技术并不是特别成熟，一旦发生核泄漏等问题，环境风险会很大。

③ 核电池动力成本很高，用于民用汽车还需时日。

9.2 动势能汽车

动势能汽车主要是通过动能或者将势能转化成动能来驱动汽车，这类新能源汽车主要有飞轮电池汽车及空气动力汽车。

9.2.1 飞轮电池汽车

9.2.1.1 飞轮电池

飞轮电池是 20 世纪 90 年代才提出的新概念电池，它突破了化学电池的局限，用物理方法实现储能。

1. 飞轮电池的结构原理

飞轮电池由飞轮、电动机、发电机和输入/输出电路共同组成，如图 9-8 所示。

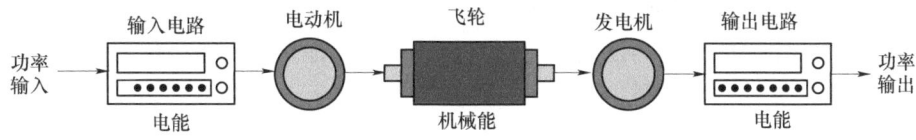

图 9-8　飞轮电池的构成

飞轮电池通过输入/输出电路与外部大功率的电气系统相连，外部系统所传输的能量经由电动机通过提升飞轮的转速将电能转化为机械能储存。当需要向负载输出功率时，飞轮通过发电机再将机械能转化为电能，同时飞轮的转速相应降低。由于飞轮电池系统的能量转换是单线程的，即不可能同时输入、输出能量，为了降低电池系统质量和制造成本，通常将电动机/发电机以及输入/输出电路集成在一起。

飞轮储能的关键在于降低机械能的损失，这部分能量损失主要由空气摩擦阻力和旋转摩擦阻力两部分组成。根据降低空气摩擦阻力方式的不同，可以将飞轮电池分为高速飞轮电池和低速飞轮电池。其中低速飞轮电池通过增加飞轮质量来降低空气摩擦所带来的影响，而高速飞轮电池则通过降低飞轮工作环境的空气压力来降低空气摩擦阻力，此类电池的飞轮由于新型高强度复合材料的使用而具有轻质量和高转速的特点，其理想工作环境为真空环境，但由于技术限制，通常只是将空气摩擦阻力降低至可以接受的程度。为了减小高速旋转时所产生的旋转摩擦阻力，飞轮电池系统通常通过两个磁悬浮轴承的非接触式支撑被固定在真空空间内。高速飞轮电池体积小，适合车载使用。

飞轮电池结构如图 9-9 所示，它主要由飞轮、轴、轴承、电动机、真空容器和电力电子变换器等部件组成。飞轮是整个电池装置的核心部件，它直接决定了整个装置的储能多少。电力电子变换器通常是由场效应晶体管和绝缘栅场效应晶体管组成的双向逆变器，它们决定了飞轮装置能量输入/输出量的大小。

2. 飞轮电池的性能

现在广泛使用的储能电池是基于电化学原理的化学电池，它将电能转变为化学能储存，再转化为电能输出。它的主要优点是价格低廉、技术成熟；但存在污染严重、效率低下、充电时间长、用电时间短、使用过程中电能不易控制等缺点。

另一种储能电池是超导电池，它把电能转化为磁能储存在超导线圈的磁场中。因为超导状态下线圈没有电阻，所以能量损耗非常小，效率也高，对环境污染也小。但由于超导状态是线圈处于极低温度下才能实现的，维持线圈处于超导状态所需要的低温需耗费大量能量，而且维持装置过大，不易小型化，民用的市场前景并不看好。

飞轮电池则兼顾了两者的优点，作为一种新型的储能方式，飞轮电池拥有传统化学电池无法比拟的优点而被人们广泛认

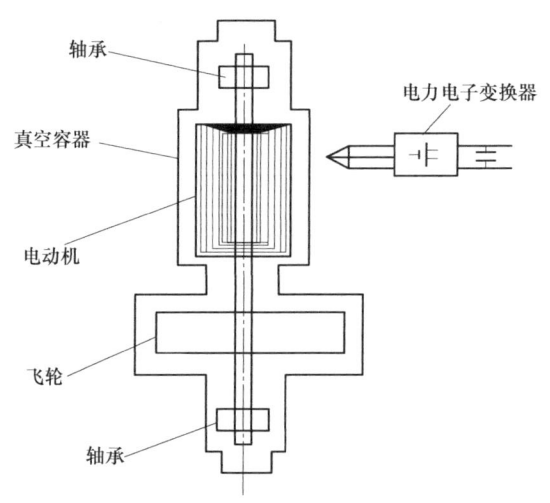

图 9-9　飞轮电池结构

同，它非常符合未来储能技术的发展方向。目前，飞轮电池正在向小型化、低廉化的方向发展。可以预见，随着技术和材料学的进步，飞轮电池必将有一个非常广阔的前景。三种典型储能电池的性能比较见表 9-2。

表 9-2　三种典型储能电池的性能比较

性能	储能电池		
	化学电池	飞轮电池	超导电池
储能方式	化学能	机械能	磁能
使用寿命/年	3~5	>20	≈20
技术	成熟	验证	验证
温度范围	限制	不限	不限
外形尺寸（同功率）	大	最小	中等
储能密度	小	大	大
放能深度	浅	深	深
价格	较高	高	较高
环境影响	污染	无污染	无污染

9.2.1.2　飞轮电池汽车的特点及应用

飞轮电池的比能量比镍氢电池大 2~3 倍；比功率高于一般化学电池和内燃机，其快速充电可在 18min 内完成且能量储存时间长，既能超快速充电也不存在化学电池的损寿问题，整个电池的使用寿命远长于各种化学电池。更重要的是，飞轮为纯机械结构，不会像内燃机那样产生排气污染，同时也没有化学电池的化学反应过程，不会造成腐蚀，也不存在废料的处理回收问题。

飞轮电池充电快，放电完全，非常适合应用于混合动力车辆中。飞轮电池汽车利用储存在随车飞轮中的机械能驱动汽车前进，它的推进系统由飞轮电池、电机控制器、电机和传动系统等组成。车辆在正常行驶和制动时，给飞轮电池充电，飞轮电池则在加速或爬坡时，给

车辆提供动力,保证车辆运行在一种平稳、最优的状态下,可减少燃料消耗、空气和噪声污染、发动机的维护,延长发动机的寿命。

在充电时,飞轮中的电机以电动机的形式运行,在外接电源的驱动下带动飞轮旋转,达到极高的转速,从而完成电能-机械能转换的储能过程;放电时,飞轮中的电机以发电机的状态运行,在飞轮的带动下对外输出电能,完成机械能-电能转换的释放过程。

在2010年10月美国勒芒系列赛最后一轮比赛中,保时捷911GT3混合动力赛车首次正式使用了飞轮电池技术。911GT3是保时捷第一辆混合动力赛车,如图9-10所示,它是918 RSR混合动力车的前身,而后者在2012年推出。

图9-10　保时捷911GT3混合动力赛车

保时捷918 RSR混合动力车是将飞轮电池应用在前轮两个电动机上以补充发动机的动力。飞轮电池将制动所收集的动能转化为电能,并将能量储存于一个飞轮电池之中。在加速过程中,该能量将转移至前轮,前轮载有内燃机。这一过程将大大减少燃料消耗,并增加行驶范围;在比赛中,飞轮电池技术的一大优势在于加油次数较少,为其在赛场上赢得了宝贵的时间。在不牺牲速度和敏捷性的前提下,让汽车更有效率,这是一个令人振奋的进步。保时捷918 RSR混合动力车仅需3.2s,即能将速度从0提至约100km/h。

9.2.2　空气动力汽车

若干年前,法国工程师丹尼斯·帕潘曾提出利用压缩空气作为动力的设想。事实上,气动工具已广泛用于工业和日常生活,如公交气门开关、气动制动、生产流水线传动等举目皆是。

1998年,法国人吉·涅格尔造出了世界上第一台气动汽车。吉·涅格尔原是一名一级方程式赛车维修工程师,曾用压缩空气作为赛车助推力,加速赛车高速启动,后来他到卢森堡一家小公司,开发了"MDIEV-3"混合动力轿车,在市区用压缩空气作动力源,在郊区用发动机驱动。后来一位墨西哥人看中这项发明,把他的专利技术买去了。美国乔普林气动公司也研发了一种气动轿车,利用本公司气动技术优势,减掉汽车发动机、变速器和油箱等部件,用3个压力气瓶和特制气动马达,使轿车行驶速度达到60km/h,充气一次可行驶150km,只要数分钟即可完成充气,方便的程度不亚于汽油机汽车。

2000年，非洲汽车博览会上展出过一台空气动力汽车，最高行驶速度近80km/h，续驶里程近200km，使用成本非常低。

2002年，巴黎国际汽车展上展出了一种不用燃油而使用高压空气推动发动机的小型汽车"城市之猫"（CityCAT，图9-11），发明者为居伊·内格尔（Guy Negre）。它的发动机采用压缩技术，把空气压缩后储存在一个气缸内。发动机接上电源充气4h就可以以80km的平均时速行走10h。它是一种非常规的能源科技，用于空气动力汽车的安全热源和气源动力系统装置，空气具有高度可压缩性，因而能够作为能量载体；利用压缩空气作为气动汽车的动力源，采用气体发生剂供给膨胀吸热的热源和气源，两相联合相得益彰。

图9-11　城市之猫

2003年，浙江大学流体传动及控制实验室研发了气动汽车，速度达到50km/h，续驶里程达200km。这辆气动汽车如果车速限制在50km/h，将能够持续行驶200km；如果放开速度行驶，则速度可达110km/h，但气体消耗较快。现在安装于气动汽车上的压缩空气罐，每个能储存50L的压缩空气，其大气压力达到300atm（1atm = 1.01×10^5Pa）。在这样的大气压力下，为了避免压缩空气罐受到撞击时像炸弹一样爆炸，研究者们采用了碳纤维作为气罐罐体材料。用这种材料做成的气罐，遇到问题顶多是罐体破碎，空气漏出，而不会出现危险情况。

2009年3月，法国MDI公司在瑞士日内瓦国际车展上展示了一辆空气动力汽车Airpod，如图9-12所示。Airpod是一款是外形酷似甲壳虫的三轮汽车，前后各有一个向上开启的玻璃门。Airpod是一款只能在城市行驶的车辆，是世界上最小的3座车辆，但也可乘坐3名成人和1名儿童。该空气动力汽车只需将插头插到墙上的插座内，汽车的空气压缩机就开始工作，使汽车气罐内的气压达到约30.6MPa。达到这一气压大约需要4h，然后气罐内的空气就会缓慢释放，牵动

图9-12　空气动力汽车Airpod

汽车的活塞运动。在车速低于56km/h时，这种空气动力汽车完全依赖气罐工作，只排放出冷空气。车速增高时，一个小型常规燃料的发动机就开始工作，加热气罐内的空气加速其释放，从而获得更高的速度。这个发动机也会给气罐加气，从而延长汽车的续驶里程和提高其速度。该空气动力汽车完全依靠压缩空气能够行驶32km，当发动机起动后将能够再行驶数百英里，最高车速达到154.5km/h。

课后习题

1. 简述新型电动汽车的概念。
2. 简述动势能汽车的概念。
3. 太阳能汽车主要由太阳能电池、_____、_____及一些机械装置等组成。
4. 风能电动汽车主要有_____、_____和_____三种驱动方式。
5. 核能电动汽车有哪些优点?
6. 动势能汽车有哪几种类型?各自的特点是什么?

第 10 章

新能源汽车发展趋势

新能源汽车产业作为国家战略性新兴产业之一，是我国汽车产业结构调整和转型升级的关键，同时也是从汽车大国到汽车强国的必由之路。作为未来国民经济潜在的支柱产业，发展新能源汽车，也成为汽车领域未来的出路与趋势。把握好这个趋势必将为我国甚至全球经济、社会发展带来极大的促进作用，具有良好的发展前景。未来新能源汽车必将朝着电动化、智能化、网联化的方向进一步发展，以融合创新为重点，突破关键核心技术，提升产业技术能力，构建新兴产业生态，完善基础设施体系，优化产业发展环境，推动新能源汽车产业高质量发展。

10.1 电 动 化

在技术发展趋势上，汽车电动化技术整体呈现平台化、一体化、轻量化、高压化发展趋势，高比能、高安全动力电池、氢燃料电池及高效电驱动系统、先进电控系统、全新整车平台、高性能长寿命燃料电池等成为新能源汽车电动化发展关键技术。动力电池系统追求寿命、成本、能量密度、功率、充电倍率等性能的大幅提升，固态蓄电池研发力度加大。电驱动系统追求小型化、轻量化、集成化，机电耦合系统不断优化；电动汽车安全以及充电等相关技术等也成为研发的重点领域。氢燃料电池汽车产业化预期提前，新一轮示范应用酝酿开启，基于新材料体系的电池堆技术、更高压力的气态氢气运输储存技术、成本降低与产品量产技术能力等成为该领域的主要技术攻关方向。

10.1.1 车载能源逐渐零碳化

在全球气候变暖背景下，实行"双碳"政策势在必行。"双碳"目标是我国基于推动构建人类命运共同体的责任担当和实现可持续发展的内在要求而做出的重大战略决策，展示了我国为应对全球气候变化做出的努力和贡献。随着我国"双碳"战略的深入实施，新能源汽车车载能源的零碳化是必然趋势。

从节能汽车到混合动力汽车，再到纯电动汽车，是一个逐步摆脱化石燃料依赖的"低碳化"过程。然而，目前的新能源汽车与碳中和的目标尚有不小差距，因此，如何从其原材料到生产、制造、使用和回收整个生命周期来进行碳足迹分析和处理已成为动力蓄电池和整车企业发展的方向。

燃料电池是实现碳中和的重要路径之一。氢燃料电池汽车是全球汽车动力系统电动化转型升级的重要方向。氢燃料电池汽车具有车辆使用阶段"零排放"、能源的高效利用、续驶里程长、燃料加注时间短等优势，如果使用可再生能源制氢，燃料电池汽车甚至能实现全生命周期零排放。

根据国际能源署（IEA）的研究报告预测，到2050年，氢将能够满足全球18%的终端能源需求；欧洲、美国、日本、韩国等主要国家和地区纷纷将氢能和燃料电池技术作为能源技术革命的重要方向和未来能源战略的重要组成部分，并已进入产业化阶段。我国将发展氢燃料电池商用车作为整个氢燃料电池行业的突破口。当前，我国氢燃料电池汽车市场处于示范导入期，以客车和城市物流车为主。2025—2030年，氢燃料电池汽车将进入快速发展期，在原来车型的基础上，推广车型将增加乘用车，如载重量大、长距离行驶的中重型货车，以及长途客运、牵引车、港口拖车等，实现氢燃料电池车的全面推广，为达到"双碳"目标做出应有的贡献。

10.1.2 分布式驱动是大势所趋

分布式驱动形式取消了离合器、变速器、传动轴、差速器、半轴等传动部件，驱动电机直接安装在驱动轮内或驱动轮附近。在分布式驱动方案中，依据电机特点全新设计的电动汽车底盘形式为汽车结构的变革营造了极大的空间，逐步成为研究和设计领域的热点。相对于集中式驱动，分布式驱动电机易于控制，具有更好的响应特性，同时还可与制动能量回收系统结合，可减少能源消耗。分布式驱动汽车在底盘布置上具有极大的灵活性，不仅节省了空间，而且大大减轻了整车重量。因此，随着新能源汽车的快速发展，分布式驱动是大势所趋。

当然，由于轮毂电机相对于集中驱动式电动汽车仍有簧下质量高、成本高、高可靠、防护及耐振动等工程问题需要解决和持续攻关。在轮毂电机总成方面，我国高校与科研机构在轮毂转矩矢量分配、牵引力控制等操作稳定性方面具有优势，技术方向包括高效高密度轮毂电机本体设计、关键零部件与材料的成本控制、高防护等级设计、高耐振动设计、长寿命与耐久性设计等，鼓励轮毂电机在特定场景下的示范应用，加快推进轮毂电机产业化。

10.1.3 整车轻量化水平不断提高

汽车轻量化在满足汽车使用要求、安全性和成本控制的条件下，将结构轻量化设计技术与多种轻量化材料、轻量化制造技术集成应用，实现产品减重。作为节能汽车、新能源汽车和智能网联汽车的共性基础技术之一，轻量化是有效实现汽车节能减排的重要途径之一，是提升车辆加速性、制动性、操纵稳定性等诸多车辆性能的重要保障。

在新材料方面，超高强度钢、铝合金、镁合金及碳纤维材料的应用将逐渐增多；在新工艺方面，热压成型、内高压成型等将会成为主流；新材料、新工艺的应用将推动车辆结构的拓扑优化，从而进一步减轻车身的重量。

汽车轻量化领域，从关注车辆整备质量的降低转向了关注整车轻量化系数的降低。随着电动汽车的逐渐普及，在充电基础设施尚不完善、充电时间尚不理想、动力电池尚未出现突破性技术之前，整车轻量化将是解决里程焦虑的主要途径之一。新能源汽车整车轻量化水平将伴随新材料、新工艺技术的进步和汽车动力系统集成化程度的提高而不断提高。

10.1.4 整车平台化将成为主流

汽车平台化是拥有更高的集成度或共用率,将汽车中的零件组装成"标准化集成内核",以"组团式"的规模生产来降低成本的一种集成化应用技术。简单说来,是在同一个基础架构上,车身结构中部分尺寸通用,通过调整其他横向纵向尺寸及配备不同配置来达到满足多个车型设计的目的。平台化的设计可以减少成本,缩短研发周期,简化生产及设计步骤,同时能提高质量稳定性。

新能源汽车平台化已成为产业共识,未来基于电动化特征的、全新设计的整车平台将成为主流,平台的模块化及可兼容性、通用化率成为评估平台的重要指标。

10.2 智 能 化

10.2.1 由信息孤岛向智能终端转变

2020年11月,国务院办公厅印发《新能源汽车产业发展规划(2021—2035年)》,其中明确指出:"新能源汽车融汇新能源、新材料和互联网、大数据、人工智能等多种变革性技术,推动汽车从单纯交通工具向移动智能终端、储能单元和数字空间转变。"

消费群体对汽车消费的需求不再满足于简单的出行工具,而是希望它能满足功能化、个性化的需求。随着车载感知技术的发展,视觉传感器、毫米波雷达、激光雷达、超声波雷达、车载多传感器信息融合及基于C-V2X多源协同感知等各种车内外感知技术的应用,使汽车感知的信息更加全面,决策更加精准与人性化。随着智能人机交互技术的不断进步,语音交互和手势识别技术已经通过本地与网联融合计算的方式进入车载应用领域,越来越多的车型搭载了交互功能。在智能化舒适和娱乐信息技术方面,智能车窗、智能仪表、智能导航等技术逐渐普及,未来汽车影院、音响也将智能化,还有将有更多的人机交互智能化的技术不断应用。新能源汽车将逐渐变成与人类关系更加紧密的智能终端,成为人类的"移动生活空间"。

10.2.2 由人驾驶车向车自动驾驶转变

随着自动驾驶技术的不断成熟,汽车将从由人驾驶、人机共驾向完全自动驾驶转变。根据我国智能网联汽车技术路线图,到2025年左右,提供覆盖全国80%道路(包括高速路、快速路、封闭园区、停车场)的有条件自动驾驶、高度自动驾驶智能决策技术。其中自主跟车、车道保持、自主换道、超车、掉头、转向、泊车等关键行为正确率达到95%;轨迹规划能力达到人类驾驶人水平的90%。当自动驾驶系统出现故障时,智能决策系统可以继续完成动态驾驶任务支援,保证驾驶人有20s的时间接管。

到2030年左右,实现高可靠性驾驶人行为、状态、接管能力在线智能学习,在复杂场景、高速自动驾驶条件下,实现驾驶人进入驾驶在环的成功率达到99%,反应操作正确率达到90%以上。提供覆盖全国90%道路场景的高度自动驾驶智能决策技术。其中,行为预测技术通过人工智能算法达到障碍物预测准确率大于95%;行为决策技术通过不同的模型以及人工智能技术进行深度开发，使车辆关键行为正确率达到98%；轨迹规划能力达到人类驾驶人水平的95%；当自动驾驶系统出现故障时，智能决策系统可以继续完成车辆的安全控制运行，不需要驾驶人接管。

到2035年左右，实现自动驾驶和人工接管无缝衔接，实现耦合型人机共驾技术。通过大量人工智能算法以及智能化决策规划技术开发应用，最终建立适用于完全自动驾驶的智能决策技术，提供覆盖全国100%的道路场景。

10.2.3 由耗能机械向储能供能单元转变

内燃机汽车虽然也可以实现对外供电功能，但因其能量转换效率低，运行时噪声大，污染严重，大大限制了其应用场景。随着电池技术的快速发展，新能源汽车电源容量越来越大，除了供给自身需求外，配合双向逆变式充放电技术，在某些场合下，汽车将可以变身为可移动的供电设施。国内如比亚迪、几何C等纯电动汽车，通过反向充电技术，能够输出功率达15kW的交流电，可以用于野外出行时的照明，为电磁炉、电饭锅、手机、相机、无人机、移动影院等设备供电，而且可以实现车-车充电。此外，因为各种意外断电时，可以为家庭应急供电。如丰田汽车与日本电友合作开发了一款燃料电池电源车，可以在灾区、户外音乐会等多种缺乏电力支撑的场合提供电力。

10.2.4 由硬件定义汽车向软件定义汽车转变

为应对车辆智能化与网联化发展趋势，大众、博世、松下、上汽等公司已聚焦软件技术开发能力建设，全力推进汽车软件化进程。此外，传统汽车电子系统由数十个，甚至近百个负责不同功能的电子控制单元组成，这种碎片化的汽车电子系统缺陷明显，已经难以满足未来汽车软件化的需求。未来基于域控制器、中央计算平台的电子电气架构将成为趋势。其优势明显，可使车辆软硬件分离，充分利用硬件性能，提高软件复用率，降低整体成本；同时，车企将主导核心算法开发、自主软件系统的开发与应用，能掌握对整车空中下载（OTA）升级能力，从而实现车辆性能、功能的持续优化与迭代更新。

10.3 网 联 化

10.3.1 智能化与网联化融合发展

随着智能网联汽车设计运行范围的扩展，道路交通场景复杂程度越来越高，仅凭单车智能化方案难以在量产车上实现无人驾驶。通过采用智能化与网联化相融合的发展方向，可以有效弥补单车智能化存在的能力盲区和感知不足，降低对自身搭载传感器、硬件性能等要求，降低单车成本，有利于快速实现自动驾驶。与此同时，该发展路径还需要高速无线通信系统、智能化道路系统、交通信息网络、大数据管理平台、信息安全等协同发展，是一项重要的系统工程。近年来，智能化、网联化技术融合式发展的路线也正得到越来越多国家的认可。

10.3.2 多级网联化体系逐渐成熟

通过路侧基础设施智能化，可以有效提升交互实时性、车辆定位精度并提高信息交互效率。一方面，通过车联网技术，能够实现智能网联汽车与周边车辆、行人等周边交通参与方的信息交互及其相关场景应用。通过与云控平台交互获取全域交通信息与自动驾驶汽车共享实时高精度地图和高精度传感器信息，保障实时交互性。另一方面，可以在不依赖全球导航卫星系统和地基增强系统的前提下，路侧感知设备能够支持对以车辆、行人为主的交通参与者进行全时、全方位、全要素实现"亚米级"高精度定位，保障可靠性。此外，在路侧边缘借助机器学习算法，以交通数据流整合为核心，支持实现智能交通物联网和信息网的融合，构建起全局动态的交通管控系统、数据驱动的智能化协同管控系统，保障智能交通体系的全面性与动态性。

10.3.3 网联化应用场景不断扩展

从技术层面来看，限定区域运营场景由于路况简单、线路相对固定、车速相对较低、交通参与者较少等因素，更有利于自动驾驶功能实现。相较之下，对于大范围不定线路运营场景、复杂交通环境场景和极端恶劣天气下运营场景而言，短时间内难以实现安全可靠的自动驾驶功能。因此，智能网联汽车会按照低速封闭场景到低速开放场景/高速封闭场景，再到高速开放场景的顺序实现商业化落地。尤其是在商用车领域，由于商用车用户（如煤矿运输企业、港口服务公司等）比较重视运营成本，因此对封闭道路场景下的自动驾驶产品有强烈的价值驱动，将是我国自动驾驶落地的重要突破口。

10.3.4 网联化与智慧城市、智能交通相融合

在新一轮科技革命的影响下，智能网联汽车是智慧城市、智能交通实现融合的关键节点与抓手，通过智能网联汽车与各产业之间有机、深入的融合，可有力带动我国科技创新和产业发展。智能网联汽车和智能交通的融合将打通客流、物流、能源流和信息流之间的壁垒，实现汽车与城市、交通、能源互联互通，实现城市运行效率提升及节能减排。智能网联汽车和智慧城市的协同将依靠现代化技术手段实现城市中产业、经济、生活、工作的有效布局与再完善；汽车产业链复杂，落地后商业模式丰富，将深刻地改变人类的生活方式，有利于带动城市实现未来发展、转型的目标。

课后习题

1. 简述新能源汽车的发展趋势。
2. 简述新能源汽车电动化的发展趋势。
3. 简述新能源汽车智能化的发展趋势。
4. 简述新能源汽车网联化的发展趋势。
5. 为什么说新能源汽车将由信息孤岛向智能终端转变？
6. 为什么说新能源汽车将由耗能机械向储能供能单元转变？

附　录

各种工况介绍

车辆在道路上的行驶状况可用一些参数（如加速、减速、匀速和怠速等）来反映，对这种运动特征的调查和解析，绘制出能够代表车辆运动状况，表达形式为速度 - 时间的曲线，即为车辆行驶工况图。影响汽车续驶里程的因素有很多，例如动力电池的使用状况、交通路况与气候、驾驶习惯以及是否开空调等，这些因素通常统称为"工况"。本部分主要介绍新能源汽车行驶里程测试所采用的几种主流测试工况，包含 FTP - 75（Federal Test Procedure）工况、欧盟 NEDC（New Europe Driving Cycle）工况、WLTP（World Light Test Procedure）工况、中国 CATC（China Automotive Testing Cycle）工况等。

1. FTP - 75 工况

FTP - 75 工况是美国用于轻型车排放认证和燃油经济性测试的测试规范。该测试通常简称为 FTP 测试。另外还有一个 FTP - 72，也称为 UDDS 或 LA - 4 循环。FTP - 72 循环模拟了 12.07km 的城市道路状况，包含了频繁的停车情况。最高车速是 91.2km/h，平均车速是 31.5km/h。FTP - 72 循环包括两个阶段：第一阶段持续 505s，测试里程 5.78km，平均车速 41.2km/h；第二阶段持续 864s。第一阶段从冷起动开始。

FTP - 75 和 FTP - 72 是 EPA UDDS 的两个变体。FTP - 75 循环中采用了部分 FTP - 72 的循环，即在第三阶段增加了 505s 的 FTP - 72 第一阶段，但是从热起动开始。第三阶段在发动机停止 10min 之后开始。因此，整个 FTP - 75 循环构成如图 1 所示。

1）冷起动过渡阶段，环境温度 20 ~ 30℃，0 ~ 505s。
2）稳定阶段，506 ~ 1372s。
3）热浸渍，最小 540s，最大 660s。
4）热起动过渡阶段，0 ~ 505s。

FTP - 75 还增加了两个附属工况，一个是 US06，专门用于考察高速大负荷。首先车辆会进行一个高速、高加速的测试，然后对车辆进行预处理使车辆达到暖机条件，最后进行 1 ~ 2min 的怠速状态，随即直接进入 US06 驾驶循环开始正式试验，如图 2 所示。

另外一个 SC03 工况用来对夏季高温下的空调开启状态进行单独测试。此时的试验温度会在 35℃（正负不超过 5℃）下进行，光辐照度平均值要达到 850W/㎡，也是进行预处理后熄火、热浸、热起动再开始试验，如图 3 所示。

2. NEDC 工况

NEDC 工况（New European Driving Cycle）是 ECE + EUDC 的一个版本。ECE + EUDC 之

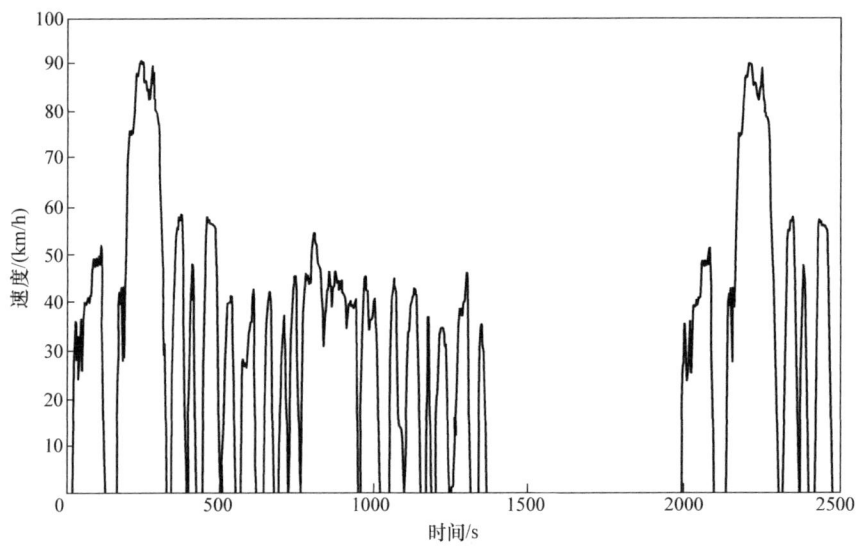

图 1　FTP-75 工况图

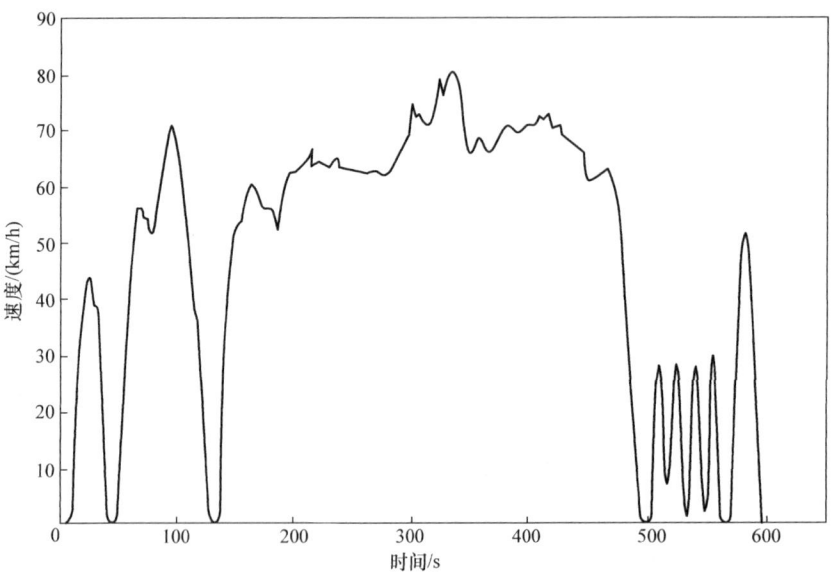

图 2　US06 工况图

前用于欧洲轻型车排放测试,包括 4 个连续的 ECE 部分和一个 EUDC 部分,其中 ECE 是城市工况,特点是低车速、低发动机负荷、低尾气温度,如图 4 所示。测试前,车辆在 20~30℃ 下至少搁置 6h,然后起动,允许有 40s 怠速。2000 年开始取消了怠速,发动机在 0s 的时候起动,同时开始收集排放物。

ECE 工况由怠速、加速、等速、减速等共计 15 种不同车速和负荷组成一个试验循环,如图 5 所示。按规定试验车辆必须在 195s 内完成这 15 个工况的运行,完成全部试验需要进行 4 个循环,约需 780s。该工况的最高车速是 50km/h,平均车速为 19km/h,与我国一些大

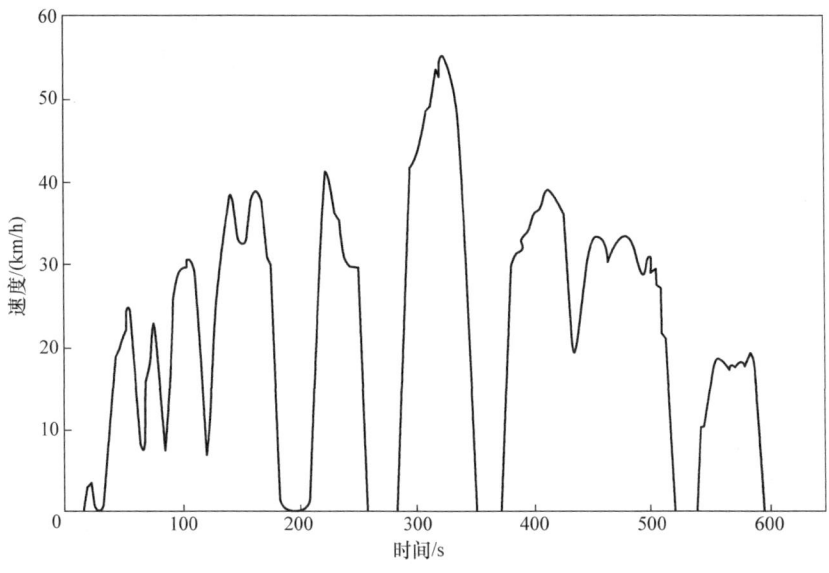

图3 SC03工况图

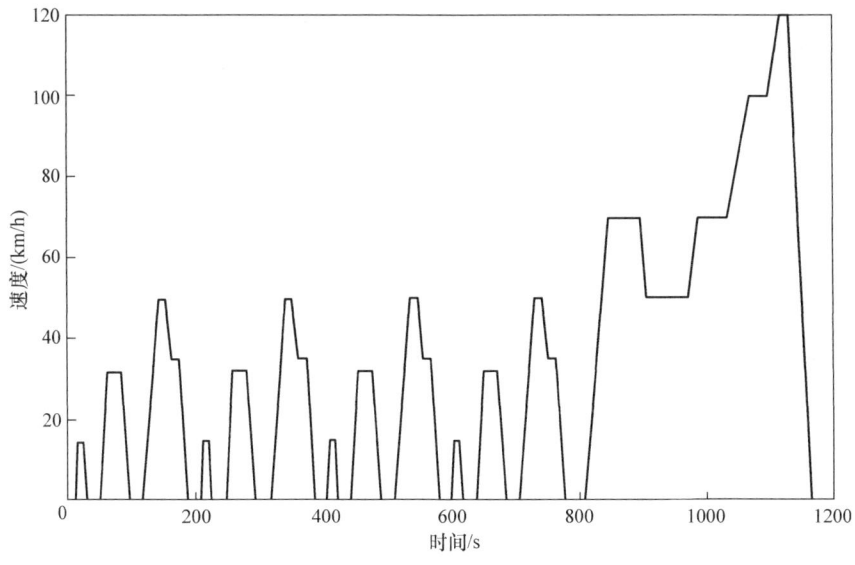

图4 NEDC工况图

城市城区内的平均车速较为接近。

EUDC工况一个循环为400s,最高车速为120km/h,平均车速为62.6km/h,如图6所示。取样和分析的设备及方法同ECE工况法一样。一个市郊运转循环包括40s的怠速;10s的怠速、车辆减速、离合器脱开;6s的换档;103s的加速行驶;209s的等速行驶;32s的减速行驶。市郊工况下等速行驶时间最长,占总时长的52.2%。

3. WLTP工况

WLTP工况为联合国推荐的世界轻型汽车测试程序,由日本、美国、欧洲等国家和地区的专家共同制定,并对应最大设计车速的6种试验循环,包括不同类型的低速、中速、高

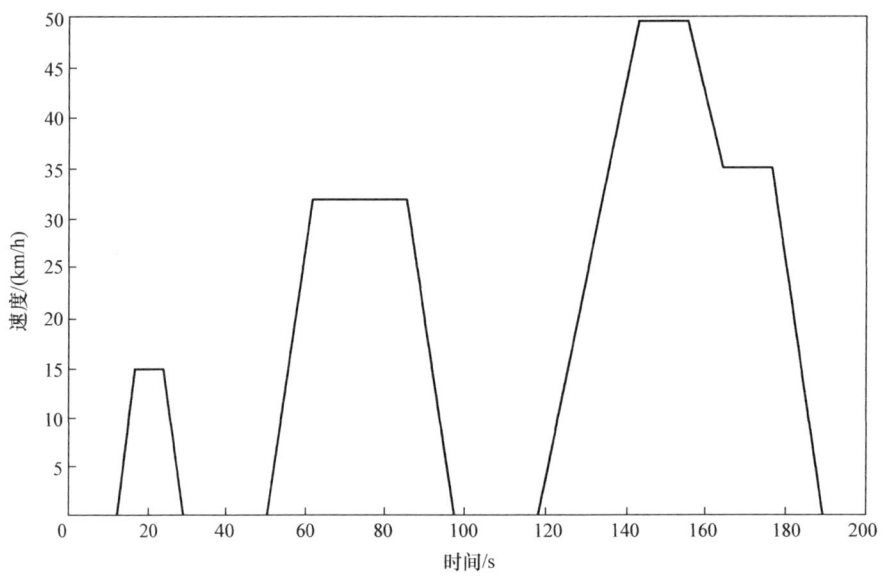

图 5 ECE 工况图

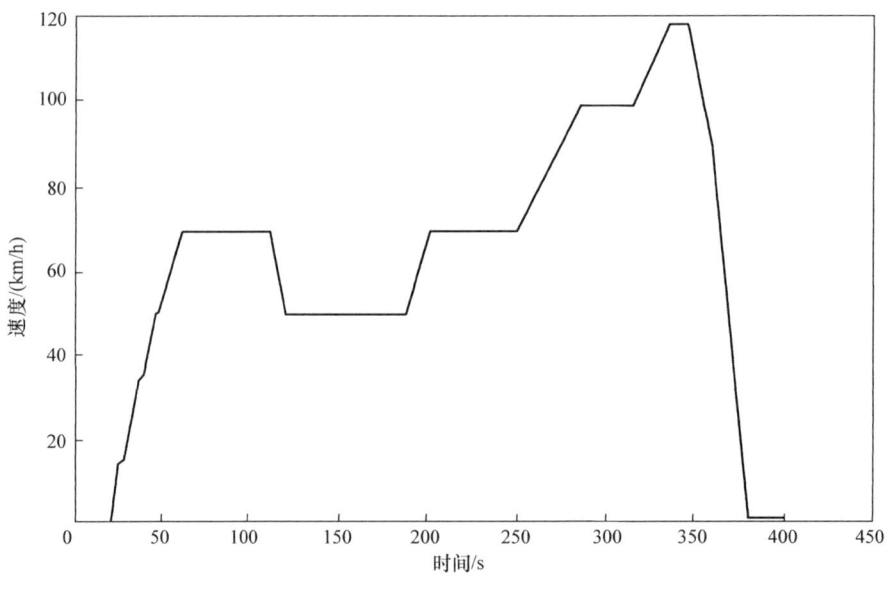

图 6 EUDC 工况图

速、额外高速阶段，如图 7 所示。相比 NEDC，其特点是测试标准更贴近真实的行驶工况。

WLTP 工况的开发数据是从 5 个不同国家和地区采集的：欧洲、美国、印度、韩国和日本。根据车辆的功率、质量比（Power to Mass Ratio，PMR，PMR = 额定功率/整备质量）和最高车速，WLTP 工况分为三个不同的工况，分别代表三种车辆级别。

4. CATC 工况

2019 年 11 月，国家市场监督管理总局（国家标准化管理委员会）批准发布《中国汽车行驶工况第 1 部分：轻型汽车》（GB/T 38146.1—2019）、《中国汽车行驶工况第 2 部分：重

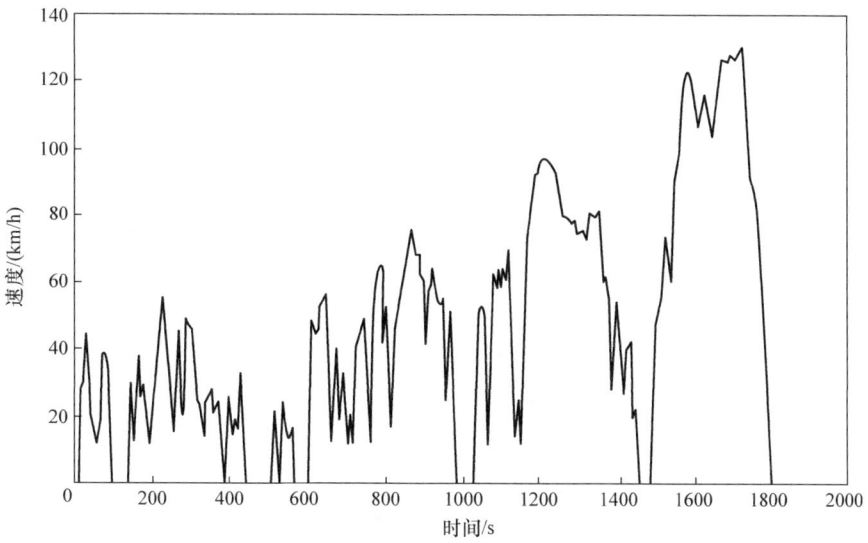

图7 WLTP工况图

型商用车辆》（GB/T 38146.2—2019）。《中国汽车行驶工况》系列标准制定主要依托于"中国新能源汽车产品检测工况研究和开发"（简称"中国工况，CATC"）研究项目。

"中国工况"项目历时三年时间，在全国41个代表性城市采集了5050辆车共计5500万km的车辆行驶数据，收集了更加符合我国实际的道路行驶状况，包括中国轻型汽车行驶工况和中国重型商用车辆行驶工况。中国轻型汽车行驶工况包括中国乘用车行驶工况（CLTC-P）和中国轻型商用车行驶工况（CLTC-C）2条工况曲线。对于中国重型商用车辆行驶工况，根据使用目的将重型商用车划分为客车和载货汽车两类。对于客车，分为中国城市客车行驶工况（CHTC-B）和中国普通客车行驶工况（CHTC-C）2条工况曲线；对于载货汽车，分为中国货车（GWT≤5500kg）行驶工况（CHTC-LT）、中国货车（GWT>5500kg）行驶工况（CHTC-HT）、中国自卸汽车行驶工况（CHTC-D）和中国半挂牵引车列车行驶工况（CHTC-S）4条工况曲线。CATC工况覆盖了乘用车、轻型商用车、重型商用车的整车测试工况。

（1）CLTC-P工况

中国乘用车行驶工况（CLTC-P）包括低速（1部）、中速（2部）和高速（3部）3个速度区间，工况时长共计1800s。其中低速区间时间比例为37.4%，中速区间时间比例为38.5%，高速区间时间比例为24.1%，平均车速为29.0km/h，最大车速为114.0km/h，怠速比例为22.1%，工况曲线如图8所示。

（2）CLTC-C工况

中国轻型商用车行驶工况（CLTC-C）包括低速（1部）、中速（2部）和高速（3部）3个速度区间，工况时长共计1800s，其中低速区间时长为735s，时间比例为40.8%，中速区间时长为615s，时间比例为34.2%，高速区间时长为450s，时间比例为25.0%，平均车速为32.9km/h，最大车速为92.0km/h，怠速比例为20.3%。CLTC-C工况曲线如图9所示。

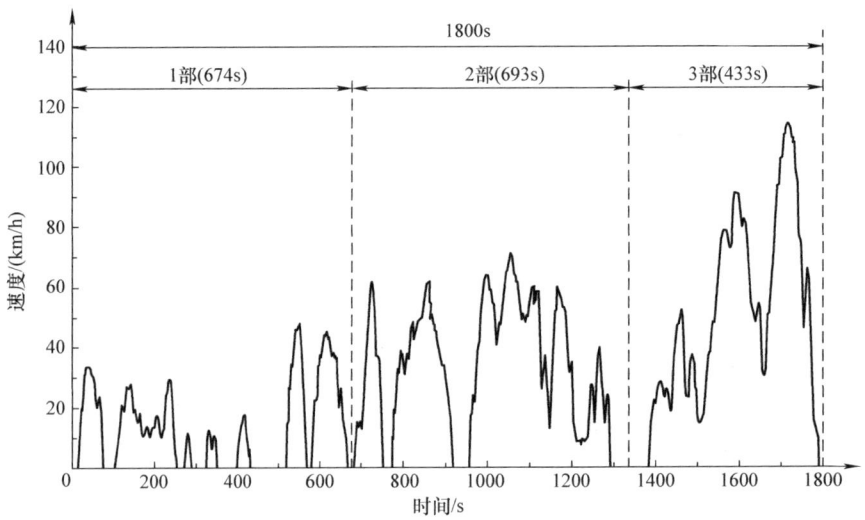

图 8　CLTC-P 工况图

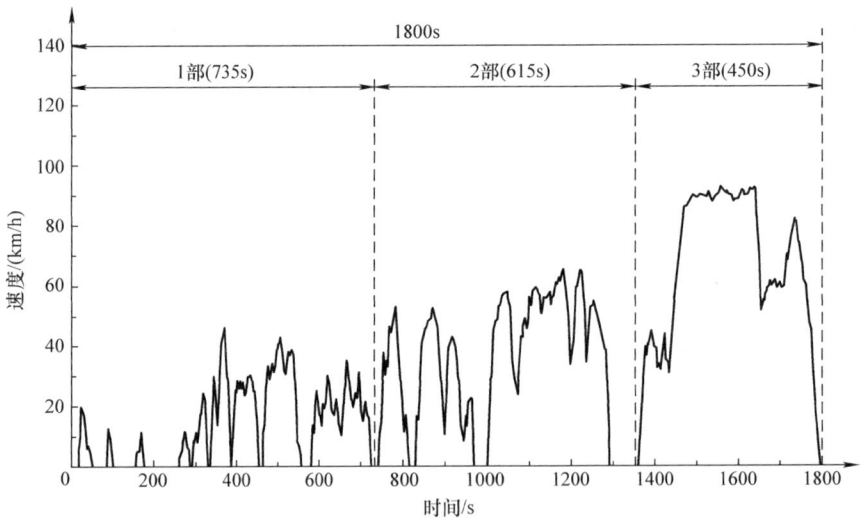

图 9　CLTC-C 工况图

（3）CHTC-B 工况

中国城市客车行驶工况（HTC-B）持续时间为 1310s，其中低速区间时长为 399s，高速区间时长为 911s。CHTC-B 工况曲线如图 10 所示。

（4）CHTC-C 工况

中国普通客车行驶工况（CHTC-C）工况共包 3 个速度区间，工况时长共计 1800s，其中市区区间时间比例为 16.9%，城郊区间时间比例为 49.6%，高速区间时间比例为 33.5%，平均车速为 39.2km/h，最大车速为 95.7km/h，怠速比例为 18.2%。CHTC-C 工况曲线如图 11 所示。

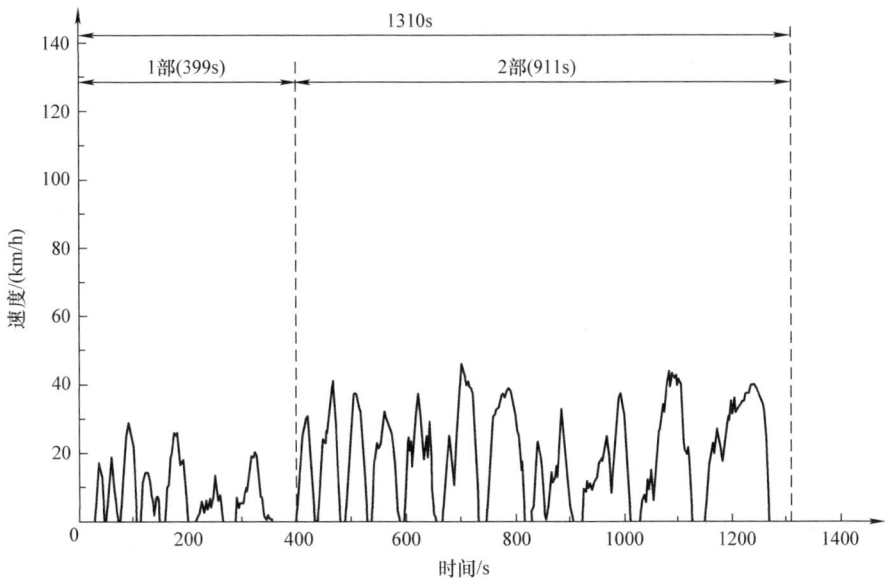

图 10 CHTC‑B 工况图

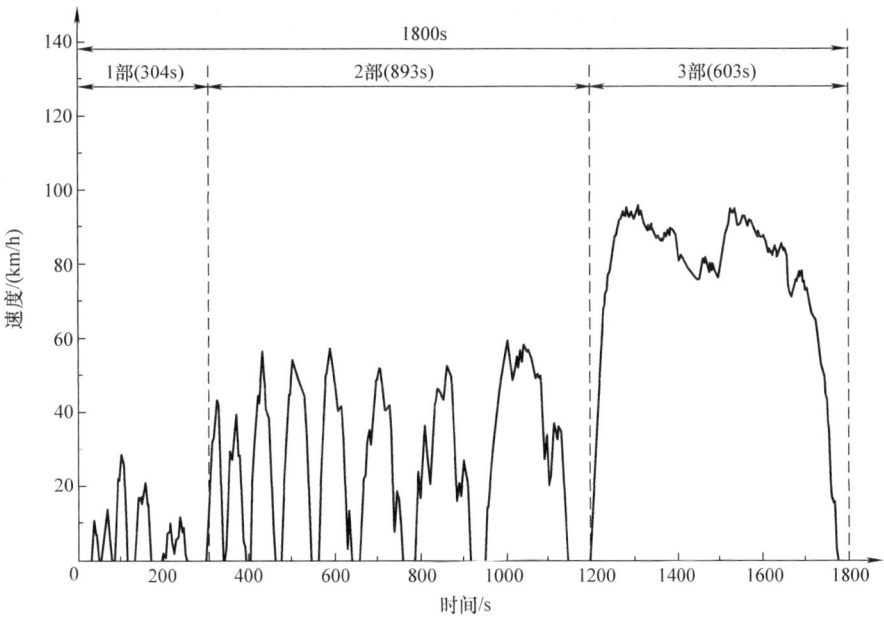

图 11 CHTC‑C 工况图

（5）CHTC‑LT 工况

中国货车（GWT≤5500kg）行驶工况（CHTC‑LT）共包 3 个速度区间，CHTC‑LT 工况共包 3 个速度区间，工况时长共计 1652s，其中市区区间 309s，城郊区间 874s，高速区间 469s。CHTC‑LT 工况曲线如图 12 所示。

（6）CHTC‑HT 工况

中国货车（GWT>5500kg）行驶工况（CHTC‑HT）共包 3 个速度区间，工况时长共

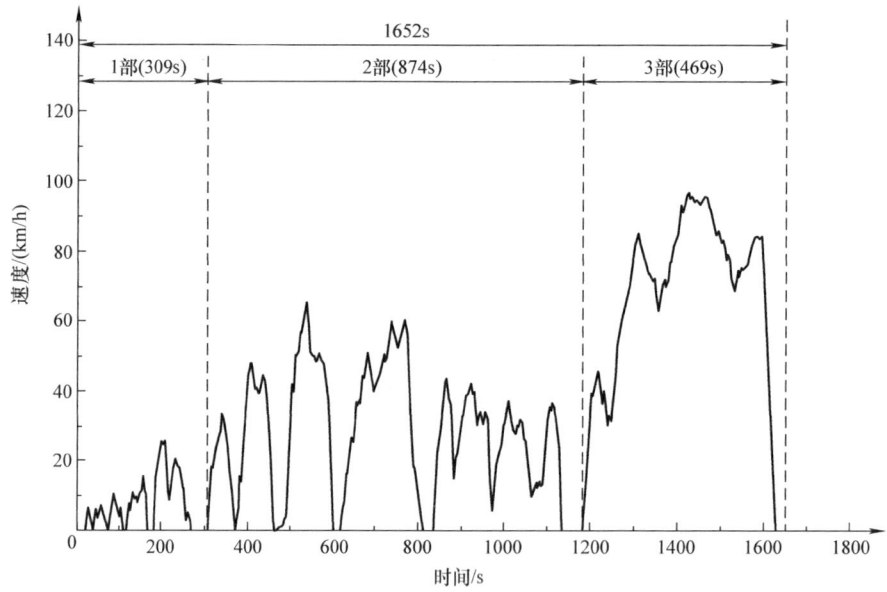

图 12 CHTC-LT 工况图

计 1800s，其中市区区间时间比例为 19.0%，城郊区间时间比例为 54.9%，高速区间时间比例为 26.1%，平均车速为 34.7km/h，最大车速为 88.5km/h，怠速比例为 13.7%。CHTC-HT 工况曲线如图 13 所示。

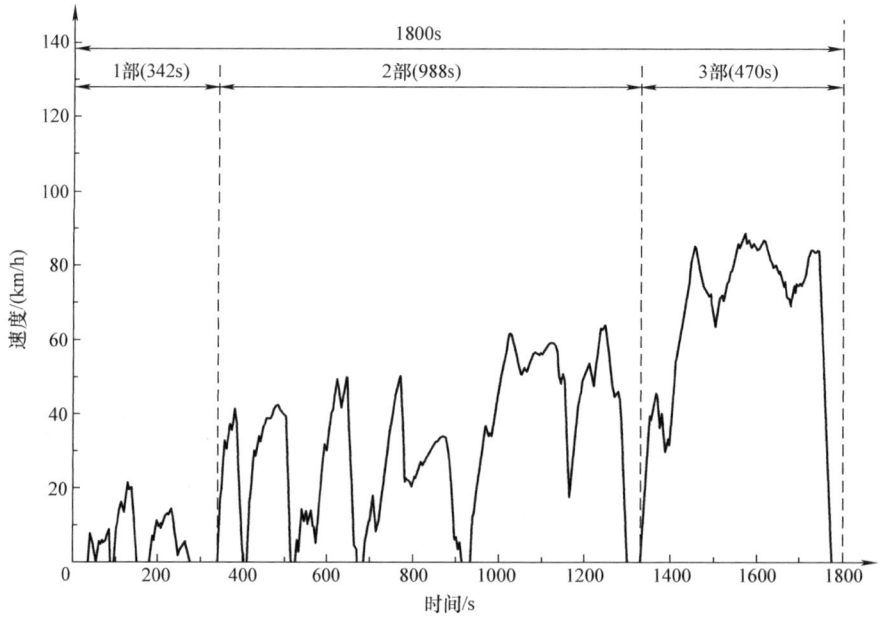

图 13 CHTC-HT 工况图

(7) CHTC-D 工况

中国自卸汽车行驶工况（CHTC-D）共包 2 个速度区间，工况时长共计 1300s，其中低速区间时间比例为41.5%，高速区间时间比例为58.5%，平均车速为23.2km/h，最大车速为71.4km/h，怠速比例为20.2%。CHTC-D工况曲线如图14所示。

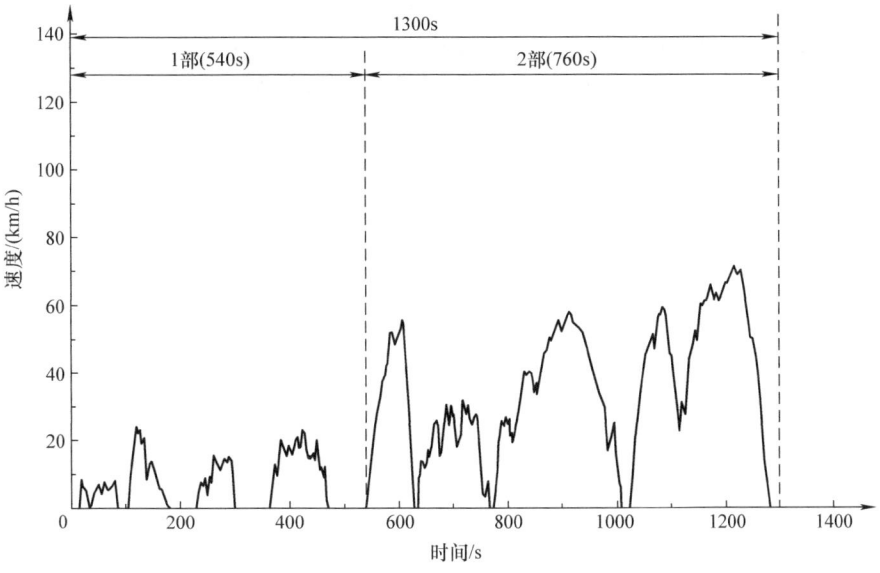

图14 CHTC-D工况图

(8) CHTC-S工况

中国半挂牵引车列车行驶工况（CHTC-S）共包2个速度区间，工况时长共计1800s，其中低速区间时间比例为26.3%，高速区间时间比例为73.7%，平均车速为46.6km/h，最大车速为88.0km/h，怠速比例为8.6%。CHTC-S工况曲线如图15所示。

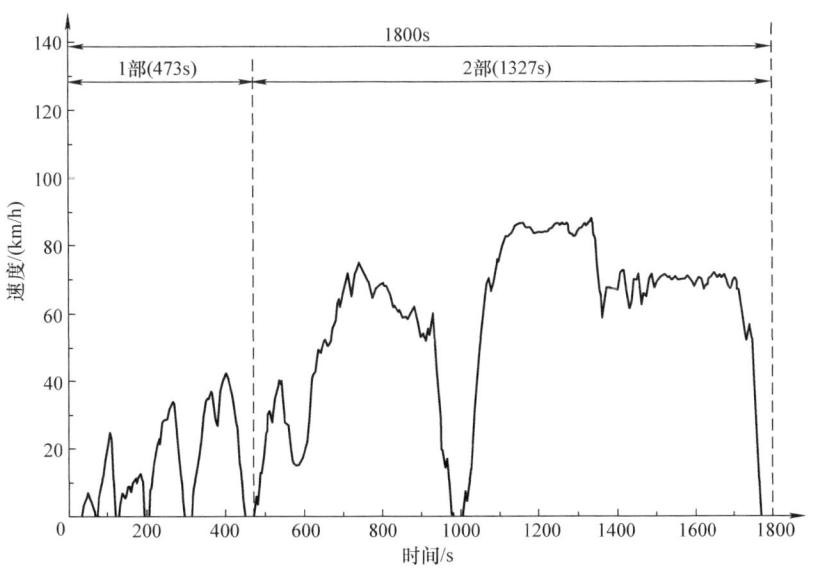

图15 CHTC-S工况图

中国汽车行驶工况的发布与实施是贯彻落实《节能与新能源汽车产业发展规划（2012—2020年）》和《节能与新能源汽车技术路线图》的重要措施。根据规划，2025年之前，轻型汽车中的汽柴油车、混合动力汽车、替代燃料汽车采用全球统一轻型车辆测试循环测试标准（WLTC）工况，而重型商用车、纯电动汽车、燃料电池汽车将率先采用中国汽车行驶工况。2025年之后，所有车型都将采用中国汽车行驶工况标准。

参 考 文 献

[1] 中国汽车工程学会. 节能与新能源汽车技术路线图2.0 [M]. 北京：机械工业出版社，2020.
[2] 日本自动车技术会. 汽车工程手册10 新能源车辆设计篇 [M]. 北京：北京理工大学出版社，2014.
[3] 王庆年，曾小华. 新能源汽车关键技术 [M]. 北京：化学工业出版社，2017.
[4] 姜顺明. 新能源汽车基础 [M]. 北京：北京大学出版社，2015.
[5] 孙逢春，张承宁，祝嘉光. 电动汽车：21世纪的重要交通工具 [M]. 北京：北京理工大学出版社，1997.
[6] 王震坡，孙逢春，刘鹏. 电动汽车原理与应用技术 [M]. 北京：机械工业出版社，2014.
[7] 何洪文，熊瑞. 电动汽车原理与构造 [M]. 北京：机械工业出版社，2012.
[8] 梅尔达德·爱塞尼. 现代电动汽车、混合动力电动汽车和燃料电池车：基本原理、理论和设计（原书第2版）[M]. 倪光正，倪培宏，熊素铭，译. 北京：机械工业出版社，2010.
[9] 侯赛因. 纯电动及混合动力汽车设计基础（原书第2版）[M]. 林程，译. 北京：机械工业出版社，2012.
[10] 赵振宁，王惠怡. 新能源汽车技术 [M]. 北京：人民交通出版社，2013.
[11] 陈清泉，孙逢春，祝嘉光. 现代电动汽车技术 [M]. 北京：北京理工大学出版社，2002.
[12] 李晓华. 新能源汽车技术发展的挑战、机遇和展望 [M]. 北京：机械工业出版社，2011.
[13] 唐杰，杨沿平，钟志华，等. 概念汽车开发 [M]. 北京：机械工业出版社，2009.
[14] 张金柱. 新能源汽车技术 [M]. 北京：机械工业出版社，2014.
[15] 王震坡，孟祥峰. 插电式混合动力电动汽车开发技术 [M]. 北京：机械工业出版社，2010.
[16] 赵航，石广奎. 混合动力电动汽车技术 [M]. 北京：机械工业出版社，2012.
[17] 康龙云，胡习之. 生态能源电动汽车的构造原理与设计著作 [M]. 西安：西安交通大学出版社，2010.
[18] 康龙云，余开江. 新能源汽车技术及未来 [M]. 北京：科学出版社，2010.
[19] 李瑞明. 新能源汽车技术 [M]. 北京：电子工业出版社，2014.
[20] 曹殿学，王贵领，吕艳卓，等. 燃料电池系统 [M]. 北京：北京航空航天大学出版社，2009.
[21] 邹政耀，王若平. 新能源汽车技术 [M]. 北京：国防工业出版社，2012.
[22] 崔胜民. 新能源汽车技术 [M]. 2版. 北京：北京大学出版社，2014.
[23] 刘邢，侯明月. 新能源汽车大讲堂 [M]. 北京：人民交通出版社，2011.
[24] 胡弹，宋慧. 电动汽车 [M]. 3版. 北京：人民交通出版社，2012.
[25] 陈清泉，孙逢春. 混合电动车辆基础 [M]. 北京：北京理工大学出版社，2001.
[26] 张军. 汽车节能技术 [M]. 北京：机械工业出版社，2014.
[27] 陈全世. 先进电动汽车技术 [M]. 2版. 北京：化学工业出版社，2013.
[28] 崔胜民，韩家军. 新能源汽车概论 [M]. 北京：北京大学出版社，2011.
[29] 王文伟，毕荣华. 电动汽车技术基础 [M]. 北京：机械工业出版社，2010.
[30] 陈全世，仇斌，谢起成，等. 燃料电池电动汽车 [M]. 北京：清华大学出版社，2005.
[31] 安东尼·所左曼诺夫斯基. 混合动力城市公交车系统设计 [M]. 何洪文，译. 北京：北京理工大学出版社，2007.
[32] 李兴虎. 混合动力汽车构造与原理 [M]. 北京：人民交通出版社，2008.
[33] 松本廉平. 汽车环保新技术 [M]. 曹秉刚，康龙云，贾要勤，等译. 西安：西安交通大学出版社，2005.

[34] 徐国凯,赵秀春,苏航. 电动汽车的驱动和控制 [M]. 北京:电子工业出版社,2010.

[35] 陈全世. 先进电动汽车技术 [M]. 北京:化学工业出版社,2007.

[36] 马建,刘晓东,陈轶嵩,等. 中国新能源汽车产业与技术发展现状及对策 [J]. 中国公路学报, 2018,31(8):1-19.

[37] 高建平,孙家辉,徐振海,等. 基于行驶工况的插电式混合动力公交车控制参数自动化标定方法 [J]. 中国机械工程,2020,31(6):631-637.

[38] 高建平. 基于工况识别的混合动力汽车优化控制策略研究 [D]. 北京:北京理工大学,2009.

[39] 高建平,何洪文,孙逢春. 混合动力电动汽车机电耦合系统归类分析 [J]. 北京理工大学学报, 2008,28(3):197-201.

[40] 黄贤广,林逸,何洪文,等. 混合动力汽车机电动力耦合系统现状及发展趋势 [J]. 上海汽车, 2006,7:2-5.

[41] 北京五一视界数字孪生科技股份有限公司. 汽车自动驾驶仿真测试蓝皮书 [M]. 北京:电子工业出版社,2020.

读者服务

机械工业出版社立足工程科技主业，坚持传播工业技术、工匠技能和工业文化，是集专业出版、教育出版和大众出版于一体的大型综合性科技出版机构。旗下汽车分社面向汽车全产业链提供知识服务，出版服务覆盖包括工程技术人员、研究人员、管理人员等在内的汽车产业从业者，高等院校、职业院校汽车专业师生和广大汽车爱好者、消费者。

一、意见反馈

感谢您购买机械工业出版社出版的图书。我们一直致力于"以专业铸就品质，让阅读更有价值"，这离不开您的支持！如果您对本书有任何建议或宝贵意见，请您反馈给我。我社长期接收汽车技术、交通技术、汽车维修、汽车科普、汽车管理及汽车类、交通类教材方面的稿件，欢迎来电来函咨询。

咨询电话：010-88379353　　编辑信箱：cmpzhq@163.com

二、电子书

为满足读者电子阅读需求，我社已全面实现了出版图书的电子化，读者可以通过京东、当当等渠道购买机械工业出版社电子书。获取方式示例：打开京东App—搜索"京东读书"—搜索"(书名)"。

三、关注我们

机械工业出版社汽车分社官方微信公众号——机工汽车，为您提供最新书讯，还可免费收看大咖直播课，参加有奖赠书活动，更有机会获得签名版图书、购书优惠券等专属福利。欢迎关注了解更多信息。

四、购书渠道

编辑微信

我社出版的图书在京东、当当、淘宝、天猫及全国各大新华书店均有销售。
团购热线：010-88379735
零售热线：010-68326294　88379203

推荐阅读

书号	书名	作者	定价（元）
重点推荐			
9787111640172	电动汽车工程手册 全10卷.纯电动汽车整车设计	林程	378.00
9787111670094	节能与新能源汽车技术路线图2.0	中国汽车工程学会	299.00
9787111710967	智能网联汽车创新应用路线图	国家智能网联汽车创新中心	129.00
9787111703105	增程器设计开发与应用	菜根儿	168.00
9787111705437	轮毂电机分布式驱动控制技术	朱绍鹏，吕超	108.00
汽车先进技术译丛			
9787111676324	混合动力电驱动系统工程与技术：建模、控制与仿真	（波兰）安东尼·苏马诺夫斯基等	159.00
9787111677123	燃料电池系统解析：原书第3版	（澳）安德鲁·L.迪克斯等	180.00
9787111672906	电驱动系统：混动、纯电动与燃料电池汽车的能量系统、功率电子和传动	（爱尔兰）约翰·G.海斯等	199.00
9787111664659	电动汽车动力电池热管理技术	（加）易卜拉欣·丁塞尔等	168.00
9787111655510	混合动力汽车能量管理策略	（美）西蒙娜·奥诺里等	89.00
9787111651598	插电式电动汽车及电网集成	（美）伊斯兰萨法克·拜勒姆等	99.00
9787111630203	车用氢燃料电池	（意）帕斯夸里·科尔沃等	99.00
9787111595366	锂离子电池手册	（德）赖纳·科特豪尔	180.00
氢能与燃料电池技术及应用系列			
9787111706465	质子交换膜燃料电池混合动力、故障诊断和预测	（法）萨米尔·杰梅	138.00
9787111680307	氢安全工程基础	（英）弗拉基米尔·莫尔科夫	159.00
新能源汽车关键技术研发系列			
9787111710103	复合材料轻量化设计	李永，宋健	168.00
9787111701781	新能源汽车电力电子技术仿真	程夕明	168.00
9787111693314	动力电池管理系统核心算法（第2版）	熊瑞	149.90
9787111678434	锂离子动力蓄电池热管理技术	李军求、张承宁等	159.00
9787111666240	燃料电池电动汽车安全指南	戴海峰，裴冯来，郝东等	99.80
9787111671800	新能源汽车电磁兼容性设计理论与方法	翟丽	138.00
9787111673002	电动车辆能量转换与回收技术（第2版）	李永，宋健	138.00
9787111628385	商用车混合动力系统关键技术	曾小华等	79.90
9787111596387	新能源汽车大数据分析与应用技术	王震坡、刘鹏、张照生	89.90
9787111599999	电动汽车充电技术及基础设施建设	王震坡等	89.90
9787111622819	新能源汽车电驱动—能量传输系统建模、仿真与应用	李永、宋健	89.90
汽车技术创新与研发系列丛书			
9787111689195	纯电动汽车控制系统集成开发设计	胡伟，孙勇，朱磊等	199.00
9787111668091	电动汽车传动系统的结构与控制	（美）袁一卿	139.00
9787111660323	电动汽车安全性设计	王德平，张天强等	138.00
9787111650188	电动汽车NVH的设计与开发	黄显利	129.00